语言问题新探索

A Further Exploration of Some Linguistic Issues in Mandarin

卢英顺 ◎ 著

上海社会科学院出版社
SHANGHAI ACADEMY OF SOCIAL SCIENCES PRESS

前　　言

《语言问题新探索》实则是一本论文选集。论文集好似一串串起来的珠子，一篇篇论文就是一粒粒珠子，书的形式就如串珠子的线。只不过众多其他的论文集串起来的可能是珍珠，而眼前的这本《语言问题新探索》串起来的只能算是木珠。木珠虽不及珍珠珍贵，但把一个小木头头子磨成珠子，却是需要一点时间的。因此，这样的珠子，对制作者来说，还是值得珍惜的，因为其中蕴含着劳动。一粒粒的珠子容易散佚，今天得以成串，则便于保存了。对读者来说，或许有查阅我的某篇论文的需要，然而有些论文发表在海外刊物上或国内的论文集中，即使在网络如此发达的今天，也无法检索到，现在将它们成集也就免去了查找文献之苦。

既是论文集，那么《语言问题新探索》之"新"自然不全是"新近"之"新"，而是在相关论题上自以为在当时有一点与众不同的想法。回过头来再看这些论文，是否一仍其"新"，就由读者评判了。

《语言问题新探索》收录的论文没有完全按照发表时间的先后来排列，而是根据所讨论的问题的性质粗略地分为几大类。其中有几篇涉及趋向动词的论文，有些地方有些许重复，但不同的论文所讨论的侧重点不一样，有的偏向于句法、语义特征的探讨，有的偏向于语义、语义成分的描写和解释。部分论文的部分研究成果为我的《认知图景：理论构建及其运用》一书所借用，尽管如此，现在以整体的形式呈现给读者，我想还是必要的。有的论文篇幅较短，过去发表时不需要提要和关键词，现在为了统一体例，补写了相关内容。特此说明。

由于不同论文发表的时间跨度比较大，早期的论文对参考文献的标注方式与后来的不大一样（早期通行的做法是将参考文献列于文末即可，行文过程中往往不标注具体的参考文献），为了不改变论文的原貌，除了在体例上作了统一的变动以外，我们以增加脚注的方式来明确具体的参考文献。为了表示对有关作者真诚的谢意，我们现在将原来每篇论文的参考文献除了以脚注的形式标出

(这样便于阅读)以外,还在书末统一、集中列出,这样处理的目的是为了全面而明晰地看到相关的参考文献及其作者。有些参考文献在不同年代有不同的版本,我们也予以同时列出。

最后,恳望读者批评指正。

卢英顺

2017年8月,于复旦大学

目　录

语　法　篇

语义指向研究漫谈

提　要　本文首先尝试性地给“语义指向”下个定义，再描述语义指向与句法成分之间的关系，进而讨论因语义指向问题造成的歧义现象及语义指向对句法变换的制约情况，还指出语义指向与句法结构之间具有不平衡性。

关键词　语义指向；歧义；句法变换

0. 引　　言

0.1　随着三个平面研究的逐步深入，语义指向研究近年来也日益受到重视。①我们觉得，对语义指向研究还是零星的，不成系统，至今尚未有专门的文章讨论语义指向所要研究的内容。

0.2　语义指向是语义平面的研究内容。语义结构虽然要在句法结构中得到映射，但它们之间并不一致。所以，语义指向的定义就不能限定在句法结构中的直接成分之间。我们认为，语义指向指的是句法结构的某一成分在语义上和其他成分（一个或几个）相匹配的可能性。

1. 语义指向与句法成分

到目前为止，语义指向研究得比较细致的是补语方面，②状语的语义指向问

① 比如：范晓 1985 略论 V—R，载中国语文杂志社编：《语法研究和探索》（三），北京：北京大学出版社；刘宁生、钱玉莲 1987 “最”的语义指向与“最”字句的蕴含，《汉语学习》1987 年第 5 期；张国宪 1988 结果补语语义指向分析，《汉语学习》1988 年第 4 期。

② 如：范晓 1985 略论 V—R；陆俭明 1992《现代汉语补语研究资料》序，北京：北京语言学院出版社。

题也有所涉及，定语的语义指向似未涉及。

1.1　补语在语义上可以指向多种句法成分，它可以指向主语、谓语动词、宾语，还可以指向其他成分。例如：

(1) 我吃饱了。

(2) 老王喝酒喝醉了。

(3) 他穿好衣服出门去了。

(4) 这个问题我一定记得牢牢的。

(5) 我们已经打扫干净教室了。

(6) 他摔断了腿。

上述例(1、2)中的补语指向主语，指的是"我饱""老王醉"；例(3、4)中的补语指向动词本身，"好"指向"穿"，"牢牢"指向"记"；例(5、6)中的补语指向宾语，分别指的是"教室干净""腿断"。此外，补语的语义还可指向其他成分，如"把"字的宾语：

(7) 她把鞋跟穿掉了。

1.2　状语的语义多数指向谓语动词或形容词，如：

(8) 他回来得很迟，于是轻轻地爬上了床。

(9) 女同志之间谈起这一类的事儿来比较随便。

但也可以指向宾语和主语等，如：

(10) 他们圆圆地围了一个圈。

(11) 他酽酽地给我沏了杯茶。

(12) 小孩胆战心惊地走到我面前。

(13) (老栓)笑嘻嘻地听，满座的人，也都恭恭敬敬地听。

(14) 他每月只挣二百来块钱。

上述例(10、11)的状语语义指向宾语，实际上，"圆圆"的是"圈"，"酽酽"的是"茶"；例(12、13)的状语指向主语，语义上，"胆战心惊"的是"小孩"，"笑嘻嘻"的是"老栓"，"恭恭敬敬"的是"满座的人"；例(14)中"只"的语义指向定语"二百来块"。

1.3　定语的语义一般直接指向它所修饰的成分，如：

(15) 雪白的墙壁上挂着几幅山水画。

(16) 我有一本很厚的词典。

例(15)中的"雪白"语义指向"墙壁"，例(16)中的"很厚"语义指向"词典"。

但定语的语义还可以指向其他成分，如：

(17) 昨天晚上，他看了一夜的书。

例(17)中的定语“一夜”在语义上指向“看”。定语的语义指向有时相当复杂，如：

(18) 他拔了两块钱的草。(赵元任例①)

例(18)中的“两块钱”，语义上既不指向“草”(并不是“草”值“两块钱”)，也不指向“他”和“拔”，而是指向“他拔草”这一行为。

1.4 范晓、胡裕树把动词的动作方向也作为语义指向的研究内容之一。②比如，在“我找不着东西吃”里，动词“吃”指向受事“东西”(吃东西)；在“我找不着老师学”里，动词“学”指向施事“我”(我学)；在“我找不着老师教”里，动词“教”指向施事“老师”(老师教)。

2. 语义指向与歧义

歧义是语言中不可避免的现象，我们认为，语义指向上的模糊性，也是造成歧义的原因之一。

2.1 在一个句法结构里，当某一成分可以同时与其他几个成分相匹配时，就产生了语义指向上的模糊现象，因而会造成歧义。试比较：

(19) 他在火车上写字。

(20) 他在黑板上写字。

例(19)中，“在火车上”既可以指向“他”，又可以指向“字”，还可以同时指向“他”和“字”，因而例(19)句存在指向上的模糊性，因而有歧义。“在火车上”指向“他”时，意思是“他坐在火车上写字”，指向“字”时，意思是“他站在地上往火车上写字”，同时指向“他”和“字”时，指的是“他在火车上往火车上写字”。例(20)则不同，一般情况下不大可能出现这样的情况，即人站在黑板上往其他地方写字，就是说，“在黑板上”的语义一般不会指向“他”，而只指向“字”，这样就不存在语义指向的模糊性，因而没有歧义。

---

① 赵元任 1979《汉语口语语法》，北京：商务印书馆，第 163 页。

② 范晓、胡裕树 1992 有关语法研究三个平面的几个问题，《中国语文》第 4 期。

2.2 有些句子的歧义，无法通过其他方法解释，而运用语义指向来解释则比较方便。例如：

(21) 三个人就抬起了五百斤。(邵敬敏例①)

(22) 外语就考了八十分。

这两句都有不同的理解。以(21)为例，“三个人抬起五百斤”既可描述为这“三个人”了不起：人不多，抬的倒挺重的；又可描述为他们不怎么样，“三个人”才抬起了五百斤。对这种歧义，我们无法从层次构造上的不同来解释，因为例(21)只能有一种组合层次，它跟“咬死猎人的狗”是不一样的。

那么，例(21)中的“就”是否为“$就_1$”和“$就_2$”呢？答案是否定的。这一点从下文可以看出来。既然“就”只有一个，层次构造又只有一个，为什么会有不同的理解呢？这得从“就”的语义指向和语用蕴含上去解释。

“就”的语义指向既可向前，又可向后。它的语义性质是限定范围的，这一语义性质在语用蕴含上的意义是“量少”。例(21)的截然不同的理解就是从这两方面派生出来的。当“就”的语义前指时，蕴含着“人少”的意义；当“就”的语义后指时，蕴含着“所抬起的重量小”的意思。这种歧义性与语义指向相关的事实，可以从反面得到证明：即用“才”去替换“就”。“才”的语用蕴含义和“就”相同，都有“量小”义，比如：

(23) 他每月才挣二百来块钱。

例(23)说的是“他”每月挣的钱不多。

但“才”的语义指向和“就”不完全相同，它们都可以后指，这是共同点；但“才”在语义上不能前指。因而“才”替换“就”以后，在语义指向上不存在模糊性，所以例(24)就没有歧义：

(24) 三个人才抬起五百斤。

比较例(21)和例(24)不难发现，“就”和“才”的语义指向对句子理解的制约性是平行的：就(后指)：量少＝才(后指)：量少。

2.3 有些歧义现象，可以从定语的语义指向上去理解。如：

(25) 三位学生家长

(26) 新老师宿舍

---

① 邵敬敏 1994 歧义分化方法探讨，邵敬敏主编：《九十年代的语法思考》，北京：北京语言学院出版社，第83页。

以(26)为例,“新”在语义上既可指向“老师”,又可指向“宿舍”,因为它们都能和“新”匹配,因而有歧义:指向“老师”时,意思是,这宿舍是给新老师住的,宿舍本身是否新,不得而知。指向“宿舍”时,意思是,宿舍新,住在这宿舍里的老师未必是新来的。为了证实这一点,不妨进行移位,使“新”的语义指向明朗化:

(26′) 老师新宿舍

这时,“新”只能指向“宿舍”,因而没有歧义。

2.4 补语的语义指向也存在类似的问题。例如:

(27) 我吃完饭了。

例(27)中的“完”既可指向行为本身,又可指向“饭”。所以有两解:一是“我吃饭”的行为结束了,另一是“饭完了”。如果把“完”换成相近的其他说法,即可消除歧义:

(27) a 我吃了饭了。

(27) b 我吃光饭了。

2.5 如果我们把语义指向的研究范围扩大到动词,那么有些由动词引起的歧义句可以从语义指向的角度去解释。例如:

(28) 他烧了一车炭。(邵敬敏例)

(29) 他烧$_1$了一捆草。

(30) 他烧$_2$了一壶水。

例(28)有两解,而例(29、30)都只有一解。从一个角度看,“烧”具有不同的义项,不同的义项对它所支配的宾语的语义特征有不同的要求。例(28)中的“烧”刚好可以理解为“烧$_1$”和“烧$_2$”,因此实际上可以分化为下列两种格式:

(28) a 他烧$_1$了一车炭。

(28) b 他烧$_2$了一车炭。

它们分别与例(29、30)平行。而例(29)中的“一捆草”只能和“烧$_1$”相匹配,而例(30)中的“一壶水”只能和“烧$_2$”相匹配,因而没有歧义。

3. 语义指向对句法变换的制约

语义指向如果只研究到上述两方面,显然是不够的。对语义指向的研究如果要进行得更深入一些,就必须全面研究不同的语义指向对句法变换的制约。

这一点，到目前为止还没有得到应有的重视。

3.1 我们发现，语义指向的不同对句法变换有着一定的制约作用。为什么句法上相同的句型，在变换时没有一致性，而是存在着差异？这一点可以从语义指向上寻求解释。

请比较例(31)和例(32)在变换上的差异：

(31) a 我买了《语义学》→

(31) b《语义学》我买了

(32) a 我只买了《语义学》→

(32) b*《语义学》我只买了

例(31)可以变换，而例(32)不能，原因何在？比较例(31)a和(32)a，它们的不同是“只”的有无，可见“只”是制约句法变换的关键因素。现在的问题是，为什么有了“只”以后，原句就不能作相应的变换？这得从“只”的语义指向说起。“只”的语义是后指的，如果将“语义学”作主题化移动，那么“只”的语义指向在这句里实际上落空了，所以变换句不成立。①而例(31)a则不存在这样的问题，因而其变换句能成立。

表“总括”的“都”实际上也存在着类似的情况：

(33) a 这些书我读过→

(33) b 我读过这些书

(34) a 这些书我都读过→

(34) b* 我都读过这些书

(35) a 这些书我们都读过→

(35) b 我们都读过这些书

例(33)和例(34)a句的不同只是“都”的有无问题，前者能变换，而后者不能作相应的变换，原因就在“都”字上。“都”的语义一般是前指的，当“这些书”后移后，“都”前面的成分只有“我”，而“我”又是单数，和表“总括”的“都”在语义上不相匹配，“都”的语义指向其实也是落空的，所以(34)b不能成立。这一点可以从例(35)得到证明：“这些书”后移后，“都”的语义仍可指向“我们”，因为“我们”可以和“都”相匹配，所以其相应的变换句(35)b也成立。

---

① 有关“只”的语义特征及其对句法变换制约的详细情况，请参阅《副词“只”的语义指向及其对句法变换的制约》一文。

3.2 语义指向对句法变换的制约还可以用来解释“把”字句的移动情况。

黄锦章(1993)①指出，在句型变换方面，构成“把”字句时，有时要求施事NP作主语，受事NP作“把”的宾语［例(36)］；有时恰恰相反，要求受事NP作主语，而让施事NP作“把”的宾语［例(37)］：

(36) 他把衣服洗干净了。

(37) 这些衣服真把他洗累了。

“把”字句的这两种变换情况有没有规律可循？或者说，如何解释？作者没有进一步说明。我们认为，“把”字句之所以有上述两种截然不同的变换式，是因为“把”字句中补语语义指向的不同。当句中补语指向受事时，选用受事作“把”的宾语，例(36)中的“干净”就是指向“衣服”的；当句中补语指向施事时，则选用施事作“把”字的宾语，例(37)中的“累”就是指向施事“他”的。再比如：

(38) 他把鞋穿破了。

(39) 他把小鸡踩死了。

(40) 两顿肉就把他吃腻了。

(41) 三句话就把他说火了。

相反的选择就不能成立，例如：

(38′) *鞋把他穿破了。

(40′) *他把两顿肉吃腻了。

“被”字句也存在类似的情况。请比较：

(42) 衣服被他洗完了。

(43) *衣服被他洗累了。

究其原因，也是补语语义指向的不同所致，例(42)中的“完”指向“洗”，而例(43)中的“累”则指向“他”。类似的如：

(44) 饭被他吃光了。

(45) *饭被他吃饱了。

3.3 语义指向对句法变换的制约

除了上述几种现象外，还有其他情况。请比较：

(46) 他喝醉了酒 → 他喝酒喝醉了

(47) 他吃腻了肉 → 他吃肉吃腻了

---

① 黄锦章 1993 行为类可能式V－R谓语句的逻辑结构与表层句法现象，《语文研究》第2期。

(48) 他踢破了皮球 → *他踢皮球踢破了

(49) 他吃光了饭 → *他吃饭吃光了

例(48、49)不能像(46、47)那样变换，也是由于各自语义指向的不同，前者的“破”和“光”是分别指向宾语“皮球”和“饭”的，后者的“醉”、“腻”都是指向主语“他”的。

范晓(1993)[①]举了这样的例子：

(50) 他写$_1$字写$_2$得很大 → 他字写得很大

(51) 他写$_1$字写$_2$得很累 → *他字写得很累

他认为，例(51)的变换句不能成立，是去掉宾语(“字”)前的“写$_1$”的结果。我们认为，从语义指向来看，这是个假象。其实，例(50)的变换句也不是删略“写$_1$”的结果。汉语中动词的删略规则是承前的，而不是蒙后的。例如：

(52) a 我吃梨子，吃苹果 → 我吃梨子、苹果

b 我吃梨子，吃苹果 → *我，梨子，吃苹果

我们觉得，例(50、51)的变换句具有相同的转换过程——移位和删略。

(50′) 他写$_1$字写$_2$得很大 → 他字写$_1$t 写$_2$得很大(移位) → 他字写得很大(删略)

(51′) 他写$_1$字写$_2$得很累 → 他字写$_1$t 写$_2$得很累(移位) → *他字写得很累(删略)

为什么同样的转换过程，所得的结果不同？这是由补语的语义指向不同造成的：前者的“很大”指向“字”，后者的“很累”指向“他”。

4. 语义指向与句法结构的不平衡性

4.1　句法结构是语法的句法方面，而语义指向属语义平面。语义上的关系虽然要在句法平面上得到映射，但映射的结果却是语义结构和句法结构之间表现出不平衡性，它们之间有时一致，有时不一致。自然，语义指向和句法结构之间也就存在着不平衡性。例如：

(53) 她非常聪明。

---

① 范晓 1993 复动“V得”句，《语言教学与研究》第4期。

(54) 我买了许多新书。

(55) 她光吃菜，不吃饭。

(56) 他吃了饭就工作。

例(53、54)中的“非常聪明”“新书”，在句法结构和语义结构上是平行的。而例(55)则不一样，“光”(“只”的意思)在句法上和“吃菜”组合，在语义上却仅指向“菜”；而例(56)中的“了”，从句法上看和“吃”组合在一起，可语义上和“他吃饭”整个事件相关。

4.2 既然语义指向(或者整个语义结构)和句法结构之间具有不平衡性，那么我们在作层次分析时，无须受语义上的约束(不是不顾意义)，从语义上来看组合层次。比如“四川北路”，语义理解为“北四川路”，但在实际切分时，不必切分成

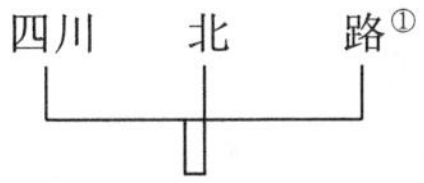

4.3 对语义指向与句法结构之间的关系的不同理解，可能影响到整个语法体系的描写。例如：

(57) 就张老师去过美国。

例(57)中的“就”语义指向“张老师”是毫无疑问的。可问题是，在句法上，“就”是和“张老师”组合，还是和“张老师去过美国”组合？持前一种观点，实际上忽略了语义指向和句法结构之间的不平衡性，因而在作语法说明时就得这样：汉语中的一部分副词可以修饰名词，再细致一些，就得描述一下副词修饰名词的条件。如果持后一种观点，也就是看到了语义指向和句法结构的不平衡性，因而在给副词作语法说明时就不必指出这一“特殊”功能。哪一种描述更为科学，这得从系统的观点去看。

(原载《世界汉语教学》1995 年第 3 期，第 22—26 页)

---

① 原刊文章在层次切分上排版有误，现作了更正。

副词"只"的语义指向及其对句法变换的制约

提　要　本文从多角度对副词"只"的语义指向进行了描述,并讨论了由此造成的有关歧义问题,提出了两条语义指向原则:话题优先原则和邻近原则。文章还从不同角度论证了"只"的语义指向特点对一些句法变换的制约,并试图阐述了制约原因。

关键词　只;语义指向;话题优先原则;邻近原则

0. 引　　言

范围副词"只"的语义指向,概括地说,是指向它后面的成分,如:

(1) 他只喜欢小说。

这一点,丁声树等(1980)①早就指出过:"'只'字限制它后头的成分,有排除其余的意思。"

问题是,"只"的语义指向并不单纯,从被限制成分的句法成分来看,它不仅可以指向主语、谓语和宾语,还可以指向定语、状语和补语;从被限制成分的功能来看,它可以指向体词性词语、谓词性词语,还可以指向其他词语。"只"的这种语义指向直接影响到一些句子的变换。这些方面,前人有的探讨不多,有的没有涉及。本文拟从以下诸方面对"只"的用法作个初步的探讨。

1. 副词"只"的语义指向

统而言之,副词"只"的语义是指向它后面的成分,具体地说,有以下几点:

---

① 丁声树等 1980《现代汉语语法讲话》,北京:商务印书馆,第186页。

1.1 从句法成分看，它可以指向多种句法成分，例如：

(2) 仇三爷在雪地上爬着，喘着，说：“我不好，只你娘好！你娘是真疼你的！”(周梅森《孤乘》)

(3) 二叔住东间，兄弟俩住西间。三人原都住东间的，西间只放些杂物。(赵本夫《营生》)

(4) 辣辣只喜欢台湾言情片。(池莉《你是一条河》)

“只”的语义在例(2)中指向主语“你娘”，在例(3)中指向谓语“放些杂物”，在例(4)中指向宾语“台湾言情片”。此外，还可以指向定语、状语和补语。例如：

(5) 陈奂生的老婆不下田作业，所以陈奂生一户按理只一个全劳动力。(高晓声《陈奂生战术》)

(6) 果然是黑漆漆的夜，夜色原来是垂直下落的，只一会儿就全靠灯照路了。(张炜《九月寓言》)

(7) 她的眼睛或许只睁开了一次，然后一直紧闭。(张)

1.2 从成分性质看，“只”既可指向词，又可以指向短语。例如：

(8) 金会办又说：“咱明里说是合伙，实则只你说了算，总经理就……就让你当。”(周)

(9) 一切都消逝殆尽，只有燃烧的荒草……(张)

(10) 肥却感到了从未有过的轻松。什么都没有了，只有沉寂和悲凉。(张)

(11) 在数来宝响亮迷人的节拍下，只有挺芳一个人沉默着。(张)

副词“只”的语义在例(8)中指向词“你”，在例(9)至(11)中指向短语。此外，还可指向连谓短语和兼语短语。例如：

(12) (她)就不再搭腔，只埋头吃饭。(赵)

(13) 幸好憨人有福，一包白色药面撒上去，只让他疼得满地打滚。(没毒死他)(张)

有时，副词“只”的语义甚至指向一复句形式：

(14) 那日夜晚，巴庆达根本没想过别的，只想着卜姑娘从此再不属于他了，他的世界倾覆了。(周)

1.3 从成分功能看，“只”既可以指向体词性词语，又可以指向谓词性词语。例如：

(15) 这小雨的夜晚哪，街巷上只有一些小动物，没有其他的生命。(张)

(16) 卜姑娘说“这世人若是还有信得过的男人,我就只信你”。(周)

(17) 巴庆达点点头“我也想做你爹那种人,也想弄上三十六家轿号,可……可妹你知道,我没能耐,只能给人抬轿”。(周)

前面的例(10),“只”语义所指的是形容词短语“沉寂和悲凉”。

此外,“只”的语义还可指向副词性词语,如介宾短语:

(18) 所有去洗过澡的女人都无脸见人,一连数月像老鼠一样只在夜间活动,串着门,诉说不幸。(张)

(19) 说来惭愧,孩子都十多岁了,还只在结婚当年给岳家送过东西。(高)

2. 语义指向的模糊性

在第1部分,我们对副词“只”的语义指向从多角度进行了描述。从这些描述中,我们发现,“只”的语义所指对象具有不确定性,这就是我们所说的“语义指向的模糊性”。语义指向的模糊性有可能使语言表达或理解具有歧义,特别是在书面语方面。例如:

(20) 这些天父亲只穿一件紫红色的毛衣,这是母亲与之热恋时亲手打的,他只在特殊时刻才穿上去。(张)

(21) 等到正式动工,从兴建到落成,前前后后二十四五天,奂生天天都去帮衬,只吃顿饭,不拿工钱。(高)

(22) 寒冬时节她得了严重的感冒,高烧不退,住院的时候医生责怪辣辣怎么只给女儿穿件薄薄的旧棉袄,辣辣这才发现冬儿的变化。(池)

例(20)中,“只”的语义既可指向“紫红色”又可指向“毛衣”。前者的话,它蕴含着这样的意义:父亲不只一件毛衣,还有其他颜色的毛衣,比如“黑色的”“大红色的”,等等;若是后者,则蕴含着“父亲不仅有一件紫红色的毛衣,还有一件紫红色的毛线背心”的意思。例(21)中,“只”的语义既可指向“(一)顿”,又可指向“吃顿饭”。指向前者,意味着奂生每天帮衬时,只在他家吃“一顿”饭,比如说“午饭”,并不在他家吃“早饭”和“晚饭”;如果语义指向后者,那么,“吃顿饭”中的“顿”并非实指,而是虚指,因而“吃顿饭”也并不一定就是“吃一顿饭”,也可能“吃两顿饭”甚至“吃三顿饭”。例(22)中,“只”的语义既可指向“(一)件”“薄薄的”,又可指向“旧”。指向“(一)件”时则意味着棉袄旧一点、薄一点没关系,可让她多穿一件；指向“薄薄的”时则意味着棉袄旧一点没关系，把棉袄衬厚一点让她穿；如果语义指向“旧”，那就意味着棉袄薄一点没关系，只要是“新”的，穿起来也就暖和了。

3. 歧义消除与语义指向原则

由“只”的语义指向的模糊性造成的歧义和由其他因素造成的歧义一样，在实际话语中，大多可以消除。消除歧义可以利用以下几种手段。

3.1 利用一定的语境(包括上下文)。大多数歧义句子，在实际话语中，由于受到上下文或其他语境因素的制约，歧义能够消除。

以上例(20)为例，如果“母亲”与“父亲”热恋时只给“父亲”织了一件毛衣，那就不存在“黑色的”或其他颜色的毛衣；如果“母亲”给“父亲”织的是一件毛衣，那就没有“紫红色的毛线背心”的存在，等等。

如果一个小伙子或姑娘在答复对方的求爱信中只写一句“我只喜欢你”，那么，这位姑娘或小伙子是高兴呢，还是失望？因为这有两种可能：一是“我只喜欢你，但并没有达到爱的程度”；另一是，“我只喜欢你，并不喜欢其他任何人”。这种歧义，在一定的上下文中，可以通过对比来消除。比如例(23)就只能作第二种理解：

(23) 卜姑娘不接话，像没听见似的，反问他：“巴哥哥，你……你不喜咱的轿行、轿子吗？”巴庆达直愣愣地道：“我不喜，只喜你！”(周)

3.2 利用重音可以消除歧义。有的句子，在书面上看起来有歧义，但在口语中，由于重音的作用，歧义可以消除。

再以“我只喜欢你”为例，如果重音落在“喜欢”上，那么言下之意只是喜欢，而不是爱。如果重音落在“你”上，那么言下之意就是“我非常爱你，其他任何人我都不爱”。

3.3 利用变换来消除歧义。在有可能出现歧义的情况下，为了表达清楚起见，我们可以适当地变换一下原来的句子。变换的指导思想是，让“只”语义所指的范围缩小到一个对象，这样所指的对象当然就确定了。

3.3.1 有时，我们可以将原句的宾语提到句首。例如：

(24) 我只喜欢你 → 你我只喜欢。

(25) 他只用了七天船 → 船他只用了七天。

(26) 他只轻描淡写地说了这一句 → 这一句他只轻描淡写地说了。

例(24)原句可能有的歧义不必赘述,把“你”移到句首以后,变换句中“只”的语义只能指向“喜欢”,因而变换句并没有歧义。例(25)原句可以有两种理解:一是“他只用了七天船,到了第八天改用了其他运输工具”;另一是“他用船运东西只用了七天时间”。变换句的意思应作第一种理解。例(26)的原句也可以作两种理解:一是“他只说了这一句,说的时候是轻描淡写的”;一是“他说的不只这一句,只有这一句是轻描淡写地说出来的”。其变换句只能作第二种理解。

3.3.2 有时,可以用分裂句形式将宾语和其他部分分开,调整“只”的位置。如上例(24、25)可以分别变换为“我喜欢的只是你”,“我用了七天的只是船”。原句经过这样一变,意思也就清楚了。

值得注意的是,能作这样变换的未必就是以上这些情形,即“只”语义指向的模糊性在谓语动词和宾语之间或在数量补语和宾语之间。

3.3.3 有时在偏正结构中“偏”和“正”之间发生语义指向的纠葛,这时可根据需要将其中的一个移至句首成为话题。请看:

(27) 只我的衣服是老式的。

例(27)根据情况可变为“我只衣服是老式的”(其他东西倒挺时髦的)或“衣服只我的是老式的”(其他人的衣服都挺入时的)。

3.4 “只”本身的蕴含义可帮助我们排除其他可能指向的对象。其本身的蕴含义是什么?先比较下列两句:

(28) *他的儿子只死了。

(29) 他的儿子只病得厉害,并没有死。

为什么不能说例(28)而能说例(29)?我们认为,“只”的蕴含义是“量少”。这里的“量少”不能简单地理解为“数量的少”,而要作更广泛的理解,可以理解为“行为或状态的程度没有达到极限”。这样,上面两例的错误与正确就可以圆满地解释了。因为,对一个人来说,“死”是个“极限”,而“只”本身的含义又是“没有达到极限”,这样,修饰语与被修饰语之间在语义上就发生了矛盾,所以例(28)就不能说。例(29)则不一样,一个人无论病得多么厉害,只要他没死,就没有达到极限,因而这里的修饰语和被修饰语之间在语义上并不相悖,所以例(29)能说。再比较下列两句副词“只”的语义指向及其对句法变换的制约:

(30) *这本书我只是买的。

(31) 这本书我只是借的。

首先值得一提的是例(30)如果去掉“只”是可以成立的,这就是说,它的不成立是由“只”造成的。例(30)为什么不能成立?因为,对“拥有”这一行为来说,“买的”已达到了极限,“买”的书用不着还人了。所以,这句的“只”不能修饰“买”;而“借”就不一样,通过“借”而“拥有”的是暂时的,过一段时间你得还人家,所以“借”这一行为并没有达到极限,因而它可以与“只”共现。了解了“只”的这一语义特性以后,我们就可以利用它来判断所指对象了:

(32) 我只买了《红楼梦》。

例(32)可以抽象为“S只VO”,“只”后面有两个成分V和O。抽象地看,我们并不能否定歧义的存在,因为“只”的语义既可指向V,又可指向O,这一点可以例(33)验证:

(33) 我只借了《红楼梦》。

例(33)既可理解为“《红楼梦》我只是借的,不是买的”,又可理解为“我借的只是《红楼梦》,没借其他的”。但例(32)就没有歧义,因为其中的“买”已达到了极限,不可能与“只”发生关系,剩下来的当然只是“《红楼梦》”了,“只”的语义指向也就明确了。

3.5 除了上述几种消除歧义的方法以外,我们再介绍两条语义指向原则:话题优先原则和邻近原则。

3.5.1 话题优先原则。它指的是当“只”位于句首时,其语义一般指向话题,而不指向其后的谓语动词或宾语等。例如:

(34) 没有哪个女人能叫他动情使他用心专一不再到处拈花惹草……只影月让他动了真情。(赵)

(35) 有一回跌倒了,半天爬不起来,索性睡了一会儿。只这一会儿就做了个摊煎饼的梦。(张)

(36) 小驴揍了她一下,只一下就让她明白这个人的手远远超过金友。(张)

虽然就语义指向而言,“只”既可指向谓词性词语,又可指向体词性词语或其他,但实际上,例(34)至(36)中的“只”只指向画线部分。

应该指出的是,当这话题不是由单个的词充当时,由短语充当的话题内部在语义指向上有可能发生模糊,但并列短语除外,这可能因为并列短语作为一整体的凝固性而造成的。例如：

(37) 只那本书是我的。

(38) 只浏览那部小说的简写本我都需要两三天。

(39) 只烟酒他不感兴趣。

(40) 只闲聊、睡觉就占去了他每天的大部分时间。

(41) 只苦、辣他才怕。

例(37)中“只”的语义指向范围在“那本书”之间，在这指向范围内部存在着所指的模糊性“那本”书，不是“这本”书，此其一；其二，那本“书”，不是那本“词典”什么的。例(38)类似，所不同的是短语的结构类型不同而已。例(39)中“只”的语义同时指向“烟”和“酒”，不存在“只烟”或“只酒”的情况。类似地，例(40)“只”的语义同时指向“闲聊”和“睡觉”，例(41)“只”的语义同时指向“苦”和“辣”。例(39)至(41)都是并列短语，所不同的是，它们分别是名词性的、动词性的和形容词性的。

3.5.2　邻近原则。如果“只”不在句首，而它后面又是句子结构，那么，此时的“只”的语义只指向最靠近它的该句子结构的直接成分。例如：

(42) 鱼，只鲫鱼他喜欢吃。

(43) 这个地方以前只他来过。

“只”的语义在上例中分别指向“鲫鱼”和“他”。我们为什么要强调“该句子结构的直接成分”而不只是说“最靠近它(只)的成分”呢？先看例句：

(44) 这个地方以前只李明的弟弟来过。

凭语感就能知道，句(44)的“只”的语义既可指向“李明”(不是“张三”或“李四”的弟弟)，又可指向“弟弟”(不是李明的“哥哥”或“妹妹”)。如果我们不强调“直接成分”，那么“只”的语义则仅指向“李明”，这显然不符合我们的语感，这样的语义指向原则无疑是有问题的。强调了“直接成分”，情形就不一样了，根据这样的原则，“只”的语义指向“李明的弟弟”，至于在“李明的弟弟”内部发生指向的模糊性，该另当别论。

4. 语义指向对句法变换的制约

如前所述，副词“只”的语义是向后指的。我们发现，“只”的这种语义指向特点对一些句法变换起着制约的作用。请比较下列几组例子：

(45) a. 他只买了《唐诗鉴赏辞典》→ *《唐诗鉴赏辞典》他只买了。

b. 他买了《唐诗鉴赏辞典》→《唐诗鉴赏辞典》他买了。

(46) a.（那件毛衣）他只在特殊时刻才穿上去 → *（那件毛衣）在特殊时刻他只（才）穿上去。

b.（那件毛衣）他在特殊时刻才穿上去 →（那件毛衣）在特殊时刻他才穿上去。

上例句 a 中的“只”的语义分别指向“唐诗鉴赏词典”和“在特殊时刻”，当这些被指对象前移时（注意不仅仅是移至句首，如“ * 他《红楼梦》只买了”），变换句就不能成立。而与此相对照的 b 句的变换句就能成立。a 句和 b 句的不同就在于“只”的有无。

为什么会出现这种情况？我们认为，这与“只”的语义指向关系密切，因为“只”的语义指向是向后的，当被它所指的对象前移时，其指向就落空了，无所着落，故上面的变换句都不能成立。

“只”的这种语义指向对句法变换的制约关系可以从“都”字句的变换得到旁证。副词“都”表示“总括”时，其语义指向是向前的，这种指向特点决定了受“都”所指的对象一般不能移至“都”的后面。例如：

(47) 这些书我都读过 → *我都读过这些书（变换句虽能成立，但这儿的“都”不表“总括”）

（比较“我们都读过这些书”，这儿的“都”“总括”“我们”而非“这些书”。）

“只”的语义指向对句法变换的制约还可从以下事实中得到反证：即受“只”语义所指的对象在“只”的后面移动时，句子仍然能成立。

(48) 冬儿打定主意从此不再回家，所以三年里只给家里写了三封信。（池）→ ……三年里只写了三封信给家里。

细心的读者可能会问：下列变换句不也成立吗？

(49)（冬儿）三年里给家里只写了三封信。

例(49)算不算反例呢？不算。比较一下例(48)的原句和变换句以及例(49)就会发现：例(48)及其变换句中“只”的语义既可指向“给家里”，又可指向“三封信”，也就是说，“只”的语义指向指数没有因变换而发生变化（增加或减少）。而例(49)则不然，其中“只”的语义只能指向“三封信”，而不能指向“给家里”。很明显，例(49)中“只”的语义指向指数减少了，减少的原因是“给家里”前移了。

例(49)能成立是个假象。“给家里”前移后,“只”的语义指向并没有完全落空,它仍然可以指向“三封信”,故例(49)仍能成立。但这并不能否定“只”的语义指向对句法变换的制约关系。

5. 余　　论

5.1 本文从多角度考察了副词“只”的语义指向问题,进而讨论了由语义指向造成歧义的有关问题,还讨论了语义指向对句法变换的制约,这对清楚的表达和正确的理解都有一定的意义。所有这些方面尚待进一步讨论。

5.2 周小兵(1991)①认为,“只”不能限制人称代词或指示代词,他认为“家里只我长得难看”这句是不正确的。这一点与我们的语感和观察的结果不同。本文有这方面的例子。

5.3 本文在介绍“话题优先原则”和“邻近原则”时,都涉及被指对象内部可能有的指向模糊性,这不足以否定这两条原则的价值。一是,有的句子中,“只”的语义所指对象因此而一目了然;二是,“只”的语义所指对象即使不能一目了然,至少这两条原则帮助我们大大缩小了所指范围,从而明确所指对象。

5.4 这种用法的“只”有时可用“只是”“只有”替换而不改变句意。例如:

(50) 陆步青没有应声,只是抬起了头。

(51) 只有陆步青了解自己为什么要发笑。

是不是所有的情况下都可以这样替换?如果不是,能替换的条件又是什么?限于篇幅,本文未作探讨。

(原载《安徽师大学报》1996年第4期,第443—448页)

① 周小兵 1991 限定副词“只”和“就”,《语言文字学》第9期。

词类划分:(广义) 形态与原型理论的嫁接

提　要　本文在已有研究成果的基础上,吸收了认知心理学和认知语言学的研究成果,论述了词类范畴的原型性,进而提出了新的词类划分的操作原理;同时论述了功能增益和功能退化等问题;并就原型分类与传统分类的几个相关问题进行了比较。

关键词　词类划分;广义形态;原型;功能增益;功能退化

0. 前　　言

0.1　纵观汉语语法学史,对"汉语的实词能否分类""分类的标准是什么"等问题存在着不同程度的争论,到今天已大致达到了共识。但是,由于人们对形态的理解严重受到西洋语法的束缚,至今还有人对汉语的词类划分持怀疑态度。我们认为,方光焘(1986[①],1990[②])提出的,胡附、文炼(1990)[③]、徐思益(1994)[④]等所倡导的广义形态学说为汉语的词类划分指明了可行的途径。广义形态(或直接称"形态")强调,汉语的词类划分应该根据词与词之间的相互结合能力和相互结合关系。其实,汉语如此,英语也不例外,否则,像 in、out、that 之类没有狭义形态标志的词以及标志与功能不符的词(如 friendly)又如何归类?

0.2　跟广义形态相近的,是多数人乐意接受的"句法功能"或"语法功能"的提法。问题是,对语法功能的理解因人而异。语法功能这一术语至少有两种不

---

① 方光焘 1986《方光焘语言学论文集》,南京:江苏教育出版社。
② 方光焘 1990《语法论稿》,南京:江苏教育出版社。
③ 胡附、文炼 1990《现代汉语语法探索》,北京:商务印书馆。
④ 徐思益 1994《语言学论文选》,乌鲁木齐:新疆大学出版社。

同的理解：一是指词与词之间的相互结合能力；二是指，除此之外，还包括词在句子中担任一定职务的能力。对功能的不同理解，自然会影响讨论的深入，而且，按照后一种理解，就会陷入多标准的困境，因为汉语的词类和句子成分之间没有简单的对应关系。吕叔湘在《关于汉语词类的一些原则性问题》一文中明确指出过："句子成分这个标准最难和别的标准结合。"①有鉴于此，我们采用"形态"的说法。

0.3 汉语的词类划分根据广义形态固然不错。现在的问题是，词与词之间的结合能力是多方面的。怎样运用广义形态来划分词类？这是由词类范畴的特点决定的。

1. 词类范畴的性质

词类范畴的性质是什么？是经典理论所假定的那样（姑且称之为"经典范畴"）还是原型范畴？对这个问题的不同看法直接影响到词类的划分。Taylor (1989)②指出了经典理论的基本假设：范畴是由一组充分必要特征定义的；特征是二分的；范畴之间有明确的界限；同一范畴的所有成员地位相等，等等。以经典理论来考察汉语的词类，不难发现，汉语的词类不属经典范畴，③因为它不符合经典理论的基本假设。比如，汉语中的名词大多数可以和数量短语结合，但专有名词一般不能，④可是所有讲语法的论著都把专有名词看作名词，如果根据一组充分必要特征来框定名词范畴，那么专有名词必定要排除出去。就范畴之间的界限而言，汉语中的名词和动词、区别词之间就存在着不同程度的瓜葛，动词和形容词之间更是"剪不断，理还乱"。汉语词类的种种事实表明，词类范畴不可能是经典的。因而，以经典理论为基础，刻意寻求词类之间的充分必要特征是注定要徒劳的。

---

① 吕叔湘 1984《汉语语法论文集》(增)，北京：商务印书馆。

② Taylor, J.R. 1989 *Linguistic Categorization: Prototypes in Linguistic Theory*, Oxford: Clarendon Press.

③ 不仅汉语如此，其他语言也会如此。

④ 如果专名相同，则可以前加数量短语，如"中国有两个浒湾，一个在江西，一个在河南"，"我们班有两个王磊，一个男的，一个女的"；如果专名得到泛化，也可受数量短语修饰，如"一个雷锋倒下去了，千万个雷锋站起来了"。

那么，词类属不属于原型范畴？认知心理学研究表明，原型范畴具有以下一些特点[①]：实体是根据它们的属性来加以范畴化的，而这些属性经常是连续的标度；在区别一个范畴时，没有任何一个属性是必要的；范畴内的成员，地位并不相等，有的与其他成员之间表现出较多的共性，具有较高的相似度，这类成员是典型成员，反之则是非典型成员。人们对典型成员的认定比较一致，对非典型成员，不同的人可能有不同的看法，甚至同一个人在不同时候对其范畴的归属也可能不一致。根据以上特点又可以推断出：范畴之间没有确定的界限。汉语的词类范畴究竟有哪些特点呢？比如，汉语中的名词大多数可以和数量短语结合，有一小部分虽然不具备这一特点，但人们还是把它看作名词，如"张三""体育"等，可见，能和数量短语结合并不是某词成为名词的必要条件。同样，动词也不必非得带宾语不可。词类与词类之间往往没有明确的界限，如名词和动词、动词和介词之间就是如此。因此可以说，词类范畴属于原型范畴。

以上我们从汉语的实际考察了词类范畴的原型性。这一性质还可以从词类的习得这方面得到证实。叶斯柏森(1988：65)[②]指出：

> 我教初级语法，并不从给一些词类下定义开始，更不借助于惯用的定义……事实上，训练有素的语法学家永远知道一个词是什么词类——是形容词还是动词，但他的判断不是根据这类定义，而是根据酷似我们判断动物的方法：我们一眼就会分辨出牛和猫；同样给孩子们展示大量的标本，把他们的注意力逐次引向各种不同的特征，通过这种实践，孩子们像在学习分辨熟悉的动物一样学会了这种方法。我采用一篇连贯的课文，例如一篇短篇小说，首先用斜体标出课文中所有的名词，在指出了这些名词并进行了简短的讨论之后，学生在识别另一篇在意义和形式上相似但没有像上一篇那样标明的名词时可能就不会有多大的困难了。接着把学生的注意力引向形容词……用这种方法学习各种词类，学生就会逐渐具有足够的"语法本能"，从而能进一步理解以后课文中有关本族语或外语的词法和句法。

---

① 廖秋忠在《〈语言的范畴化：语言学理论中的典型〉评介》一文中对此有所介绍，参阅：廖秋忠 1992《廖秋忠文集》，北京：北京语言学院出版社。

② 奥托·叶斯柏森 1988《语法哲学》，何勇等译，北京：语文出版社。

2. 词类划分的操作原理

如何认识词类范畴的性质，直接影响到如何去划分词类。如果坚持认为词类范畴像经典理论所假定的那样，那么表现在词类划分上就是竭力寻求一组充分必要特征作为词类划分的标准，也就是对内要具有普遍性，对外要具有排他性；所分的词类之间尽可能做到泾渭分明。几十年来的汉语研究实践表明，这条路是行不通的，所以人们不得不承认"中间状态"的存在。

既然词类属于原型范畴，那么我们在划分词类时就不得不考虑原型范畴的特点，否则就会有圆凿方枘之感。认知心理学研究成果表明：只有那些效度高的标记才应该被认为在确定范畴成员时有重要性。所谓"效度高"就是指某个特征被见过的次数多，一个特征被见过的次数越多，就被认为效度越高。假如大多数的椅子都有四条腿，那么四条腿就会是一种计数高的特征。同样地，如果椅子可以有种种不同的颜色，那么任何一种颜色特征的计数就会低。这种效度高的特征表现在词类上就是某形态在某词类范畴内具有较大的普遍性。目前，认知心理学对范畴习得的解释多种多样，有"样例说""原型说""原型加样例说""特征计数说""特征组合或格局说"等。（参阅安德森 1989：183—185）[①]这种种解释各有得失。我们在此基础上进行分析、综合，就汉语的词类划分作一新的尝试。

词类的划分必须从形态出发，也即从词与词之间的结合能力和结合关系出发，这一点是确定无疑的。问题是如何进行操作？不同类别的词在形态上的表现不是单一的，如名词一般受数量短语修饰，不受副词"很/不"之类修饰，后面能加表示方位的词语，等等。但是同类词里的各个个体在形态上的表现不尽一致，不同类的词之间又有一定的语法共性。因此，划分词类时，如果采取单项的形态标准，往往无济于事；如果同时采用多项形态标准而每一项又是必要的话，那么往往让人尴尬，因为很多情况下，某词只符合其中的一部分形态标准，比如专有名词就不能受数量短语修饰。在这种情况下，专有名词算不算名词？可能的回答是，算，但它的次范畴与一般名词不同。这里隐藏着一个问题：当初专有名词就不具备名词的所有形态标准，又是如何被纳入名词这一类的？既然不能

---

① J.R.安德森 1989《认知心理学》，杨清等译，长春：吉林教育出版社。

确定它是不是名词,又怎么能谈次范畴的形态差异?看来,要求同时符合所有的形态标准是很难的。怎么办?

Harris(1986:244—245)①在语素的归类上所持的观点可以借鉴。他认为,给语素归类只需根据其分布的近似性如何而定,没有必要把只有在分布总环境上完全一样的两个语素才归为一类。所以,我们主张在划分词类时,先根据词与词之间的相互结合关系,词与词之间的相互结合能力,确定几条主要形态标准,以此为参照系,看看某词是否符合(或基本符合)这几条主要的形态标准。为便于把握,不妨对此进行量化。设某类词的主要形态标准有 M 条,符合标准的有 N 条,这样,$N\leqslant M$,因此 $0\leqslant N/M\leqslant 1$,当 $N/M=1$ 时,我们说某词完全符合这几条形态标准;当 $0.5\leqslant N/M<1$ 时,我们说它基本符合;当 $N/M=0$ 时,完全不符合,即不具备这样的形态;当 $0<N/M<0.5$ 时,属基本不符合某类词。N 与 M 之比可称为“近似度”,用 S 表示。

根据典型动词的形态特征,我们可以选择以下几项作为参照:

(1) 能受副词“不”或“没(有)”修饰,能肯定否定相重叠表示疑问;

(2) 后面能带动态助词“了/起来”等表示“完成体”“开始体”等,或带零形态标志表示习惯性行为或某种属性(“一般体”);

(3) 不少词语后面能带宾语;

(4) 能出现在名词类后面构成主谓关系;

(5) 后面能带数量短语和其他成分构成述补关系。

我们不妨举数例来看看。比如“吃”和“跑步”,“吃”完全符合上述五条形态特征,因而“吃”对动词的近似度是 $S_{吃}=N/M=5/5=1$;而“跑步”不具备第(3)、(5)项特征,因为不能说“跑步三十分钟”“跑步累了”之类,因而“跑步”对动词的近似度是 $S_{跑步}=N/M=3/5=0.6$。可见,“吃”和“跑步”都可归入动词,不过,前者比后者更典型。再比如,“课文”和“春天”,“课文”完全不符合上述五项特征,因而 $S_{课文}=0/5=0$,就是说“课文”不属于动词这一范畴。“春天”有所不同,我们可以说“现在已经春天了”,可见它符合(2)、(4)两项特征,但不符合另三项特征,这样,“春天”对动词的近似度是 $S_{春天}=2/5=0.4$,因此“春天”也不能归入动词。用类似的方法,我们可以把汉语的性质形容词和动词一起合为更大的类,把状态形容词独立出来(有另文讨论)。

---

① Harris, Z.S. 1986 *Structural Linguistics*, Chicago: The University of Chicago Press.

3. 词的功能增益和兼类

方光焘(1990：73)①指出："任何一类词都有二重性，这二重性又是相互对立、相互转化的。一个名词可以向动词、形容词发展，一个动词可以向名词发展。所以，不要把词类看得很死。"方光焘的这段论述是符合语言实际的。

如果要探究这"相互转化"的根源，恐怕与事物的多面性有关。如汉语社团在认识"鬼"的同时，又获得了"鬼"的"不光明"一面和"机灵"一面，于是就有"老张那个人真鬼""这小孩真鬼"之类的说法。普通话和方言里，对"海"的附带属性的不同感受也能说明这一点：普通话里感受到了"海之大"，于是有"大"的意思，这样就有了"海碗""海量"之说；而某些方言区的人感受到的则是"海水之多"，于是"海"有"极言其多"之意，这样就可说成"广场上的人可海啦!"②

事物的多面性导致了人们认识的多面性，因此语言中的一部分词除了具有原先的形态特征又临时获得了另一(次)类词的某些形态特征，这就是我们所说的"词的功能增益"。例如：

(1) 那种论证方法不科学。

(2) 那小伙子看上去很精神。

(3) 做了制片人的杜宪显得更青春了。(《文汇报》)

(4) 近来有关部门再度严格了儿童读物的出版。(报)

(5) 如今老百姓的钱主要花在四个方面：买漂亮，买舒适，买方便，买安静。(广播)

例(1)中的"科学"、例(2)中的"精神"、例(3)中的"青春"原本都是名词，但在上例中却获得了述词③的某个形态特征。例(4)中的"严格"虽然还是述词，但它获得了带宾语的功能。例(5)中的"漂亮""舒适""方便""安静"都是述词，在这里却做了"买"的宾语，而"买"的语义特征则要求其所带的宾语是实体性的，如"买书""买房子"等，可见"漂亮"等在例(5)中临时获得了名词的个别形态特征。

---

① 方光焘 1990《语法论稿》，南京：江苏教育出版社。

② 参阅中国社会科学院语言研究所词典室编《现代汉语词典》"海"条。

③ "述词"的范围大致包括我们一般所说的动词和性质形容词。参阅：卢英顺 2005《形态和汉语语法研究》，第 63—66 页，上海：学林出版社。

当类似这些"功能增益"现象逐渐增多时，就有可能从临时活用转向兼类。如"科学"和"精神"就可看作兼类。张伯江(1994)①称此类现象为"功能游移"。我们之所以不采用"功能游移"这一术语，并不是要标新立异，而是因为"功能游移"给人的感觉很可能是原有功能的丧失，因此我们采用个更加明确的说法："功能增益"，它说的是某词在原有功能的基础上又增加了些新的功能，而原有功能并未丧失。

4. 词的功能退化和功能转移

"功能退化"指的是某个(些)词原有功能的逐渐丧失。退化的过程中往往伴随着功能增益，其结果往往是，一方面，原有功能逐渐退化；另一方面，新的功能逐渐增益，这种退化和增益达到一定程度时，就会发生质变，即原有功能的消失和新功能的出现。这种转变结果就是"功能转移"。注意，不要把这里的"功能转移"和张伯江(1994)的"功能游移"相混。

王力(1984)②指出，汉语中的"思想""成就"原先是动词，现在却是名词，功能发生了转移。汉语中的介词多由动词演变而来，石毓智(1995)③推断，介词从动词的演化过程大致经历以下几个阶段：(1)普通动词；(2)经常或只出现于次要动词位置；(3)退化掉普通动词与指示时间信息有关的句法特征而转化为介词。从我们对词语的功能退化和功能转移之间的关系看，石的这一推断是很有道理的。现代汉语中表示体标记的"了"和"着"，原先都是动词，经过了曲折的发展过程以后，才成了今天这样(参王力 1982：305—311)④。从动词到体标记(或称动态助词)，其功能发生了大大的转移。跟上一节联系起来，部分词的功能演变情况大致如下图所示：

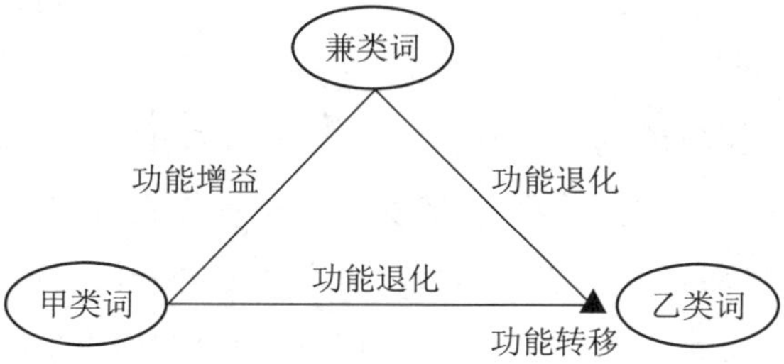

① 张伯江 1994 词类活用的功能解释，《中国语文》第 5 期。
② 王力 1984《词类》，上海：上海教育出版社。
③ 石毓智 1995 时间的一维性对介词衍生的影响，《中国语文》第 1 期。
④ 王力 1982《汉语史稿》(中册)，北京：中华书局。

上图的意思是，有些词功能转移过程中，经过“兼类词”阶段；而有的词则有可能由甲类词的功能直接退化而转移到乙类词。“了”从动词到动态助词的转移可能就是功能直接退化而成的；而“思想”由动词到名词就经过了“兼类”的阶段，这种兼类现象在现代个别人的文章中还能见到，如“那个时候有的人不如猪狗。这倒不是说真的猪狗不如，而是不允许你思想，更不允许你把思想用语言表达出来”(吴)。这种演变过程启示我们：不同词类之间不可能是泾渭分明的。

吕叔湘(1984：487)①指出：“由于汉语缺少发达的形态，许多语法现象就是渐变而不是顿变，在语法分析上就容易遇到各种‘中间状态’。词和非词(比词小的比词大的)的界限，词类的界限，各种句子成分的界限，划分起来都难于处处‘一刀切’。这是客观事实，无法排除，也不必掩盖。”因此，正如范继淹(1985)②所说：“任何分类都很难做到泾渭分明，总是两头清楚，中间模糊，只能求其最大限度地缩小中间的模糊状态。”吕叔湘、范继淹所说的正是原型范畴的特点，也是汉语的事实。

5. 原型分类与传统分类的几个相关问题

传统词类划分中经常涉及“必有功能”和“非必有功能”、“主要功能”和“次要功能”、“经常功能”和“临时功能”等术语。这些不同的功能在原型分类中有何作用？上文已经说过，某成员是否属于某范畴跟它是否具有某项特征没有决定性的联系。比如多数名词能受数量短语修饰，而“张三”“体育”等则不能，但这并不影响我们把它们归入名词；多数动词能带宾语，而“打架”“跑步”等则不能，这也不影响它们作为动词的资格。可见，在原型分类中，没有必有功能和非必有功能区分的必要。

主要功能和次要功能的区分在传统分类中有着重要的意义。主要功能往往具有效度高的特征，因此在给某范畴确定参照系时起着重要的作用。但是在被选作参照系的几项特征(功能)之间，不再有主要的和次要的区别，比如，动词中有一小部分能够重叠，传统分类中也许把重叠看作动词的一项次要功能。在原型分类中，由于“重叠”这一特征效度不高，我们没有把它选作参照特征。而

① 吕叔湘 1984《汉语语法论文集》(增)，北京：商务印书馆。

② 范继淹 1985 无定 NP 主语句，《中国语文》第 5 期。

在被选入参照系的五项特征中，它们的地位平等，没有主次之分。

至于临时功能，相当于这里所说的功能增益。同一功能的增益现象逐渐变多时就会成为经常功能，这种不同的“经常功能”逐渐增多时，就使某词获得了一个新的(次)范畴。

6. 结 束 语

6.1 本文在传统词类研究的基础上吸收了认知心理学和认知语言学的一些研究成果，为汉语的词类划分问题试探了一条新路。本文所做的只能说是方向性的探索，具体问题研究的深入还有待于同仁的共同努力。比如如何建立参照系(包括怎样确立参照特征)？参照特征的不同必然会导致参照系的不同，而参照系不同又必然会影响到词类成员的归属。

6.2 传统语法划分词类时常出现两难的境地。如果以单一标准来分类，往往无济于事；如果以多项标准来分类，会出现两种情况：这些标准是析取还是合取？析取的话会陷入前一种境地，合取的话，遇到冲突时又何去何从？或者缺这项特征或那项特征时又怎么办？本文提出的分类原理，既符合词类划分对多项标准的需求，又避免了多项标准的不足。

6.3 袁毓林(1995)①也从认知的角度给汉语的词进行分类，但本文的一些具体操作方法和袁文的不同。袁文在具体操作上似仍存在着经典理论分类的缺陷。比如他给形容词下的定义是“经常做谓语和补语，受程度副词修饰后不可带宾语的词”，根据这个定义，“用功”是不是形容词？因为“用功”只符合上述定义中的两条，而不符合“经常做补语”这一条。根据本文的操作方法就能圆满解决这个问题。

6.4 词类范畴具有原型性，因此，词类与词类之间在特征上不可能是泾渭分明的，我们之所以以0.5为界限，是为了框定某类词的主要成员，否则就无法分类。

(原载范晓、李熙宗、戴耀晶《语言研究的新思路》，
第66—76页，上海教育出版社)

---

① 袁毓林 1995 词类范畴的家族相似性，《中国社会科学》第1期。

汉语中的动词和形容词宜合为一类

摘　要　本文对汉语中动词和形容词的句法功能重新进行审视，发现它们之间存在着很多共性，指出传统两分法的根源和不足，从而主张汉语中的动词和形容词宜合为一类，同时指出合类的好处。

关键词　词类；形态；述词

0. 前　　言

汉语中动词和形容词的分合问题一直存在着分歧。从有关文章来看，这种分歧只是表面的，实质上没有什么大的差异；因为主张动词和形容词合类还牵涉到次范畴分类问题。因此不同的人提出各自的划界标准，但结果并不理想。[①]部分原因似乎是这样的：从语感上看，某某是动词，某某是形容词，然后再找出它们的差异来。

我们主张，要从汉语事实出发，从动词和形容词的形态表现出发，来看动词和形容词之间的功能差异如何，再谈分合问题。

1. 动词和形容词之间

语法学上词类的划分是基于句法功能的，而这种功能是通过各种各样的形态表现出来的。我们从汉语中动词和形容词各自的主要形态出发，看看它们之

---

① 参阅：卢英顺 1996 动词和形容词划界问题研究综述，载胡裕树、范晓主编《动词研究综述》，太原：山西高校联合出版社。

间的共性和个性情况如何。综合众家之说,①动词的形态主要表现为:

(1) 能用副词“不/没(有)”修饰,如“不来”“没有去”;

(2) 大部分动词能带宾语,如“吃水果”“打乒乓”;

(3) 能带动态助词“了/着/过/起来”等;

(4) 可以用肯定否定相重叠的方式表示疑问,如“这本书你喜欢不喜欢?”;

(5) 部分动词能重叠;

(6) 大多数动词能带动量补语,如“跑三趟”。

关于词的分类,吕叔湘(1984:505)②曾经指出:“理想的标准应该是对内有普遍性,对外有排他性(不开放性)。”我们不妨看看上述动词的六条形态的“对内”和“对外”情况如何。

先看看“对内”情况。就带宾语而言,汉语中不带宾语的动词也不少,据吴锡根(1995)③对《现代汉语词典》中动词带宾语情况的考察,绝对不带宾语的动词要占动词的37.4%,如“跑步、打架、相遇”等都不能带宾语。从后面带动量补语来看,“跑步、打架、洗澡、理发”等,都不能直接在后面加数量补语,如“*跑步三次/三十分钟”“*打架两次”等。至于重叠,据龚继华(1981)④的考察,普遍性很差。

再看看“对外”情况。说动词能用“不/没(有)”修饰固然不错,但形容词也具备和它们相结合的能力,如“不漂亮”“不红”“没熟”“没胖”等。说动词能带宾语,范晓(1983)⑤指出形容词在一定条件下也可以带宾语,如“大他三岁”中的“大”;而形容词后带动态助词则是非常普遍的现象,如“红了”“胖起来”“瘦下去”等。有人认为,形容词带宾语或动态助词后,已经变成了动词。我们认为,这是深受印欧语动词、形容词观念束缚的结果。如英语中的形容词,一般认为它不能带宾语,也没有时态变化,这和它不能直接作谓语相关(可参范晓1983);英语中只有动词才有可能带宾语,有时态变化,以英语中形容词的形态特点来看汉语中的形容词,发现汉语中的形容词后跟动态助词或宾语,只好说它变成

---

① 参阅:陈望道 1984《文法简论》,上海:上海教育出版社;胡裕树主编 1987《现代汉语》(增订本),上海:上海教育出版社;赵元任 1979《汉语口语语法》,北京:商务印书馆;朱德熙 1984《语法讲义》,北京:商务印书馆。

② 吕叔湘 1984《汉语语法论文集》(增),北京:商务印书馆。

③ 吴锡根 1995 动词带宾语情况的考察,载胡裕树、范晓主编《动词研究》,开封:河南大学出版社。

④ 龚继华 1981 谈谈动词和形容词的重叠,《天津师院学报》第1期。

⑤ 范晓 1983 关于形容词带宾语问题,《汉语学习》第5期。

了动词。然而这并不符合汉语事实(下文还要涉及)。从肯定否定相重叠表示疑问这一点看,形容词也不乏此类现象,如"他的女友漂亮不漂亮?""那本词典贵不贵?"等。形容词后也可带数量短语作补语,如"她很害羞,和她开一句玩笑,她的脸能红半天"。

反过来再看形容词方面。形容词除具有和动词相同的形态特点外,还有以下两点:(1)绝大多数形容词都能受程度副词的修饰;(2)形容词能作定语。就第(1)点而论,动词中表示心理活动方面的词语,也可以受程度副词修饰,如"很喜欢""非常想念"等,当然,动词和程度副词结合后还能再带宾语。不过仅凭这一点把动词和形容词分开,那大可不必。比如,动词中有一类不能带宾语,有没有必要把这类从动词中分离出来?似乎还没有人这么做。就第(2)点而言,汉语中的词语多为多功能的,动词加"的"后也可作定语。

可见,汉语中动词和形容词之间真正是"剪不断,理还乱"。

2. 动词和形容词合类:述词

从意义上看,传统的动词和形容词之间确实有一定的差异:动词多表示行为活动,形容词多表示性质。但语法上的词类不是以意义为标准划分的,这正如现实生活中的性不能和语法中的性总是保持一致一样。就是语法中的性,在不同语言中也有一定的差异。从功能上看,别的语言里有动词和形容词的分别,不等于汉语中也如此;这正像别的语言里有名词和形容词的分别,而梵文的名词和形容词合成一类一样(参俞敏 1984:57①)。如果我们在汉语的词类划分上,真正像方光焘说的那样,从表现形态出发,凭形态而建立范畴,那么我们就不会在汉语中分出这样的动词和形容词来,因为汉语中的动词和形容词在形态的表现上有较多的共性。主要有以下几点:

(1) 能受副词"不/没(有)"修饰,能肯定否定相重叠表示疑问;

(2) 后面能带动态助词"了/起来"等表示"完成体""开始体"等,或带零形态标志表示习惯性行为或某种属性("一般体");

(3) 不少词语后面能带宾语;

---

① 俞敏 1984《名词、动词、形容词》,上海:上海教育出版社。

(4) 能出现在名词类后面构成主谓关系;

(5) 后面能带数量短语或其他成分构成述补关系。

我们不妨举数例来看看。比如“吃”和“跑步”,“吃”完全符合上述五条形态特点,而“跑步”不具备第(3)、(5)项特点,因为不能说“* 跑步三十分钟”“* 跑步累了”之类,但它还是基本具备这些形态特点。再看看“成熟”和“红”,它们都能受“有”或“没有”修饰;也能后接动态助词,如“他成熟起来了”“花红了”;也能带补语,如“成熟多了”“红透了”;它们都符合第(4)条形态特点;但对第(3)点反应不同,“成熟”后不能带宾语,而“红”则可以,如“红了脸”。可见它们或完全具备或基本具备这些形态特点。比较“吃”“跑步”和“成熟”“红”,我们完全可以把它们归为一类,可称之为“述词”,也有人称之为“谓词”“用词”“广义动词”。

附表:

形态 例词	(1) 不/没有	(2) —了/起来	(3) —宾语	(4) 名词—	(5) —补语
吃	+	+	+	+	+
跑步	+	+	−	+	−
成熟	+	+	−	+	+
红	+	+	+	+	+

把汉语中的动词和形容词合为一类,从汉语事实看如此,从理论上看也如此。据俞如珍、金顺德(1994)①介绍,生成语义学家提出了这样一种假设:如果有两个句法范畴,它们共同具有某一个句法特征,那么这两个句法范畴是同一范畴的两个成员。根据这一假设,(至少在汉语中)形容词和动词属于同一范畴,因为汉语中的动词和形容词在形态的表现上有相当多的共性;从语义特征上看,都具有[可控]和[—可控]语义特征的对立。具有[—可控]语义特征的动词和形容词都不能用作祈使句的谓语,而具有[可控]语义特征的动词和形容词,从句法上对其选择来看,都可用作祈使句谓语。②试比较:

[—可控]	[可控]
* 别获悉了/* 别去世了	别叫他/别捣乱
* 别瘦弱了/* 别难看了	小心/再自然一点儿

① 俞如珍、金顺德 1994《当代西方语法理论》,上海:上海外语教育出版社。

② 袁毓林 1993《现代汉语祈使句研究》,北京:北京大学出版社。

李宇明(1996)[①]指出,形容词都具有程度性,而动词的最重要的特点是它的时间性。程度性表现在句法上就是能受程度副词修饰,时间性表现在句法上就是能后跟动态助词。汉语的事实恰恰表明,很多形容词具有带动态助词的功能,因而也具有时间性;部分动词又能受程度副词的修饰,因而也就有了程度性。可见,程度性和时间性在汉语的动词和形容词范畴中并不是对立的。

因此,从更抽象的角度讲,汉语中的动词和形容词也应看作同一范畴的成员。

综上所述,我们有理由把汉语中的动词和形容词合为一类。之所以用"述词"不用"谓词"等,是因为述词的范围和下位分类将与谓词等不同,以免混淆。

语法学史上,最早主张把动词和形容词合为一类的是傅懋勣(1942)[②](他把介词也合在一起),后来赵元任(1979)[③]把它们合为广义动词,陈望道(1984)[④]在《文法简论》中称之为用词,朱德熙(1984)[⑤]把它们称为谓词。但这种合类是不彻底的,因为它们的下位分类不是严格根据表现形态来区分的,而是或多或少受到了意义的束缚或印欧语系动词和形容词分类的影响。具体原因上文有所涉及,下文还要谈到。

3. 汉语语法把动词、形容词两分的根源及不足

汉语语法学有着先天的不足,那就是从《马氏文通》起就深深地打上了西洋语法的烙印。动词和形容词的两分,可谓由来已久。如果说动词和形容词两分合理的话,那也指的是像英语这样的语言。在英语中,动词和形容词在语法功能上有明显的对立,表现在:(1)动词可以直接充当谓语,而形容词必须借助联系动词 be, get, become 之类;(2)由于动词可以直接充当谓语,所以谓语动词本身可以有不同的时、体变化,而形容词则不能;(3)动词充当定语必须是非限定形式,而且往往位于名词之后,而形容词可以直接作定语;(4)大多数形容词

---

① 李宇明 1996 非谓形容词的词类地位,《中国语文》第 1 期。
② 傅懋勣 1942 现代汉语动词形容词介词为一类说,《中国文化研究汇刊》卷二。
③ 赵元任 1979《汉语口语语法》,北京:商务印书馆。
④ 陈望道 1984《文法简论》,上海:上海教育出版社。
⑤ 朱德熙 1984《语法讲义》,北京:商务印书馆。

有“级”的语法范畴(比较级加-(e)r或more,最高级加-(e)st或most,而动词没有,例如:

(1) a. They study well.

b. She looks quite young for her age.

c. His English is good.(* His English good.)

(2) a. John came back yesterday.

b. I have been reading for a few hours.

c. Mary was ill yesterday.(* Mary illed/is illed yesterday.)

(3) a. I have a lot of work to do.

b. I bought a new book.

(4) a. She is prettier than her sister.

b. She is the prettiest in her class.

c. * I lover/more love films.(比较:我更爱看电影)

可见,英语里动词和形容词分开是必要的,也是可能的。而在汉语中,动词和形容词之间原本就没有根本的对立而硬要把它们分属不同的词类范畴,遇到形容词与动词有相同的形态特征时,就说形容词在这时候已转变成了动词,这实在是一种削足适履的办法。此外,传统语法对动词和形容词的分类在很大程度上是依赖概念意义的,这种分类往往会导致这样的结果,就是语感上觉得是动词的,如“疼”“痒”“用功”,等等,其功能特征则又和形容词一致,比如能受“很”类修饰:“很疼”“很痒”“非常用功”,又不能同时带宾语。即使按照朱德熙(1984)对形容词的严格定义去衡量,它们仍可归入形容词。

4. 动词、形容词合类的好处

语法上的动词和形容词分类,由于其本身的不科学而忽略了它们之间更多的共性。人们往往“先入为主”,认定动词应该具有什么样的形态特征,形容词具有什么形态特征;发现语言事实中的形容词不符合认定的特征,就说是“转类”或“兼类”。这主要表现在:(1)形容词后带动态助词;(2)形容词后带宾语;(3)部分双音节形容词在一定场合可以ABAB式重叠,如“考试考完了,今天晚上可以轻松轻松了”“她老是不开心,你应该想办法让她高兴高兴嘛”。相反的情形是部分双音节动词也可以 AABB 式重叠，例如（参张理明 1984）：

(5) 他觉得她有点咋咋呼呼，每天说的话，走的路，抽的烟和喝的酒都超过了应有的限度。

(6) 老赵嘴一张开，好像就没有法闭上似的，唠唠叨叨地说个不休。

(7) 你们老在屋里叽叽咕咕些啥呀？

(8) 大半个月亮遮遮掩掩，一些星星时隐时现。

(9) 我踉踉跄跄朝棚子奔过去。

(10) 她睁开发红的眼睛，迟迟疑疑地听了几次，然后才抬起颤颤抖抖的手……

语法学界对这种现象看法也不一，有的认为，动词以 AABB 式重叠后已变成了形容词，有的则认为重叠后还是动词，也有的认为不能一概而论，因为有的动词以 AABB 式重叠后仍可带宾语，如上述例(7)中的"叽叽咕咕"，有的还能带补语，如"嘿，死脑筋！""陶老头神情诡谲地凑在老婆耳边唧唧哝哝了一番，那老婆恍然大悟"。这种情况似应看作动词，虽然它们"都具有一定的描述性"；但也确实有一部分双音节动词以 AABB 式重叠后，"描述性比较强，经常用作修饰语（主要是作状语），这类重叠式，接近状态形容词。"（张理明 1984①）

我们认为，如果能正视汉语事实，把原先的动词和形容词合为一类，这些问题也就不会再纠缠我们了，以双音节形容词为例，部分形容词既可以 AABB 式重叠，又可以 ABAB 式重叠。以 AABB 式重叠描写性很强；以 ABAB 式重叠确实有"动态"之感，承认它是形容词吧，又有悖于语感，只好说它变成了动词或兼类词。再比如说双音节动词，以 ABAB 式和 AABB 式重叠后所表示的语法意义确实存在着一定的差异，如果因此就说以 ABAB 式重叠是动词，以 AABB 式重叠就变成了形容词，则难以让人信服，上文所述的对这种情况的不同看法恰恰就证明了这一点。采用合类说就可以圆满地解决这些问题。如可以这样说，述词中有一部分以 ABAB 式重叠，有一部分以 AABB 式重叠，还有一部分是兼而有之。以 ABAB 式重叠具有很强的"动态"性，以 AABB 式重叠有很强的描写性，传统意义上的状态形容词是以 ABAB 式重叠的，如"雪白雪白""通红通红"，描写性很强，但根据它们的形态表现，这类词不属于述词，所以不会和上文的说法发生冲突。

---

① 张理明 1984 试论动词 AABB 重叠式，《汉语学习》第 4 期。

5. 述词的次范畴

我们的“述词”概括了传统的动词和部分形容词，而这两方面前人和时贤又研究得很深入。对动词和形容词的分类研究成果，在给述词分类时可以用来作参考，如从价的角度分类，动态和静态的区分，等等。对此，这里不准备赘述。下面仅就述词带宾语情况和受程度副词修饰情况作一图示：

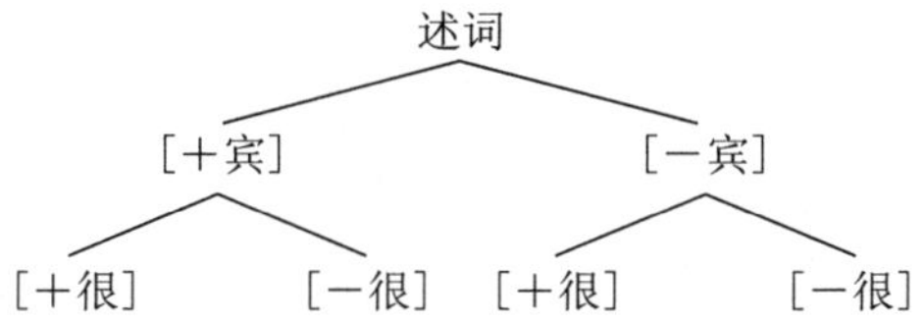

(11) 我很怕他

(12) * 我很吃苹果

(13) 她很漂亮

(14) * 那小孩很哭了

由上图可见，述词有带宾语和不带宾语两种情况；无论带宾语还是不带宾语的述词，都有受程度副词修饰和不受程度副词修饰的分别。

6. 结　　语

词类的问题在汉语语法中也算是老话题，汉语语法受印欧语语法词类系统的影响，把动词和形容词看作不同的(次)范畴，并一直在探索两者的界限，然而结果并非令人满意。我们认为，问题的症结在于：汉语语法在这方面受印欧语语法影响太深，没能从汉语事实出发。从本文所述不难看出，英语中动词和形容词在功能上的对立是显而易见的，然而汉语则不然，汉语中的“动词”和“形容词”表现出相当多的共性。如果我们能正视汉语这一事实，将它们合为一类，再深入研究其次范畴的功能，(不能像传统那样再分出动词和形容词！)有些问题也就容易解决一些。

本文的述词不包括“雪白”之类，它们在功能上与述词差异很大，应该独立出来，有人称之为“状态词”。①

汉语中动词和形容词的分合问题告诫我们：虽然我们都主张从汉语事实出发去把握汉语语法的特点，但真正做起来又谈何容易！

（原载《烟台师范学院学报》1999 年第 2 期，第 49—54 页）

① 高更生 1995 汉语词分类的设想，《中国语言学报》第 6 期，北京：商务印书馆；袁毓林 1995 词类范畴的家族相似性，《中国社会科学》第 1 期。

从认知图景看不及物动词带宾语问题

——兼谈对外汉语教学中的相关问题

提　要　不及物动词带宾语现象在当代汉语中有日渐增多的趋势，本文从认知图景的角度论述不及物动词之所以能带宾语的语义基础，并从语义—句法映射的角度论述其带宾语的可能。语用动因使带宾语成为现实。

关键词　认知图景；不及物动词；宾语

0. 引　　言

所谓“不及物动词带宾语”指的是下列这种现象：

(1) 张曼玉颁奖章子怡(网络标题)

(2) 刘翔献花宋祖英　替母追星羞红脸(搜狐新闻标题，2010-03-19)

(3) 那眼光挑剔着周围的一切。(路遥《平凡的世界》第三部)

这些例子中的动词“颁奖”“献花”“挑剔”原本都是不及物动词，现在却都直接带了宾语。

“不及物动词带宾语”这种说法看似一个悖论：一般的说法是，能够带宾语的是及物动词，不能够带宾语的动词是不及物动词。这就存在这样一个问题：一个动词，如果它是不及物动词，它就不能带宾语；如果它能带宾语，那它就不是不及物动词。为避免这种悖论式的表述，有的学者以“VO 结构带宾语”来称这种现象，其中的“VO”既可以是词，也可以是短语。这种称法虽然避免了上述悖论式的表述，但也带来了新的问题，即从词法上看，属于支配式(或动宾式)的动词，在句法表现上既可以是及物动词，如“担心”“起草”，也可以是不及物动词，如“熬夜”“开幕”；这样的话，如果深究，就得进一步探讨什么样的支配式动词是及物动词或不及物动词，问题将会变得十分复杂。如果换个角度看，句法表现上是不及物动词，在词法层面上也未必是支配式，如“林立”“睡觉”；在讨论带宾语的不及物动词时必然会遗漏这一部分。

考虑到上述原因，本文沿用“不及物动词带宾语”这一说法。这一说法看似悖论，其实大家都能理解，只要清楚，这里的“不及物动词”说的是其原先的句法功能，比如说是 20 世纪 90 年代以前的用法，而“带宾语”则说的是 90 年代以后的情形。上述例(1—3)的常规说法是：

(1′) 张曼玉给章子怡颁奖

(2′) 刘翔向宋祖英献花

(3′) 那眼光对周围的一切很挑剔。

从现有的研究文献来看，研究者或着眼于不及物动词的配价，或着眼于其词化程度；其后的讨论则涉及这种现象的语用特点。杨文全和王刚(2004)①对相关研究作过综述。本文试图从认知图景出发，探讨这种现象得以产生的内在动因。

1. 对现有研究的一些反思

不及物动词带宾语，除了语用因素之外，不少学者着力于这类动词自身的特点，主要有两点：一是跟动词的配价有关，二是跟该动词的词化程度有关。刘大为(1998)②就曾指出：“动词能否带宾语首先是一个语义问题”，“语义上应该都是多价的，也即在已经占据了主语位置的支配性论元之外，至少还需要再带上一个支配性论元”。刘文同时还指出：“动宾动词的词化程度越高，对句法结构的干扰就越小，带宾语的可能性就越大。”陈昌来和胡建锋(2003)③也表达了类似的观点：“汉语中动宾式合成词虽然可以带宾语，但能带宾语的动宾式合成词一般都是较为典型的词，即是说具有较高的作为词的资格。”不过，朱军和盛新华(2008)④指出：“动词的词化程度高只是‘动宾结构带宾语’的必要条件，能

---

① 杨文全、王刚 2004 八十年代以来语言学界“动宾式动词＋宾语”现象研究述论，《西南民族大学学报》第 12 期。

② 刘大为 1998 关于动宾带宾现象的一些思考(上)，《语文建设》第 1 期。

③ 陈昌来、胡建锋 2003 带受事成分的不及物动词的考察，《语言教学与研究》第 3 期。

④ 朱军、盛新华 2008 “动宾结构带宾语”格式成因探究，《汉语学习》第 3 期。

否带宾语关键要看语义上的要求。”

我们不妨先看看词化程度与带宾语之间的关系。词化程度高的不及物动词，如“动员”“担心”等能带宾语，这不成问题。不过，词化程度高的不及物动词不一定就能带宾语，“操心”“结婚”等就不能带宾语。所以，朱军等把词化程度高只看作不及物动词带宾语的必要条件而不是充分条件。值得注意的倒是这样一种现象，即词化程度不高的不及物动词能否带宾语？例如：

(4) 刘翔**献花**宋祖英　替母追星羞红脸(搜狐新闻标题，2010-03-19)

(5) 回京路上被拦，未按限号规定**罚款** 100 大洋(微博)

上述例子中的“献花”和“罚款”词化程度如何？刘大为(1998)提出了考察一个词的词化程度的三个方面：首先是构词语素的粘着程度，其次是构词语素的语义融解程度，第三是构词语素间因使用习惯而造成的结合的紧密程度和稳定程度。这三个方面可归结为一点，即“词的扩展能力”。邹立志和周建设(2007)①也表达过同样的观点：“带宾能力跟可扩展能力呈现出相关性，可扩展性越高，越不能带宾，可扩展性越低，越能带宾。”这就意味着，扩展能力越弱的，其词化程度就越高；反之，扩展能力越强的，其词化程度就越低。从这点来看，“献花”和“罚款”都不能算是词化程度高的词，因为它们都具有一定的扩展能力：

(6) 他终于敢给他心仪已久的女孩献了一束花。

(7) 你把花献给她了没有？

(8) 交警罚了闯红灯过马路的人每人 50 元款。

(9) 款是罚了，但那些人的文明素质就能因此而提高吗？

由此看来，词化程度高并不一定是不及物动词能带宾语的必要条件。

接下来再看看动词的配价数量与带宾语的关系。一般情况下，能带宾语的至少是二价动词。但是，从配价的角度看，“攀比”“签约”和“打包”只是一价动词，但在下列例子中它们都带上了宾语：

(10) 立足于当前发展中国家的经济水平，在大学入学率上**攀比**发达国家的目标，这是否合理呢？(薛涌，新浪博客，2010-03-07)

(11) 他相信，这次**签约**林飞，无论是否成功，和王禺丹的关系肯定是接上了。(黄晓阳《阳谋高手》)

① 邹立志、周建设 2007 动宾式动词规范问题的深层理据，《语文研究》第 1 期。

(12)(俞吾金)在旧书摊上和旧书店里,他淘了700多本哲学著作。临上飞机前,他**打包**了39箱书,整整195公斤。(深切怀念俞吾金教授,《复旦》,2014-11-05)

上述现象表明,从配价的角度看一个动词能否带宾语也会遇到麻烦。张志英和匡腊英(2003)①对带宾语的不及物动词的配价有个限定,即必须是准二价动词。她们明确地说:"从配价角度考察,能出现在'V+O'格式中的不及物动词绝大多数为准二元动词,该动词要求两个名词性成分与它发生强制性的句法联系,并且当这两个名词性成分与之共同出现时,其中一个名词性成分必须用介词来引导。"即便如此限定,也无法解释"打包"带宾语的现象。"打包"带宾语绝非个案,我们还搜集到如下诸例:

(13)他们刚搬进来住了一年。"搬家那会儿,一共**打包**了将近50箱书,花了两天时间才搬完。"(搜狐教育,2013-12-30)

(14)帮我**打包**两个肉丸(一学生买菜时所说,2014-06-20)

(15)除了涨价,更令馆长们感到苦恼的是各类捆绑销售:**将**优秀的期刊和平庸的期刊**打包**、纸质期刊和电子期刊**打包**、期刊和学位论文**打包**……(《文汇报》,2014-01-14)

其中,例(15)中的画线部分是介词"将"的宾语,不妨变相地把它们看作"打包"的宾语,否则将无法解释这一"将"("把")字句的成立。

有的学者没有直接提配价问题,只是提"语义要求",但在到底需要什么样的语义要求这个关键问题上却语焉不详。

针对不及物动词带宾语这一现象,也有人从概念整合、语法整合角度来探讨,如王珍(2006)。②王文似乎吸收了生成语法理论中的轻动词理论的一些设想。但我们认为,问题似乎没有这么复杂,解决这一问题的关键是相关词语所激活的认知图景。

2. 从认知图景看不及物动词带宾语现象

如何从认知图景看不及物动词带宾语现象?这涉及相关认知图景所激活

① 张志英、匡腊英 2003 从配价角度看不及物动词带宾语现象,《浙江师范大学学报(社会科学版)》第3期。

② 王珍 2006 汉语不及物动词带宾语结构存在的认知理据,《汉语学报》第3期。

的认知要素、认知要素的凸显以及不同认知图景之间的相互作用。

不同的词语可以激活不同的认知要素，这些要素就是潜在的语义成分。（卢英顺 2005①）这些要素经过第一次凸显以后就成为现实的语义成分，经过第二次凸显就可能成为主题或主语、宾语，这些都是语义成分在句法结构上的映射。（卢英顺 2008②）同一语义成分可以映射为不同的句法成分。（卢英顺 2014③）从理论上说，就动词而言，如果一个动词能激活两个认知要素，那么其中的一个就有映射为宾语的潜能。至于它是否一定映射为现实的宾语，这里有习惯因素的影响，也有语用因素的影响。而习惯是可以改变的。这些就是过去是不及物动词现在却能带宾语的关键所在。

我们不妨以“献花”“签约”和“打包”为例来看看它们各自所能激活的认知要素。“献花”所能激活的认知要素有：献花行为，实施这一行为的主体，行为所涉及的对象（即这花要献给谁）。如果要同时凸显行为主体和行为对象，并且让行为对象成为新信息的焦点，那么“刘翔献花宋祖英”就是一个水到渠成的选择。类似地，“签约”所能激活的认知要素有：签约行为，实施签约行为的主体和对象（或可看作是两个行为主体）以及签约内容，还可能涉及契约的有效期；如果是商业投资之类，还涉及投资额这一要素。如果只需要凸显行为主体和对象而不涉及签约内容等要素，就容易产生“（他）签约林飞”这样的句子。以签约内容等要素为宾语④的句子也有可能存在，为此我们在网络上进行了搜索，发现了相关的例子（含新闻标题）：

(16) 汉口精武、福娃集团等 16 家农产品生产加工企业与商超、电商企业**签约**“<u>联姻</u>”，采购金额达 1.45 亿元。

(17) (2015 年)8 月 17、18 日，第三届贵州・台湾经贸交流恳谈会在贵安新区、安顺市分别举行了经贸推介，现场**签约** <u>4 个合作项目</u>。

(18) 英超劲旅曼城官方宣布签下了来自西甲瓦伦西亚的阿根廷中卫奥塔门迪，双方**签约** <u>5 年</u>。

(19) 因婚外情遭黑人解约之人重返 SBL 与台啤**签约** <u>4 年</u>

---

① 卢英顺 2005 认知图景与句法、语义成分，《复旦学报》第 3 期。

② 卢英顺 2008 关于认知图景的几个问题，《语言科学》第 6 期。

③ 卢英顺 2014 语义成分在句法结构上的映射——以“捆扎”类动词为例，《汉语学习》第 5 期。

④ 例(18、19)中的“4 年”“5 年”虽然表示“时间”，但不宜看作补语，因为它们既不表示动作的持续时间，也不表示动作结束后所经历的时间。我们以为，应该把它们看作宾语。

(20) 首届装洽会(珠江西岸先进装备制造业投资贸易洽谈会)**签约**1 511亿元“中国智造”换挡加速

(21) 农超对接会**签约**1.45亿元

上述例(16)、(17)中的“联姻”“4个合作项目”为“签约”的内容,例(18)、(19)中的“5年”“4年”为契约的有效期,例(20)、(21)“签约”的宾语为投资额。我们还发现了签约对象(王思聪)和签约内容(进军中国)同时出现在“签约”后的例子:

(22) T-ara送粉丝礼物台下卖萌玩自拍**签约**王思聪进军中国

至于“打包”,它所能激活的认知要素除行为本身和行为主体外,还涉及要“包”的东西是什么,可称之为“打包内容”。说话人如果要凸显“打包”的内容,就很有可能让这一认知要素映射为宾语。

如果我们把不及物动词带宾语格式码化为“V(XY)+O”的话(其中的X、Y表示构成V的两个语素),从搜集到的语料来看,不及物动词所带的宾语(O)这一成分,有的是不及物动词整体V所激活的认知要素,有的则只是不及物动词内部的某一成分(X或者Y)所激活的认知要素。

2.1 宾语与V整体的关系

所谓“宾语与V整体的关系”,如上所述,是指充当宾语的这一语义成分是由V(XY)整体激活出来的认知要素。这一认知要素在一定的语用动因促动下,在句法结构上充当V的宾语。这类现象比较普遍,前述例子多为这类。再比如:

(23) 尾崎教练凑到网前,“威胁”对手:“输的一方,**请客**哈根达斯。”(《申江服务导报》,2004-09-01)

(24) (大学语文教学)既不能完全顺着中学语文的路子来**教学**大学语文,必须要有提升;也不能完全放开,不宜讲成一般文学鉴赏或者文化史那种类型的课。(温儒敏,《语文建设》2010年第2期)

(25) 与DR公司的成功合作,使吉奥顺利**登陆**欧洲市场。(《文汇报》,2008-06-26)

(26) 菲“第一先生”转危为安 阿罗约**迟到**利马APEC峰会(标题)(《文汇报》,2008-11-23)

例(23)—(26)中的相关动词是典型的不及物动词,然而它们都带了宾语。“请客”认知图景所激活的认知要素,最容易想到的是实施这一行为的主体(即谁请客)及行为对象(即请谁),此外还可以激活一个重要的认知要素,即请人吃什么、喝什么之类,我们称之为"请客内容"。就例(23)而言,谁请客,请谁,这些问题都很清楚,这种情况下,信息焦点自然是请客内容,于是以"(吃)哈根达斯"作宾语。例(24)中,"教学"认知图景可以激活"所教的课程"(大学语文)这一认知要素,如果要凸显这一要素,让它作宾语则是自然的选择。例(25)中,"登陆"认知图景很容易激活处所要素,现在要凸显这一要素,于是以"欧洲市场"为宾语。例(26)这种说法十分难得,平常我们只说"XX迟到了",涉及的是迟到这一行为的主体,这一要素容易被激活;但我们往往忽略了另外一个认知要素,即干什么事迟到了,如上课、开会等。一般情况下,这一要素在语境中是明确的,所以无需涉及;但是,如果在某种语境下需要凸显这一要素,它就可能出现在宾语位置,如例(26)中的"利马APEC峰会"。

2.2 宾语与X或者Y的关系

所谓"宾语与X/Y的关系"是指充当宾语的语义成分是由X/Y所表示的认知图景激活的认知要素。从搜集到的语料来看,充当宾语的语义成分多由Y激活,例如:

(27) 创**刊**了《世界日报》/取**名**《春梦》

(28) 据消息人士透露:中央电视台著名主持人白岩松将**挂职**陕西省咸阳市副市长,主要分管教育、科技、文化广电新闻出版等工作……昨日,白岩松向本报记者否认了此事。(搜狐新闻,2010-09-27)

(29) 信息学院组织"传帮带"教学培训 青年学者"**拜师**"退休教授(《复旦》,2011-04-21)

例(27)中,"创刊"中的"刊"可以激活刊物的名称,因此"《世界日报》"可以作"创刊"的宾语;"取名"中的"名"可以激活具体的名字,因而"《春梦》"可以作其宾语。类似地,例(28)中"挂职"的"职"可以激活具体的职务,这就是"……副市长"可以作"挂职"宾语的深层语义基础。例(29)"拜师"的"师"可以激活"师者为谁",因而"退休教授"有作宾语的潜能。

虽然充当宾语的语义成分多由V中语素Y激活,但是,也有由语素X激活的,这样的不及物动词其内部构成关系不是支配式,例如:

(30) 母亲放弃自己的事业到国外**陪读**儿子。(《文汇报》,2013-12-26)

例(30)中,"陪读"的"陪"可以激活"所陪的是谁"这一认知要素,因而带"儿子"作宾语似乎也是顺理成章的事。

3. 不及物动词所带宾语的种类

不及物动词所带宾语的种类，过去给我们的印象往往是表示处所的，如“聚会申城”。但从我们所搜集到的语料来看，有两点值得注意：一是不及物动词所带的宾语最常见的不是表示处所而是表示对象；二是不及物动词所带的宾语多种多样，不限于表示对象的。我们从认知图景角度出发，初步地将宾语分为以下几类①：

第一类，表示对象。例如：

(31) 胡适**去信**清华校长翁文灏，请后者大力培养吴晗，并安排勤工助学岗位，解决他的经济问题。（搜狐教育，2009-07-20）

(32) 惠英嫂也劝他不要**操心**他们。（路遥《平凡的世界》第三部）

(33) 我军舰**护航**台湾商船（新浪网，2009-01-14，图片新闻标题）

例(31)中的“去信”涉及“给谁去信”这一认知要素，这就是“去信”认知图景所涉及的行为对象，其中的“清华校长翁文灏”就是表示对象的成分。例(32)、(33)中的“操心”“护航”也都能激活对象要素，其中的“他们、台湾商船”都是这类。

第二类，表示内容。前面所述的“请客哈根达斯”“教学大学语文”和“打包两个肉丸”中的宾语都属此类。再如：

(34) 可是，他很快又想，**批判**田二的什么呢？对，干脆就**批判**他常嘟嘟的那句话“世事要变了……”（路遥《平凡的世界》第一部）

“批判”认知图景可以激活“批判的对象”及“批判的内容”。这例中的“田二”和“他”都表示对象，“什么”问的就是批判的内容，“常嘟嘟的那句话‘世事要变了……’”就是对批判内容的回答。

第三类，表示处所。例如：

(35) 旅游旺季即将到来，很多游客往往选择便捷的经济型酒店。这些酒店干净卫生吗？为一探究竟，3 月 24 日至 4 月 1 日，记者**卧底**了青岛几家经济型酒店，以客房服务员身份实地探查。（雅虎论坛，2012-04-11）

---

① 从认知图景角度分出的类不同于我们所熟知的“施事、受事、工具”等语义角色类，虽然有时我们也用到相同的名称，如“工具、材料”等，但有时所用的名称并不一致，如“有”所激活的认知要素，我们分别称之为“拥有者”“拥有物”，而不称“XX 事”。

(36) 根据我厅《关于做好2009年度民族地区中小学校长、幼儿园园长挂职学习有关工作的通知》(湘教通〔2009〕385号)精神,结合各地的实际情况,我厅制定了2009年度民族地区中小学校长、幼儿园园长**挂职**学校、幼儿园的安排方案(见附件),现印发给你们……(百度)

例(35)中的"青岛几家经济型酒店"、例(36)中的"学校、幼儿园"分别表示"卧底""挂职"的处所。再看下面一例:

(37) "站住!"段莉娜说,"请问你这次是**出差**北京吗?"(池莉《来来往往》)

例(37)中的"北京"单纯从语义上看也表示处所,但从"出差"认知图景所激活的认知要素来看,它不表示行为的处所,而是表示行为的目的地。例(37)和例(35、36)这种语义上的差别可以通过局部变换得到形式上的验证:后两者可以从"V+O"变换成"在O+V",而前者不能;前者可以变换成"V到O",而后两者不能。与例(37)类似的说法如"出口美国""移民澳大利亚"。

第四类,表示数量。有些词语所激活的认知图景很容易激活"数量"这一认知要素,例如:

(38) "十二五"期间福建省农产品出口**创汇** 158亿美元(网络,2015)

(39) 韩国计划**投资**数千亿韩元以改善汉江旅游环境(网络,2015)

(40) 擅自从千岛湖输水设施中取水将被**罚款** 1万元到5万元(网络,2015)

第五类,其他。

虽然认知图景是"人们对现实世界常规的,或者说是比较恒定的认知经验",(卢英顺2008)它具有一定的概括性;但其抽象程度不是很高,每种认知图景都是比较具体的。所以,不同词语所激活的认知图景其个性比较强,所激活的相关认知要素也不太容易概括为一个涵盖面较广的类。因此,上述几种分类不是不及物动词所带宾语的全部类别。如"扬名全国""取材生活",前者的"全国"可以理解为"范围",后者的"生活"表示"来源"。在我们所搜集到的语料中,这些例子比较少,我们没有专门立类。

4. 从认知图景看二语习得方面的相关问题

在汉语作为第二语言的习得过程中,有些错误的产生就跟相关认知图景所激活的认知要素有关。例如①：

(41) *这次我**打工**什么呢，就是翻译。

(42) *我们**谈话**了很多事情。

(43) *他**写信**他的同学。

(44) *他**拜年**他的姨妈。

(45) ***毕业**大学以后……

上述这些例句，在我们看来，虽然不符合汉语规范，但我们都能明白其意义，因为它们错得并不离谱。这个谱就是相关词语后面所带的"宾语"成分都在各自的认知图景所能激活的认知要素范围内，这是人们理解一个句法结构的关键。例(41)中的"打工"涉及打工的内容，即打工时做什么；例(42)中的"谈话"也能激活谈话内容要素。例(43)、(44)中的"写信、拜年"都能激活行为对象这一要素，即给谁写信，给谁拜年。例(45)中的"毕业"自然能激活"从什么学校毕业"这一要素。这些词语，既然能激活这些认知要素，那么这些要素就有映射为宾语的可能。日语中的毕业学校就是以宾语的身份出现的，例如：

(46) 私は高校を卒業するとすぐに浦和を出て、東京で適当に暮らしはじめた。(村上龙《白鸟》)(我高中一毕业就离开浦和，开始在东京凑合着生活。)

上述这些表达，如果出自我们母语者之手，特别是那些著名作家之手，它们很有可能就被视为"新颖"的表达，是一种新的语言现象，如同我们前面所举的众多的不及物动词带宾语的现象一样。这种现象给我们的启示有两点：一是，语句的规范或不规范往往不是泾渭分明的，同一种表达方式，使用的人多了，看得多了，慢慢就习惯了，因而也就规范了。这如同路上本没有路一样。更何况上述这些不规范表达是有一定认知语义基础的，这些认知语义基础为它们成为可接受的、规范的表达提供了可能。二是，在对外汉语教学过程中，如果我们对学习者的母语有所了解的话，在学到相关的词语时，有意识地讲清楚其用法，给他们先打个预防针，发生这种错误的可能性就会降低。笔者在对不同层次的学习者的教学过程中，都使用过这种教学方法，效果是明显的。

---

① 部分例句源自邹立志和周建设(2007)，部分例句是笔者本人在对外汉语教学过程中搜集到的。

5. 结 束 语

关于不及物动词带宾语现象，邢公畹(1997)①曾经预言："从我个人对'动宾式动词＋宾语'这种句式的分析来说，在对外汉语教学工作上可以证明它没有流行的前途……其所以如此，大概客观存在的汉语语法上确乎有这么一条规律：汉语的动宾式动词(包含没有扩展开来的'动宾式结构')除去少数有特定意义的而外，一律不能再带宾语。"然而，从最近 20 来年的汉语实际来看，这种现象不但没有式微，反而越来越普遍。这不是偶然的，这里有深层的认知基础，那就是相关词语所激活的认知图景能激活一定的认知要素，这些要素成为这些词语的语义基础，当它们要在句法结构上表现出来的时候，就有可能映射为宾语。最终是否映射为宾语，既跟语用有关(或为了凸显，或为了经济原则)，也跟习惯有关。

本文还从认知图景的视角客观地分析了在把汉语作为第二语言习得过程所出现的相关错误的根源，并提出了相关问题教学的一点建议，希望对教学者和学习者能有所帮助。

不及物动词带宾语这种现象的继续研究，恐怕不能满足于对宾语的分类，而应该注意观察不同性质的认知要素，特别是同一认知图景所激活的认知要素作宾语的可能性的大小，并从中发现规律，这对预测语言的发展是有一定意义的。本文中的一些例句也是在预测的基础上经过搜索而获得的。

(原载《汉语学习》2016 年第 3 期，第 85—92 页)

---

① 邢公畹 1997 一种似乎要流行开来的可疑句式——动宾式动词＋宾语，《语文建设》第 4 期。

关于主题的来源问题

提　要　关于汉语主题的来源，普遍的看法有两种：一种是添加上去的，另一种是移动而成的。本文对此进行了分析，指出其不足，并指出主题是在动态运用过程中选择的结果，不存在移动问题。

关键词　主题来源

1. 主题来源的普遍看法

关于主题的来源，学术界的普遍看法是，它有两种：一是通过添加而成的，指充当主题的与句中的 VP 之间的关系不是动元与动核之间的关系。如：

(1) 这场火，幸亏消防队来得早。

(2) 婚姻的事，你自己作主。

(3) 那棵树，叶子很大。

(4) 小张家来了客人。

二是通过移动而成的，即平常所说的“话题化”，如：

(5) 书，他喜欢看。

(6) 巧克力宝宝吃了。

(7) 这件事，知道的人不多。

理由是，这样的主题可以移回到原来的位置：

(5)′ 他喜欢看书。

(6)′ 宝宝吃了巧克力。

(7)′ 知道这件事的人不多。

2. 对普遍看法的分析

主张主题可以通过移动而形成，会遇到这样的问题，即当在所谓的语迹上出现指代词之类时，主题又无法复原。例如：

(8) 老李，我认识他。

(9) 老张，他为人很坦诚。

(10) 鱼，我喜欢吃鲫鱼。

(11) 这件事，知道它的人不多。

这样就势必为这类句子中主题的来源另寻解释，正如徐烈炯等指出的："很明显，至少某些主题结构不是移动产生的……至于其他的主题结构，分析成移动而成未尝不可，但并无实际的意义。"①陆丙甫(1993)②也持相似的主张，他认为，如果出现同标成分，主题就是底层直接生成的；如果不出现，主题就是从其他位置移动来的。这样将这类句式加以割裂似乎并不必要。"事实上，所有没有同标成分的主题句，只要意念上在后面隐含了一个同标成分，即后面有个同标空语类位置的主题，都可以把空语类换上个代词或简短的指别性名词'这个人'等。这意味着所有由移动产生的主题句，都有一个由底层直接生成的对应形式，那就不如将这两套合而为一。""把两种格式中的主题都看作是直接生成的，区别在于其中一种格式还省略了后边的同标成分，或者说同标成分是空语类。"我们与陆的看法有相同的一面，即主题不是移动而成的；因为这样处理主题不仅可行，而且可以简化语法描写，从而具有更强的解释力。但我们的不同看法是，主题是在动态运用中添加上去的，而不是从底层直接生成的，因为主题是交谈上的概念，属于语用平面的，③一个句子在进入交际过程之前是无所谓主题的。

汤廷池(1979)④在谈到"主题变形"时指出，主题是通过"乔氏嫁接"(他称之为"杭氏嫁接")而形成的。如：

(12) 老张看完了书 → 书，老张看完了

---

① 转引自陆丙甫 1993《核心推导语法》，上海：上海教育出版社，第 149 页。

② 陆丙甫 1993《核心推导语法》，上海：上海教育出版社，第 149—150 页。

③ 胡裕树 1982 试论汉语句首的名词性成分，《语言教学与研究》第 2 期。

④ 汤廷池 1979《国语变形语法研究第一集：移位变形》，台北：学生书局。

(13) 老张看完了书了 → 老张,看完了书了

其树形图分别是:

(12)

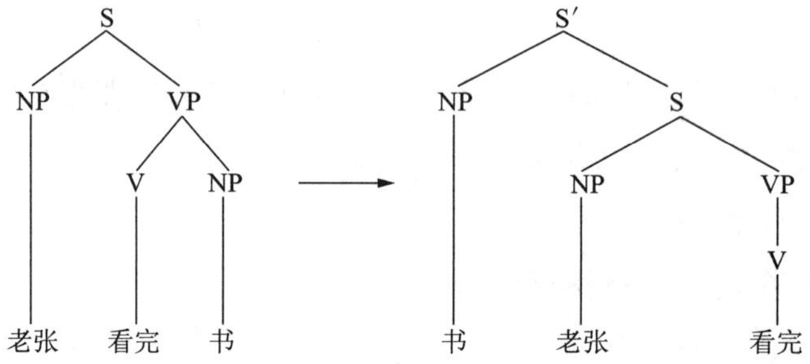

(13)

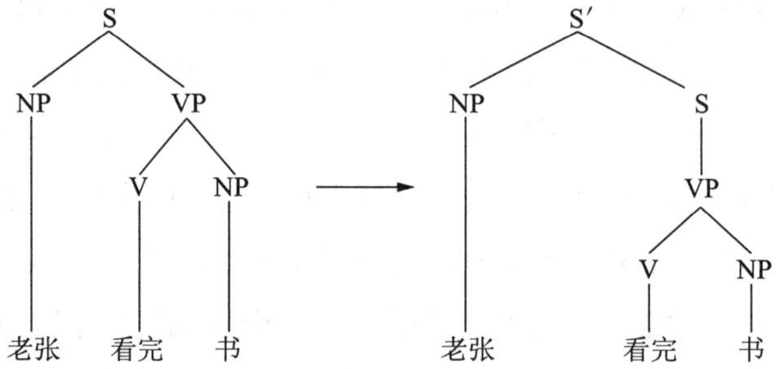

汤氏的可取之处是,他通过乔氏嫁接把主题放到了外层结构;但他对(12)、(13)两种情况的处理没有坚持同一原则,即可从(12)图中看到"书"的移动痕迹,而无法从(13)图中看到"老张"的移动痕迹。这跟他对主语与主题的关系的看法有关,他认为主语和主题有时可以重合。基于这种观点,(13)图中的"老张"作主题时也就无需经过移动,因而就把第二个 S 节点改写为 VP,如果把它改写为 NP 和 VP,那 NP 在他的理论框架中就无法消除。即便顺着汤氏的思路,我们认为"老张"作主题也有个移动过程,因此树形图(13)应该是:

(13)′

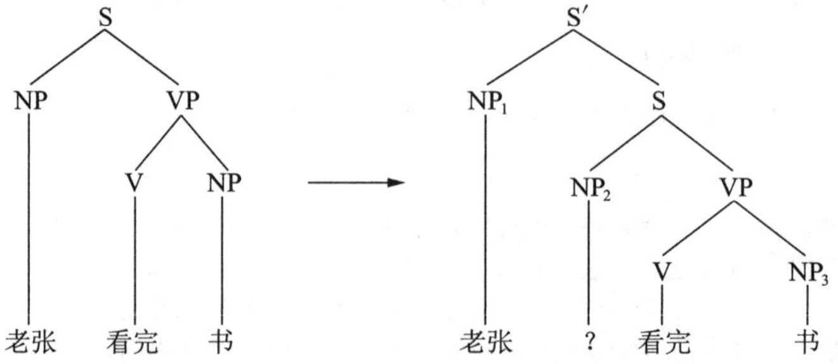

汤廷池完全可以根据主题是移动而成的理论来解释树形图(13′)中的 NP_2:既然 NP_2 是移过去的,NP_2 位置上留下的只是 NP_1 的语迹 t,因为语迹是无形的,所以在表层结构看不出来,这样就误以为“老张”是主语兼主题。其实,从深层结构来看,“老张”只是主题,而主语则是空位。根据移动理论,树形图(12)的派生图里,VP 也应该统制两个节点 V 和 NP,而这个 NP 由于移出作主题,也是语迹。只有这样解释,汤氏才能把施事作主题和受事作主题统一起来。

3. 我们对主题来源的看法

既然主题是语用平面的概念,那么只有在动态使用过程中才有主题可言,所以我们认为,主题是在动态使用过程中“选择”的结果,选择施事还是选择受事作主题,要看语境的需要。句中的某个成分一旦选为主题,它就变成了句子的外层结构(胡裕树 1982),内层结构中的 V 对它没有制约作用。基于这种思想,我们不仅可以对主题的来源作统一的解释,而且可以解释移动理论所不能解释的现象。例如:

(14) 老李,我认识他。

(15) 老李,他很诚实。

(16)《红楼梦》我看了一遍又一遍。

(17) 房间他打扫得干干净净。

例(14)如果没有“他”,似乎可以说“老李”是“我认识老李”话题化的结果,但是加上“他”以后,这种解释就显得无能为力,因为话题化之前并不存在“我认识老李他”这样的句子。例(15)如果没有“他”,或许有人像汤廷池那样把“老李”看作主题兼主语,并不存在移动问题,但这样的话,对选择施事作主题和选择受事作主题的处理就不一致,因而也就遇到棘手问题,这在上文已作了分析。例(16)和(17)中的“红楼梦”和“房间”根本无法复原到相应的位置。

根据我们的看法,主题是在动态运用过程中直接选择出来的,因而不存在移动问题。如果选作主题的恰巧是动词的某个动元,那么在语义结构相应的位置上则需要省略,有时因句法结构的原因必须省略,有时根据语用的需要可以在相关位置出现与主题同标的指代成分,但决不可以出现与主题相同的成分。这样我们就可以解释上述现象了。

根据我们对主题来源的看法，下面两句的树形图分别为：

(18) 那本书，老张看完了。

(19) 老张看完了那本书。

(18)

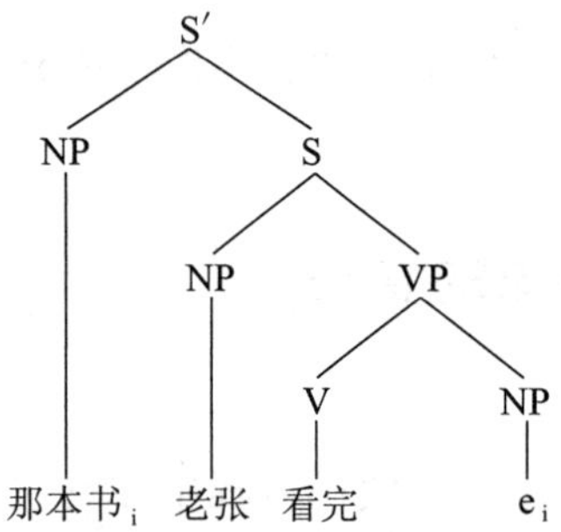

(19)

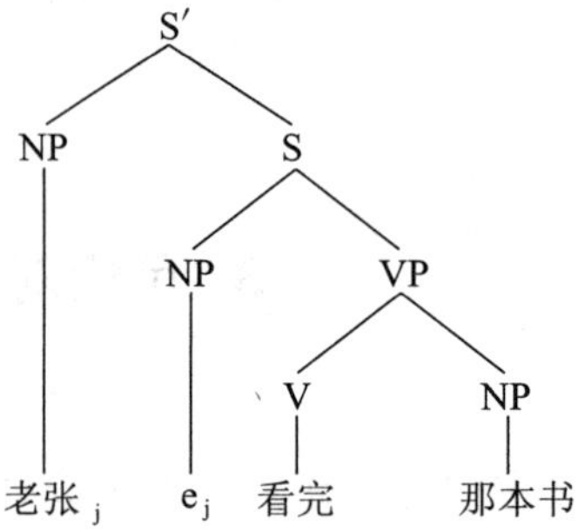

上图中，我们在相应的位置用的是 e 而不是 t，是因为我们认为这里的 e 是相应的 NP 承主题省略后留下的空位，而不是语迹。正因为这样，我们才可以在空位上再用指代词之类(当然在运用指代词时还要受一定的约束)，上述两例可分别说成：

(18′) 那本书，老张看完它了。

(19′) 老张，他看完了那本书。

这样，我们可以圆满地解释“青春啊，这是多么美好的时光”“老李，他的眼睛不太好”这类句子。

考虑到汉语中充当主题的不仅仅是名词性成分，我们可以直接用 Top (topic)标示主题，这也可避免用 NP 表示给人造成主题是移动而来的印象。这样，汉语中的一些句子的主述结构就可图示如下：

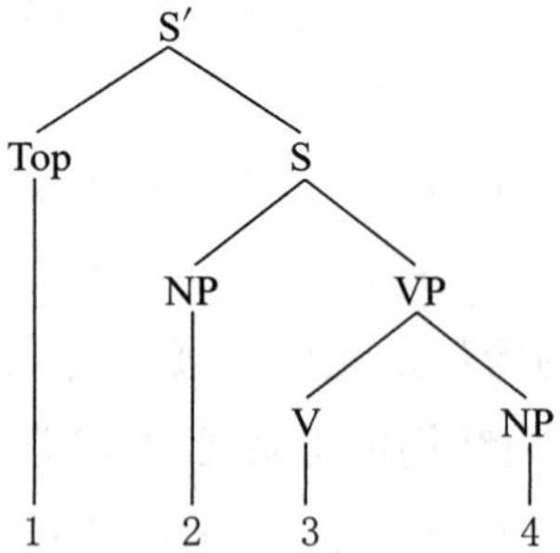

例如：

(20) 这件事，我　有　办法
　　　1　　2　3　　4

(21) 老张$_i$　e_i　喜欢　武侠小说
　　　1　　2　　3　　4

(22) 李敏$_i$　她$_i$　喜欢　言情小说
　　　1　　2　　3　　4

(23) 轻音乐$_i$　我　喜欢　e_i
　　　1　　2　　3　4

(24) 总统夫人下厨做菜$_i$，e_i/这　是　对宾客的最高级别的招待
　　　　　　　1　　　　2　3　　　　4

4. 结 束 语

汉语语法学界对“这本书我看过”“我这本书看过”这类句子有不同的分析，其中有分析为多主语的，也有分析为多主题的。我们同意主语和主题分属不同平面的看法。至于是否存在次主题，这里不作过多的评论，但有一点可以指出：主主题如果与述题中的某个动词存在动核和动元的关系的时候，与主题同标的语义成分可以省略，也可以用指代词之类复指，如上文所述；而次主题则不允许这样，如“* 我这本书看过它了”(比较：这本书我看过它了)。造成这种差异的原因或许如本文所说的那样，主题是选择的结果，而不是移动的结果。①

(原载《阜阳师范学院学报》2000 年第 6 期，第 6—7、10 页)

① 因为移动的动元仍受动词的控制，所以不能在语迹位置出现同标的指代词之类。

汉语定语位置上代词句内同指现象考察

提　要　本文从句法、语义和语用角度考察了汉语定语位置上同指代词句内同指的隐现情况，进而将同指分为强制性和非强制性两种，探讨了同指代词强制性出现的条件；余论部分指出可将定语位置上的同指代词看作一种参数，它的出现是语言的普遍现象。

关键词　代词；同指；定语；语用

0. 引　　言

学过英语的人都知道，下面两句英语句子中的代词 his 都不可省略：

(1) John opened his eyes.(约翰睁开了眼。)

(2) He got his shoes and socks wet.(他把鞋和袜子都弄湿了。)

而汉语则不然，这从译文中可以看出来。类似的例子如：

(3) 刘小水有点心不在焉，她一直在想着(　　)男人的事。(李佩甫《学习微笑》)

(4) 晚餐以八百五十元包席，不含酒水。孔阳很高兴。这是给他在(　　)女朋友面前争了脸面。(施放《有风花，没有雪月》)

例(3)中的“男人”、例(4)中的“女朋友”，尽管前面没出现限定性成分“她”和“他”，但人们不会理解成“别人的男人”“别人的女朋友”。这就是说，汉语语法对此类现象没有强制性的要求。可是，语言事实又表明这类现象的存在，如：

(5) 大概是年近三十还独身未嫁的缘故吧，蔡兰禁止她的学生谈情说爱。(晓苏《黑色背景》)

(6) 当时她的妹妹也跳进水里，救人也救她的姐姐。(晓航《重返过去》)

例(5、6)中,省略“她的”并不影响对句子的理解,因而“她的”成了羡余成分,而语言的经济原则表明,在不影响表义的前提下,人们倾向于从简编码。既如此,语言事实又违反这一原则,原因何在?这是本文要探讨的问题之一;问题之二,在类似的情况下是否都成了羡余现象?如不是,有无规律可循?

再看下面的例子:

(7) 张小姐把我领进她的办公室。

离开具体的语言环境,这里的“她”既可能和“张小姐”同指一人,又可能指句外的某个人,如“李小姐”。我们称前一种情况为“句内同指”,称后一种情况为“句外同指”,“她”叫“同指代词”,“张小姐”叫“先行语”。

本文只研究先行语在句内的同指。

1. 相关成分的句法位置

在指代关系中有两个相关的成分:先行语和代词。由于本文讨论的是定语位置上的代词,而定语往往和它的中心语相伴,所以下面描述一下先行语的句法位置和含同指代词的短语的句法位置。

1.1 先行语的句法位置

据收集到的语料看,先行语除能在主语位置上出现(见上文所举的例子)外,还可出现在内嵌句主语、定语、宾语和介词宾语的位置,例如:

(8) 四年前,双根心中的九月在桥底下丢失了。后来他才知道,九月和她的姐妹们到城里打工去了。(关仁山《九月还乡》)

(9) 女人的头发沾满了泥土,她的嘴巴因急促的呼吸而不停地吐出白色的唾液。(王炬《正义的迷踪》)

(10) 幺幺的行动在她的同学中引起了地震。(唐镇《各自回家》)

(11) 一时间会议室里只剩下了司马敦和他的“骨干”同事们。(梁晓声《司马敦》)

上述例句中的先行语,在例(8)中是内嵌句主语,在例(9、10)中是定语,在例(11)中是宾语的一部分。

这些例子中的先行语都是名词。由于语篇的作用,先行语本身也可以是代词,如:

(12) 此时，他的徒弟小吕就坐在他的对面。（王洪江《大漠风情》）

(13) 当流言渐起的时候，他及时醒悟悬崖勒马，他不露痕迹地断了他的风流并且迅速设法离开了那个单位，他保住了他的名声。（殷慧芬《纪念》）

(14) 我弟弟的阶级觉悟也相当高，一发现我照镜子，就向我父亲告发。（于坚《住房记》）

(15) 他住的房子在他和他的妻子共住的时候开始是正常的。（于）

1.2 含同指代词的短语所在的句法位置

“含同指代词的短语”这里指的是以同指代词为修饰语的偏正短语。它可以居于宾语位置[例(16、17)]，也可居于介词之后[例(18、19)]，还可居主语[例(20)]、内嵌句主语[例(21、22)]位置：

(16) 元旦前夕，学校集中发展了一批学生党员。贾国栋也在党旗下庄严地举起了他的右手。（晓）

(17) 牛老二的这个打算一箭双雕，展示了他的智慧和阴险。（张宇《迷恋猜测》）

(18) 我同学在他的信中把他的家花言巧语了一番，说走过大路然后拐进小路就到了。（王彪《乡村教育》）

(19) 由于我一直和我弟弟睡一张床，所以我们几乎养成了完全相同的生活习性，相同的说话声调。（于）

(20) 自从杨春妹的心里有了鱼，她的脸上就如同溟池的水面，又周密又亮丽了。（毕飞宇《好的故事》）

(21) 尽管他承认原先他的气质中的确是有些俗的成分的，但现如今的他，气质不是已经相当优雅相当绅士了么。（梁晓声《激杀》）

(22) 他知道他的某些同行，在办案或审案过程中，求功心切，打骂甚至虐待犯人的行为是有过的。（司）

此外，含同指代词的短语还可居其他句法位置，如：

(23) 我决定从现在起，不光我不去惊吓它们，也要全力阻止我的工友去骚扰它们。（洪）

(24) 人们开始追踪诗人哈桑与他的妻子叶雅林之间的隐秘生活，即隐私。（毕）

2. 同指代词出现原因的解释

前面已指出过，汉语中，同指代词在有些情况下虽不出现，但并不影响句子的理解。如：

(25) 有次她无意间撞见了( )后娘和村里一个男人勾搭成奸，她偷偷告诉了( )父亲。( )父亲没教训( )后娘，反而骂她贬损( )后娘的名声。(司)

那么到底是哪些因素制约着同指代词出现的呢？

2.1 语用上表强调

有些情况下，同指代词出现与不出现，对句子的意义没有实质性的影响，只是出现时起到强调的作用。例如：

(26) 我是你的老板，我不允许我的员工在我面前抽烟。(李肇正《红楼·黑街》)

(27) 她跳起来，跑到她的屋子里拿来纸和笔。(航)

(28) “来了。”我答应一声，旋小了煤气，跑到我的屋子里。(航)

(29) 如果你要自私，不让哥们共享你的私物私心……那么在这个天天吃喝拉撒都在一起的群众中，你是一天也呆不下去的。(于)

例(26)中，“员工”“面前”之前的“我(的)”完全可以不用，但用了以后明显地带有强调作用：“我的员工”在别人面前抽烟，“我”管不着，或者，别人的员工在“我面前”抽烟“我”没办法，但“我的员工”在“我面前”抽烟是不行的。例(27、28)中的“她”和“我”是合住一套房间的，用上同指代词以后，着意强调“跑到自己的屋子里”，而不是“对方的屋子里”。例(29)也着重说明，在这样的群体里，“你”是没有“私”字可言的。

2.2 使语义明确

有时，同指代词不出现，意义就不够明确，甚至可能产生误解，但用上同指代词就不会出现这种情况。这点从广义上说也可归入语用范畴，但它主要和意义相关，我们还是把它分立了出来。例如：

(30) 我拿着照片，重新走回写字台前，把它端端正正地摆在我的正前方。(航)

(31) 遭到强奸使她们都醒了，然而她们口中已被塞了她们的袜子，喊叫不出声音。（司）

(32) 水莲的这种拒绝形式，使我们联想到她的母亲。（张）

(33) 他常常看着她躺进被窝再走，对她像对待他的孩子。（张）

例(30)如果不出现同指代词，那我们就不清楚“照片”摆在“什么正前方”；同样，例(31)如没有“她们的”，则不知道这“袜子”到底是谁的；例(32)中，如果没有同指代词“她的”，就会很容易让人误解这“母亲”是“我们的”而不是“水莲的”；例(33)如省略同指代词“他的”，“他”对“她”的“关心、爱护”之情也就荡然无存了。

2.3 表不干涉

有时候，同指代词的不出现并不影响句子的合法性，但加上同指代词，句子在表达上就富有了新的含义，多表示“彼此不干涉”。例如：

(34) 阿旦冷淡道：“他演他的戏，我开我的店……”（张欣《致命的邂逅》）

(35) 话隔一层纸，却没人捅破，你打你的算盘，他打他的算盘，话不投机，两人便都缄默了。（和军校《老那》）

(36) 于是我仍然写作，你挣你的钱，我写我的字。（张）

不难看出，上述例子中如去掉同指代词，那么相关的句子就变成了纯客观的陈述，比如例(34)就成了“他演戏，我开店”。这种类型的句子多为对举性的，如上例。但也可以不是，这时表示先行语“不干涉”“不关心”其他人的事。如：

(37) “大李，你有没有搞错呀，你又不是不知道……”说罢，又埋头读他的小说。（梁兆松《阿茂正传》）

(38) “小荣，你怎么搬回来住也不和我们说一声，把我们急死了。”小荣仍旧听他的歌。（范小青《误入歧途》）

(39) 我的女儿快三十岁了，竟然还没有男朋友，业余时间只知道上夜校、去旅游，做她的单身贵族。（报纸）

这类句子中，同指代词后面的名词性成分还可以省略。这时，如果不是对举出现，表示说话人“不干涉不关心”别人的事。例如：

(40) 咱们还是各人管好自己吧。你干你的，我干我的，谁也别干涉谁。（华夏《那些日子让人头疼》）

(41) 你写你的，我写我的，不要急，慢慢来。（张）

(42) 黄温柔的老婆客客气气地说：“高老师，你钓你的，不碍事的。”（毕）

(43) 小王说:“我怎么知道你有什么,只是觉得你很烦,是不是?”

马北风说:“为什么?”

小王笑起来,说:“你烦你的,我怎么知道你为什么,奇怪。”(范)

2.4 其他

有时,我们很难准确说出同指代词出现的原因,这其中部分可能是受英语的影响,也有一部分可能是作者个人习惯。例如:

(44) 她一甩她的长发,让孩子扒在她的肩头,迈着大步“夸夸”地走向远方。(彭小莲《燃烧的联系》)

(45) 在同学们为分配而激烈竞争的那段时间,他请假回了乡下老家,去看望他的父母。(晓)

(46) 当时我和我弟妹都参加了工作,但都还是住在我父母家里,相当挤。(于)

3. 同指的分类

根据同指代词是否必须出现,我们可把同指分为两类:强制性的和非强制性的。所谓“强制性同指”是指在相关位置上必须出现同指代词;所谓“非强制性同指”是指在相关位置上同指代词不是必须出现的,是“可选择性”的。

3.1 强制性同指

在相关的句法位置上,同指代词如果不出现,句子的意思就会发生根本的改变。如:

(47) 我外祖母的家一处理掉,我母亲和她的哥哥弟弟姐姐就都没有家了。(于)

(48) 他坐在中间,母亲把手搭在他的肩上。(彭)

(49) 水莲的这种拒绝形式,使我们联想到她的母亲。(张)

例(47)如果没有“她的”,那就会把这儿的“哥哥弟弟姐姐”理解成“我的”了;例(48)如不出现“他的”,则会理解成“母亲把手搭在她自己的肩上”;例(49)如果没有“她的”,就会把“母亲”理解成“我们的”了。

3.2 非强制性同指

和强制性同指不同,在非强制性同指情况下,同指代同在相关的句法位置上如果不出现，对句子的意思没有实质性的影响，只是有时在表达上有细微的差别。这类现象本文第二节多有说明，现再举数例以便读者比较：

(50) a. 我们家只有我父亲一个人有房子，我外祖母和我母亲都没有房子。(于)

b. 我们家只有[ ]父亲一个人有房子，[ ]外祖母和[ ]母亲都没有房子。

(51) a. 我家的两间房，一间在三栋楼的一楼，另一间在四栋楼的二楼。我、我父母和妹妹在楼上的那间房。我弟弟和我外祖母寄居另一栋楼楼下的一间。(于)

b. ……我、[ ]父母和[我]妹妹在楼上的那间房。[ ]弟弟和[ ]外祖母寄居另一栋楼楼下的一间。

上述a句为收集到的原句，句中“[ ]”表示原有同指代词省略的位置，句中“我”表示添加的同指代词。

3.3 同指代词的可选择性条件

同指代词的出现在哪些情况下是非强制性的？这实际上是同指代词可选择的条件问题。探讨这个问题，不妨从强制性条件入手，排除了强制性的情况，剩下的就是非强制性情况，亦即可选择的情况。为方便起见，我们不妨把前面的例子修改如下：

(52) 我外祖母的家一处理掉，我母亲和[pron]哥哥弟弟姐姐就都没有家了。

(53) 他坐在中间，母亲把手搭在[pron]肩上。

(54) 水莲的这种拒绝形式，使我们联想到[pron]母亲。

例(52)含pron的句子从形式上看具有以下特点：“第一人称代词＋名词$_1$＋和＋pron＋名词$_2$”。首先看看是不是只有在并列结构中省略pron才会造成理解的困难：

A. 我母亲昨天和[ ]哥哥弟弟姐姐一起逛公园了。

很明显，A句中的pron还是和“我”同指。也就是说，并列结构不是造成错误理解的必要条件。那么原因到底何在？不妨把第一人称“我”换成“他”或“你”试试，现在看看原句后半句：

B1. ……他母亲和[pron]哥哥弟弟姐姐就都没有家了。

B2. ……你母亲和[pron]哥哥弟弟姐姐就都没有家了。

不难看出，B1、B2 中 pron 分别和“他”“你”同指，而不可能和“母亲”同指。再看下面的例子：

C1. 我母亲昨天洗了[pron]头。

C2. 他母亲把[pron]胳膊伸了伸。

D1. 我母亲昨天把[pron]信撕了。

D2. 他母亲昨天把[pron]旧衣服卖了。

C1、C2 中的 pron 只能与“母亲”同指；D1、D2 在没有特定的上下文约束的情况下，也是与“母亲”同指。比较 C 组和 D 组，这里有个“同指度”的问题：C 组的同指度大于 D 组，即 C 组的 pron 绝对和“母亲”同指，而 D 组 pron 和“母亲”的同指只是一种倾向，加上语境完全有可能与其他词语同指，如：

D3. 我母亲昨天把[pron]信撕了，这信是我的女朋友写给我的。

D4. 他母亲昨天把[pron]旧衣服卖了，这些衣服是他小时候穿的。

究其原因，恐怕与“可分离性”有关：C 组中的“头”“胳膊”与“母亲”，不可分离，而 D 组的“信”“旧衣服”和“母亲”则是可以分离的。

回过头来再看看 A 和 B1、B2，其 pron 的中心语也是可分离的，但是这种可分离和 D 组的有所不同：前者的中心语是“亲属关系词”，类似的有“妻子”“丈夫”等，而后者不是。

比较 A 和 B 组，不难发现，代词的人称的变化对 pron 的同指没有影响，由此可以得出 pron 强制性出现的条件：

第一，先行语本身处在偏正短语“NP_1（的）NP_2”之中，其中 NP_1 和 NP_2 都为指人的词；

第二，先行语和 pron 的中心语必须是可分离的；

第三，pron 的中心语必须是亲属词。

只有这三项条件同时具备时，“名词$_2$”前面的 pron 如与“名词$_1$”同指，这个 pron 必须出现，否则引起误解①；其他情况下不会引起误解。就是说，缺少任一项条件，pron 还是与“名词$_1$”同指。

例(53)中，pron 的先行语从表面上看有可能是“他”，也有可能是“母亲”，但实际上，当同指代词不出现的时候，人们会把这儿的 pron 理解成与“母亲”同指，为什么？因为 pron 处于“母亲把手搭在[pron]肩上”这一小句内，而“母亲”

---

① 名词前出现多项定语时的情况需另文讨论。

又是这一小句的主语，主语又是个障碍点①，因而，pron 的先行语不可能位于这一小句之外，因此这里的 pron 只能与“母亲”同指。

例(54)与(53)类似。根据惯常分析，“使”字句的深层结构是“使 NP_i e_i VP”，这样，例(54)的“使”字结构可分析为“使我们$_i$[e_i 联想到 pron 母亲]”，在这一结构中，e 与“我们”同标，e 又占据主语的位置，所以它是个障碍点，因此，当 pron 不出现时，深层的 pron 总会理解成与 e 同标，而 e 又与“我们”同标，在这种情况下，把“母亲”理解成“我们的”也就是很自然的事了。

上述两种情况是我们目前发现的同指代词强制出现的条件，除此之外算是非强制性出现的情况。②这两种强制条件如果同时出现，那么以主语的障碍条件优先，如：“他母亲让小李带[pron]妹妹早点回来”这句大致可分析为“他母亲让小李$_i$[e_i 带 pron 妹妹早点回来]”，因此，这里的 pron 既不会与“他”同指，也不会与“母亲”同指，只能与“小李”同指。

4. 同指代词与其中心语之间的关系

同指代词与其中心语之间在语义上有无区别？如果有，跟上文所说的几种出现情况有何对应？先看几个例子：

(55) 老李并没有把这地方当成他的家。(于)

(56) 前四个孩子，目前已经都被救回到他们的家里，与父母亲人团圆了。(司)

(57) 女人从幼儿师范学校退出来，打了两个寻呼……随后叫了一辆出租，到电子游艺厅去继续她的角子游戏。(毕)

(58) 我喝了一点水，又好像是吃了一些东西，看守我的人看我终于活了过来，就离开这里，忙他的那个革命去了。(林希《恩怨》)

(59) 你看你的书，我看我的电视。

---

① 有关转换生成语法的理论知识参阅了 Radford, Andrew 1981 *Transformational Syntax: A Student's Guide to Chomsky's Extended Standard Theory*, Cambridge University Press。汉语中主语的障碍作用在含“只”的句子中表现得比较明显。如“他只喜欢她”一句，“只”的语义既可指向“喜欢”又可指向“她”；但在“只他喜欢她”一句中，“只”只能指向“他”。可参看卢英顺(1996)《副词“只”的语义指向及其对句法变换的制约》，《安徽师范大学学报》第 4 期。

② 也许有其他强制出现的条件，我们没发现。

从上例不难看出，例(55、56)中，同指代词与中心语之间有比较明显的“领属—被领属”关系；而例(57)至(59)中，同指代词和中心语之间的这种关系似乎不存在，即便存在也很微弱。

根据对手头语料的分析，只有在表示“不干涉”这一方面，同指代词与其中心语之间的关系比较微弱，抑或没有；其他几种情况下，它们之间的“领属—被领属”语义关系则比较明显。

5. 余 论

本文考察了汉语中定语位置上同指代语的隐现问题。同指代词的隐现与句法、语义和语用都有关系。如果我们把汉语和其他语言（比如说英语）同类现象联系起来考察，是否可以把这种位置上同指代词的出现看作语言的普遍现象①？然后根据不同语言再探讨哪些情况下必须出现同指代词？哪些情况下可出现可不出现？两可情况下出现的语用价值是什么？等等。

（原载《杭州师范学院学报》2000 年第 1 期，第 72—76 页）

① 刘大为(1994)《领属关系的约束性》曾指出过“任何领属词之前都必须存在一个领有空位。它可以是无形的，也可由代词显示为有形的。”该文载于邵敬敏、刘大为主编《九十年代的语法思考》，北京：北京语言学院出版社。从我们收集到的语料看，并不限于领属词。

把字句的配价及相关问题

提 要 本文运用变换、语义指向分析的方法讨论把字句研究中为人们所忽略的一些问题。论文首先讨论把字句的配价增值现象。所谓“配价增值”，指的是把字句中的核心动词或动词短语所能带的配价成分比在非把字句中所能带的配价成分要多；接着考察了由把字句到非把字句的变换情况。把字句中核心动词后面所带的成分性质以及动词的语义特征等对变换都有一定的制约作用；最后讨论“把”的宾语的语义角色问题。这些语义角色尽管形形色色，但它们与其后的动词必须能构成“被说明与说明”的关系。

关键词 把字句；配价增值；变换；语义指向

0. 引 言

把字句是现代汉语中非常重要的一种句式，相关研究成果很多。本文旨在探讨把字句的配价增值现象、从把字句到非把字句的变换情况以及“把”的宾语的语义角色及其与核心动词之间的关系问题。文中的“配价成分”指非把字句中一个动词在不借助其他词语的情况下能直接联系的语义成分。

关于把字句与非把字句之间的变换，过去的研究往往把立足点放在非把字句上，然后探讨非把字句变换为把字句的句法、语义条件；也有人从语用的角度来探讨把字句与非把字句的使用情况，这些都很有必要。不过，以非把字句为立足点来看它与把字句的变换情况，就会看不到从把字句到非把字句变换中的一些情况，从语用的角度来探讨把字句的使用情况，其前提是把字句与非把字句之间存在变换的可能，而实际上，无论以什么为立足点，它们之间的变换都存在可能与不可能的问题。因而以把字句为立足点来探讨它变换为非把字句的情况同样有意义。

1. 把字句的配价增值现象

所谓“配价增值”，指的是把字句中的核心动词或动词短语所能带的配价成分(即动词的动元)比在非把字句①中所能带的配价成分要多。具体可分为下面三类。

第一类，把字句中所出现的动词的配价成分比动词本身所能带的配价成分要多。例如：

(1) 这样的柔软和温暖啊，呻吟般的歌声把风景停泊在海湾，波浪徐徐地来来去去，天地间，只有水，水啊，水啊，我是水，你也是水，水和水在一起，还是水，只能是水，永远是水。(百合《这样一种关系》)

(2) 薄暮的春寒把她警觉，才知道迷迷糊糊地已到寓处。(钱钟书《纪念》)

“停泊”一词的配价，也许因人而异。有的把它看作一价动词，配价成分为“停泊的东西”有的可能把它看作二价动词，配价成分为“停泊的东西”和“停泊的处所”，但有一点是肯定的，“停泊”的配价最多不超过二价，如“那艘舰艇停泊在港湾”。可是在上述例(1)中，“停泊”的配价成分除了“风景”和“在海湾”外，还有“呻吟般的歌声”，这个配价成分在非把字句中是不能出现的。“警觉”一词看作一价应该没什么问题，如“他很警觉”，我们不能说“‘那件事情警觉他”；但“那件事情使他警觉起来”是可以说的，不过这里又多了一个“使”，“那件事情”的介入跟“使”有关。而上述例(2)中的“警觉”却有两个配价成分“薄暮的春寒”和“她”，可见“警觉”的配价成分多了一个(薄暮的春寒)。这些事实表明，在把字句中，动词的配价确实有增值的现象。

把字句中，除了单个的动词具有增值的可能以外，动词短语也有增值现象。例如：

(3) 老太太自己历年攒下的私房，以皮货居多，暑天里又不能穿皮子，只得典质了一件貂皮大袄，用那笔款子去把几件首饰改镶了时新款式。

① 本文所说的非把字句，不考虑“把”的宾语移到话题位置上这一情况，因为，笔者以为，话题位置上的成分虽然有时看上去像是核心动词的一个配价成分，实际上它已摆脱了核心动词对它的控制，它不再占据配价角色位置，因此这种位置上的变换看不出把字句的配价增值现象及其变换的真实情况。

(钱钟书《纪念》)

(4) 曼倩呢,她知道秘密已泄漏了,毫无退步,只悔恨太给天健占了上风,让天健把事看得太轻易,她决意今后对天健冷淡,把彼此间已有的亲热打个折扣,使他不敢托大地得寸进尺。(钱钟书《纪念》)

例(3)中的"改镶"是两个动词的并列,其中"改"的配价成分最多只能有两个:施事和受事,如"她改衣服";"镶"的配价成分,从其性质来说,可以有四个:施事、受事、处所和材料,但这四个配价成分不能共现,我们只能说"她镶衣服""他镶了假牙""塔顶上镶了一颗红五星""他在塔顶上镶了一颗红五星"。"改"和"镶"并列以后,"改镶"的配价成分更是受到约束,似乎只能说成"老太太改镶了几件首饰"或者"几件首饰改镶了时新款式",可是在把字句中可以再增加一个配价成分,说成"老太太把几件首饰改镶了时新款式"。"打折扣"一般只能带一个配价成分,即被打折扣的对象,如"他的话要打折扣的",不能说"* 他打折扣"或者"* 我们打折扣他的话"。可是例(4)中的"打折扣"由于"把"的介入,增加了一个配价成分"她"。

第二类,动词本身的配价成分没变,但在非把字句中由于受其他因素的影响,其中的某个配价成分不能直接出现,必须借助"把"才能出现。例如:

(5) 夏顺开蓦地激动了,"我不知道我怎么才能把这话说得诚恳,让你相信——我爱你。"(王朔《刘慧芳》)

(6) 慧芳伸手去夺小雨的书,小雨把书忙藏到桌下。(王朔《刘慧芳》)

(7) 她不再外出,有电话也不接,每日干完粗活就在于德利对面窗根儿下坐着,一边晒太阳的同时遥遥地一眼一眼瞟于德利,含情脉脉,意味深长,常把于德利盯得整整一天不敢抬头,后来德利得了颈椎骨增生,每日酸疼不已。(王朔《谁比谁傻多少》)

上述例子中的"说""藏"和"盯",没有"把"的帮助,其中一个配价成分无法显现出来。试比较:

(5′) a. * 我不知道我怎么才能说这话得诚恳,让你相信。

(5′) b. * 我不知道我怎么才能说得诚恳这话,让你相信。

(6′) a. * 慧芳伸手去夺小雨的书,小雨忙藏书到桌下。

(6′) b. * 慧芳伸手去夺小雨的书,小雨忙藏到桌下书。

(7′) a. * 她……常盯于德利得整整一天不敢抬头。

(7′) b. * 她……常盯得整整一天不敢抬头于德利。

可见，只有在把字句中，它们各自的配价成分“这话”“书”和“于德利”才得以显现。

第三类，有的动词在非把字句中可以带不同种类的配价成分，但这些不同种类的配价成分在非把字句中不能同现，只有在把字句中才可以同现。例如：

(8) 我揉面。/我揉馒头。

(8′) *我揉面馒头。/*我揉馒头面。/我把面揉馒头。

(9) 她胡乱编了蓬松的辫子。/她编了个麻花髻。

(9′) *她胡乱编了蓬松的辫子麻花髻。/*她胡乱编了个麻花髻蓬松的辫子。/她把蓬松的辫子胡乱编了个麻花髻。

上述几例中，动词的两个配价成分分别是对象或材料和结果。其实这两个配价成分也可以是对象和位事。①如：

(10) 他安灯。/灯安在天花板上。

(10′) *他安灯天花板上。/*他安天花板上灯。/他把灯安在天花板上。

2. 配价成分和把字句与非把字句之间的变换

现代汉语中，把字句与非把字句之间往往存在变换关系，如“他卖了旧书”可以变换为“他把旧书卖了”。但是这种变换是有条件的，这种变换是从非把字句变换为把字句，也是大家讨论得比较多的。从把字句到非把字句的变换，情况或许更为复杂一点，因为在把字句中还存在配价增值现象，这种增加出来的配价成分在变换为非把字句时，就必然存在着如何处置的问题。本节试图探讨一下这方面的问题。

把字句与非把字句之间能否变换，有的涉及核心动词的配价成分，有的涉及一定的句法成分。把字句与非把字句之间的变换主要有以下三种情况：一是能进行变换的，二是不能进行变换的，三是同一种情况下有的能变换，有的不能变换。

第一种，把字句能变换为非把字句的。例如：

(11) a. 你把我的钱用光了，你不怕我多心了。（张爱玲《倾城之恋》）

---

① 关于“位事”，可参阅：范晓 1996 动介组合体的配价问题，《营口师专学报》第 1 期。

(11) b. 你用光了我的钱,你不怕我多心了。

(12) a. 他大约是下了决心把流苏冷一冷。(张爱玲《倾城之恋》)

(12) b. 他大约是下了决心冷一冷流苏。

上述例子中的 a 句都是原句,b 句为变换句,变换时都是直接将“把”的宾语移到动词短语后面,这是一种情况。另一种情况是,把字句与非把字句之间的变换不能直接将“把”的宾语移到动词短语之后,移动时需要作相应的调整。例如:

(13) a. 他把最后一块白荞麦粉条馅饼塞进嘴里,用两只手握牢车厢板,开始专注地望着渐渐向前方倾斜下去的高原。(张承志《北方的河》)

(13) b. 他往嘴里塞进最后一块白荞麦粉条馅饼,用两只手握牢车厢板,开始专注地望着渐渐向前方倾斜下去的高原。

(14) a. 他把双手插进裤兜,然后缓缓地朝自己家走去。(张承志《北方的河》)

(14) b. 他往裤兜插进双手,然后缓缓地朝自己家走去。

上述例子中,把字句到非把字句的变换必须经过相应的移位调整,否则变换句不能成立,如例(13)中的“最后一块白荞麦粉条馅饼”就不能直接移到“塞进”后面,或者“塞进嘴里”后面。其余例子类似。

一般说来,直接由形容词或动词作补语的把字句,“把”的宾语可以比较容易地直接移到该动词短语之后。例如:

(15) a. 不枪毙时,我默默地把稿件收拢,用皮筋扎起来,取过阅稿签来签字,从始至终头都不抬。(王小波《白银时代》)

(15) b. 不枪毙时,我默默地收拢稿件,用皮筋扎起来,取过阅稿签来签字,从始至终头都不抬。

(16) a. 我期望头头看到这些故事后勃然大怒,拔出把手枪,把我的脑袋轰掉,我的抑郁症就彻底好了。(王小波《白银时代》)

(16) b. 我期望头头看到这些故事后勃然大怒,拔出把手枪,轰掉我的脑袋,我的抑郁症就彻底好了。

如果核心动词后的补语是由趋向成分充当的,变换一般也比较容易,不过,“把”的宾语随趋向成分的不同,变换后,其位置也有所不同,试比较:

(17) a. 四奶奶把老太太搀到外房去,老太太道:“你把我那儿的新茶叶拿出来,给徐太太泡一碗。”(张爱玲《倾城之恋》)

(17) b. 老太太道："你拿出我那儿的新茶叶来，给徐太太泡一碗"。

(17) c. ? 老太太道："你拿我那儿的新茶叶出来，给徐太太泡一碗"。

(17) d. ? 老太太道"你拿出来我那儿的新茶叶，给徐太太泡一碗"。

(18) a. 李冬宝感兴趣地把南希唤过来。(王朔《谁比谁傻多少》)

(18) b. 李冬宝感兴趣地唤过南希来。

(18) c. 李冬宝感兴趣地唤南希过来。

(18) d. 李冬宝感兴趣地唤过来南希。

(19) a. 南希要真能把家里这摊儿顶起来，我和戈玲也可以多往外边跑跑，街上出什么新鲜事也都能在场了。(王朔《谁比谁傻多少》)

(19) b. 南希要真能顶起家里这摊儿来，我和戈玲也可以多往外边跑跑，街上出什么新鲜事也都能在场了。

(19) c. *南希要真能顶家里这摊儿起来，我和戈玲也可以多往外边跑跑，街上出什么新鲜事也都能在场了。

(19) d. 南希要真能顶起来家里这摊儿，我和戈玲也可以多往外边跑跑，街上出什么新鲜事也都能在场了。

第二种，把字句不能变换为非把字句的。大致有以下几种情况：

第一，动词短语由"一向"构成，后面带有其他成分的。如：

(20) a. 他激动地把笔按向纸张，纸嗤地撕破了。(张承志《北方的河》)

(20) b. *他激动地按笔向纸张，纸嗤地撕破了。

(20) c. *他激动地按向纸张笔，纸嗤地撕破了。

第二，动词短语由"一成/作"构成，其后带有补语成分的。如：

(21) a. 他迅速甩掉上衣，褪掉长裤，把衣服团成一团走向那姑娘。(张承志《北方的河》)

(21) b. *他迅速甩掉上衣，褪掉长裤，团衣服成一团走向那姑娘。

(21) c. *他迅速甩掉上衣，褪掉长裤，团成衣服一团走向那姑娘。

(22) a. 我只把你看作女人。(王朔《刘慧芳》)

(22) b. *我只看你作女人。

(22) c. *我只看作你女人。

类似的例子如：

(23) 从此他把女人看成他脚底下的泥。(张爱玲《倾城之恋》)

(24) 书上把他正在卡车上穿过的这条无定河大河沟叫作"曲流宽谷"。

(张承志《北方的河》)

这类句子不能变换为非把字句,似乎与“把”的宾语的长度无关,上述例(22)、(24)很能说明这一点。不能变换的原因,可能与“作、成”的逐渐虚化有关,它们的虚化使得它们对核心动词的粘着性越来越强,这样,其他的成分就难以插入其中。

第三,动词短语后带有目标配价成分时,不能通过对目标成分和“把”的宾语进行互换来变换。如:

(25) 徐华北推开其他照片,把那幅静物移到阳光晒不着的地方。(张承志《北方的河》)

(26) 他们把头等舱的乘客送到了浅水湾饭店。(张爱玲《倾城之恋》)

(27) 她把烧焦的火柴丢在烟盘子里。(张爱玲《倾城之恋》)

上述例(25、26)中,“到”后的成分为目标或终点;例(27)中,动词“丢”后是“在”而不是“到”,尽管如此,我们还是把“在”后的“烟盘子里”看作目标。理由是:首先,例(27)中的“在”替换为“到”以后不改变原句的意思;其次,动词“丢”纯粹是一个具有[动态]语义特征的词,它不具备[静态]语义特征,这点与“放”“挂”“摆”等不同;所以,再次,像“烟头丢在烟缸里”这样的句子,不能变换为“*烟缸里丢着烟头”,而“花摆在桌上”和“画挂在墙上”则不然,它们可以分别变换为“桌上摆着花”和“墙上挂着画”。正因为如此,例(27)不能像前面例(13、14)那样作有条件的变换。例(25、26)这两例,从形式上看似乎可以作有条件的变换:

(25′) 徐华北推开其他照片,到阳光晒不着的地方移那幅静物。

(26′) 他们到浅水湾饭店送头等舱的乘客。

单看这些变换句都能成立,但变换句的意思与原句的意思相差甚远,所以上述诸例也应看作不能变换的例子。

第四,具有配价增值现象的把字句不能变换为非把字句,因为这个增加的配价成分是借助“把”才得以出现的,在非把字句中它当然不能出现。如:

(28) 门背后有个轻木料做成的架子,是个可以活动的平行四边形,上面有凸起的木钉,她把它作挂衣钩来用,但我认为这东西是一种绘图的仪器。

(29) 这种植物总是种在花盆里,绕着包棕的柱子生长,我还不知道它可以长在墙角的地下,把藤蔓爬在玻璃上。(王小波《白银时代》)

第三种，同一种情况下，有的可以变换，有的不可以变换。主要表现在"—得/到/在"引进补语的把字句中。如果核心动词的补语是由"得"引进的，把字句能否变换为非把字句，要看这个补语的语义指向而定，指向"把"的宾语的，可以变换；不指向"把"的宾语的，则不能变换。例如：

(30) a. 而那个写稿人却恶狠狠地站了起来，把桌椅碰得叮当响，从我身边走过时，假作无心地用高跟鞋的后跟在我脚上狠命地一踩，走了出去。(王小波《白银时代》)

(30) b. 而那个写稿人却恶狠狠地站了起来，碰得桌椅叮当响……

(31) a. 他想躲开那个女的，他甚至恨那个女的，是她用那可恶的黑眼睛和一股什么劲儿把鸭弄得失去了自制。(张承志《北方的河》)

(31) b. 他想躲开那个女的，他甚至恨那个女的，是她用那可恶的黑眼睛和一股什么劲儿弄得他失去了自制。

(32) a. 我已经读完了地理系那本讲义，我会把那些"曲流宽谷"背得滚瓜烂熟。(张承志《北方的河》)

(32) b. *我已经读完了地理系那本讲义，我会背得那些"曲流宽谷"滚瓜烂熟。

(33) a. 我多少年把什么父亲忘得一干二净。(张承志《北方的河》)

(33) b. *我多少年忘得什么父亲一干二净。

如果"把"的宾语比较长，即使补语的语义指向它，也不能作非把字句变换。例如：

(34) a. 当他熬到半夜，最后把三千字的一节删得只剩下二百来字的干货，终于扔掉笔。(张承志《北方的河》)

(34) b. *当他熬到半夜，最后删得三千字的一节只剩下二百来字的干货，终于扔掉笔。

由"到"引进补语的把字句也存在类似情况，下列把字句不可以变换为非把字句：

(35) a. 豆腐拿回家，因急着赶公共汽车上班，忘记把豆腐放到了冰箱里，晚上回来，豆腐仍在门厅塑料兜里藏着，大热的天，哪有不馊的道理？(刘震云《一地鸡毛》)

(35) b. *豆腐拿回家，因急着赶公共汽车上班，忘记放豆腐到了冰箱里，晚上回来，豆腐仍在门厅塑料兜里藏着，大热的天，哪有不馊的道理？

(35) c. * 豆腐拿回家，因急着赶公共汽车上班，忘记放到了冰箱里豆腐，晚上回来，豆腐仍在门厅塑料兜里藏着，大热的天，哪有不馊的道理？

(36) a. 她一歪身坐在地上，搂住了长袍的膝部郑重地把脸偎在上面。(张爱玲《倾城之恋》)

(36) b. * 她一歪身坐在地上，搂住了长袍的膝部郑重地偎脸在上面。

(36) c. * 她一歪身坐在地上，搂住了长袍的膝部郑重地偎在上面脸。

下列把字句则可以变换为非把字句：

(37) a. 现在，我又想把你带到马来亚，到原始人的森林里去……(张爱玲《倾城之恋》)

(37) b. 现在，我又想带你到马来亚，到原始人的森林里去……

(38) a. 他们把我拖到高墙背后，四肢摊开，绑在四个铁环上。(王小波《白银时代》)

(38) b. 他们拖我到高墙背后，四肢摊开，绑在四个铁环上。

由"到"引进的补语，把字句能否变换为非把字句，可能与两个因素有关。一是跟"到"后面的名词短语的角色性质有关。"到"后面的配价成分是"目标"，这目标是由处所词语充当的。似乎处所越典型，作非把字句变换的可能性就越大，反之，这种变换的可能性就越小。试比较：

(39) a. 文章写完的第二天下午，他把稿子送到颜林父亲那里。(张承志《北方的河》)

(39) b. 文章写完的第二天下午，他送稿子到颜林父亲那里。

(40) a. 他轻轻地把被子拉到母亲的肩头上，突然发现她正在暗影中默默地望着自己。(张承志《北方的河》)

(40) b. ？他轻轻地拉被子到母亲的肩头上，突然发现她正在暗影中默默地望着自己。

(41) a. 他竭力不再想这件事，专心地把心思埋到那些书里去。(张承志《北方的河》)

(41) b. * 他竭力不再想这件事，专心地埋心思到那些书里去。

但下列句子不能变换为非把字句，似乎又与"处所"的典型性无关：

(42) 晚饭的时候天气闷热，他和弟弟、母亲把<u>小饭桌</u>抬到屋外，在一片蝉声中吃着面条。(张承志《北方的河》)

(43) 走进那房间的大门，迎着门放了一张软塌塌的床，它把整个房子

都占满了，把几个小书架挤到了墙边上。（王小波《白银时代》）

这实际上涉及另一个因素："到"前动词的语义特征。只具有或隐含[动态][方向]特征的动词才可能进行变换，如"送"不仅有[动态]特征，还隐含着[方向]性，即被送的物体在空间领域发生了位移。有些动词可能具有这些特征，但同时具有[静态]语义特征，含这样动词的把字句不能变换为非把字句。"放、偎、挤"等就是这样的动词，所以上述例(42、43)都不能变换。

不能同时满足上述两个条件的把字句一般不可以变换为非把字句，但这可能不是必然的。因为"到"在现代汉语这个共时平面上，其句法功能已经有了分化：实词用法和虚词用法，这是"到"功能扩大化的结果。动词后面的"到"在功能扩大化过程中会呈现出连续统状态，这就使得部分句子的变换可能出现例外，这可看作语法平面上的"词汇扩散"现象。

由"在"引进的补语，把字句变换为非把字句也存在两种情况：有的不可以变换，有的则可以变换。例如：

(44) a. 这就是说，这世界早晚要沦为一片冷冰冰的、稀薄的银色混沌，你把一片黄铜含在嘴里，或者把一片锡放在嘴里反复咀嚼，会尝到金属辛辣的味道——这就是混沌的味道。（王小波《白银时代》）

(44) b. 这就是说，这世界早晚要沦为一片冷冰冰的、稀薄的银色混沌，你含一片黄铜在嘴里，或者放一片锡在嘴里反复咀嚼，会尝到金属辛辣的味道——这就是混沌的味道。

(45) a. 白流苏在她母亲床前凄凄凉凉跪着，听见了这话，把手里的绣花鞋帮子紧紧按在心口上。（张爱玲《倾城之恋》）

(45) b. * 白流苏在她母亲床前凄凄凉凉跪着，听见了这话，紧紧按手里的绣花鞋帮子在心口上。

从所搜集到的语料来看，由"在"引进的补语，把字句能变换为这种非把字句的，数量极少。"在"的性质似乎和"到"一样，也存在一个由实到虚的语法化过程，其词汇扩散程度或许比"到"要大。

3. "把"字宾语的角色类型

"把"字宾语的角色类型是就其与动词的语义关系来说的。传统的看法多认为,“把”的宾语是动词的受事,从语言事实看,“把”的宾语为受事的确实占了相当大的比例。不过,作“把”的宾语的还有其他的语义角色。例如:

(46) 慧芳久久地把嘴唇按在那块潮湿的纱布上亲吻着,然后慢慢直起腰,把白被单蒙上了夏顺开缠满白纱布的脸。(王朔《刘慧芳》)

(47) 他披上衣服推开了旁边外屋的小板门,小心地绕过堵满一屋的家具和煤气灶、食品柜,蹑手蹑脚地走到母亲床前,帮母亲把薄棉被盖好。(张承志《北方的河》)

(48) 一个个准确的词汇涌向笔尖,待他把它们嚓嚓地写在纸上时,那些词汇又添了一分严谨和文采。(张承志《北方的河》)

(49) 老头说,放下你的那些论文吧,只要把基础课考好,问题就不大。(张承志《北方的河》)

(50) 经常把我胸前写得像北京公共汽车的站牌。(王小波《白银时代》)

(51) 我把那桶水浇花了。

上述例(46)中的“白被单”、例(47)中的“薄棉被”都是工具,例(48)中的“它们”(一个个准确的词汇)是动词“写”的结果,例(49)中的“基础课”是“考”的范围,例(50)中的“我胸前”是处所,例(51)中的“那桶水”是材料。

在探讨与动词相关的语义角色时,对“把”的宾语与动词之间的语义关系的探讨似乎没有注意。其实,由于把字句的特殊性,“把”的宾语的语义角色有一定的复杂性。这种复杂性至少表现在两个方面,一是,“把”的宾语有时不是直接与单个的动词发生关系,而是与动词短语发生关系,如“把手帕都哭湿了”中的“手帕”与“哭”之间就没有直接的语义关系,而是与“哭湿”之间发生关系;二是,由于把字句的增值现象,“把”的宾语有时与增加的配价成分有关,而不是与相关的动词或动词短语直接发生关系,如“小林下班回来,老婆就把怒气对准了小林”这句,“怒气”本身谈不上“对准”“小林”,而是“老婆”使“怒气对准小林”,这样的“怒气”与“对准”之间又算什么关系呢?正因为这样的复杂关系,“把”的宾语的语义角色有时很难说清,例如:

(52) 把小林急坏了。(刘震云《一地鸡毛》)

(53) 面露疲惫但神态安详的慧芳把脸俯向他:“你能看见我么?”(王朔《刘慧芳》)

例(52)中的“小林”和例(53)中的“脸”是施事?是受事?

把字句中,“把”的宾语的语义角色形形色色,它与核心动词的关系也错综复杂,其中有没有共同性、规律性的东西呢?答案是肯定的。设把字句的抽象结构为“NP_1+把 NP_2+VP”,那么,其共同的东西就是:由于 NP_1 的原因,使 NP_2 与 VP 之间有“被描述与描述”关系,[①]否则,把字句就不能成立。试比较:

(54) a. 这盆衣服把她洗累了。

(54) b. *她把这盆衣服洗累了。

(55) a. 她把衣服穿破了。

(55) b. *衣服把她穿破了。

为什么例(54、55)a 句能说而 b 句不能说?因为 a 句中 NP_2 能与 VP 构成“被描述与描述”的关系,而 b 句不能,b 句中能作描述对象的是 NP_1。因此,笼统地说“动词后必须带有补语”之类的话显然是不够的。

从 VP 本身的形式来看,它不限于动补结构形式,动宾结构、状动结构、单个的动词[②]都可以作 NP_2 的描述成分。动宾结构、状动结构作描述成分的例子如:

(56) 把官地南头栽上柳树。[③]

(57) 把他往死里打。

4. 结　束　语

本文讨论了现代汉语中把字句的配价增值现象,增值现象的产生与“把”的语义有一定的关系,具有增值现象的把字句中的“把”一般都有“使、用”的意义。

把字句能否变换为非把字句跟把字句中核心动词后面所带的成分性质有很大的关系。把字句中,核心动词后面所带的往往是补语,补语的类型和复杂程度以及补语的语义指向都会影响把字句与非把字句之间的变换,[④]动词的[动

① 参阅:薛凤生 1994“把”字句和“被”字句的结构意义——真的表示“处置”和“被动”?载戴浩一、薛凤生主编《功能主义与汉语语法》,北京:北京语言学院出版社。

② 不是所有单个的动词都能在把字句中出现,这是众所周知的事实。需要说明的是,平常认为,单个的动词除了一些特殊的文体外不能构成把字句,它必须带上“了”什么的,或者将这单个的动词重叠。我们认为,这不是把字句对动词的要求,而是一个句子对体的要求。

③ 宋玉柱 1996《对“把”字句的进一步探讨》一文质疑,《现代汉语语法论集》,第 184—190 页,北京:北京语言学院出版社。

④ 参阅:卢英顺 1995 语义指向研究漫谈,《世界汉语教学》第 3 期。

态]与[静态]语义特征对变换也有一定的制约作用。此外,还有其他因素也影响它们之间的变换,限于篇幅,本文没有探讨。

把字句中,“把”的宾语的语义角色往往认为是受事,“处置”的提法想必与此有关。从语言事实来看,这种情况确实占了绝对的优势。不过,语言事实中,“把”的宾语也有其他语义角色,况且,由于把字句的特殊情况,“把”的宾语的语义角色有时又很难说清,这算不算谈语义角色时只考虑相关成分与动词之间的关系而没考虑其他因素对该成分角色性质影响的不足呢?

“把”的宾语的语义角色尽管形形色色,但并不是杂乱无章的。“把”的宾语必须能与其后的动词构成“被说明与说明”的关系。

(原载《语言科学》2003 年第 2 期,第 37—45 页)

“V 不了(O)”结构的语法意义及相关问题

提　要　本文在已有研究成果的基础上，就“V 不了（O）”结构的语法意义问题重新进行审视，概括出四种不同的语法意义，并从认知和语法化的角度探讨了不同意义之间的联系。同时指出，“V 不了（O）”结构具体表示什么样的语法意义不仅与动词有关，也与句中的主语和宾语有关，有时语境也是一个重要因素。此外，还就这一结构与“V 不得”进行了简单的比较，并作出相应的解释。

关键词　“V 不了”；根源意义；判断意义；语法化

0. 引　　言

“V 不了（O）”结构中的 V 指的是动词，O 是这个动词所带的宾语，有的动词不能带宾语，有的动词的宾语或前置或承上文省略，故 O 外加圆括号。

“V 不了（O）”结构可以表示不同的语法意义，对这一问题的探讨有一定的实践意义。专门探讨这方面的文章仅有几篇。就笔者所见，有黄文龙（1998）①、柯理思（2001）②。黄文从焦点出发探讨这一结构语法意义与否定焦点变化之间的关系。柯文着重从语法化的角度探讨这一结构中“了”的虚化问题。此外，刘月华（1989）③、李宗江（1994）④也涉及这方面的问题。我们认为，“V 不了（O）”结构有进一步探讨的必要。本文在已有研究成果的基础上就下列问题进行探讨：

---

① 黄文龙 1998 “V 不了”的否定焦点与语法意义浅析，《湘潭师范学院学报》第 5 期。

② 柯理思 2001 论表示说话者主观判断的“V 不了”格式及其语法化过程，载史有为主编《从语义信息到类型比较》，北京：北京语言文化大学出版社。

③ 刘月华 1989 可能补语用法的研究，《汉语语法论集》，北京：现代出版社。

④ 李宗江 1994 “V 得（不得）”与“V 得了（不了）”，《中国语文》第 5 期。

(1) “V不了(O)”结构所表达的不同语法意义；

(2) “V不了(O)”结构不同语法意义之间的联系；

(3) “V不了(O)”结构的意义与相关成分的关系；

(4) “V不了”与“V不得”。

1. “V不了(O)”结构所表达的语法意义

现代汉语中，“V不了(O)”结构可以表示不同的语法意义，黄文龙(1998)把“V不了”的语法意义概括为三种：(1)表示“不能V”或“不可能V”，是对V行为本身的发生或实现的否定；(2)是对V的结果或趋向的实现的否定，如“掩饰不了”是“掩饰不住”或“掩饰不下去”的意思；(3)当“V不了”后面跟着表示量度的补语时，它相当于“V不到”，如“大不了七八岁”“用不了十天”。黄文对“V不了(O)”结构语法意义的概括似乎存在一些问题，比如第一种过于粗略，欧美语言学界多把能愿动词的意义分为两类：根源意义(root meaning)和判断意义(epistemic meaning)(参阅柯理思，2001)，就汉语的“V不了(O)”结构来说，“不能V”和“不可能V”显然分属这两种不同的意义，不宜合并到一起；第二种语法意义的概括也欠妥，按照黄文的分类，“掩饰不了”可以归到“不能V”里面，而所谓的“趋向”实际上是不存在的，“掩饰不了”与“掩饰不下去”的意义是有区别的；第三种意义从所举的例子来看似乎没什么问题，换一个例子可能就有点问题，如“用不了这么多教师”。

鉴于上述原因，我们对所搜集的语料进行分析，把“V不了(O)”结构的语法意义大致归纳为以下四类：

1.1 表示“不能××”或“无法××”

“V不了(O)”结构可以表示因主观或客观上的原因，比如为能力、权力所限而“不能有某种行为”或者“无法从事某种行为”。在不同的语境中，这类“V不了(O)”结构在意义上又有细微的差别：或表示“不能××”“无法××”[如例(1)、(2)]，或着意说明“行为主体意欲从事某种行为，但不能如愿”[如例(3)、(4)]：

(1) 这么好的医生上不了手术台，真可惜啊！(王海鸰《牵手》)

(2) 她说这话透着一丝丝酸，她终究是女人，就逃脱不了女人的基本感情，这也是她每次坐在他摩托后座上的时候，一个总忘不了要转弯抹角提

出来的问题。(李国文《情敌》)

(3)(我)已经没有退路了,与其低声下气地哀求之后仍然改变不了命运,倒不如大义凛然灭灭周经理的威风。(燕子《太阳雨》)

(4)她瞥了一眼老大老婆,见她嘴角露出一丝冷笑,知道这一手蒙不了她。(老布《亲情》)

上述例(1)中的"上不了手术台"表示"不能上手术台",例(3)中的"改变不了命运"着重表示"她"想"改变",但无法改变。例(2)和例(4)分别与此类似。

"V不了(O)"结构在表示"不能"这一语法意义时,有时会有"如果那样的话,将会有不好的结果"的意义,这与语境有关。例如:

(5)话已到嘴边了,看看亲爱的姐姐,晓冰开不了口。(王海鸰《牵手》)

(6)尤其严禁医务工作者与患者之间饮酒作乐,想庆贺一番也庆贺不了哇!(梁晓声《尾声》)

例(5)不是说晓冰没有"开口"的能力,而是隐含着这样的意义:如果开了口,那会伤害姐姐的;例(6)是说,如果"庆贺"的话,这些医务工作者将会受到纪律的处罚。

1.2 表示"推测"

"V不了(O)"结构有时用来对某种行为是否会发生进行推测,表示"不会××"。例如:

(7)黄德复说:"这太好了,周恩来总理一生就喜交文艺界朋友,他说过,一个政治家没有几个文艺家朋友就成不了什么大政治家。"(贾平凹《废都》)

(8)他想奶牛能产奶,奶卖些钱,搞完实验将牛卖了,也赔不了本。(史生荣《骆驼实验》)

例(7)中的"成不了什么大政治家"表示的是"不会成为什么大政治家"的意思,例(8)类似。

谈起"推测",我们往往会想到是对"未来"的推测,实际上,推测也可以是针对过去行为的,例如:

(9)不怕!事情已经出下了,由他去吧!我想这又不是人命事,也犯不了什么大罪!(赵树理《小二黑结婚》)

(10)那时你讲不出这么一套,更讲不了这么粗。(张承志《北方的河》)

1.3 表示"V不完"

"V不了(O)"结构有时可表示"V不完"这一语法意义。在"V完"这一结

构中,“完”可以有不同的语义指向:一是指向行为本身,二是指向动作的受事。例如:

(11) 庆余喂完她的狗,朝这里走来,一步一扭,两条胳膊一摇一摆……(张炜《九月寓言》)

(12) 煎饼快要吃完了,他知道沿路乞讨的时光来临了。(张炜《九月寓言》)

“完”在例(11)中指向“喂狗”这一行为,在例(12)中指向“煎饼”。有意思的是,我们对大量的语料(不同作者,不同作品)进行检索后发现,在“V不完”结构中,竟然没有发现一例“完”是指向行为本身的,而且指向动作受事的也极少。不过,“完”指向行为本身也不是不可能,例如:

(13) 这些树如果今天栽不完,到明天再栽,存活率可就差了。

从搜集到的语料来看,与“V不完”结构相似,“V不了”结构中的“了”一般也是指向动作的受事的。如:

(14) 他已经完全无心卖馍了。他决定离开这个他无能为力的场所,到一个稍微清静的地方呆一会,至于馍卖不了怎么办,现在他也不想考虑了。(路遥《人生》)

(15) 人一旦换了行头,思维感觉也变了,买菜大手大脚,买得多回来吃不了,一坏就又倒了。(贾平凹《废都》)

不过,我们在《西游记》中发现的几例中,“了”似乎都是指向行为本身的:

(16) 说不了,只见辕门外有人来报道:“那大圣引一群猴精,在外面叫喊。”(《西游记》)

1.4　表示“不需要”

“V不了”结构有时表示“不需要××”的意义,例如:

(17) 你明楼叔给你寻了个轻营生嘛!晚上只拉一回,用不了两三个小时,白天一天就歇在家里。(路遥)

(18) 那是城外一片空旷的土地,过不了几年,这里就会高楼林立群雄崛起。(王海鸰《牵手》)

上述两例中的“用不了”“过不了”说的都是时间,也有不限于时间的,如:

(19) 没等加林回答,玉德老汉赶忙说:“现在学生娃少了,用不了那么多教师,就回来了。”(路遥)

2. “V不了(O)”结构不同语法意义之间的联系

要想探讨“V不了(O)”结构不同语法意义之间的联系，有必要先知道这一结构的性质。这一结构是动补结构的可能式，但其中的“了”在很多情况下则是虚化的用法，“了”具有补语性，然而不是典型的补语。正是这个缘故，丁声树等(1980:62)曾经指出：

“吃得了、吃不了”表示“吃得完、吃不完”，是一般的可能式动补结构；像“来得了、来不了”这类结构中的“了”，“单独已经没有多少意思，只是和‘得、不’合起来表示可能和不可能，‘得了’和‘不了’是可能补语”。

上述“V不了(O)”结构语法意义的列举顺序是根据其使用频率安排的，而不是基于意义发生先后的时间顺序。从搜集的语料来看，“V不了”结构所表示的这几种意义中，表示“不能××”或“无法××”这一意义的例句占有绝对的优势，其次是表示“推测”的，最后两种所占比重非常小。

“V不了(O)”结构不同语法意义之间有没有联系？如果有联系，它们是怎样联系起来的？这些不同语法意义之间是有联系的。它们是怎样联系起来的呢？或者说，它们是从什么语法意义(源语法意义)派生出其他语法意义的呢？我们认为，“V不了(O)”结构的源语法意义是“V不完”，这可以从历时的语料中得到证实。太田辰夫(2003:217)①指出：“原来和‘吃不了’对应的‘吃了’只表示吃完，而没有可能的意义。所以，‘吃不了’也只表示没吃完的意思，表可能的意思是后来产生的。”前述《西游记》中的语料只有这一种意义。从语法化的角度看，该结构中的“了”的原始意义明显地是表“完结”的。王力(1990:122—123)②指出：表示“终了、了结”的“了”在东汉时代已经出现，在唐人诗句中，“了”字已经在很多地方不能作谓语，而逐渐虚化。实际上它变了补语的性质，仅仅表示行为的完成。

如前所述，“V不了(O)”结构在表示“完”这个意义上会因“了”的语义指向的不同而有不同的意义，一个是V所表示的动作对象的“完”，另一是动作行为

① 太田辰夫 2003《中国语历史文法》(修订译本)，蒋绍愚、徐昌华译，北京：北京大学出版社。
② 王力 1990《王力文集(第十一卷)·汉语语法史》，济南：山东教育出版社。

本身的“完成”，显然，后者是“了”语法化的结果。因此，如果要确切地说“V不了(O)”结构的源语法意义，那应该是前一种语法意义。明确这一点之后，就可以看看“V不了(O)”结构所表示的“不需要”意义与源语法意义的关系了：这是对典型语法意义(源语法意义)的偏离。典型语法意义的肯定式是指某一具体客体的“完全消耗”，其结果是这一客体不存在了，如“喝完酒”的结果是“酒”没有了。而在“不需要”这一意义上，与原来客体相对应的要么是抽象的“时间”，要么客体仍然是具体的，但它的消耗并不是“消失”，如上述例(19)，或者如下例所示，表示客体的转移：

(20) 买这手机我花了2 000块。

这“2 000块”钱从“我”的角度看显然是“消失”了，但它本身并没有消失，只是从“我”这儿“转移”到其他人那里。这点与“喝完酒”的“酒”是不同的。

“V不了(O)”结构所表示的“不能”和“推测”这两种语法意义则与“V不C”这一结构意义有关。刘月华(1989)指出，“V不C”结构主要用来表达“由于受主、客观条件的限制，不能实现某种结果或趋向”，即“非不愿也，实不能也”这个意义；张旺熹(1999)[①]指出，典型的“V不C”结构应同时表达“企望义”和“可能义”两个语义范畴，并进一步解释说：“典型的‘V不C’结构表达主观意志想要执行某种动作行为以实现某种目标，但由于某种客观原因存在(与主观意志相对)而使目标不能实现的意义，它要求V具有[自主性]，C具有[目标性]。”我们认为，张文与刘文关于“V不C”结构意义的表述实质上是相通的，而张文“可能义”这样的表述似乎不够清楚。按照平常“可能补语”的说法，其中的“可能”可以理解为“能够”，表示行为主体的能力，而按照一般的理解，应该是表示“推测”。如果作后一种理解，我们觉得不宜把它作为“V不了(O)”结构的典型意义要素，后者是在前者的基础上派生出来的。Sweetser(1990)[②]指出，从英语和其他语言来看，情态动词的判断意义是从根源意义派生而来的。汉语中的“V不C”结构其实也是表示情态，其意义演化与“能”等类似。柯理思(2001)对“V不了”的论述就证明了这一点。

---

① 张旺熹 1999 “V不C”结构实现的语义条件，《汉语特殊句法的语义研究》，北京：北京语言文化大学出版社。

② Sweetser, Eve E. 1990 *From Etymology to Pragmatics*. Cambridge: Cambridge University Press.

3. “V 不了(O)”结构的意义与相关成分的关系

不是所有的动词都能进入“V 不了(O)”结构。刘月华(1989)曾指出:“V 不了”结构,除了能愿动词、表示“使令”意义的以外,一般动词都可以进入;但这一结构主要用于口语,因而多用于书面语的动词,如“遴选、沐浴、披露”等,都不能进入。然而实际上,除语体因素以外,不能进入这一结构的动词远不只能愿动词、表示“使令”意义的动词,如“爱、抱歉、出来、当心、劳动”等一般就不能进入该结构。我们对孟琮等人(1987)编的《动词用法词典》[①]中的动词进行了调查,发现不能进入“V 不了(O)”结构的动词有不少。就是能进入该结构的动词,也不是每个动词在所有义项上都能进入,如“欠、对”:

(21) 过日子只要精打细算,就欠不了什么账。

(22) *这种解释欠不了说服力。

(23) 对歌儿我可对不了。

(24) *枪口对不了人,这样不礼貌。

由于“V 不了(O)”结构具有不同的语法意义,而不同语法意义所反映的是该结构虚化程度的不同,因此,考察能否进入“V 不了(O)”结构的动词以及进入后表示什么样的语法意义就不能笼而统之,必须依据其所表示的语法意义的不同分别对待。

3.1 “V 不了(O)”结构的意义与动词的关系

如前所述,“V 不了(O)”结构可以表示不同的语法意义。就能进入“V 不了(O)”结构的动词来说,不是任何能进入这一结构中的动词都可以表示这几种不同的意义。事实上,“V 不了(O)”结构的意义与动词有一定的关系,例如,有的动词似乎只与特定的语法意义相联系或者具有强烈的倾向性,当 V 为“忘、忘记”等动词时,该结构一般表示推测(不会××);当 V 为“喝、使用、用”等动词时,该结构表示“V 不完”。本节试图初步考察一下不同的动词与“V 不了(O)”结构所表示的语法意义之间的关系,或者说,能进入表示特定语法意义的“V 不了(O)”结构中动词的特点。

---

① 孟琮、郑怀德、孟庆海、蔡文兰编 1987《动词用法词典》,上海:上海辞书出版社。

进入“V 不了(O)”结构中表示“不能××”的动词。由于这一结构表示由于主观或者客观原因不能从事某一行为，所以能进入这一结构的动词首先应该是具有[自主性]的动词，如：

管 代替 逃脱 干 学 保护 吃 来 给 腐蚀 ……

但并不是所有的自主动词都能进入，如“吐(唾沫)”就不能进入这个结构。这里似乎另有一个制约因素。据初步观察，不能进入这个结构的是这样的一些动词，它们所表示的行为动作一般不会受到主观和客观的限制，比如“吐唾沫”这一动作，除了婴儿以外，任何人都可以做到，类似的如“抱歉、骂、给”等。道理也不难理解：表示“不能 V”或“无法 V”的“V 不了(O)”结构的意义是表示主体意欲从事某种行为而获得某种结果，但因主观和客观的原因而不能如愿，像“吐”类动词显然不受这样的条件限制，于是用在这个结构中就与其结构意义相悖，所以它们不能用于这个结构。

进入“V 不了(O)”结构中表示“推测”的动词。“推测”不是行为主体的推测，而是说话者对某事件的推测，这是一种判断意义。与其他几种情况相比，出现在这类结构中的动词可以不具有[自主性]，可以是[一可控]动词。因而具有[一可控]语义特征的动词进入到“V 不了(O)”结构中一般只能表示“推测”的意义，例如：

(25) 没有关系的啦，扎一下两下，也死不了，我在插队那阵，就因为我爹牵连，受的苦比这简直不能比。(李国文《情敌》)

(26) 买床急什么，家具店又塌不了。(张恒《贫嘴张大民的幸福生活》，《中篇小说选刊》1998 年第 1 期)

这类动词还包括：“违背、误会、误解、牺牲、瞎”等。

进入“V 不了(O)”结构中表示“V 不完”的动词。因为“V 完”是表示行为主体通过有意识的行为以期达到一定的结果，所以，进入“V 不了(O)”结构中表示“V 不完”的动词首先必须是自主性动词，但显然不是任何自主动词进入这个结构中都表示“V 不完”意义。能表示这一语法意义的动词还具有[消耗]这一语义特征，就是说，有关行为能使其所带的受事、材料“消耗”掉。如“喝酒”时，“喝”这一行为能使“酒”消耗掉。属于此类的动词还有“吃、烧、糊、浇”等。例如：

(27) 一瓶啤酒我喝不了。

(28) 这么多水浇花够吗？够！恐怕还浇不了。

这种[消耗]意义还可以进一步引申，例如：

(29) 这么多衣服我穿不了。

(30) 这么多内容一次讲不了。

例(29)是说“衣服太多，穿不过来”；例(30)是说“内容太多，讲不完”。

进入“V不了(O)”结构中表示“不需要”的动词。从所搜集到的语料来看，进入“V不了(O)”结构中表示“不需要”的动词只有有限的几个：“要、需要、用”。例如：

(31) 所有检查用不了一个小时，我保证你们按时出发。(王海鸰《牵手》)

(32) 我去部长那儿要不了半个小时的，你们在这里坐着聊吧。(贾平凹《废都》)

3.2　“V不了(O)”结构的意义与宾语和主语的关系

“V不了(O)”结构的意义与动词固然有一定的关系，但动词对“V不了(O)”结构意义的影响只是一个方面，很多情况下，同一个动词进入这个结构以后可以表示不同的语法意义。例如：

(33) 自从见过晓冰，沈五一就总也忘不了她了。(王海鸰《牵手》)

(34) 我抱住她的双肩，热烈地对她说：“不，孙悦，我忘不了你，永远也忘不了你！”(戴厚英《人啊人》)

(35) 钟锐知道不表态是过不了关了，又沉默了一会，他说：“你看她看得很准。”(王海鸰《牵手》)

(36) 那是城外一片空旷的土地，过不了几年，这里就会高楼林立群雄崛起。(王海鸰《牵手》)

上述现象表明，考察“V不了(O)”结构的语法意义仅从动词本身着手是不够的，还要考虑句子中动词所带宾语的特点，甚至句子中主语的特点。

“V不了(O)”结构的语法意义与所带的宾语之间的关系表现在：(1)动词相同，所带的宾语的类型不同，该结构的意义也不同；(2)动词相同，所带的宾语的类型也相同，但宾语带不带数量短语，也会影响结构的意义。试比较：

(37) 我马上要出差，浇不了菜了。(对象)

(38) 这么一点点菜，浇不了这么多水。(材料)

(39) 我喝不了酒。

(40) 我喝不了一瓶酒。

“浇不了”在例(37)中表示“无法浇”,在例(38)表示“浇不完”;“喝不了”在例(39)中表示“不能喝”,在例(40)中表示“喝不完”。

主语性质的不同对“V不了(O)”结构意义的影响可从下列例子中窥见一斑:

(41) 买回来,谁知隔壁王嫂也孝敬了娘一把挠手,王嫂的倒比我买的做工好,我想把买的退了回去,只是担心退不了,你们出出主意怎么个退法?(贾平凹《废都》)

(42) 我看,水位这几天还退不了。

同样是“退不了”,但在这两句中所表示的意义并不相同,前者表示“无法退”的意思,而后者表示“不可能退”的意思。造成这种差异的原因,显然与主语的性质有关。在前一句中,主语是“我”,“我”是个有意识的主体,可以自己控制自己的行为(“退”),只是因为客观上的原因不能达到预期的结果。后一句则不然,主语“水位”不是一个有意识的主体,“退”也就不可能是个有意识的行为,因而“退不了”不可能理解为“无法退”,只能理解为对“退”这一行为的“推测”。

3.3 “V不了(O)”结构的意义与语境的关系

“V不了(O)”结构的语法意义除跟上述因素有关以外,还与语境有关。有时,离开特定的语境,“V不了(O)”结构可以表示不同的意义,但在特定的语境中,该结构所表示的意义往往比较明确。如“她来不了”这句,孤立地看,既可以理解为“她因故不能来”,又可理解为“她不会来的”。但在下列语境中,其意义是明确的:

(43) 今日她来不了,我就代表她了!(贾平凹《废都》)

(44) 都十二点了,还没到。我想她来不了啦。

4. “V不了”与“V不得”

“V不了”与“V不得”都有“不能××”的意思,如:

(45) 天气热了,盖不了厚被子。

(46) 天气热了,盖不得厚被子。

但由于它们所表示的语法意义存在着一定的差异,“V不了”与“V不得”之间不是在任何情况下都可以互换,表现在:

有的情况下，有“V不得”形式，而没有相应的“V不了”形式，如：

爱不得　逼～～　比较～～　尝～～　称赞～～

*爱不了　逼～～　比较～～　尝～～　称赞～～

有的情况下，“V不得”和“V不了”两种形式都存在，但其所表示的意义不同，如：

(47) 这碗饭吃不得。

(48) 这碗饭吃不了。

(49) 先进生产者的荣誉轮流不得。

(50) 先进生产者的荣誉轮流不了。

有的情况下，有“V不了”形式，而没有相应的“V不得”形式，如：

改进不了　改良～～　改善～～　改正～～　重视～～　猜～～

*改进不得　改良～～　改善～～　改正～～　重视～～　猜～～

这跟“V不得”结构所表示的语法意义有关，它表示的是“不能V，如果V的话，将会有不好的后果”。像“改进”“改善”“重视”这样的词所表示的是人们愿意从事的行为，实现这一行为之后会取得比较好的结果，这点与“V不得”的结构意义是不相容的，故这类词语不能有“V不得”的形式。至于“猜”这样的词，它所表示的行为实现以后，其结果——猜对了或者猜错了——无所谓好或坏，一般不会有什么不好的后果；所以一般也就不在这个结构中出现。如果我们假想一个语境：猜对了有大奖；不猜，没奖但也不会有危险；猜错了，要被处死。在这种情况下，如果你想撞大运，你的朋友会警告你说“猜不得！”。这正好说明能进入“V不得”结构中的动词，是那些实现相关行为后可能产生不良后果的动词。

5. 结　束　语

本文对汉语中比较常见的“V不了(O)”格式的语法意义重新进行了考察，归纳出如下几种不同的意义：表示“不能××”或“无法××”，表示“推测”，表示“V不完”，表示“不需要”。这四种意义彼此是互相有联系的，从根本上说，这些意义的来源与“完结”的“了”有关，也与作为动补结构的“V不了(O)”有关。“V不了(O)”结构的确切语法意义既跟其中动词的性质有关，也跟句子中的宾语、主语有关，有时还跟语境有关。

把“V不了(O)”结构的语法意义归纳为上述几种，只是为了教学的方便。从语言实际来看，它们之间并不是离散的，有时就一个具体的句子而言，该结构是表示这种意义还是那种意义，不太容易确定，或者说两种理解都可以。

相对动词而言，形容词进入“V不了(O)”中V的位置以后，这个格式的语法意义比较单纯，一般情况下都表示“推测”的意义，只是在特定语境作用下可能表示其他的意义，如：

(51) 她想红，可是红不了。

所以，限于篇幅，本文没有讨论形容词的情况。如果要探讨在这个格式中的情况，我们认为重点不在这个格式表示多少不同的语法意义，而在于哪些形容词可以进入这个格式？哪些形容词不能进入这个格式？为什么？

（原载《汉语学习》2010年第2期，第40—47页）

说 “通 过”

提　要　现代汉语中,“通过”既可作动词,又可作介词,各有不同的意义和用法,又有一定联系。本文在认知语言学的框架内,运用隐喻、语法化等概念对有关问题作出解释。

关键词　“通过”;隐喻;语法化

0. 引　　言

“通过”是现代汉语中比较常见的一个词,它既可以用作动词,也可以用作介词。关于它的意义和功能,《现代汉语词典》(修订本)作了如下的概括说明:“(1)从一端或一侧到另一端或另一侧;(2)议案等经过法定人数的同意而成立。”这是对动词“通过”(记作“$通过_1$”)所作的概括说明。介词“通过”(记作“$通过_2$”)也有两点:“(1)以人或事物为媒介或手段而达到某种目的;(2)征求有关的人或组织的同意或核准。”

我们的问题是:“通过”作为动词和介词,在用法上有什么相通之处?不同意义之间有没有什么联系?如果有的话,又是怎样联系起来的?到目前为止,相关问题的专门讨论文章似乎尚未看到。本文试图在认知语言学的框架内就有关问题进行探讨。

1. “通过”的句法、语义功能

1.1　“$通过_1$”的句法语义功能

从句法功能上说,“通过”可以用作动词。例如:

(1) 夏氏父女在远处转弯滑回来，通过慧芳面前的直道，再次转弯，几乎是直对着慧芳冲过来。（王朔《刘慧芳》）

(2) 他们逐个通过转门，进了门厅，保卫科的干部迎上去，和为首的警官握了握手，一个保卫干部领着警察去自动电梯上楼。（王朔《一半是火焰，一半是海水》）

(3) 小芳连蹦带跳地通过栅栏门，进入冰场，坐在条凳上换冰鞋。（王朔《刘慧芳》）

“通过$_1$”早期比较典型的用法是表示“某客体(O)(包括人和物体)在空间上从起始处(S)开始，经过一定的路径(P)，位移到目标处(G)”。在从S处通往G处的路径中，必须经过一个个具体的地点(L)，这些地点有可能就是障碍物(B)，需要克服。这是“通过$_1$”的整个认知图景，可图示如下：

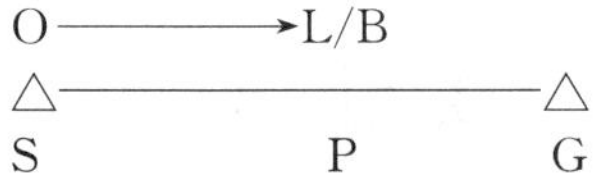

而实际上，“通过$_1$”所着重表示的不是这整个图景，而是整个图景中的路径P和路径中的任意地点L(或障碍物B)，因此，“通过$_1$”所带的宾语都跟路径和具体地点或障碍物有关。前者如上述例(1)，后者如例(2)、例(3)。这些都是“通过$_1$”典型用法的例子。

“通过$_1$”除了以上这些典型用法以外，还可以有非典型用法。例如：

(4) 我本是个律师，现正读着书准备律师资格考试。

真好。希望你顺利通过。（裴在美《一个陌生城市的房间》，《收获》1999年第5期）

(5) 以他的情况是应该混在中间不引人注目地通过，太招摇了难保不惹出事来。（严平《有你有我》，《收获》）

(6) 他问乔公越知不知道初评的结果，乔公越用一种淡然的口气回答不知道，其实他心中有数，自己一定没问题，果然老李说他已经通过了。（严平《有你有我》）

(7) 会议讨论并通过了朱德准备的军事工作报告和原则上通过《关于若干历史问题的决议》。（《毛泽东传》）

在非典型用法中，如果客体本身是不能位移的，这时就可能出现一个使客体位移的主体，这时客体位于“通过”之后，整个格式表示“主体使这个客体通过”，如例(7)。

1.2 “通过$_2$”的句法语义功能

“通过”除了用作动词以外，还可以用作介词。这点毫不奇怪。朱德熙(1984:174)①曾指出过“现代汉语里的介词都是从动词演变来的，大部分介词都还保留着动词的功能”。从分布上看，“通过$_2$”后面所接的句法成分的性质是多种多样的，有的是名词短语，有的是动词短语，有的是主谓短语。这一点，吕叔湘(1984)②已指出过。例如：

(8) 毛泽东还通过第一师范工人夜校，在工人中展开工作。(《毛泽东传》)

(9) 他通过关系打听到萍乡县知事是举人出身，喜欢古文骈体，反对白话文，就用“四六体”写了一篇呈文请求立案，果然很快得到批准。(《毛泽东传》)

(10) 当时这篇文章不但在社会上，并且在党内也没有直接发生影响。但通过写作这篇长文，使毛泽东对那个时期中央的路线错误的认识大大深化了。(《毛泽东传》)

(11) 龙小姐说，通过网上聊天，自己的性格也慢慢发生变化。(报纸)

(12) 通过同学介绍，小林与她恋爱。(刘震云《一地鸡毛》)

(13) 毛泽东通过他加强对国民党内部情况的了解和联系，也为中共湘区委采取联谭倒赵的政策创造条件。(《毛泽东传》)

1.3 “通过$_1$”“通过$_2$”所带宾语的特点

“通过$_1$”所带的宾语一般是名词性的，“通过$_2$”所带的宾语五花八门。从语义上看，我们难以抽象出它们共同的语义特征。但是，如前所述，“通过$_1$”着重表示的是“路径”或者路径中的某一地点或“障碍物”。是“路径”，就有一定的空间跨度，表现在时间方面，就是时间上的跨度。所以，“通过$_2$”所带的宾语，如果是动词性的，那么，由这个动词所表示的事件必须具有持续性，上例中的“写文章”“聊天”就是如此。不管怎么说，由“通过$_2$”构成的短语所表示的必须是客体为达到某种目的所采用的方式或手段，如上例。否则，句子就不能成立。试

---

① 朱德熙 1984《语法讲义》，北京：商务印书馆。

② 吕叔湘主编 1984《现代汉语八百词》，北京：商务印书馆。

比较：

(14a) 他通过参加体育锻炼，身体比以前健康了许多。

(14b) *他通过参加体育锻炼，英语水平比以前提高了许多。

(14b)之所以不能成立，是因为“英语水平的提高”不能“通过参加体育锻炼”来达到目的。通过参加体育锻炼来提高英语水平，好比缘木求鱼。

2. 结构隐喻：“通过$_1$”从典型用法到非典型用法

Lakoff 和 Johnson(1980)①把隐喻(metaphor)分为“结构隐喻”(structural metaphor)、“方位隐喻”(orientational metaphor)和“本体隐喻”(ontological metaphor)三种。所谓结构隐喻，是指一种概念以隐喻的方式用另一种概念来建构，它实际上就是一个概念领域在另一个概念领域的映射。英语中 Argument is war(辩论是战争)就是这方面的例子，辩论的双方对应于战争的双方；战争时，双方的目的是想获胜，辩论亦然；战争要有一个过程，要讲究策略，辩论也有一个过程，也讲究策略；等等。“通过$_1$”从典型用法到非典型用法就与结构隐喻有关。

如前所述，“通过$_1$”较早地用于空间领域的位移。空间领域位移涉及的要素有位移客体、路径、某具体地点或障碍物、目的地等。有时，要到达某目的地，需要克服一定的困难障碍物。例(4)所表述的是“你顺利通过律师资格考试”，在这个表述中，“你”对应于空间领域的位移客体；“律师资格考试”对应于空间领域的路径；希望“顺利”，就是希望在这个“路径”上没有障碍物，或者有障碍物但比较容易跨越；“通过律师资格考试”的结果，就是获得“律师资格”，这对应于空间领域的目的地。例(5)、例(6)中所表述的是“某人通过职称初评”，这里，“某人”对应于位移客体，“职称初评”过程就是一种“路径”，初评过程中可能遇到的困难就是“障碍物”，获得相应的职称就到达了“目的地”。在空间位移过程中，如果为障碍物所阻，越不过障碍物，就到达不了目的地。同样，如果在评审过程中不能克服所遇到的困难，就不能获得相应的职称。由此可见，“通过$_1$”非

① Lakoff, G. & Mark Johnson 1980 *Metaphors We Live by*, Chicago: University of Chicago Press.

典型用法的认知图景和典型用法的认知图景是相似的。“通过$_1$”的非典型用法就是其义项(2)的确立基础,不过,《现代汉语词典》编纂者没有考虑到例(4)这类语言现象,因而其中的两个义项都无法用来解释例(4)。但是通过结构隐喻就能很好地解释这一点。

在空间领域里,位移的客体一般能自主发出某种行为(汽车等虽然是人开动的,但在认知上我们忽略了“人”的因素)。但在非空间领域里,与位移客体相对应的可以是不能自主位移的客体,甚至是比较抽象的东西。道理很简单,因为这时相应的客体无需作真正的位移。例如:

(15) 毛泽东得出结论:“以后党要执行领导政府的任务;党的主张办法,除宣传外,执行的时候必须通过政府的组织。”(《毛泽东传》)

但在非空间领域,如果出现使客体位移的主体,该主体必须出现在“通过”之前,而客体应该出现在“通过”之后,如例(16):

(16) 多数代表同意毛泽东的意见,大会没有通过这个提案。(《毛泽东传》)

例(16)中,“大会”其实借指“参加大会的人”,其角色是使客体发生位移的主体。当然,“大会”也可理解为与路径相对应,这时,例(16)的相关部分可变换为:

(16a) 这个提案没有在大会上通过。

但不能变换为:

(16b) * 这个提案没有通过大会。

上文我们已指出过,“通过$_1$”所着重表示的是“路径”或者路径上的某一地点或“障碍物”。但在认知图景中,还有“目的地”。“目的地”在非空间领域可以表现为“结果”。尽管我们没发现“通过$_1$”在空间领域后面直接跟“目的地”,但我们发现这样一例:“通过$_1$”在非空间领域里后面直接跟着表“结果”的成分。例如:

(17) 我在英国影片中,看见一些小孩子在争,有的要爬树,有的要游泳,闹了一阵之后决定表决,表决通过爬树,于是大家都去爬树。(柏杨《丑陋的中国人》)

在例(17)中,“表决”是要通过的路径,“爬树”是通过“表决”这个路径后所到达的“目的地”,是“结果”。

3. 语法化:从"$通过_1$"到"$通过_2$"

从历时的角度来看,"$通过_2$"是"$通过_1$"语法化的结果。关于语法化的内涵、语法化的机制,有不同的理解。①词语句法功能扩大化是语法化的一个方面,汉语中的"通过"就属于这一类。"通过"从动词到介词,只是功能的扩大,原有的动词功能并没有丧失。"$通过_1$"作为动词,它能后接体助词"了",如上述例(6)、例(7)。再比如:

(18) 经过讨论,通过了会章,以"新民"为会名,以"革新学术,砥砺品行,改良人心风俗"为宗旨。(《毛泽东传》)

"$通过_2$"的后面则不能带体助词"了",因为"$通过_2$"经过虚化已不表示一种行为,它丧失了时间性。

"$通过_1$"的语义功能是表示到达目的地之前的路径,因而,在到达目的地之前总是要先经过一定的路径,不可能先到达目的地再经过一定的路径。因而表现在语言(至少是汉语)上,根据临摹性原则,表示路径的动词性成分总是先于目的地成分出现,而且不能被位移客体隔开。试比较:

(19a) 他们逐个通过转门,进了门厅。

(19b) * 逐个通过转门,他们进了门厅。

(20a) 小芳连蹦带跳地通过栅栏门,进入冰场。

(20b) * 连蹦带跳地通过栅栏门,小芳进入冰场。

经过了语法化的"$通过_2$",由于不表示空间领域的路径,它只表示实现某种行为的手段或方式,原有的"时间性"也就淡化了,所以由它构成的短语在句子中的语序不像"$通过_1$"所在的短语那样受到限制。例如:

(21a) 表面看,印度女人家帮了咱的忙,通过观察,我发现这里头不对,他们并不是要帮咱们,他们是为了他们自己。(刘震云《一地鸡毛》)

(21b) 表面看,印度女人家帮了咱的忙,我通过观察,发现这里头不对,他们并不是要帮咱们,他们是为了他们自己。

---

① 参阅:Heine, B., U.Claudi & F.Hünnemeyer 1991 *Grammaticalization: A Conceptual Framework*, Chicago: University of Chicago Press;沈家煊 1998 实词虚化的机制——《演化而来的语法》评介,《当代语言学》第3期。

(22a) 中央通过多种方式,向各地红军和革命根据地介绍井冈山斗争这个在当时最完整、最成熟的经验。(《毛泽东传》)

(22b) 通过多种方式,中央向各地红军和革命根据地介绍井冈山斗争这个在当时最完整、最成熟的经验。

从句法功能方面看,"通过$_2$"与"通过$_1$"的区别还在于,"通过$_1$"后只要带上相关的名词,句子就能自足,"通过$_2$"则不然,它后面带宾语后不能自足,必须跟上其他相关的谓词性成分句子才能成立。例如:

(23) 本来我也没什么办法,只是我单位一个同事的爸爸,正好是那个单位的局长,通过求他,才搞到了名额。

例(23)中,如果删掉"才搞到了名额",句子就不能成立。

由于"通过$_2$"是从"通过$_1$"演化而来的,因此在语法化过程中会出现一些两可的情况。例如:

(24a) 这个问题通过人事部门得到了解决。

(24b) 这个问题通过了人事部门。

(24c) 通过人事部门,这个问题得到了解决。

例(24a)中的"人事部门"既可理解为"途径",又可理解为"手段"。这可以例(24b)和(24c)为证:例(24b)表明,其中的"通过"可以是"通过$_1$"但是,如前所述,"通过$_1$"及其宾语不能移到句首,而例(24a)的变换句例(24c)却可以成立,因此例(24a)中的"通过"又可看作"通过$_2$"。反之,如果把例(24a)中的"通过"看作"通过$_2$",那么,"通过$_2$"后是不能跟"了"的,而例(24b)中的"通过"又可以带"了"。可见,例(24a)中的"通过"既不完全像"通过$_1$",又不完全像"通过$_2$"。这是"通过$_1$"向"通过$_2$"语法化过程中的必然现象。

4. 对"通过$_2$"语义功能的解释

"通过$_2$"的语义功能是表示达到某种目的的方式或手段。问题是,"通过$_2$"的这种语义功能与"通过$_1$"有没有联系?答案是肯定的。它们之间又是怎样联系起来的呢?回答是:它们是通过概念隐喻联系起来的。这个概念隐喻就是:方法是路径。与此相关的隐喻就是"结果是目的地"。这种概念隐喻是和结构隐喻相关的,因为隐喻具有系统性。

日常生活经验告诉我们，在空间领域内，从一处到另一处(目的地)必须经过一定的路径，否则就不可能到达目的地。我们还知道，要完成一个任务，或达到一个目的，或获得某种结果，也必须采用一定的手段或方式。例如：

(25) 江泽民主席表示相信，通过双方的共同努力，中俄两国关系在新的世纪一定会发展得更好。(报纸)

(26) 欣悉你当选为俄罗斯联邦总统，谨代表中国政府和中国人民，并以我个人名义，向你并通过你向勤劳智慧的俄罗斯人民致以衷心的祝贺。(报纸)

可见这两种认知图景是极其相似的，它符合人们的认知原理——不变性原理(invariance principle)。因而，用表空间领域路径的"通过$_1$"来表示非空间领域的手段或方式，也就不足为奇了。

5. 结　束　语

综上所述，在现代汉语共时平面，"通过"从用于空间领域推衍到非空间领域，从动词到介词，决不是任意的，它们之间存在着一定的隐喻关系。由于隐喻的作用，"通过"在空间领域的语义功能逐渐淡化，从而使自身的功能得以扩大化；自身功能的进一步扩大化，使它的原有语义越来越虚，最终获得了介词的功能。

以往对"通过"的研究局限于对它作句法、语义上的描写说明，对"通过"内部种种用法之间的联系，以及它们之间是怎样联系的没有足够的重视。目前的语言学研究趋势是注重解释。"通过"何以从空间到非空间，从实词到虚词，虚化后又为什么具有这样而不是那样的语义功能，这些正是我们要解释的地方。然而，在这些方面我们却恰恰忽略了，这不符合现代语言学潮流。其实，这种缺陷也存在于类似的研究中。通过对"通过"的研究，我们或许能从中得到一些启发。

(原载《语言教学与研究》2003 年第 6 期，第 11—16 页)

"吧"的语法意义再探

提　要　现有关于"吧"的研究虽有可取之处，但有些现象难以得到合理的解释。有进一步研究的必要。通过对现代汉语中含"吧"的语料的分析，本文认为，"吧"不表示疑问语气，其语法意义是"削弱"或者"降低"语气。其他种种复杂的用法都可以由此得到合理的解释。

关键词　吧；语气词；语法意义

0. 前　　言

"吧"是现代汉语中用得较频繁的一个词，学术界对此讨论得比较多，看法也不尽一致。比较一致的看法是，"吧"是语气词。问题主要集中在两个方面，一是"吧"是不是表示疑问语气？二是它表示什么语法意义？与此相关的问题是，到底有几个"吧"？

本文认为，现有的研究虽有可取之处，但有些现象难以得到合理的解释。有进一步研究的必要。通过对现代汉语中含"吧"的语料的分析，本文的看法是，"吧"不表示疑问语气，其语法意义是"削弱"或者"降低"语气。其他种种复杂的用法都可以由此得到合理的解释。以前关于"吧"的语法意义的概括与此有相近之处，但并不是一回事。

我们先讨论"吧"的语法意义问题，然后再讨论它是不是疑问语气词问题。

1. 关于"吧"的语法意义问题

1.1　对现有说法的反思

关于"吧"的语法意义问题，学术界的看法很不一致。从数量上来看，有的概括为一种，有的概括为多种；从概括的结果来看，也很不相同。同是概括为一种的，胡裕树（1995：376）①认为，“吧”表示“半信半疑”。胡明扬（2003：105）②认为，“吧”“赋予说话内容以不肯定的口气”。贺阳（1992）③认为，“吧”表示“非确认”语气。这三者表述不同，意思差不多。刘月华等（2002：424）④认为，“吧”的作用是“缓和语气”。徐晶凝（2003）⑤将“吧”的语义表述为“对命题内容作出推量，并要求确认”。

朱德熙（1984：211）⑥把“吧”分为“吧$_1$”和“吧$_2$”。“吧$_1$”是用在是非问句里的“吧”，是语气词，表示“说话的人已经知道是怎么回事，只是还不能确定，提问是为了让对方证实”。用于特指问句、选择问句、反复问句之后的“吧”是“吧$_2$”，朱德熙认为，“这类句子实质上是祈使句，⑦只是句子头上省去了‘你说’一类的话，句末的‘吧’表祈使，不是疑问，是‘吧$_2$’。”

邵敬敏（1996：66—67）⑧根据“吧”前面的内容的不同，把“吧”的语法意义分为四种：（1）要求听话者予以证实（A 义）；（2）征求对方意见（B 义）；（3）建议对方做什么或采取什么行动（C 义）；（4）建议为对方做什么或采取什么行动（D 义）。例如（邵敬敏例）：

（1）你衣服穿少了吧？（A 义）

（2）你看我现在也不太胖吧？（B 义）

（3）大少奶奶，该换换衣服了吧？（C 义）

（4）我给你拿一杯冷水吧？（D 义）

将“吧”的语法意义表述得最细的，要算是吕叔湘（2001：56—57）⑨了。“吧”的分布和意义主要有以下几点：

（1）用在祈使句末尾，表示命令、请求、催促、建议等。

（2）用在问句末尾。这些问句往往不是单纯提问而有揣测的语气。

---

① 胡裕树主编 1995《现代汉语》（重订本），上海：上海教育出版社。

② 胡明扬 2003《胡明扬语言学论文集》，北京：商务印书馆。

③ 贺阳 1992 试论汉语书面语的语气系统，《中国人民大学学报》第 5 期。

④ 刘月华、潘文娱等 2002《实用现代汉语语法》，北京：商务印书馆。

⑤ 徐晶凝 2003 语气助词“吧”的情态解释，《北京大学学报》第 7 期。

⑥ 朱德熙 1984《语法讲义》，北京：商务印书馆。

⑦ 我们不同意朱德熙把“吧”分为两个的做法，但他对特指问句等加上“吧”后实际上是祈使句的看法，我们是接受的。所以本文后面就不再讨论这类现象。

⑧ 邵敬敏 1996《现代汉语疑问句研究》，上海：华东师范大学出版社。

⑨ 吕叔湘主编 2001《现代汉语八百词》（增订本），北京：商务印书馆。

(3) 用在句中停顿处，用于举例、让步小句，用于交替的假设，有左右为难、犹豫不决的意思。

上述不同学者对“吧”的语法意义的概括都存在一定的局限，或没有顾及其他语料，或掺杂了语境中的其他因素。

如果“吧”表示“半信半疑”或“不肯定”“非确认”，我们就难以解释它用于祈使句的情况：祈使句是说话人要求对方从事或不要从事某种行为，怎么可能是“半信半疑”或者“不肯定”呢？如果像徐晶凝(2003)所说，是“对命题内容作出推量，并要求确认”，仍然不能解释祈使句中的情况。“和缓”说可以圆满地解释“吧”用于祈使句的情况，但难以解释陈述句和一般疑问句中的情况，更难以解释下列情况：

(5) 说吧，又得罪人；不说吧，领导又非让我说。

把“吧”在不同语境中的用法细化为不同的语法意义，这从语言教学，特别是对外汉语教学角度看，或许比较方便；但从科学研究的角度来看，并不合适。因为这种对语法意义的归纳或论证方式不科学，这样做掺杂了句子中的其他因素。这就涉及虚词研究方法论的问题。有关这方面的论述，较早的可追溯到何容的《中国文法论》，他(1985：135)[①]指出：“因为要是这样，就不免把这个助词所没有的作用也当成它的作用，把一个作用很单纯的助词当成作用很复杂的，而永远弄不清楚。”胡明扬在不同文章中多次强调这一点。例如胡明扬(2003：231)就指出：“要确切地分析语气助词的语气意义就需要采取某些有效的方法尽可能排除这些干扰因素，把要分析的语气助词的语气意义‘孤立’出来。”[②]马真(2004：213)[③]也提醒广大研究者：“我们在研究、分析、把握虚词的语法意义时，就要特别小心别将虚词所在的格式的语法意义归到那虚词的身上。”

我们现在再回过头来审视一下“吧”所表示的“不同”的语法意义。这些不同的语法意义应归功于语境中的其他因素。比如，说“吧”在“你去吧”之类句子中表示祈使语气，实际上，去掉“吧”后，祈使语气仍然存在，可见，表示祈使语气的并不是“吧”。再如，说“吧”“用在‘好、行、可以’等后面，表示同意，是一种应答语”，去掉“吧”仍然具有这样的功能。其他种种语法意义，其实都属类似的情

---

① 何容 1985《中国文法论》，北京：商务印书馆。

② 见《语气助词的语气意义》一文，第 231—237 页。

③ 马真 2004《现代汉语虚词研究方法论》，北京：商务印书馆。

况，这里不准备一一列举，读者可以自己去检验。

1.2　我们对“吧”的语法意义的看法

既然现有关于“吧”的语法意义的表述都存在一些不足，那它的语法意义到底是什么呢？根据对现实语料的分析，我们将“吧”的语法意义概括为：起“降低”或者“削弱”语气的作用。[①]其种种复杂用法都是从这一意义派生的结果，因而都可以得到比较合理的解释。

张谊生（2002：268）[②]这样表述过：“‘吧’主要表示说话人对自己的看法不很肯定，在不同的句类中，其揣度性语气的强弱并不相等。在陈述句句末，表示叙述不很肯定；在疑问句句末，希望对方给予证实；在祈使句句末，可以使请求、命令、劝告、催促等的语气略为舒缓一些。”张对“吧”的语法意义的表述与上述有关学者的提法差不多。这里想指出的是，他对“吧”在不同句类中所呈现的意义的差别的观察是符合语感的；但是，有两点似乎应该说得更清楚一些：一是意义上的这种差别是“吧”的语法意义的差别，还是“吧”所在句子之间整体意义的差别？二是如果不是“吧”自身语法意义的差别，那么上述含“吧”的不同句类之间的差别又是如何造成的？

我们对上述问题的看法是：“吧”在不同句类中的语法意义并没有变，含“吧”的不同句类之间的意义差别是由特定的句类和“吧”共同造成的。

这里涉及一个语法研究观的问题，就是系统观。结构主义语言学认为，短语的意义是由组成这个短语的词的意义获得的，由此类推。这里一个根本的不足就是忽略了结构本身的作用；如果考虑到汉语中“打他”和“他打”意义上的差别，则可以说对结构的作用重视得不够，因为“打他”和“他打”意义上的差别显然是由结构造成的。这点很明显，容易被研究者看出来。从系统的观点来看，整体大于部分之和。近几年的构式语法研究强调的就是这方面。这实际上是系统论思想在语言学研究中的体现。

回过头来再讨论“吧”的问题。在“吧”的语法意义探讨方面，胡明扬在《单项对比分析》这篇论文中说的一段话非常有道理，可惜被众多的研究者所忽略。他提出要用“孤立”法来研究虚词，“在某些情况下不仅要排除句子内部其他语

---

①　李君在解释“你是水利局长吧？”这句中“吧”的用法时说：“‘吧’在其中的作用应看作是降低疑问度，使得整个句子含有‘推测的语气’。”（《现代汉语疑问语气词研究》，复旦大学硕士学位论文，2006：48）但她只是就疑问句而言，其实，“吧”的作用在不同句类中是一样的。

②　张谊生 2002《现代汉语虚词》（张斌主编），上海：华东师范大学出版社。

言成分以及整个句子的整体语义因素的干扰，还需要排除句子以外的上下文和语言环境的影响和干扰。”“‘句子内部其他语言成分’的语义因素包括组成句子的各个词语的语义内容，不论是实词的语义内容，还是其他虚词的语义内容，以及各个层次的各种句法结构的语义内容，还有各种韵律成分，包括轻重音和句终功能语调的语义内容。这最后一类语义成分，也就是韵律成分的语义内容最容易忽略，但是也许是最不应该忽略的一类语言成分的语义内容。”（着重部分为笔者所加）（胡明扬，2003：319）讨论“吧”给不同句类带来的意义上的差别，必须考虑“句终功能语调”的因素。

考虑“句终功能语调”因素，就是要考虑不同句类的典型功能。我们习惯说，陈述句表示陈述，疑问句表示询问，祈使句表示请求、命令，这是就其典型功能而言的。在实际语言中，句类和间接言语行为之间的关系比较复杂[①]。知道不同句类的典型功能之后，我们就比较容易根据“吧”的语法意义，解释不同句类带“吧”后所出现的意义上的差别。

陈述句的典型功能是陈述一个事实，或者从肯定方面陈述，或者从否定方面陈述。陈述句加上“吧”后，由于它具有“削弱”或者“降低”语气的作用，因而它降低了对事实的陈述功能，使陈述的语气不那么坚决。所以我们才觉得“吧”在陈述句中表示不肯定语气。例如：

(6) 他在笑这个新书记的“学生腔”吧。（张炜《秋天的愤怒》）

例(6)[②]如果去掉“吧”，语气就显得十分肯定。

疑问句的典型功能是询问，加上“吧”以后就削弱了它的询问语气，因而不是完全意义上的疑问，而是问话者自己对疑问句中所含的命题的疑问有所保留，主观上认为这一命题所陈述的事实可能是真的。所以，给我们的感觉是疑问句加上“吧”后有需要对方证实的意味。

(7) 我叫住她，“咱们要是再见了，就得算朋友了吧?”（王朔《一半是火焰，一半是海水》）

例(7)中，“我”和“她”是第一次见面，一面之交之后，第二次见面就成了朋友，可能性虽很小，但也不是完全没有。所以“我”在说这句话时用了“吧”。去掉“吧”，给人的感觉好像是对成为朋友没有把握似的。

---

① 可参看申小龙主编的《语言学纲要》“语用学”一章，上海：复旦大学出版社。

② 原句中有个“大概”，为了便于比较带“吧”和不带“吧”的情况，引用此例时将它删了。

祈使句的功能是表示命令(请求的功能可能是后来发展的①),命令的语气是坚决的。加上“吧”后,这一坚决的语气受到削弱,因而给人的感觉是语气比较和缓。例如:

(8) 还是好好检查一下自己的工作吧!(蒋子龙《赤橙黄绿青蓝紫》)

例(8)中的“吧”如果去掉,给人以训斥之感。如前所说,有的学者把“吧”的语法意义概括为“和缓”,用来解释祈使句非常自然,用于其他句类的解释,说“和缓陈述语气”“和缓疑问语气”则不够自然,甚至有点费解。

2. 与“吧”的语法意义相关的问题

细心的读者会发现,我们上面没有提到“吧”用于感叹句中的情况,也没有举“吧”用于特殊问句的例子。“吧”可用于祈使句、是非问句和陈述句,不能用于感叹句。这一点徐晶凝(2003)已经指出。作者还作了统计,结果是“吧”最常用于祈使句,约占56%,其次是疑问句。作者还对此进行了解释:“吧”之所以不能出现在非是非问句和感叹句中,是因为“选择问、wh疑问句中均无需要取得听话者认可的信息,所以不能用‘吧’”;“吧”为何大量运用于祈使句?这是“吧”之情态语义语用化的结果,跟“面子”有关。这种解释在徐文中是可取的,因为这与作者对“吧”的语法意义的理解是吻合的。根据我们对“吧”的语法意义的理解,本文的解释是:“吧”之所以不能用于感叹句中,是因为感叹句的功能是表示强烈的感情,如果加上“吧”,则是要削弱这种感情,两者是冲突的;“吧”之所以不能用于含疑问点的问句中,因为含疑问点的问句具有明确的疑问信息,如果在这类问句中加上“吧”,也会发生冲突。平常所说的选择问句,其实也是含疑问点的,只不过这疑问点比较明确而已,是两者中的一个。

从分布上看,“吧”还可以出现在下列位置:

(9) 不管吧,无法向党委交账;管吧,刘思佳同何顺都不是省油的灯。(蒋子龙《赤橙黄绿青蓝紫》)

(10) 叶芳难于回答,说他不爱自己吧,这太难堪了,说他爱自己吧,又

---

① 表示命令时,是说话人要求听话人从事某一行为;表示请求时,也是要听话人从事某一行为。广义地讲,我们可以把请求看作是一种命令,只不过是语气非常委婉的命令。

确实没有把握。(蒋子龙《赤橙黄绿青蓝紫》)

上述现象,李兴亚(1986)[1]、吕叔湘(2001:57)、张谊生(2002:268)都已提及,并指出,“吧”在这种情况下表示“左右为难”“犹豫不决”。其实,这“左右为难”或者“犹豫不决”不是“吧”本身的语法意义,因为上述例句去掉“吧”后,“左右为难”之类的语感依然存在,试比较不带“吧”的情况:

(9′) 不管,无法向党委交账;管,刘思佳同何顺都不是省油的灯。(蒋子龙《赤橙黄绿青蓝紫》)

(10′) 叶芳难于回答,说他不爱自己,这太难堪了,说他爱自己,又确实没有把握。(蒋子龙《赤橙黄绿青蓝紫》)

我们认为,上述“吧”的语法意义仍然是表示“削弱”或者“降低”,降低了肯定的语气。上述例句中含“吧”的部分可以概括为“VP 吧……不 VP 吧……”或者“不 VP 吧……VP 吧……”,“VP 吧”和“不 VP 吧”对举出现。有时也可以只出现一项,例如:

(11) 不咽这口气吧,闹翻了也不是好玩的,解净现在会开车了,根子也扎牢(蒋子龙《赤橙黄绿青蓝紫》)

“吧”还可以用于举例性质的插入语后,例如:

(12) 比如语言吧,有的语言气势汹汹,一路冲刷下去,汹涌澎湃。(张炜《激情的延续》)

(13) 不光逛风景如此,就说看戏吧,他是什么戏都要看,可他连好戏歪戏都分不清,好的也不见他感动喝彩,歪的也不见他厌烦皱眉……(刘心武《七舅舅》)

李兴亚(1986)指出了“吧”用法中的这种现象,但他没有说明这里“吧”的语法意义是什么。我们认为,这里的“吧”同样起着削弱语气的作用。就例(12)来说,如果不用“吧”,直接说成“比如语言”,就显得干脆;加上“吧”则有姑且以语言为例的意味。

跟“吧”语法意义相关的另一种现象是,“吧”一般与“大概、也许”等同现,例如:

(14) 站在小楼上看海,大概是很惬意的吧。(王蒙《海的梦》)

(15) 夜色使我们互相望上去都朦朦胧胧的,也许这样更好吧。(张炜《美妙雨夜》)

---

① 李兴亚 1986 语气词“啊、呢、吧”在句中的位置,《语言文字学》第 5 期。

而很少和“一定、总是”同现，在我们搜集到的数百个含“吧”的句子中，只有1例是跟“一定”同现的：

(16)“哎，你会弹琵琶，那也一定会弹吉他吧?”(王朔《动物凶猛》)

这可能是因为“一定、总是”这样的词表示的是很坚决的语气，与“吧”降低语气不和谐。但“一定”也可以用来表示推测，这时与“吧”的作用又是一致的。

3. “吧”是否疑问语气词

讨论完“吧”的语法意义之后，再讨论“吧”是否疑问语气词问题就比较方便了。

陆俭明(1984)①认为，“吧”是半个疑问语气词，“它介乎疑问语气和非疑问语气之间，是一个表示‘疑信之间语气’的语气词”。接着又说：“当带‘吧’的句子受某种语境的制约，作为疑问句出现时，句子的语气‘疑多于信’，这时‘吧’就起着负载疑问信息的作用；当带‘吧’的句子受某种语境的制约，作为非疑问句出现时，句子的语气就‘信多于疑’，这时‘吧’就侧重表示测度或祈使的语气。”“说(F)(笔者按：指‘W＋吧＋↘?’这类句子)的疑问语气‘是由疑问语调决定的’，这缺乏事实依据。”

陆文的这段话有两点值得注意：一是“吧”在疑问句中出现时，“起着负载疑问信息的作用”，因而是半个疑问语气词；二是否认语调在F类句子中表示疑问功能的作用。

关于第一点，包括陆文的具体解释，我们在上文已经作了论述，那是“吧”和特定句类共同作用的结果。关于第二点，胡明扬(1993)②明确指出：(语气助词的研究)“还必须加入语调的因素，因为同样的句式，同样的语气助词，如果语调不同，全句的语气意义也不相同。”(“走吧?”和“走吧!”)“这两句的语调并不相同，疑问句使用的是疑问语调。”作者还用KAY6087PC可见音高仪对“走吧?”和“走吧!”“是你吧?”和“是你吧。”这两组句子作了实验，所记录的语调曲线和音高参数都不同。胡明扬(2003：105)也明确指出：“疑问语气是由疑问语调决

---

① 陆俭明 1984 关于现代汉语里的疑问语气词，《中国语文》第5期。

② 胡明扬 1993 陈述语调和疑问语调的“吧”，《语文建设》第5期。

定的,和'吧'无关。"邵敬敏(1996)也做过类似的实验,证明了疑问语调的存在。陆文没有提及实验一事,想必依据的是语感。

根据上述两位学者的实验结果,根据本文对"吧"的语法意义的分析,我们认为,"吧"不是疑问语气词,半个都不是。

4. 结 束 语

齐沪扬、蔡瑱(2005)①勾勒了实词"罢"到现代汉语中的"吧"的虚化链:罢(实词)→罢/吧(陈述语气)→罢/吧(祈使语气)→罢/吧(疑问语气)→罢/吧(停顿)。并且指出:"'罢'的虚化链从陈述语气到疑问语气的后半部分,与其说是'罢'的意义的演变,不如说是'罢'用法的扩展更为合适。"该文还指出,在语法化初期,"罢"还有"决断、决定"的意思,与动词"罢"语义上有明显的联系。但有个问题该文没有指出来,就是,按照一般的说法,"吧"是表示"不确定"的语气的,按照作者自己的说法,语气词"吧"在现代汉语中的主要功能有两个:一是表示祈使语气,一是表示揣测语气。这些都与"决断、决定"的意思是相冲突的。如果说"吧"是"罢"语法化的结果,这"不确定""揣测"的意思又是如何获得的?②

根据齐和蔡的研究,"吧"的用法始于陈述句。而从"吧"的共时分布情况看,"吧"用于祈使句的比例占绝对优势。不管哪种情况,"吧"的用法从某一句类扩展到其他句类,这一点是可以肯定的。

本文对前贤和时贤关于"吧"的研究重新进行了审视,并在此基础上提出了自己的看法,认为,"吧"的语法意义可以概括为"起降低或者削弱语气的作用",在不同句类中,这一语法意义是保持不变的;我们之所以感到"吧"在不同句类中具有不同的语法意义,那是受到"吧"自身的语法意义和不同句类的典型功能意义共同作用的结果。进而认为,"吧"并不是疑问语气词。

(原载《世界汉语教学》2007 年第 3 期,第 79—86 页)

---

① 齐沪扬、蔡瑱 2005 语气词"吧"的历史演变和语法化历程,载齐沪扬主编《现代汉语虚词研究与对外汉语教学》,上海:复旦大学出版社。

② 笔者因而怀疑,"吧"并不是"罢"语法化的结果。至于早期文献中"吧"和"罢"混用的现象,只是因同音而借用"罢"而已。没有考证,姑妄说之。

从凸显看“了”的语法意义问题

提　要　本文在“了”的二分（了$_{体}$、了$_{语}$）的基础上，主张“了$_{体}$”的语法意义是表示“相对某一时间参照点某行为或者状态已经成为事实”；“结束”“告一段落”和“开始”等意义可以看作“了$_{体}$”的不同次语法意义，它们受具体语境中凸显的不同而产生的。

关键词　凸显；了；次语法意义

0. 引　　言

现代汉语中，“了”的使用极其频繁，它是对外汉语教学的重点和难点。因而对其语法意义的探讨，在学术界也一直没有停止过。正因为如此，对“了”的分合问题、“了”的语法意义问题，各家的看法多有分歧，莫衷一是。例如，石毓智（1992）①认为：“‘了$_1$’和‘了$_2$’实质上是同一个东西在不同句法位置上的语法变体，两者的使用条件是一致的。”因而他把“了”作了一元化处理，把“了”的语法意义概括为表示“实现过程”。萧国政（2000）②则将句末“了”的语法意义析为8种：了$_1$ 表已然，了$_2$ 表消失，了$_3$ 表开始，了$_4$ 表继续，了$_5$ 表变化，了$_6$ 表偏离，了$_7$ 表强调，了$_8$ 表委婉。更多的研究者倾向于把“了”分为两个：了$_1$ 和了$_2$，如吕叔湘（2001：351）③。

本文不打算就“了”的研究细节问题作过多的评述，以阐述自己的看法为主。本文认为，把表示“体”意义的“了”和表示语气的“了”分开处理是必要的；

---

① 石毓智 1992 论现代汉语的“体”范畴，《中国社会科学》第6期。

② 萧国政 2000 现代汉语句末“了”意义的析离，载陆俭明主编《面临新世纪挑战的现代汉语语法研究》，济南：山东教育出版社。

③ 吕叔湘主编 2001《现代汉语八百词》（增订本），北京：商务印书馆。

平常所说的"了"表示"结束""开始""告一段落"等语法意义可以归结为一点，即"相对某个时间参照点，行为或者状态已经成为事实"。

1. 关于"$了_1$"和"$了_2$"区分的说明

"$了_1$"和"$了_2$"的区分，传统的主流看法是，把处于句子中间的"了"称为"$了_1$"；把处于句末的"了"称为"$了_2$"。吕叔湘(2001:351)说："'$了_1$'用在动词后，主要表示动作的完成。如动词有宾语，'$了_1$'用在宾语前。'$了_2$'用在句末，主要肯定事态出现了变化或即将出现变化，有成句的作用。"学术界对"了"的这种区分可谓根深蒂固，最具代表性的可推刘月华等(2002:361—362)①的相关说明：

> 表示动态的"了"可以用于动词后，也可以用于句末。在这两种位置上，"了"的基本语法意义没有什么不同，但由于它们的位置不同，功能不同，我们还是分作两个：用于动词后的，我们称为动态助词，用于句末的，称为语气助词。

仅仅根据"了"在句子中所处的位置来区分"$了_1$"和"$了_2$"显然是有问题的。所以有人对这种根据"了"所处位置的不同进行分类持有不同意见，认为应该根据"了"本身的语法意义来区分，这种区分的结果是：处于句子当中的"了"肯定是$了_1$，但句末的了不一定就是$了_2$。(参阅卢英顺 1991②，2005③：190—196；吕叔湘 2001:353)

为了便于讨论问题，我们把"了"的几种主要用法(做补语用法除外)列举如下：

(1) 我吃了饭了。(表示"结束")

(2) 我已经吃了两碗了，还想吃一碗。(表示"告一段落")

(3) 下雨了，把衣服收进来。(表示"开始")

(4) 花红了。(表示"开始")

为避免不必要的纠葛，本文把表示"结束"义的"了"标记为"$了_a$"，把表示"告一段落"义的"了"标记为"$了_b$"，把表示"开始"义的"了"标记为"$了_c$"。实际上，"了"的这些用法可以归结为一点，即"相对某个时间参照点，行为或者状态已经成

① 刘月华、潘文娱、故韡 2002《实用现代汉语语法(增订本)》，北京：商务印书馆。

② 卢英顺 1991 谈谈"$了_1$"和"$了_2$"的区别方法，《中国语文》第 4 期。

③ 卢英顺 2005《形态和汉语语法研究》，上海：学林出版社。

为事实”。为了教学的方便，了$_{a}$、了$_{b}$、了$_{c}$可以看作“了”这一总语法意义下的次语法意义。这些不同的次语法意义可以通过凸显的不同得到统一的解释。

为了叙述的方便，下面在必要的时候把表示“体”意义的“了”称为“了$_{\text{体}}$”，把表示语气的“了”称为“了$_{\text{语}}$”。

2. 凸显与“了”的不同次语法意义

在认知语言学界，有关凸显的问题，不同学者使用了不尽相同的术语。Langacker(1987)①使用的是 profile/base(侧面/基底)，在一个认知域内，被凸显的部分叫侧面，跟侧面直接相关的叫基底。比如“斜边”只有在直角三角形这一认知域内才称得上是斜边，否则只是一个线段而已。在这个例子中，斜边就是要凸显的部分，是侧面，整个直角三角形是基底，是理解斜边的背景。还有的学者用的是 figure/ground(凸显/背景)(参阅 Ungerer 和 Schmid, 2008②:第 4 章)。不管术语如何，凸显的共同点就是作为认知对象的某一部分特别受到人们的关注。“了”的不同次语法意义的形成就是人们对整个事件/状态不同阶段予以关注的结果。

就一个事件而言，在认知图景上大致可以分为三个阶段:起始点，过程和终结点，可图示如下:

图 1

图 1 显示的是个完整的事件，是基底。在这三个不同的阶段中，随着凸显阶段的不同，会产生不同的次语法意义。当要凸显的部分在终结点位置时，终结点就是侧面，这时“了”所显示的语法意义就是“结束”;当要凸显的部分在事件发展过程的某一阶段时，这一阶段就成了侧面，这时“了”所显示的语法意义是“告一段落”;当要凸显的部分落在起始点位置时，起始点就成了侧面，这时“了”所显示

---

① Langacker, R.W. 1987 *Foundations of Cognitive Grammar*, Vol.1, Stanford: Stanford University Press.

② Ungerer, F. & H.J.Schmid 2008 *An Introduction to Cognitive Linguistics*, 北京:外语教学与研究出版社。

的语法意义就是“开始”。我们分别图示如下(凸显的部分涂黑或者加粗)：

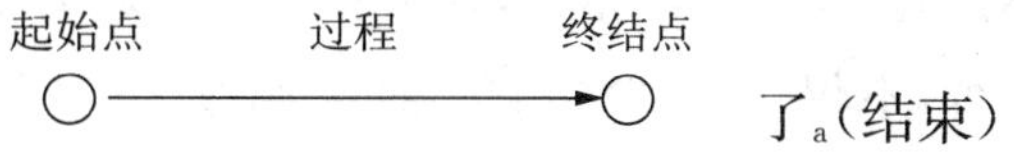

图 2

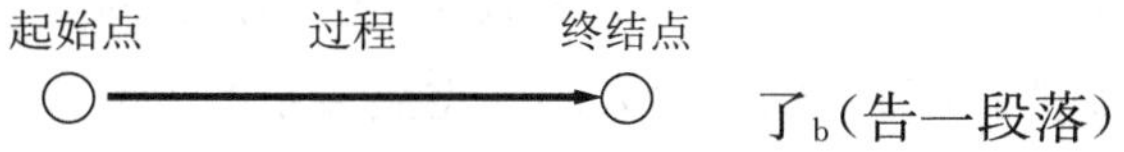

图 3

图 4

上述例(1)所凸显的是“吃饭”这一事件的终结点，自然有行为“完成”“结束”的感觉。例(2)只是说明“吃饭”这一事件进展到什么程度，所以有“告一段落”的感觉，至于是否继续吃，跟“了”本身没有直接的关系，主要受语境的制约。换一种语境就可能不继续了，如：

(5) 我已经吃了两碗了，再吃吃不下去了。

例(5)仍然是凸显事件的过程情况。例(3)中，“下雨”已然成为事实，只是说话人所关注的是这一事件的起始情况。例(4)中，“红”所表示的是一种状态，其中的“了”仍然表示“状态成为事实”，凸显的是状态的起始，所以让人觉得“了$_{c}$”有“开始”或者“变化”的意义。例(4)这类情况可图示如下：

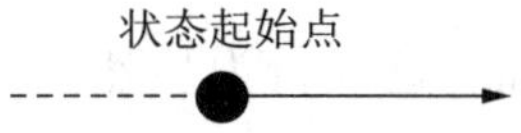

图 5

3. “了”的次语法意义与述词①的关系

“了$_{体}$”的使用情况与述词的不同类别有没有什么关系？不少学者都或详或

---

① “述词”这一术语是卢英顺在《形态和汉语语法研究》“词类”一章提出来的，包括我们常说的动词和性质形容词。他认为所谓的状态形容词应该从形容词中分离出来；而性质形容词与一般所说的动词在形态的表现上非常接近，宜合为一类。为不与“谓词”相混以及述词下位分类的不同，拟用“述词”这一术语。可详参该书(上海：学林出版社，2005 年)

略地论及过此问题。“了体”的使用与否与述词的不同类别之间确实存在着一定的关联，但这不是绝对的。有人已经指出，在分布上，“了体”看上去紧挨着述词，但实际上它的使用与否，不仅仅与述词有关，而是与整个句子所表示的事件或者状态的性质有关，跟一定的语用条件有关。（卢英顺 2005：186，197）。就“了体”的内部情况而言，其次语法意义与述词的类别也存在一定的关联，比如，表示状态的述词跟“了体”结合后，给人的感觉是表示“开始”；表示瞬间意义的述词跟“了体”结合后表示“结束”；而一般的动作述词多表示“结束”或者“告一段落”，也可以表示“开始”。例如：

（6）翻着翻着，小小的脸红了。（胡红一《小小》）

（7）暑假里，小小憔悴了许多。（胡红一《小小》）

（8）社主任跟着杜大叔走了，串门儿的人也走了，屋里显得十分空荡。（浩然《夏青苗求师》）

（9）杜娟收拾了家什，两个人一起往外走。（浩然《夏青苗求师》）

（10）当然小林在单位混了这么多年，已不像刚来单位那时那么天真，尽说大实话。（刘震云《一地鸡毛》）

（11）从今天起，他就要跟这群小动物打交道了，一块儿走路，一块儿休息。（浩然《夏青苗求师》）

例（6、7）中的“红、憔悴”都是状态述词，带上“了”以后表示相应状态的开始；例（8）中的“走”是“离开”的意思，是瞬间述词，“走了”意味着“走”这一行为的结束；例（9）中的“收拾”虽然不属于瞬间述词，但从下文不难看出，“收拾”的行为已经结束；例（10）中的“混”这一行为显然只是告一段落，因为“小林”还继续在这个单位工作；例（11）是说“他”要开始和“这群小动物”打交道。

其中的原因似乎也不难理解：表示状态的述词加上“了体”，表示该主体相对某时间参照点（典型的当然是说话时的时间）已经成为事实，这蕴含着这样的意思：在没有“了体”的情况下，该状态还不是事实，所以加上“了体”后，就有了“开始”的意义；另一方面，这跟“有界/无界”有关。（参阅 langacker，1987：204—205）“有界/无界”本来是就空间领域事物的性质而言的。“有界”指的是事物在一定空间范围内其边界是有限定的，如“书”“电脑”等，而无界事物的边界则是不确定的，如地面上的“水”。“无界”这一特点在时间上的体现就是没有时间上的起始点或者终结点。从理论上说，状态的产生必定有个起始点（虽然有时我们说不清起始点的确切时间），但状态产生后，并不意味着有必然的终结点，也就是说，某一状态产生后，它具有“无界”的性质。无界的事物具有同质性（homogeneity）特点，这一特点反映在状态上就是保持原有的状态。所以，状态述词加上“了体”后一般不会让人有“结束”的感觉。瞬间述词，由于从起始点到终结点之间的过程可以忽略不计，起始点和终结点几乎是重合的，事件一旦成为事实，人们感觉到的就是事件的终结点，由瞬间述词所表示的事件具有典型的“有界”性质，因而有“结束”的意义。而一般的动作述词所表示的事件，既有起始点和终结点，也有过程，到底哪一阶段引起人们的注意，则跟语境的激活有很大的关系。

“了”的不同次语法意义，跟“动词＋了＋时量词语＋了”表示不同的意义非常相似。在这一结构中，由于动词类别的不同，这一结构可以表示不同的意义：或表示事件结束后经历多少时间，或表示事件开始后进行了多长时间，或兼而有之。马庆株（1992：55、117）①对此有专门的论述。比如：

(12) 那幢楼倒了三天了。

(13) 我等了你两个小时了。

(14) 我们已经吃了 1 小时了。

例（12）中，由于“倒”是瞬间述词，其后的“三天”只能理解为楼倒塌以后所经历的时间；例（13）中的“等”是个持续性述词，它所激活的正是“等”这一行为的过程，因而“两个小时”表示的是“等”这一行为所持续的时间；例（14）则有不同的理解：它既可以表示“吃”这一行为开始后所持续的时间，也可以表示“吃”这一行为结束后所经历的时间，到底是哪种情况，需要看具体语境中所凸显的是事件的哪一阶段。试比较：

(14a) 我们已经吃了 1 小时了，再不来，我们准备结束了。

(14b) 我们已经吃了 1 小时了，碗都洗了，怎么才来啊？

4. “了体”与“了语”的关系

在现代汉语共时平面，我们虽然把“了”分为“了体”和“了语”两个，但并不是说它们之间了不相关。事实上，从历时的角度看，无论是“了体”还是“了语”都与作动词的“了”相关，从历时语料来看，“了语”应该是“了体”进一步语法化的结果。

---

① 马庆株 1992 时量宾语和动词的类，《汉语动词和动词性结构》，北京：北京语言学院出版社。

根据刘坚等(1992)①的研究,“了$_{\text{体}}$”起源于中晚唐,北宋以后开始普遍使用;而“了$_{\text{语}}$”则形成于北宋。刘坚等(1992:114—115)还指出,唐代表示完成体的基本方法有两种:“动+(宾)+了”和“动+却+宾”,这两种并存的方法在晚唐五代形成了一种新的句式:“动+却+宾+了”②,这一句式的产生,“进一步推动了动词‘了’③向助词转化的进程”。后来,由于“却”被“了”替换,于是就成了“动+了+宾+了”这样的格式。

齐沪扬(2003)④也持类似的看法:

> 动词“了”从位置上说前移到宾语前,组成“动+了+宾”格式;从词性上说,虚化为表示抽象的“完成”意义的时态助词;而未作前移的“了”,则逐渐从实在的“终了、完毕”意思虚化为抽象的表示事态变化的意思,“了”直接完成向语气词的转化。

对“了$_{\text{语}}$”是如何虚化而来的,他们并没有说明。我们的推测是:“动+了+宾+了”形成以后,表示“完成”这一语法意义就同时使用了两个“了”,这是一种羡余现象,羡余的结果可以有两种:一种是能够起到强调的作用,另一种是其中一个在功能方面日益退化。由于表示“完成”意义的“了”“却”等位于动词和宾语之间已成大势,位于句末的“了”在功能上发生退化就很自然了。不过,这种退化并不是非常彻底,试比较下面三例:

(15) 昨天晚上下了雨。

(16) 昨天晚上下雨了。

(17) 昨天晚上下了雨了。

这三句意思差不多,但例(17)在语气上明显强于例(15、16)。就“了”的语法意义而言,不管是“报告新情况的出现”也好,还是“表示行为结束”也好,它都必须有个参照时间,而这个参照时间典型的当然是说话的时间。由于“了$_{\text{体}}$”语法意义的强势作用,久而久之,“了$_{\text{语}}$”的主要语法意义⑤,其默认语法意义,就是说话时的“现在”时间,如果有其他时间词语出现,则另当别论。

---

① 刘坚、江蓝生、白维国、曹广顺 1992《近代汉语虚词研究》,北京:语文出版社。

② 这点类似今天口语中的“你有去过北京吗?”之类的说法,把“有 V”和“V 过”杂糅在一起。

③ 笔者以为,这种“了”不应该是动词,而是表示完成体了。

④ 齐沪扬 2003 语气词“的”“了”的虚化机制及历时分析,《忻州师范学院学报》第 2 期。

⑤ 这里的“主要语法意义”是指我们平常所说的表示语气,实际上“了$_{\text{语}}$”还隐性地存在着表示“结束”的意义。这或许是不同学者在处理“昨天晚上下雨了”中“了”时产生分歧的原因。有的把它理解为“了$_{\text{体}}$+了$_{\text{语}}$”,有的把它理解为“了$_{\text{体+语}}$”。为便于分析和理解,笔者倾向于前一种分析法。

我们在此梳理“了$_{体}$”与“了$_{语}$”之间关系的主要目的是想进一步探讨如下的问题:“了$_{体}$”的不同次语法意义与它在句子中所处的位置有很强的倾向性联系,即位于句子中间的“了$_{体}$”多为了$_{a}$、了$_{b}$,而位于句子末尾的“了$_{体}$”则多为“了$_{c}$”。原因何在?

本文试图用距离象似动因来解释。从整个行为成为事实来看,如果行为刚开始成为事实,那它离参照时间的距离就近,所以“了$_{c}$”离“了$_{语}$”就近;如果动作行为进行了一段时间,甚至都完成了,从开始算起,它离参照时间的距离就大,所以“了$_{a}$、了$_{b}$”离“了$_{语}$”就远。

从另一个角度看,还存在着语法系统内部互相制约的问题。(卢英顺 2008①)既然“了$_{体}$”位于句中强势地获得“结束”的意义,那么为了表义的明确起见,表示“开始”意义的位置就留在了句末。碰到不及物述词或者及物述词的受事等前移和在语境中省略的情况,从形式上看,就无所谓句中和句末了,这是没办法的事。

至于状态,一旦成为事实,由于它是无界的,一般不可能理解为“结束”,所以,无论“了$_{体}$”处于句末还是句中,它只能理解为“了$_{c}$”。不过,就某一具体的状态述词而言,“了$_{体}$”在句子中的位置未必是自由的。例如:

(18a) 我喜欢王华了。

(18b) *我喜欢了王华。

(19a) 我怕老师了。

(19b) *我怕了老师。

(20a) 我知道了这件事。

(20b) 我知道这件事了。

为什么“了$_{体}$”在例(20)中可以出现在不同位置,而且(20b)更自然,而(18b)和(19b)却不能接受?据初步观察,这三例中的“喜欢、怕”和“知道”虽然都属于状态述词,但内部有差异,即前者所表示的状态深受其后宾语“王华、老师”的影响,就是说“王华”使“我”产生“喜欢”的状态,“老师”使“我”产生“怕”的感觉,宾语和主语之间有“逆致使”的关系。只有有了“王华”才会发生“喜欢”,只有有了“老师”才会发生“怕”,“喜欢”和“怕”这种状态是不会独立发生的,因此“了”不能插入这些述词和它们的宾语之间。这似乎也是象似动因在起作用。

---

① 卢英顺 2008 语言研究的系统观,《语言研究集刊》(第五辑),上海:上海辞书出版社。

5. 结束语和余论

学术界对现代汉语中“了”的分合的看法存在分歧，本文采纳了二分法，但跟一般的二分法有所不同。一般的二分法是简单地根据“了”所处的位置来分的，而我们根据“了”的语法意义把它分为两个：“了$_{体}$”和“了$_{语}$”。“了$_{体}$”表示相对某个时间参照点（典型的是说话时的“现在”时间）某行为或者状态已成为事实，“了$_{语}$”一方面有加强语气的作用，另一方面，在默认情况下，与“现在”有关。如果简单地从位置来看，“了$_{语}$”一定位于句末，但位于句末的不一定是“了$_{语}$”。“了$_{体}$”因所与结合的述词的性质的不同及具体语境的影响而产生不同的理解，为了表述和对外汉语教学的方便，我们提出了“次语法意义”的概念。这些不同的次语法意义的获得受凸显的影响。

由于受朱德熙等先生的影响，学术界现在有不少人在研究普通话的语言现象时喜欢跟方言进行比较，这本身无可厚非。但是存在着如何利用方言材料来论证的方法上的问题。我们的看法是：

第一，方言材料可以开阔我们对普通话研究的思路，有些语言现象之间的细微差别在普通话内部可能不易觉察，而在方言中可能比较明显，这有助于我们进一步审视普通话中的相关现象。这就像其他语言，特别是汉藏语系中的其他语言现象有助于我们研究汉语一样。

第二，尽管如此，我们不能犯本末倒置的错误，在研究普通话时，让普通话中的语言现象去迁就某个方言的框架。大家现在都能清醒地认识到，让汉语语法研究结果迁就其他语言是不对的，但未必都能认识到在普通话研究和方言之间也存在类似的问题。以“了”的分合问题研究为例，普通话中的“了”到底应该分为几个，首先要从普通话内部，从它的表现情况如何来定，而不是根据某个方言的情况如何来定。如果甲方言里相对应的用法是二分，得出结论说普通话中的“了”应该二分；如果乙方言里相对应的用法是三分，得出普通话应该三分的结论，那么，普通话的“了”究竟是二分还是三分就永远争论不休了。根据史有为(1997)①的研

① 史有为 1997 助词“了”在常州话、上海话中的对应形式，《汉语如是观》，北京：北京语言文化大学出版社。

究，北京话助词“了”在常州话中因老派和新派的区别而有不同的对应形式，老派有 5 个，新派有 6 个；而与上海话的对应情况是，老派是 3 个，新派是 2 个。唐爱华(2001)[①]的研究结果是，普通话中的“了”跟安徽宿松方言的对应情况大致可以分为 5 种，但她并没有说普通话中的“了”应该分为几个。史冠新(2006)[②]基于临淄方言主张把普通话中的“了”三分。就相关的研究来看，方言中“了”的分合一般都是基于不同的读音，而读音往往是复杂的，有的融合了其他语气词的读音。所以，正如齐沪扬(2003)所说：“这种根据‘了’的读音进行分类的方法，我们认为是值得商榷的。”

（原载《汉语学习》2012 年第 2 期，第 23—29 页）

① 唐爱华 2001 安徽宿松方言的“了”和普通话的“了”，《宿州师专学报》第 4 期。

② 史冠新 2006 普方古视角下的“$了_1$”“$了_2$”“$了_3$”研究，《东方论坛》第 3 期。

论趋向动词问题

提　要　“趋向动词”这一提法由来已久，似乎已为大家所认同。笔者认为，这种提法不妥。文章以“起来”“下去”和“下来”为例，从句法、语义角度对它们进行考察，发现：在共时平面，它们的功能已经明显分化，因而不宜笼统地称之为趋向动词，应该将它们进行分化，兼属动词和助词。

关键词　趋向动词；句法；语义

0. 引言：趋向动词概述

趋向动词指的是“上、下、进、出、来、去”以及“起来、下去、上来、上去”等具有一定方向的词。从汉语语法学的历程来看，各家对趋向动词的界定不尽一致，对趋向动词的归属也存在着相当的分歧，①与此相关的是对“动词＋趋向动词”结构的看法不一。从研究结果来看，早期对趋向动词的处理有点简单化；80年代以来，一直到90年代，对趋向动词的研究越来越细致化，也越来越科学化，比如范晓（1995）②根据动趋式的形式特征和语义特征上的差异，把“V上”分为四类：动趋式、准动趋式、动结式和动态式，每一类里又分成若干次类。动趋式内部的分化，实际上反映了作者对趋向动词本身的不同处理，这是符合语言事实的。关于趋向动词“起来”，吴洁敏（1984）③、贺国伟（1995）④也作了比较细致的描写。遗憾的是，对趋向动词较为细致的研究还没有全面展开，其他的趋向

---

① 参看马玉汴、程亦玫、贾文忠 1996《趋向动词研究综述》，载胡裕树、范晓主编《动词研究综述》，太原：山西高校联合出版社。

② 范晓 1995“V上”及其构成的句式，载胡裕树、范晓 1995《动词研究》，开封：河南大学出版社。

③ 吴洁敏 1984 谈谈非谓语动词“起来”，《语言教学与研究》第2期。

④ 贺国伟 1995 动词后“起来”的非趋向用法，载胡裕树、范晓 1995《动词研究》，开封：河南大学出版社。

动词如“下去”“下来”等似少有问津。

本文择取几个主要的趋向动词，从句法、语义等方面对其进行考察，进而谈及对趋向动词归属的看法。

1. 起 来

“起来”在现代汉语中和其他动词或形容词搭配范围较广。从语言事实看，“起来”的形态特点已有了明显的分化。请看几组例句：

A 组

(1) 哟，该死的，瞧你这双臭脚丫子把我的凉席都弄脏了！给我滚**起来**……（蒋子龙）

(2) 何帆一看晶晶难堪的神情，马上**起来**干涉：“喂，都闭嘴，少说长道短的。”小伙子都老实了。（吕雷）

B 组

(3) 等他从地上爬**起来**，吐了几口泥沙，晶晶已经跑远了。（吕雷）

(4) 傅玉洁偶尔发几句牢骚，他就急忙跳**起来**掩上门。（张弦）

(5) 马秀花十分激动地站**起来**，来回踱着步。（张弦）

C 组

(6) 用点劲，把石板抬**起来**。

(7) 你能把这棵树拔**起来**吗？

D 组

(8) 好好的头发为什么不卡**起来**，披散一脑袋，无疑是卖俏。（谌容）

(9) 队里穷，家里也穷。为了哥哥的婚姻大事，母亲把每一分钱，每一个鸡蛋换来的钱，全都积攒**起来**。（周克芹）

E 组

(10) 一想到他那粗壮的胳膊要搂住自己的肩，他那黝黑的脸要贴近自己的面颊时，傅玉洁禁不住浑身颤栗**起来**。（张弦）

(11) “什么？”她的脸红得像一朵彤云。由于我的意外出现，使她从刚才那种自我陶醉的忘情境界之中，陷入眼前这种无法掩饰的窘迫地步，我顿感内疚，也从内心深处对她可怜**起来**。（梁晓声）

(12)(她)一接触我的目光,语调和神态就不自然**起来**。(梁晓声)

A组中的“起来”(记作“起来$_a$”)或独立做谓语动词,如例(1),或做连动式的一部分,如例(2)。这样的“起来”还可以用在下列句子中:“你怎么还瘫在地上,到底起来不起来?”“老王起来了没有?”可见,“起来$_a$”符合动词的形态特点,把它归为动词没有问题。从语义上看,“起来$_a$”具有“由下而上”的特征,不妨概括为“趋上”语义特征。

B组各例的“起来”(起来$_b$)前面都有一个动词,且都是不及物动词,动词和“起来”之间可以插入“得/不”,如“爬得/不起来”“跳得/不起来”等。从语义上看,“起来$_b$”是表义的重点所在,前面的不及物动词多说明“起来”的方式,而“起来”的正是相应动词的配价成分,如例(3)中“爬起来”的是“他”,例(5)中“站起来”的是“马秀花”。B组中的不及物动词都具有“向上位移”这样的语义特征,需要指出的是:一、“爬”的[位移]语义特征虽然是泛方向性的,但它蕴含着“[向上位移]”的特征;二、“跳”的位移结果,从空间上看是“水平方向”的,或前或后,或左或右,但这种水平方向的位移必定伴随着“向上”的位移,所以我们认为“跳”具有[向上位移]这一语义特征。正因为如此,它们才能和具有[趋上]语义特征的“起来”在语义上相容。从语义指向上看,“起来$_b$”指向其前面动词的唯一的配价成分——施事。

C组各例的“起来”(起来$_c$)前面也都有一个动词,而且是及物动词;动词和“起来$_c$”之间也可以插入“得/不”构成“V得/不起来”格式,如“这块石板我们两个人抬不起来,大概四个人才抬得起来”。从语义上看,C组中的动词“抬”“拔”也都具有[向上]语义特征,语义指向上,“起来$_c$”指向它前面的动词的受事,即“起来”的是“石板”和“这棵树”,而不是省略的“你们”或“我们”和“你”。造成语义指向上的这种差异的原因是动词本身(及物与否),而与“起来$_c$”无关。比较C组和B组,“起来”的语义特征并没有发生变化,都具有[趋上]性,这点和“起来$_a$”相同。因而我们可以把“起来$_a$”“起来$_b$”和“起来$_c$”归为一类,即动词。

D组中“起来”(起来$_d$)前的动词多为及物动词,从收集的语料看,没发现什么不及物动词,但不及物动词是可以出现在这个位置的,如:

(13) 你要是好好打扮起来,还真够帅的。

(14) 我从小就不喜欢出头露脸,愿意一个人躲起来胡思乱琢磨,默默地过平静日子。(蒋子龙)

D组中,“起来$_d$”和动词之间一般也可插入“得/不”,如:

(15) 车上人都用一种鄙夷的眼光看着那两个年轻人，他们十分懊丧，打又**打不起来**，骂也**骂不起来**，只好一声不吭……(蒋子龙)

(16) 这么多的油桶和木头，用铁丝**捆得起来**吗？

但有时似乎不可以，这可能与动词本身的语义有关，如似乎不能说“* 扣留得/不起来”。从语义上看，“起来$_d$”只表示行为的结果，它已失去了原有的语义特征，因而它和动词的配价成分——施事或受事没有语义指向上的关系，这点和B组、C组有着明显的不同，但它们之间也有相同点，就是都能在动词和“起来”之间插入“得/不”，构成“V得/不起来”格式。

E组中，“起来$_e$”的前面是动词或形容词，表示行为和状态的“开始”；它们和“起来$_e$”之间一般不能插入“得/不”，否则“起来$_e$”就不能表示“开始”语法意义。表示“开始”的“起来$_e$”在句法上的另一个特点是，动词的宾语往往出现在“起”和“来”之间，构成“V起O来”格式。例如：

(17) 他担任大队会计以后，突然大胆地推行起**责任制**来。(周克芹)

(18) 三年之后，他们决定中止关于“结婚是不是爱情的坟墓”的无休止的讨论，怀着甜蜜的遐想布置起**新房**来。(张弦)

有时，“起”和“来”之间的宾语很长，如：

(19) 忽然，她轻盈地跃到那块光滑平坦的大青石上，伸展双臂，优美地旋转了半圈，竟跳起**节奏欢快热情而急促的墨西哥民间舞**来！(梁晓声)

“起来$_d$”和“起来$_e$”虽然在语法意义上有一定差异①，但它们的共同点是：“起来$_d$”和“起来$_e$”的[向上位移]语义特征已经消失，表现在句法形式上就是它和动词的结合比较广泛，对动词没有[趋上]语义特征的要求，甚至不限于动词，也可以和形容词结合②。“起来$_e$”和动词、形容词的结合面更为广泛。根据“起来$_d$”和“起来$_e$”的这种特点，我们有理由说“起来$_d$”和“起来$_e$”已失去了它作为动词的语义特征和形态特点，再把它们看作“趋向动词”已明显不妥，因而我们主张把“起来$_d$”和“起来$_e$”看作“体助词”，属虚词这一大类③。

现代汉语中的“起来”，除了上述几种用法外，还有下列用法：

---

① 这两组例子中“起来”的语法意义如何概括，需另文讨论。

② 我们说D、E组中的“起来”对动词抑或形容词没有[趋上]语义特征的要求，这并不意味着它对动词或形容词没有其他语义特征的要求。

③ “起来”和“了、着、过”的情况类似，没有理由受传统观念的束缚，把虚化的“起来”还看作趋向动词。

F 组

(20) 南乡的事,那些打倒亲丈夫,拥护野男人的话头,果然离奇得可笑,但细想起来,竟也合乎情理。(茅盾)

(21) 检举起来,自然有人来报告。(茅盾)

(22) 那些以“现代人”自居的年轻一代,视时间如金钱,走起路来像穿着旱冰鞋,好几次差点把李川山挤倒在地。(谌容)

这种用法的“起来”(起来$_f$),《现代汉语词典》把它概括为“用在动词后,表示估计或着眼于某一方面”(第 1000 页),《现代汉语八百词》也有类似的表述(第 391 页)。但还有两个问题值得注意,一是,这种概括难以解释上面所有的语言现象;二是,这种概括是对“V+起来$_f$”结构概括,“起来$_f$”本身所表示的语法意义是什么,它的语法性质是什么,都没有明确说明。我们一时难以解决这些问题,但有一点是明确的,即“起来$_f$”是虚词类,也可以归入助词。

这样,现代汉语中的“起来”就可以分为两个:“起来$_{动}$”和“起来$_{助}$”。上述 A、B、C 组例子中的“起来”属前者,D、E、F 组例子中的“起来”属后者。

2. 下　　去

和“起来”一样,“下去”在现代汉语中也存在形态上的分化。先看几组例证:

A 组

(1) 任海萍这才同翠翠一齐下水,但翠翠**刚**下去,脚一滑,便惊叫起来,一把抓住任海萍。(魏继新)

(2) 几个月前,游经理却声称把春城饭店当做自己的点,每周**要**下去蹲两天,抓了不到一个月,也**不再**下去蹲了。(蒋子龙)

(3) 你不是走黄河吗?你不是在中国农村呆过很多年吗?你不是关心社会历史吗?**沿着这个**下去,你寻找一下嘛。(柯云路)

B 组

(4) 太阳沉下去了,四周隐隐绰绰,我已辨不出东西南北。(李存葆)

(5) 她改游蛙泳,游到中流时,一手抱木头,一手拉大扒。才三两下,一个浪头打来,又把她压了下去。(魏继新)

(6) 当田秀秀给杜永康喂药时,一勺一勺,掰开他的嘴喂下去,老太太就会坐在一旁观看。(柯云路)

C组

(7) 他俯身抱住田秀秀,深深地吻下去。(柯云路)

(8) 比这小院低的地方也还有院落,有街道。再望下去,可以看见村口,由村口低低地、平平地转过去,就有了村边公路稀疏的路灯光。(柯云路)

D组

(9) 杜永康又说:一首《黄鹤楼》七律,……可以流传千古,而且还将流传下去。(柯云路)

(10) 我是想有个归宿,我也老大不小了,不能跟头儿这样不明不白地过下去。(李国文)

A组中的“下去”记作“下去$_a$”。前两例中,“下去 a”前要么有副词“刚”或“不再”修饰,要么有助动词“要”;例(3)中“下去$_a$”前有介词短语“沿着这个”。在其他场合,“下去$_a$”后也可以带动态助词,可以正反重叠等,如“你下去过没有?”“你到底下去不下去?”可见,从句法上看,“下去$_a$”符合动词的形态特征。从语义上看,例(1)中的“下去$_a$”指的是空间上的“由高到低”,而且是“偏离说话人所在的方向”。这种空间上的位移特点可以引申到“部门”或者其他方面,如例(2)中的从“公司”到其下属“饭店”;例(3)中的“下去$_a$”用法更为抽象一点,指的是“顺着某种思路”想下去;但从句法上看都保留着动词的形态特征。

B组中的“下去”记作“下去$_b$”,“下去$_b$”前都有动词,可以是不及物的,如例(4)中的“沉”,也可以是及物的,如例(5)、例(6)中的“压”和“喂”。“下去$_b$”和其前的动词之间可以插入“得/不”构成“V得/不下去$_b$”的格式,表示“可能”或“不可能”,如“压得/不下去$_b$”“沉得/不下去$_b$”等。从语义上看,“下去$_b$”仍具有“下去$_a$”的语义特征;在语义指向上,“下去$_b$”指向不及物动词的唯一配价成分,如例(4)中的“太阳”;指向及物动词的受事,如例(5)中的“她”,例(6)中的“药”。

C组中的“下去”记作“下去$_c$”,“下去$_c$”不表示“继续体”的语法意义,其中的“吻下去”“望下去”不是“继续吻”“继续望”的意思(换一个语境并不排除这种可能);例(7)表示在“吻”时有嘴唇“向下移动”这一过程,例(8)表示眼光“向(山)下”看。可见,这两例中的“下去$_c$”还保留着“下去$_a$”的某些语义特征,因而仍可看作动词。

D组中，“下去$_{d}$”前也都有一个动词，可以是不及物的，也可以是及物的。粗略地从分布上看，“下去$_{d}$”虽然和“下去$_{b}$”相近，但在语义上，“下去$_{d}$”已失去了“下去$_{a}$”的语义特征，这可从它对动词次范畴的选择窥见一斑，即“下去$_{d}$”前的动词不必具有和“下去$_{a}$”语义特征相容的语义特征，如“过”就不具有[位移]语义特征；因而，“下去$_{d}$”也就没有明确的语义指向，如例(10)并不是指“我”跟“头儿”下去。可见“下去$_{d}$”已经虚化，它表示“延续体”的意义，可以看作体助词(动态助词)。但这种虚化还不够彻底，“下去$_{d}$”和其前的动词之间还可插入“得/不”表示“可能”“不可能”，如：

(11) 这件事要是让大家知道了，我在这儿还呆得下去吗？

(12) 赵蒙生哽咽着，讲不下去了。(李存葆)

加“得/不”以后，“下去”仍表示“延续体”的意义，如“呆得下去”是“能继续呆”的意思，“讲不下去”是“不能继续往下讲”的意思。

从以上的分析可以看出，现代汉语中“下去”在形态上已经有了较为明显的分化，我们应该根据它与动词次范畴或形容词相结合的特点，把它分化为两个：“下去$_{a}$”“下去$_{b}$”和“下去$_{c}$”可归为动词，“下去$_{d}$”归为体助词，表示“延续”语法意义。

3. 下　　来

“下来”在现代汉语中的使用频率也很高，语法学界一直笼统称之为“趋向动词”，其实，从共时的角度看，“下来”的功能业已分化①，其在形态上的表现就是和动词或形容词相结合的能力不同及相结合的关系不同。我们分别看几组例子：

A组

(1) 这群敌人是**从主峰上**下来的。(李存葆)

(2) 你**还是**下来吧，那些老头子都在这一片住，碰见不好，电影院又刚散场。田秀秀坐在(自行车)大梁上就是**不**下来：怕什么？(柯云路)

A组中的“下来”记作“下来$_{a}$”。从句法功能上看，“下来$_{a}$”不仅可以作谓语，还可以受副词、介词短语修饰。从语义上看，它表示空间上的“朝着说话人方向

---

① 准确地说，从历时来看，“下来”和“起来”“下去”一样，功能有所扩大。

的由上而下”。①可见，“下来$_a$”具有动词的形态特点。作为动词，它还可以作连动式的一部分，如：

(3) 坡度大的地方，她还翻身下来，拖着车往前走。(柯云路)

B组

(4) (她)每天吃派饭……大队干部在她**刚**下来的时候问过她，要不要在大队部吃饭，这儿有一个炊事员。(柯云路)

(5) 他的胸脯很厚，很宽，**粗粗地**下来，没有腰，腰和腹部还是肥肥的，壮壮的。(柯云路)

B组例子中的“下来”记作“下来$_b$”。和“下来$_a$”相同点是，它在句子中也是作谓语，也受副词、介词短语等修饰，所以从句法上看，“下来$_b$”也应该归入动词范畴。从语义上看，“下来$_b$”不是简单地表示空间上“朝着说话人方向的由上而下”的位移，而是有所引申，如例(4)表示“从城市到乡村”或“从大地方到小地方”的移动，例(5)则表示“感觉(视觉)上的由上而下”的移动。

C组

(6) 可意从山坡上跑了下来，追到了大门外，望着朝山下驶去的汽车背影大喊：“姐姐——”(《蒺藜女》)

(7) (杜永康)身体不由自主地往后倒着。田秀秀就要费力地托着他的脊背，慢慢地放下来。(柯云路)

C组的“下来”记作“下来$_c$”。出现在“下来$_c$”前面的动词可以是不及物的，也可以是及物的。“下来$_c$”仍然保留着[由上而下]的语义特征，或表示空间上的位移，或表示身体某部位的“由上而下”，因而“下来$_c$”前的动词一般要有[位移]语义特征。从指向上看，“下来$_c$”指向不及物动词的施事，如例(6)中的“下来”指向“可意”；指向及物动词的受事，如例(7)中的“他”。根据“下来$_c$”的这一特点，我们可以把它归入动词。这种用法的“下来$_c$”有时不限于空间方面，它可以引申到其他方面，如：

(8) 牛宏一走，**奖金**降下来了，邱二宝那一伙子见钱眼开的家伙就不干了。(蒋子龙)

(9) 恩少岩见铁森表态了，心里就踏实许多，心里巴望**下笔扶贫**尽早拨下来。(关仁山)

① 这只是“下来”的典型用法。

像"下来$_b$"一样，动词后的"下来$_c$"也有表示"感觉上的由上而下"的，例如：

(10) 头顶的阳光热热地**照**下来。(柯云路)

(11)(胡宗乃)裤子是笔挺的，压住脚面的。当从这个办公桌走到那个办公桌的时候，挪动和站立，前后四条裤线潇洒流利地直**泻**下来……(柯云路)

上例中的"下来$_c$"仍然保留[由上而下]的语义特征，所以仍可看作动词。

接着再看下面几组例子：

D组

(12) 哎呀，小祖宗，把汗衫和裤子**脱**下来我给你洗一洗。(蒋子龙)

(13) 我和梁三喜忙把小金身上的装备**卸**了下来。(李存葆)

D组中，"下来$_d$"已经失去了空间上或感觉上的[由上而下]这一语义特征，因而对其前面的动词没有[位移]特征的要求。但"下来$_d$"还保留着与前面几组"下来"相关的特征：位移的结果是位移的主体(包括人和物体)由A地到B地，即位移主体"离开"了A地，所以，"下来$_d$"具有"某物离开某处"的意思，整个的"动词＋下来$_d$"这一格式就具有"通过某种行为使某物离开某处"的意思。比如例(12)通过"脱"而使衣服离开了某人的身体，例(13)中的"装备"是通过"卸"而离开小金身上的。"下来$_d$"和其前动词的受事也存在一定程度上的"指向"关系。可见，"下来$_d$"也可归入动词，但不如前面几组中的典型。

E组

(14) 天渐渐**黑**下来了，秋天田野的气息在白日的喧嚣中沉淀出一片草木成熟的香气。(柯云路)

(15) 主峰上的敌人已停止炮击，战场**沉寂**下来。(李存葆)

E组中，"下来$_e$"前面的词都是形容词，这些形容词都没有[位移]特征，"下来$_e$"本身也不具备[由上而下]的语义特征，在句中也不存在语义指向上的关系，如例(14)中的"天"并没有"下来"的意思。可见"下来$_e$"已经相当地虚化了，它表示"某种状态的获得"。此外，它还表示"停止"，例如：

(16) 当我走到连部窗前时，听屋内梁三喜和靳开来在高声谈论，我便悄悄停下来。(《高山下的花环》)

可见，"下来$_e$"已明显失去了动词的形态特点，应归入虚词。

F组

(17) 手里拎的大概常常是重五公斤的家伙吧，拎着它上马路、找车

站……这么从浦西到浦东个把小时**拎**下来，手臂自然酸极。（报纸）

(18) 很多时候，为了使自己完全脱胎换骨进入角色的摸爬滚打，他觉得自己要**坚持**不下来了。（柯云路）

(19) **十几年**下来，她不仅为家庭节省了一大笔钱，而且练就了一手熟练的理发技术。（蒋子龙）

F组例子中，在“下来$_f$”前出现的可以是动词，也可以是名词语。可见“下来$_f$”已经虚化。从动词“下来”的语义特征看，“下来”这一行为有一个“过程”，就是说，从A处位移到B处要经过一定的时间，动词“下来”的这种语义特点，在虚化后就获得了[延续]语义特征，因此与“下来$_f$”相结合的动词多具有[持续]语义特征，瞬间动词很少在这个框架中出现，①例如：

(20) *那颗炸弹要是**爆炸**下来，损失可就大了。

(21) *他**死**下来了（比较：他**活**下来了）。

口语中或许会听到这样的句子：“你给我死下来！”但这里的“下来”不是“下来$_f$”，而是“下来$_a$”；这里的“死”也不是一般意义上的动词，而是表示某种语气，这就像说“你给我滚下来！”一样，并不是真的让“你”“滚着下来”。

正因为“下来$_f$”具有[延续]语义特征，跟“延续”相容的时间词语应该是表示“时段”的，而不是表示“时点”的；因此，“下来$_f$”前面出现的词语必须是表示时段的名词语，如上例(19)中的“十几年”。表示时点的名词语或其他名词语都不能在这个位置出现，试比较：

(22a) 干这么重的活，**五个小时**下来，我累死了。

(22b) *干这么重的活，**五点钟**下来，我累死了。

(23a) 读那本书，**一天**下来，我读得头昏脑涨。

(23b) ***那本书**下来，我读得头昏脑涨。

由上不难看出，“下来”的形态特点已经分化，这表现在句法功能和语义特征方面，根据“下来”在形态上的差异，我们不妨把“下来$_a$”“下来$_b$”“下来$_c$”和“下来$_d$”归入动词，把“下来$_e$”和“下来$_f$”归入虚词，它表示“体”的语法意义。②

---

① 我们认为，应该区别瞬间动词和瞬间事件，有时由瞬间动词所表示的事件并不是瞬间的，这时瞬间动词后就可接“下来”。详细情况另有文章讨论。

② “下来”和“下去”都表示延续体意义，其用法差异，可参阅：卢英顺 2000 现代汉语中的“延续体”，《安徽师范大学学报》第3期。

4. 结 束 语

综上所述，我们不应该把“起来”“下去”“下来”等笼统地称为趋向动词，而应该根据其各自的形态差异，将它们进行分化：一类属实词，归动词类；一类属虚词（其虚化程度不一），可归入体助词。把趋向动词作为动词的附类明显不妥，把它作为动词的次类也存在着怎么看的问题。其实，作为动词的“趋向动词”的确立，只是根据其某一语义特征来分的类，就像根据有无[持续]性分成持续动词和瞬间动词一样。因此，在谈趋向动词的时候，别忘了它跟“非趋向动词”的对立。忽略了这一点而把它看作动词的次类，就会给动词的下位分类造成混乱。

*语 料 来 源

谌容：《献上一束夜来香》；航鹰：《蒺藜女》，《当代》，1997，3；李存葆：《高山下的花环》；蒋子龙：《锅碗瓢盆交响曲》；柯云路：《东方的故事》，《当代》，1997，4；李国文：《关于狗的传奇》，《当代》，1997，4；梁晓声：《这是一片神奇的土地》；吕雷：《海风轻轻吹》；茅盾：《蚀》；魏继新：《燕儿窝之夜》；张弦：《挣不断的红丝线》；周克芹：《山月不知心里事》

（原载《徐州师范大学学报》2001 年第 1 期，第 39—43 页）

现代汉语中的“延续体”

提　要　本文讨论现代汉语“延续体”的有关问题:“延续”的内涵;延续体的标志有两个:“下来”和“下去”。表示“体”意义的“下来”“下去”,它们由于是动词功能扩大化的结果,所以还保留着动词的某些语义特征,因而含“下来”“下去”的句子所表示的事件必须具有“延续性”和“动态性”。同时还揭示它们作为动词和体助词在用法上的惊人的相似之处,只不过前者以心理空间为参照点,后者以心理时间为参照点。参照点的不同决定了“下来”和“下去”用法上的不同。

关键词　延续体;心理空间;心理时间;功能扩大化

0. 引　　言

现代汉语体范畴中,讨论得比较多的是完成体(或现实体)、进行体、经验体,开始体和继续体虽有提及,但专题讨论的文章却罕见。戴耀晶(1997)①对现代汉语的体作了比较系统而又充分的研究。本文试图探讨一下现代汉语中的“延续体”。

1. “延续”的内涵

这里的“延续体”包括通常所说的“继续体”。一谈及继续体,就自然想到它的形态标志是“下去”,如“你说下去”。其实,表示“继续”的还有一个形态标志

---

① 戴耀晶 1997《现代汉语时体系统研究》,杭州:浙江教育出版社。

常被人忽略，那就是“下来”，不过，《现代汉语八百词》中有所提及。为了不致对“继续体”内涵的误解或片面理解，我们采用“延续体”这一术语。所谓“延续”，它有两层意思，一是行为或状态的持续，二是行为动作的反复进行。

2. “下去”表延续

先看看“下去”表延续的例子：

(1) 申立堂知道再跟她**争执**下去，她说不定还会说出什么难听的话，忙将话题扭了过来。(戏剧)

(2) 依仗权势，胡作非为，互开后门，损公肥己……**发展**下去，不得了哇！(花环)

(3) 孙连香自知刘俊英人缘儿比自己好，牛宏又向着她，再**吵**下去自己没有便宜可沾。(蒋子龙)

(4) ……但大多数人都像我一样，得在饭店**干**下去了，地位、身份、荣誉，甚至人格，都可以找饭店要……(蒋子龙)

(5) 他沉不住气了，不能再傻**等**下去了，主动找到钟警深的屋里看看虚实。(蒋子龙)

从上例不难看出，作为动词的“下去$_{动}$”对其前动词的语义特征要求已不复存在，跟“下去$_{动}$”相结合的动词要具有[由上而下]的语义特征，而上述例子中“下去”(下去$_{体助}$)前的动词则不必具有这方面的要求，如“争执”“吵”和“干”，等等。正因为如此，“下去$_{体助}$”前的成分也不必是动词。部分形容词也可以在这个位置出现。例如：

(6) 小光的情况照样在**糟**下去。(小牛)

(7) 再这样**疼**下去，他怎么受得了？

(8) 你再这么**胖**下去，门都过不去了。

“动词＋下去$_{体助}$”这种格式所显示出的“延续”语法意义非常明显，这和“动词＋下去$_{动}$”所显示出的语法意义相比便相得益彰，比较“动词＋下去$_{动}$”的例子：

(9) 他们十分懊丧，打又打不起来，骂也骂不起来，只好一声不吭，车一到站立刻**跳**下去了。(蒋子龙)

(10) 水咕噜咕噜响着，直往桶里灌。一会儿，空油桶装了半桶水，**沉**下去了，从桶口直往上冒气泡。(魏继新)

(11) (雪花挑起一绺又细又长的面条，)眼泪汪汪地往嘴里送着，又像完成着一件沉重的使命，用力**咽**了下去。(张一弓)

由于"动词＋下去$_{动}$"和"动词＋下去$_{体助}$"在句法形式上相同，都是"动词＋下去"，所以，当动词带有[位移]语义特征时，"动词＋下去"这种格式离开一定的语境就会有歧义，如"流下去""跳下去"，请看例句：

(12) 这个大男孩的脸上，后脖颈上，脊背上全是汗水，粘住了衣服，汗水滴滴嗒嗒流下去，落在广场的水泥地上。(柯云路)

(13) 他的血止不住，再这样流下去，马上会昏迷的。

(14) 他闭上眼睛，从山崖上跳了下去。

(15) 你违反了纪律，我必须罚你，罚你跳，给我一直跳下去，跳到什么时候让停才停。

由于"下去$_{体助}$"是"下去$_{动}$"功能扩大化的结果，而"下去$_{动}$"又有[由上而下]的语义特征，伴随着这个特征又派生出[延续]的特征，因为，"由上而下"必有一个过程；所以，"下去$_{体助}$"虽然失去了[由上而下]这一语义特征，但却仍保留着[延续]这一语义特征。因此，与"下去$_{体助}$"相结合的动词一般要具有[持续]语义特征。这种"延续性"，如前所说，表现在两个方面：一是行为或状态的持续，如前面的例(1)至例(8)；二是行为动作的反复进行，如例(5)中的"跳"。再比如：

(16) 养鸡场的鸡不知得了什么病，每天死三四只，如不赶紧想办法，每天这样死下去，鸡场就完了。

(17) 快去医院看看，如此咳嗽下去，嗓子会哑的。

例(16)中的"死"，从动词本身来看是瞬间动词，因而不具有持续性，这是就单个的主体而言的，如我们不能说"* 那只鸡要是死下去，鸡场就完了"。但是，当与"死"相联系的主体("死"的配价成分)表示的是"多数"的时候，虽然对每个个体来说，"死"是不能重复的，但众多的个体却可以重复"死"这一行为，例(16)就属于这种情况，所以"死"后面可以跟体助词"下去"。例(17)中的"咳嗽"也是瞬间动词，但这里表示的不是"一次咳嗽"(即"咳嗽一声")行为的持续，而是多次"咳嗽"行为的反复进行。所以其后可以接"下去"。与"死"不同的是，反复进行"咳嗽"这一行为的可以是同一主体。

从上述两例来看，有些瞬间动词也可以和具有[延续]语义特征的"下去$_{体助}$"

同现，从语义特征上来看，它们似乎是不相容的，但这种句子又能成立，原因何在？这是由语言的句法结构和语义结构的不平行性造成的。从句法上看，"下去$_{体助}$"是和动词结合在一起的，其实，在语义结构上，作为体助词的"下去$_{体助}$"是属于整个事件的，这一点和"了$_1$"极其相似①。因此，严格地说，一个动词能否和"下去$_{体助}$"同现，要看由它所表示的行为事件有没有延续性，这当然和句中的其他成分相关；而不是光看这个动词本身，否则就无法解释上述现象。毋庸讳言，动词本身有无[持续]性关系也很大，因为具有[持续]语义特征的动词所表示的行为事件往往也具有持续性，但这不是必然的，例如：

(18) *这粒药你给我一直吃下去。

(19) *这个字你一直写下去。

例(18)、(19)中的"吃"和"写"本身都有[持续]性，可以说"一直吃下去""一直写下去"，但在上述例子中就不能和表"延续"的时间副词"一直"和"下去$_{体助}$"连用。这是因为，上述两例所表示的事件分别是"你吃这粒药"和"你写这个字"，"吃这粒药"和"写这个字"当然是短暂的行为，可见这两个事件都不具有延续性。但是，上例如果是表示行为的反复进行则是可以接受的句子，如例(18)可以表示"这粒药吃下去后又吐出来，吐出来后再吃下去"这样反反复复的行为；例(19)可以表示"把这个字写很多遍"，"写了又写"。

"下去$_{体助}$"除了具有[延续]语义特征外，还具有[动态]语义特征，其实，[动态]是和[延续]相关的。"下去$_{体助}$"的这一语义特征排除了它在那些虽有[延续]性但没有[动态]性的行为或状态的句中出现，例如：

(20) 他一直是这个学科的带头人。

(21) 从那次改从父姓后，她一直姓王。

(22) 我过去喜欢他，现在仍喜欢他，将来还会喜欢他。

很明显，上述例子中，无论是动词"是""姓""喜欢"，还是由它们所表示的行为状态，都具有"延续"性；但由于它们都不具有"动态"性，所以动词"是""姓"和"喜欢"后不可以接"下去$_{体助}$"。

"下去$_{体助}$"前的动词如果是及物的话，那么这个及物动词后面的语义成分(如受事等，即静态句中的宾语)一定出现在该动词的前面，而不能出现在动词

---

① "了"的这一特点，卢英顺(1993)《试论"这本书我看了三天了"的延续性问题》(《汉语学习》第4期)、戴耀晶(1997)《现代汉语时体系统研究》都已指出。

和"下去体助"之间,也不能出现在"下"和"去"之间,试比较:

(23a) **烟**你再这样抽下去,早晚会抽死的。

(23b) 你**烟**再这样抽下去,早晚会抽死的。

(23c) * 你再这样抽**烟**下去,早晚会抽死的。

(23d) * 你再这样抽下**烟**去,早晚会抽死的。

这点和表示"开始"的"起来"相比,有所不同。"起来"前动词后的语义成分可以在"起"和"来"之间出现,[1]但如果出现在"动词"和"起来"之间则难以接受,如:

(24a) 不知他何时抽起**烟**来。

(24b) ? 不知他何时抽**烟**起来。

3. "下来"表延续

接下来看看"下来"表示"延续"(记作"下来体助")的例子。

(1) 就这样几年中学**念**下来,她没跟家里张口要过一次钱。(《毕业歌》)

(2) 十天半月,日夜不歇地**熬**下来,观音姐眼睛红了,眼眶乌了,脸庞苍白了,身子消瘦了。(古华)

(3) 易扫帚有了这句话,心中的希望就一直火把一样**燃烧**下来。(小牛)

(4) 我带的那个营是整整四百人哪! 可**一仗**下来……**活**下来的有多少?(《高山下的花环》)

和"下去体助"一样,作为体助词的"下来体助"对其前面的动词也没有[位移]这一语义特征的要求,如上例中的"念""熬"和"燃烧"。例(4)中,"下来"前是名词性短语"一仗",不妨看作"下来"前省略或隐含了一个动词"打"。正因为"下来体助"对和它同现的词没有[位移]的要求,所以部分形容词,甚至表时段的名词语也可以在它前面出现,如:

(5) 你这样累下来,小心别累坏了身体。

(6) (观音姐)两三年下来,却做得一手好账,调到大队当会计。(古华)

"下来体助"是动词"下来"功能扩大化的结果,由于动词"下来"也存在一个

---

① 这个问题比较复杂,需另文讨论。

“位移”过程，这个“过程”当然是“下来”这一动作的持续，因而，虚化的“下来$_{体助}$”具有[延续]语义特征。和“下去$_{体助}$”一样，“下来$_{体助}$”从句法上看虽然常常和动词结合在一起，但实际上，它也是属于整个事件的，因此，它所能出现的事件必定是具有“延续性”的事件，如：

(7) 几年书读下来，头发白了不少。

(8) 一场篮球打下来，累得精疲力竭。

例(7)中的“读书”，例(8)中的“打篮球”这两个事件就具有“延续性”，这就是“下来$_{体助}$”常常和持续动词连用的缘故。由于事件的延续与否还受句中其他因素的影响，并不完全取决于动词，因此，有的句子中，动词本身尽管具有[持续]语义特征，而由它所表示的事件却不具延续性，这种情况下，这个持续动词后面也不能带“下来$_{体助}$”，此其一；其二，有的句子中，动词本身所表示的动作行为虽然是瞬间性的，但由它所表示的事件却具有延续性，这种情况下，瞬间动词后面却可以带“下来$_{体助}$”，这时表示的是同一事件的反复进行。请比较：

(9a) 几天大米饭吃下来，吃得她脸色红润起来。

(9b) *这口饭吃下来，吃得他满头大汗。

(9c) 这顿饭吃下来，吃得他满头大汗。

(10a) 这鞭炮据说8点就点燃了，刚放完不久。
这样爆炸下来，得花多少钱啊！

(10b) *这根鞭炮据说8点就点燃了，刚放完不久。
这样爆炸下来，得花多少钱啊！

由上例(9)不难看出，“吃”本身具有[持续]性，但(9b)却不能成立，这是由“这口饭”造成的，因为“吃这口饭”从事件上来看是瞬间的事，不具“延续性”；相比之下，(9c)却能接受，因为“吃一顿饭”总得花一定的时间，尽管这时间一般不会很长，但毕竟具有一定的“延续性”。例(10)中的“爆炸”，从其本身来看，不具[持续]性，但(10a)能成立，这是因为一挂很长的鞭炮可以一个接一个地“爆炸”，这种事件具有“反复”性，因而这是一个具有“延续性”的事件，所以“爆炸”后面可以接“下来$_{体助}$”。例(10b)则不同，此例中的鞭炮只有“一根”，而“爆炸一根鞭炮”是瞬间的事，可见，它所表示的事件不具“延续性”，所以(10b)中“爆炸”后不能接“下来$_{体助}$”。

“下来$_{体助}$”除了具有[延续]这一语义特征之外，还具有[动态]语义特征，因而，不具“动态”这一语义特征的行为的句子中不能出现“下来$_{体助}$”，尽管这种行为是可“延续”的。例如：

(11) * 张华我从三年前开始就喜欢下来。

(12) * 她我一直恨下来。

“下来体助”前的动词如果是及物的话，那么该及物动词后面的语义成分似也应在动词之前，而不能在动词和“下来”之间，也不能在“下”和“来”之间。比较：

(13a) **这么多活**干下来，真是累死我了。

(13b) ？干**这么多活**下来，真是累死我了。

(13c) 干下**这么多活**来，真是累死我了。

4. “下来体助”和“下去体助”表示“延续”时的比较

综上我们可以发现，“下来体助”和“下去体助”对动词和事件的语义特征的要求是极其相似的，它们又都表示“延续体”的语法意义。那么，“下来体助”和“下去体助”在表示延续体这一语法意义时，有没有什么不同呢？答案是肯定的。这种差异是怎样造成的？又是什么样的差异呢？这得从“下来”和“下去”的构词成分说起。

从构词上看，“下来”和“下去”有一个共同的构词成分，所不同的是“来”和“去”这一构词成分的差异。因而，探讨“下来”和“下去”的不同，就得从“来”和“去”的用法上找出原因。一般认为，“来”和“去”是以说话人的现实空间位置为参照点的，如《现代汉语词典》对它们的解释分别是：

来 从别的地方到说话人所在的地方。

去 从所在地到别的地方。

《现代汉语八百词》也作了类似的解释。如果真是这样的话，那么下列现象难以解释：比如，在给对方（假如在北京）的信中或在电话中，你很有可能说出这样的句子：“下个月我要来北京”，“你去天津的时候，碰到老张请代为问候”。如果以“来”“去”的主体（即它们的配价成分）的现实空间为参照点，第二句似乎得到了圆满的解释，即“去天津”就是离开了“你”的所在地“北京”；但第一句还是无法解释，因为第一句的“我”肯定在北京之外的某个地方，比如“上海”。我们认为，把“来”“去”的参照点理解为“说话人的心理空间所在位置”更符合汉语的实际，这样可以成功地解释第一句的语言现象，因为说话人说这句话的时候，他已经把他的心理空间位置移到了对方所在的位置——北京。我们这样概括“来”“去”的用法，丝毫没有否定《现代汉语词典》和《现代汉语八百词》的意思，它们对“来”“去”所作的解释确实是其典型的用法。

“来”“去”用法上的这种差异直接导致了动词“下来”“下去”用法上的差异：“下来”表示“由高到低，朝着说话人的方向”，而“下去”表示“由高到低，偏离说话人的方向”。这种用法也是以心理空间为参照的，如：

(14) 杭州市有一家绝对正规的文化休闲类杂志，在江浙小有名气。但翻阅最新一期该杂志，惊得我差点从凳子上翻跌下去。（报纸）

(15) 不久前的一天中午，她乘车来到防洪纪念塔附近，想瞧瞧洪水退下去没有。只见洪水拍打着砂石袋筑起的子堤，堤旁的树荫下，一些疲劳至极的解放军战士合衣睡在水泥路面上。（报纸）

上述例(14)叙述的是已经发生的事，可见说话人现在未必就在凳子上，但说话人还是用了“下去”，这就说明，说话人用“下去”时，是以心理空间为参照的。也正因为如此，这句的“下去”可以替换为“下来”，这时说话人在心理上是以“地面”为参照的。例(15)与例(14)类似，说话人在心理上以“水退之前的位置”为参照；当然“她”也可以“现在的水位”为参照，这时就应该用“下来”了。

动词“下去”“下来”的这种用法，经过认知的推演，用来表示时间的时候，“由高到低”这一语义要素已经丧失，参照点则由“说话人的心理空间”转移到了“说话人的心理时间”。正是这种差异造成了体助词“下来”“下去”用法上的不同。

一个具有“延续性”的事件，在其发生以后，必有一个过程，有过程，必经历一段时间。说话人所在的时间可以在这个过程或这“一段时间”当中，也可以在事件开始之前或事件结束之后，但是在表达这一事件时，如果他着眼于事件发生的过程，他就采用延续体，否则他会用其他的体形式来表示，如开始体或完成体。按目前人们对“时间”的理解，总包括从“过去”到“现在”再到“将来”，如没有特别的参照点，说话的时间总是“现在”，所以，从“过去”到“现在”正符合“下来”的用法，因为它是“朝着说话人说话的时间”；而从“现在”到“将来”正符合“下去”的“偏离说话人的时间”这一语义特点，图示(一)如下：

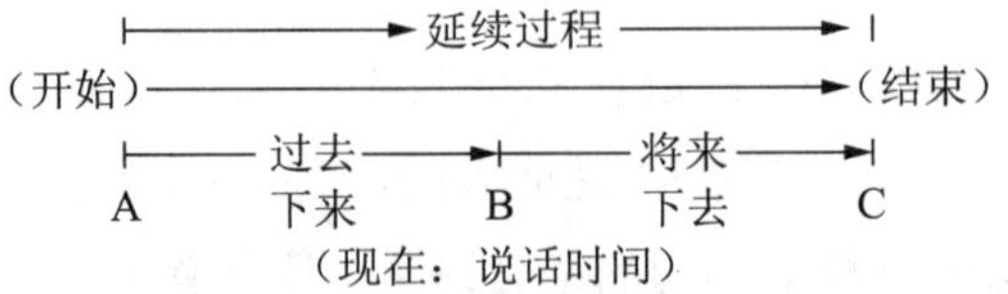

由上图不难看出，在表示延续体时，如果着眼于从“开始”后到“现在”的延续，用“下来$_{\text{体助}}$”，如果着眼于从“现在”到“将来”的延续，则用“下去$_{\text{体助}}$”。例如：

(16) 读书我十几年都读下来了，这最后三年博士怎么会读不下去呢？

上图所显示的是“下来$_{\text{体助}}$”和“下去$_{\text{体助}}$”的典型用法，更概括的表述应该是，在表示参照点之前的延续时用“下来$_{\text{体助}}$”，在表示参照点之后的延续时用“下去$_{\text{体助}}$”。因此，上图中的“过去”和“将来”是相对参照点而言的，因而它不一定和现实的“过去”和“将来”相吻合，例如：“后来，他就来到我们公司，此后一直在这儿干了下去，直到退休”“你要上大学了，四年大学读下来，要不少钱啊！”。其实，和“下来$_{\text{动}}$”“下去$_{\text{动}}$”类似，“下来$_{\text{体助}}$”和“下去$_{\text{体助}}$”可以说话人的“心理时间”为参照点。设心理时间的参照点为 X，那么参照点 X 从理论上说，既可以在事件的开始点 A，也可以在结束点 C，还可以在 A、C 之间的任意点 B。或者更直观地把 B 看作参照点，B 可以在 A、C 之间任意移动，当 B 移到 A 点时，用“下去$_{\text{体助}}$”，当 B 移到 C 点时，用“下来$_{\text{体助}}$”，当 B 移到 A、C 之间的任一点时，从 A 到 B 用“下来$_{\text{体助}}$”，从 B 到 C 用“下去$_{\text{体助}}$”。但实际上，在表述已然事件（或事件的已然部分）时，人们很少选用开始点作参照点。当参照点在 A、C 之间的任意点 B 时，说话人可以只着眼于其中的某一段延续过程，另一段延续过程可以不表示出来。请将下列例(17)中的句子与例(16)进行比较：

(17a) 读书我十几年都读下来了，这最后三年博士怎么会读不下来呢？

(17b) *读书我十几年都读下去了，这最后三年博士怎么会读不下来呢？

(17c) ？读书我十几年都读下去了，这最后三年博士怎么会读不下去呢？

(17a) 前后两句都用了“下来$_{\text{体助}}$”，而且句子能够接受，这是因为说话人把参照时间放在“读博士”结束那一点，以此为参照点，在此之前的任何一点都是朝着这个方向延续的，所以在此参照点以前的任何一段时间都可以用“下来$_{\text{体助}}$”表示延续。请看图二：

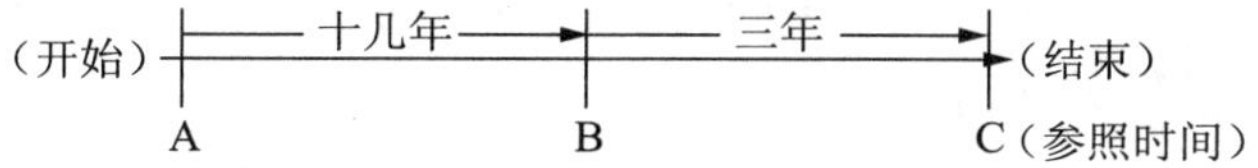

例(17b)之所以不成立，是因为前后两句的参照点不一致，说前一分句时，说话人选择的参照时点在“开始”处，即 A 的位置，从 A 到 B 是偏离参照点 A

的,用“下去$_{\text{体助}}$”应该没问题;但后一分句又用了“下来$_{\text{体助}}$”,如果参照点在 C 处,那么参照点发生了变化,如果仍以 A 为参照点,那么它的延续方向应该由 C 到 A,但这又与实际的时间延续方向相悖,这就造成了(17b)的不能接受。(17c)又有所不同,它虽然也是以 A 为参照点,但其后一分句中“下去$_{\text{体助}}$”所表示的延续方向正好和现实时间的延续方向一致,所以(17c)似乎又可以接受,至少它的可接受度比(17b)要高。如果这种解释可取的话,那么下面这句就能得到合理的解释:

(18) 我接过薛凯华的遗书,急切地读下去。(《高山下的花环》)

例(18)光看后半句,似乎是:读了一部分,很吸引人,又急切地往下读。其实,从整句来看,或者从整个上下文来看,这里的“读下去”是“开始读”的意思。“开始”意何从来? 如果说“下去”也可以表示“开始”语法意义,这未免太轻率,因为在我们所搜集到的语料中,这是孤证,起初百思不得其解。其实,这里的“下去”完全可以理解为表示“延续”,其参照点是“我接过薛凯华的遗书”这一刻,从这一刻开始延续,首先当然是“开始读”,然后再延续下去,直到读完这份遗书。

5. 结　束　语

本文认为,“下来$_{\text{体助}}$”和“下去$_{\text{体助}}$”都表示事件的延续,何时使用“下来$_{\text{体助}}$”,何时使用“下去$_{\text{体助}}$”,取决于说话人所采用的时间参照点,朝参照点方向延续的用“下来$_{\text{体助}}$”,偏离参照点方向的延续用“下去$_{\text{体助}}$”,但偏离的方向必须与现实的时间方向一致。

由于说话人所采用的时间参照点是可移动的,因而,一个延续事件的表述从理论上说既可以用“下来$_{\text{体助}}$”,又可以用“下去$_{\text{体助}}$”,但实际上,由于其他多种因素的影响,“下来$_{\text{体助}}$”和“下去$_{\text{体助}}$”并不是可以随便替换的。何时可以替换,何时不可以替换,值得另文讨论。

由于“下来$_{\text{体助}}$”表示的是参照点之前的延续,所以,带“下来$_{\text{体助}}$”的句子给人的感觉往往是事件的“完成”,但其着重点在事件的延续过程,而不是事件的最终结果——完成与否。

*语 料 来 源

古华:《相思树女子客家》;花环:李存葆《高山下的花环》;蒋子龙:《锅碗瓢盆交响曲》;柯云路:《东方的故事》,《当代》,1997,4;魏继新:《燕儿窝之夜》;戏剧:袁一强《戏剧人生》,《当代》,1997,3;小牛:《上路谣》,《当代》,1997,3;张一弓:《流泪的红蜡烛》

(原载《安徽师范大学学报》2000 年第 3 期,第 430—435 页)

“下去”句法、语义特点探析

提　要　“下去”的句法、语义特点比较复杂，句法上，它呈现出从表示“位移”的动词到体标记的连续统状态；语义上，它可以表示“位移”“延续”“状态的获得”等意义。本文试图从认知的角度对这些问题作出解释。

关键词　趋向动词；下去；认知；结构隐喻；语法化

0. 引　　言

“下去”是重要的趋向动词之一，关于它的句法、语义特点，前人和时贤已作过比较细致的探讨，但多局限在描写阶段，对有关问题没有作进一步的解释。比如：“下去”为什么具有这样而不是那样的句法、语义特点？这些特点之间有没有什么联系？本文试图在对“下去”的句法、语义特点进行考察之后，就诸如此类的问题作一认知上的探讨。

1. “下去”的句法特点

和“起来”“下来”一样，“下去”在语法学界也一直被习惯地称为趋向动词。其实，从共时的角度来看，“下去”的句法功能已经发生了分化，呈现出从实词（动词）到虚词的连续统状态。①我们分组来看。

A 组：其中的“下去”记作“下去$_A$”。

“下去$_A$”是动词，和其他动词一样，它可以独立充当谓语动词，受其他成分

---

① 卢英顺 2001 论趋向动词问题，《徐州师范大学学报》第 1 期。

修饰。例如：

(1) 坡上有一颓败的多宝塔，顺塔前小路**下去**，便到了两个海流的交汇处。(王朔《一半是火焰，一半是海水》)

(2) 你不让我看到，我就不**下去**。(王朔《火焰》)

(3) 现在可该**下去**了。(张爱玲《倾城之恋》)

上述例子中，“下去”可以受介词短语(“顺塔前小路”)、否定副词(“不”)修饰，在它前面还可出现助动词“该”。由此不难发现，这些都是动词的分布特征。

作为动词，“下去”还可以充当连动式或兼语式的一部分，例如：

(4) 她笑着推开车门**下去**。(王朔《火焰》)

(5) 我们**下去**问服务员海边有多远，服务员说不远，穿过小街就是。(王朔《火焰》)

(6) 你送我**下去**，成不成？(张爱玲《倾城之恋》)

(7) 我也不能不陪她**下去**。(王小波《黄金时代》)

上述例(1—7)中，“$下去_A$”都表示空间领域里“客体(人，也可以是物体)离开某一参照点(典型的参照点是说话人所在地)，作由上而下的位移”。“$下去_A$”也可以作其他动词的宾语，例如：

(8) 我自己既然上了山，就不准备**下去**。(王小波《黄金时代》)

“下去”除了独立充当谓语动词或连动式、兼语式的一部分外，更多的是跟在其他动词之后，构成非动宾结构的“V+下去”，这种结构中的“下去”，习惯称之为“趋向补语”，其实，这不能一概而论。试看下面几组例子。

B组：其中的“下去”记作“$下去_B$”。例如：

(9) 那时你像一只鸟儿一般轻捷，敢从高高的山崖上跳**下去**抄近路。(张承志《北方的河》)

(10) 走过小桥时，下面水面上飘着密密麻麻的薄纸片，我把手上的这一张也扔了**下去**。(王小波《白银时代》)

(11) 她把手放**下去**，一双因惊恐而更黑更亮的眼珠定在了他的脸上。(老舍《四世同堂》)

(12) 她什么也不说，只是把脸深深地埋**下去**，紧紧拥抱我，哀恸地抽泣。(王朔《火焰》)

上述例子中，“$下去_B$”所指向的成分(客体)，有的发生了位移，有的虽没有发生位移，但身体某一部位的位置发生了变化，其共同点是，相关的客体在空间领域位置发生了变化。如例(9)中的“你”,通过“跳”,位置从“山崖上”移到“山崖下”;例(11)中“她的手”离开了原来的位置。可见,“下去$_B$”还保留着空间领域的“离开某一参照点”[由上而下]这一语义特征,整个“V+下去$_B$”表示“主体通过某种方式使客体发生了位移”(有时主体和客体是合而为一的)。这些例子中,“下去$_B$”的动词特征还是比较明显的。再看下面一组。

C组:其中的“下去”记作“下去$_C$”。

(13) 我在她身边坐下,床瘪了**下去**,老师也就朝我倾斜过来。(王小波《白银时代》)

(14) 吃、喝、拉、撒、睡,如此这般地周而复始,他凹陷**下去**的双腮开始外凸,搓板一般的脊骨周围出现瓷实的肌肉。(从维熙《阴阳界》)

(15) 他必定要交**下去**许多公事,教他们必须马上办理,好教他们饿得发慌。(老舍《四世同堂》)

(16) 他没有意思把冠先生拉进新民会去,他怕冠先生会把他压**下去**。(老舍《四世同堂》)

这组例子中,与“下去$_C$”相关的客体已没有真正的位移,如例(13)中的“床”并没有发生从上到下的位移,其他例子类似。不过,“下去$_C$”与“下去$_A$”“下去$_B$”之间的联系还是比较明显的。在例(13、14)中,客体“床”和“双腮”虽然没有发生空间领域的位移,但是它们都还跟空间有关:比如“(席梦思)床”在瘪下去之前,所占的空间位置比较大,由于“我”的坐下,它所占的空间位置较原先要小。在例(15、16)中,“下去$_C$”所表示的已经不是空间领域的了,而是社会地位方面:从上级部门到下级部门,从较高的社会地位到较低的社会地位。由于上述原因,“下去$_C$”前的动词就不必是具有[位移]特征的动词了,“下去$_C$”本身的空间意义也有所弱化。有时“下去$_C$”所表示的虽然与空间有关,但并没有丝毫空间位置的变化,只是视觉上的由上而下而已。例如:

(17) 他把最后一块白荞麦粉条馅饼塞进嘴里,用两只手握牢车厢板,开始专注地望着渐渐向前方倾斜**下去**的高原。(张承志《北方的河》)

D组:其中的“下去”记作“下去$_D$”。

(18) 我无可奈何地耸耸肩,从车上下来,到办公室里去——假如我不走的话,他就会在我面前站**下去**。(王小波《白银时代》)

(19) 这兔子绝非一个雏儿,而是一只老兔子了,在自然界残酷的生存竞争中,它学会了赖以生存**下去**的本领。(从维熙《阴阳界》)

(20) 他的嗓子里噎了几下,不能说**下去**。(老舍《四世同堂》)

上述例子中,出现在“下去$_D$”之前的虽仍然是动词,但与“下去$_D$”相关的客体跟位移则毫不相干,哪怕连视觉上的“位移”都不存在,因而能出现在“下去$_D$”之前的动词也就非常宽泛。例(18)中的“站”就很能说明这一点。

E组:其中的“下去”记作“下去$_E$”。

(21) 他分明看到窑工们火热的目光顿时暗淡了**下去**,他还是一口咬定是荒山野岭的民校教师,为解决肚饥来的阴阳谷。(从维熙《阴阳界》)

(22) 他们都是学生,知道求学的重要;假若事情缓和**下去**,而他们还可以继续求学,他们就必定愿意把学业结束了,而后把身心献给国家。(老舍《四世同堂》)

(23) 这样**下去**是不行的,大家都偷水,自来水厂如何受得了?(刘震云《一地鸡毛》)

在上述例子中,出现在“下去$_E$”之前的不是动词,而是形容词,可见,与前面几组例子中的“下去”比较起来,“下去$_E$”更为虚化了。正因为如此,有时连表示时段的名词性词语也能出现在它的前面,例如:

(24) 要是几年**下去**,这行手艺不是断了根?(老舍《四世同堂》)

由上可见,“下去”的句法功能确实发生了分化,从动词的空间意义用法开始,意义越来越虚。相应地,能出现在它前面的词语,由[位移]动词扩大到其他动词,再由动词扩大到形容词,甚至名词语。

2. “下去”的语义特点

如前所述,单独充当谓语动词的“下去”表示空间领域的“客体(人,也可以是物体)离开某一参照点(典型的参照点是说话人所在地),作由上而下的位移”。那么动词后的“下去”有哪几种意义呢?

2.1 表示空间领域的“位移”,这种意义的“下去”记作“下去$_{位移}$”。例如:

(25) 黑雕被激怒了,两翅扇起风声,嘴里发出嘎嘎嘶鸣,离弦箭般地向山坡俯冲**下去**。(从维熙《阴阳界》)

(26) 太阳落**下去**以后,他更怕了,唯恐西院里有人来报仇。(老舍《四世同堂》)

上述例子中的“下去”，分别表示“黑雕”“太阳”在空间领域位置发生了变化。

2.2　表示“延续”，这种意义的“下去”记作“下去$_{延续}$”。例如：

(27) 结果事情发展**下去**走了味儿：我一遍遍地写着，她一遍遍地签字，这部小说也变成了她的生活。（王小波《白银时代》）

(28) 老头儿灰白的眉毛皱成了一团，惊恐地说：“别再讲**下去**了，我什么也不知道。”（从维熙《阴阳界》）

(29) 索泓一懊悔失口提及了出身问题，只好信马由缰地胡编**下去**……（从维熙）

能出现在“下去$_{延续}$”之前的，一般认为是具有［持续］特征的动词，瞬间动词不能在这个位置上出现。这没有触及问题的实质。如果真的这样的话，就无法解释下列现象：

(30) 养鸡场的鸡不知得了什么病，每天死三四只，如不赶紧想办法，每天这样死**下去**，鸡场就完了。（卢英顺 2000[1] 例）

(31) 地质状况不好，塌方不断发生，再塌**下去**的话，这隧道要报废了。（戴昭铭 2000[2] 例）

(32) 我把那把刀找了出来，仔细地看了半天，刀片完好无损，没有理由认为伤口里有什么东西，只好让它疼**下去**了。（王小波《白银时代》）

(33) 医院如果继续这么只顾自己挣钱昂贵**下去**，总有一天会闹出人命来！（李唯《腐败分子潘长水》）

上述例子中的“死”“塌”都是瞬间动词，但都可以在“下去$_{延续}$”之前出现；而“疼”“昂贵”都是形容词，也能出现在“下去$_{延续}$”之前。原因何在？这是因为“下去$_{延续}$”是标示“体”这一语法意义的。体意义是属于整个事件的。动词往往是一句话的核心，在表达事件时起着举足轻重的作用；但动词本身对事件的性质（是否具有“延续性”）并不能起着决定的作用，事件的性质是动词和其他成分共同决定的。因此，由瞬间动词构成的事件也可以是延续性事件。这就是“下去$_{延续}$”前的动词有时可以是瞬间动词的原因。“下去$_{延续}$”既然是表示体的，而体的载体又并不限于事件，它可以是状态，这就是部分形容词可以出现在它前面的原因。

---

①　卢英顺 2000 现代汉语中的“延续体”，《安徽师范大学学报》第 3 期。

②　戴昭铭 2000 动词情状成分“下去$_3$”的形式特征、语法功能和分布规律，《语法研究和探索》（九），北京：商务印书馆。

2.3 表示“消失”或“离开”，这种意义的“下去”记作“下去$_{消失}$”。例如：

(34) 他用手摸了摸孩子的头，不知是孩子刚刚睡醒的缘故，还是嗅到了医院的味道，烧突然又退了**下去**。(刘震云《一地鸡毛》)

(35) 火，很快的烧起来，很快的灭**下去**；烧得一干二净，光剩下那两棵柳树。(老舍《四世同堂》)

(36) 与老婆商量，老婆也同意，说把冬贮菜的亏烂刨**下去**，也不见得便宜到哪里去。(刘震云《一地鸡毛》)

(37) 她脸上的粉已完全落**下去**，露着一堆堆的雀斑。(老舍《四世同堂》)

例(34、35)中的“下去”都表示“消失”，例(36、37)中的“下去”都表示“离开”。

2.4 表示“状态的获得”，这种意义的“下去”记作“下去$_{状态}$”。

“状态的获得”有两种情况，一是到某一参照点为止状态已经获得，这时出现在“下去$_{状态}$”之前的形容词就是相关客体所处的状态，例如：

(38) 他的心平了**下去**。(老舍:《四世同堂》)

另一种情况是，状态还没有最终获得，而是处于获得的过程中。这种情况下，往往有“渐渐”“一下子”“顿时”之类修饰，表示“进入某状态”的方式。例如：

(39) 大厅里一下子静了**下去**。(杉村[①]例)

(40) 因为没有足够的水分和营养供给，这棵树就慢慢地枯萎**下去**了。

如何判断这两种不同情况？可以加“已经”测试，属于第一种情况的，加“已经”后句子成立；属于第二种情况的，加上“已经”后句子就不能成立。试比较：

(38′) 他的心已经平了**下去**。

(39′) *大厅里已经一下子静了**下去**。

(40′) *因为没有足够的水分和营养供给，这棵树就已经慢慢地枯萎**下去**了。

“下去”虽然可以表示不同的意义，但从我们对所搜集到的语料的初步统计来看，不同意义所占的比重悬殊。“下去$_{位移}$”约占全部语料的32.4%，其中有3.6%是独立充当谓语动词或连动式、兼语式的一部分的，实际上，动词之后的

---

① [日]杉村博文 1983 试论趋向补语“·下”“·下来”“·下去”的引申用法，《语言教学与研究》第4期。

“下去$_{\text{位移}}$”约占 28.8%；另外，在空间领域位移意义的基础上有所引申的，如从上级到下级，这种用法约占 9.7%，如果把这种用法也算进去的话，“下去$_{\text{位移}}$”占所搜集到的全部语料的比重实际上是 42.1%。“下去$_{\text{延续}}$”在语料中所占比例约为 50.9%，“下去$_{\text{消失}}$”约占语料的 3%，“下去$_{\text{状态}}$”约占语料的 1.5%，还有约 1.5%的“下去”所表示的意义不很明确。其中误差约 1%。这些统计数据虽不十分精确，但大致能反映不同意义的“下去”在现实语言中的分布情况。值得注意的是，“下去$_{\text{位移}}$”和“下去$_{\text{延续}}$”这两种意义就占去了语料的 93%。

3. “下去”的认知图景与语义的关系

“下去”为什么能从空间领域的“客体离开某一参照点（典型的参照点是说话人所在地），作由上而下的位移”这一意义引申出上述那些意义而不是别的意义？其中有没有一些制约因素？这些不同意义之间有没有一定的联系？这得从“下去”的认知图景谈起。

“下去”的认知图景是这样的：位于高处某一点（S，起始点）的客体（O），向低处作位移，与“下来”不同的是，“下去”的参照点不是低处的某一点，而是高处的起始点 S。这种位移要有一定的过程，位移的结果是客体离开了参照点，但这种位移在认知图景上没有内在的终止点，虽然客观上这种位移是可能有终止点的。“下去”的认知图景可图示如下：

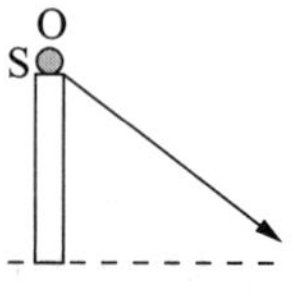

图 1

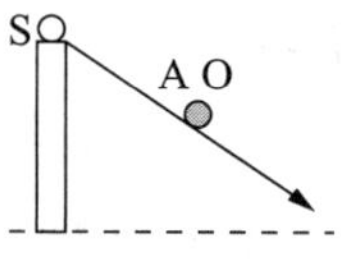

图 2

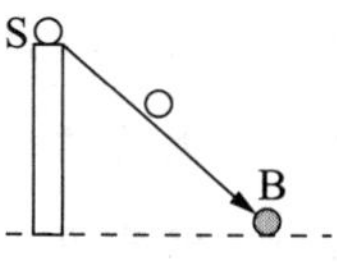

图 3

图 1 表示客体 O 处于初始状态，图 2 表示客体 O 离开起始点 S 到达了 A 位置，图 3 表示客体 O 离开起始点 S 后到达了 B 位置。其实，客体 O 到达 B 位置后还可以继续位移。

“下去”的认知图景跟“下去”的不同意义有什么联系呢？似乎可以这样解释：如果着眼于从起始点 S（也是参照点）到位置 A 或者 B，那么客体 O 就表示

“离开参照点，作由上而下的位移”。当客体O位移到A处或者B处后，就客体与参照点S的关系而言，“下去”就有了“离开”的意义；由于客体O在位移过程中没有内在的终止点，所以它可以一直位移下去，以致从人们的视线中消失，于是“下去”就获得了“消失”的意义。当客体O位移到A处或者B处时，如果着眼于客体本身当时的位置，在这一刹那，客体O实际上处于特定的状态，所以“下去”也可以表示“状态”。如果着眼于客体O离开参照点S后所作的位移过程，这一过程映射到时间领域就产生了“延续”的意义。由此可见，“下去”的多种意义的产生不是任意的，而是有一定联系的，这种联系又是以表示空间领域的“下去”的认知图景为基础的。

如前所述，各种不同意义的“下去”，在现实语言中的分布非常不均衡。这是为什么？这也可以从认知图景上得到解释。如上所述，“下去”表示“状态”意义是着眼于客体本身一刹那时的位置，在这个意义上，客体处于“特定的状态”；不过这种“特定的状态”稍纵即逝，不像“下来”那样，客体在到达某一参照点后处于相对恒定的状态，因此，“下去”表示客体处于某种“状态”这一意义并不明显。“下去”表示“消失”或“离开”的意义为什么使用得也不多呢？实际上，“消失”这一意义是从“离开”义派生出来的。而“下去”的“离开”义并不是从客体离开参照点(也就是起始点)这一行为本身获得的，而是着眼于客体离开参照点后所处的位置(如A位置)与参照点之间的关系获得的。由于客体处于不断地位移状态，因而这种关系也不是恒定的，所以，“离开”的意义也不明显，由此而派生的“消失”义当然也就不常见。尽管客体同样处于运动状态，但比较起来，客体的暂时位置与参照点之间的关系较客体本身所处的状态要“稳定”些，这或许是“下去$_{消失}$”在语言中的出现率比“下去$_{状态}$”高的原因。

“下去$_{位移}$”在语言中有较高的出现频率，这比较容易理解。“下去$_{延续}$”为什么出现得那么频繁呢？我们知道，客体在离开参照点以后一直处于“运动”状态，这种运动的过程映射到时间领域则表现为动作或状态的“延续”。由于客体在空间领域的运动非常明显，所以这个特征容易被“转移”到时间领域。因此，“下去$_{延续}$”在语言中频频出现也就不足为奇了。

正因为“下去”有这样的认知图景，所以有的句子离开一定的语境可能有不同的理解。原因是，没有一定的语境帮助，我们不知道说话人的着眼点在什么地方。例如：

(41) 胡亦一声不响地看着我,我犹豫了一下,还是**跪下去**,深深地俯首。(王朔《火焰》)

例(41)中的“跪下去”,是“往下跪”呢,还是“继续跪”? 脱离了具体的语境,我们难以肯定。

4. 结构隐喻、语法化与“下去”句法功能的扩大

“下去”的初始意义与空间领域的位移有关,但在语言事实中,“下去”的用法并不限于此。请看下列例子:

(42) 他必定要交**下去**许多公事,教他们必须马上办理。(老舍《四世同堂》)

(43) 好哪,把大赤包打**下去**,而使自己成为北平天字第一号的女霸,也不见得不是件好事。(老舍《四世同堂》)

(44) 他把那句话咽了**下去**,也慢慢地立起来。(老舍《四世同堂》)

例(42)中的“许多公事”虽然从上级部门转移到了下级部门,这不是空间领域的位移。不过,在认知图示方面,它与客体在空间领域的位移图示是相似的:在这里,“许多公事”对应于空间领域的位移客体,由于例(42)要凸显的是位移的“过程”,因而对应于空间领域较高位置和较低位置的上级部门和下级部门都没有出现。例(43)是指“大赤包”社会地位的“由上而下”,同样不存在位移问题,不过,其认知图示与例(42)类似。

例(44)中的“那句话”可以说是“下去”进一步语法化[1]的结果。“下去”在空间领域里有位移客体,这个客体还必须是具体的,位移的路径也是空间领域中实实在在的路径。由于结构隐喻[2]的作用,客体由原来具体的变为抽象的,位移路径也由空间领域变为非空间领域。结果是,用于空间领域的“下去”,其语义特征逐渐脱落。在例(44)这样的句子中,不仅与“下去”相对应的客体是抽象的,而且连隐喻性的路径也没有了,至少可以说是不明显了。

---

① 有关语法化的内容,参阅了 Heine, B., U.Claudi & F.Hünnemeyer 1991 *Grammaticalization: A Conceptual Framework*, Chicago: University of Chicago Press.

② 有关隐喻的内容,参阅了 Lakoff, G. & Mark Johnson 1980 *Metaphors We Live by*, Chicago: University of Chicago Press.

由上可见，由于结构隐喻的作用，“下去”的使用范围不断扩大；“下去”使用范围不断扩大的结果是，出现在它前面的词语不仅仅是位移类动词，也可以是非位移类动词，甚至形容词。伴随这种使用范围的不断扩大，“下去”的原有语义特征进一步脱落，脱落的结果又反过来促进其使用范围的扩大。

5. “下去”句法、语义的其他特点

能出现在“下去$_{状态}$”之前的形容词只能是负向形容词。[①]“下去”的这一句法特点似乎可以通过方位隐喻来解释：简单地说，在空间领域，物体的量越多，它所及空间的位置越高；反之，物体的量越少，它所及空间的位置越低。这和“下去”从高处向低处位移的图景是一致的。方位隐喻的这一特点表现在一维向度上就与“量”的多少有关。在一维向度上，一般都把量多的一端看作正向，把量少的一端看作负向，如温度就是如此。因此，例(45a)中的“暗淡”不能替换为“亮”，试比较：

(45a) 窑工们的目光顿时**暗淡**了下去。

(45b) *窑工们的目光顿时**亮**了下去。

就光线而言，光线充足(也就是光线多)时就亮，光线不充足(光线少)时就暗；所以，“暗淡”能与“下去$_{状态}$”共现，而“亮”则不能。(45b)去掉“下去”就能成立则从另一个角度说明了这一点。

我们说能出现在“下去$_{状态}$”之前的是负向形容词，这并不意味着所有的负向形容词都能在“下去$_{状态}$”前出现，如“少”“短”就不能。从刘月华(1998:194)所举的例子来看，能出现在“下去$_{状态}$”之前的是描写声音、光线、情绪等方面的负向形容词。我们认为，这与形容词所体现的“动态感”的强弱有关：动态感较强的负向形容词可以和“下去$_{状态}$”结合，动态感较弱的负向形容词则不能与“下去$_{状态}$”结合。光线的由明而暗，声音的由高而低，速度的由快而慢，情绪的由高涨而平静，在认知上都有明显的、自然的动态感；而东西的多少，物体的长短则没有明显的、自然的动态感；因而表示前者的负向形容词可以和“下去$_{状态}$”结合，表示后者的负向形容词则不能。究其原因，还是与“下去$_{位移}$”有关，因为客体作位移时，

① 刘月华主编 1998《趋向补语通释》，北京：北京语言文化大学出版社。

动态感是明显的。

如果“下去”不是表示“状态的获得过程”，而是表示“延续”，和它结合的形容词就不受正向或负向的限制。试比较：

(46a) 这些天她**瘦**下去了。

(46b) *这些天她**胖**下去了。

(46c) 再这么**胖**下去，恐怕门都过不去了。

例(46a、46b)中，“下去”都表示状态的获得过程，所以 b 句不能成立；同样是“胖”，为什么 c 句能成立呢？就是因为 c 句中的“下去”表示的是“延续”。张国宪(1999)①曾这样说过：“在选择上，‘下去’倾向于选择负量形容词，这种情况在现实句中表现得尤为突出……但在非现实句中，选择趋于中和。”

张文为什么得出“‘下去’在非现实句中选择趋于中和”这样的结论呢？我们不妨从作者所举的现实句例(47—49)来看看：

(47) 秃钻子被打出了尖，颜色**暗淡**下去——先是殷红，继而是银白。

(48) 小翠抬起眼睛，望着渐渐**暗**下去的天，出着神。

(49) 梅雪的热情一寸一寸**冷**下去。

在我们看来，上述例句中的“下去”都不表示“延续”，而是“下去$_{\text{位移}}$”通过结构隐喻的引申用法，是“下去$_{\text{状态}}$”。既然这样，“下去”原有的[由上而下]这一语义特征就制约着出现在它前面的形容词的性质。因而从这些例子来看，其中的形容词都是负向的，也就是张文所说的负量形容词。

回过头来看看“中和”问题。“下去”表示“延续”意义时，它所表示的是既有状态(就形容词而言)的延续，在非现实句，如上述例(46c)中，说话时“胖”这一状态已经存在，因而这儿的“下去”为“下去$_{\text{延续}}$”。由于“下去$_{\text{延续}}$”是“下去$_{\text{位移}}$”进一步虚化的结果，因而，它对出现在其前的动词和形容词的语义特征的要求也就越来越低。这就是在非现实句中“下去$_{\text{延续}}$”对形容词的选择趋于中和的原因。在现实句中，“下去”实际上所表示的，不是状态的“延续”，而是状态的“获得”。可见，在现实句中，“形容词＋下去”并没有“延续”的意义。因此，说“在非现实句中，‘下去$_{\text{延续}}$’对形容词的选择趋于中和”也就没有实际意义了。

“动词/形容词＋下去”结构可以插入“得/不”构成“可能式”，可能式的构成不受“下去”意义的制约，例如：

① 张国宪 1999 延续性形容词的续段结构及其体现，《中国语文》第 6 期。

(50) 木头放到水里**沉不下去**。

(51) 虽然使用了各种减肥品,她还是**瘦不下去**。

(52) 吴迪笑得**唱不下去**。(王朔《火焰》)

(53) 如果他知道这件事的真相,你们之间的关系还**好得下去**吗?

(54) 不知怎么搞的,这些天我的心一直**静不下去**。

(55) 打了这针以后,他的烧**退得下去**吗?

上述现象表明,"下去"的语法化还不彻底。

6. 结 束 语

综上所述,从句法上看,"下去"的功能从地道的动词开始,逐步增益,从而获得了"体标记"的功能。在这种增益过程中,隐喻和语法化起着十分重要的作用。

从语义上看,"下去"可以表示多种意义,虽然这些意义在现实语料中的分布是很不均衡的。"下去"的这些意义之间不是一盘散沙,而是相互联系着的。联系的纽带就是作为空间领域的"下去"的认知图景。"下去"这些意义之间的联系可简单图示如下:

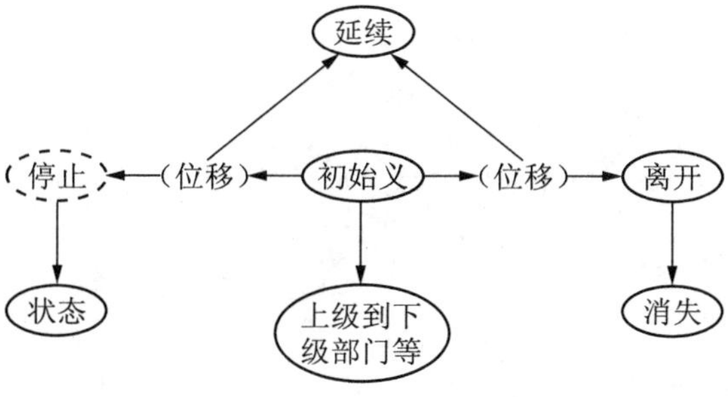

上图中的"位移"表示"下去"在空间领域的认知图景中有个位移过程,这个位移过程映射到时间领域后,就表示"延续",因而从"位移"处有个箭头指向"延续"处。通过"位移"到"停止""离开"的箭头,表示通过空间位移之后,"客体"由"参照点(初始义处)"出发,作位移后到达某一点后有个相对"停止"的状态,由于这种停止是瞬间之事,因而用虚线框表示,"下去"的"状态"义就是通过"停

止”引申而来的。由于在“下去”的认知图景中，客体作位移时没有内在的终止点，因而由“离开”义而衍生出“消失”义。其他用法是通过隐喻而获得的。

“下去”和“下来”在认知图景方面有同有异，因而它们之间在句法和语义方面也有相同和不同之处。限于篇幅，本文对此不作比较。

（原载《语法研究和探索》(11)，北京：商务印书馆，
2002 年，第 273—287 页）

“下来”的句法、语义特点探析

提　要　“下来”的句法、语义特点比较复杂，句法上，它呈现出从表示“位移”的动词到体标记的连续统状态；语义上，它可以表示“位移”“延续”“状态的获得”等意义。本文试图从认知的角度对这些问题作出解释。

关键词　趋向动词；下来；认知；结构隐喻；语法化

0. 引　　言

趋向动词是汉语中比较有特色的一类词。不同趋向动词之间在用法上有联系也有区别，因而对趋向动词的研究不能笼而统之，而应该逐一进行研究。我们认为，只有在个案研究的基础上，才能更好地从宏观上把握趋向动词的特点。然而，从目前的研究现状来看，个案研究还没有全面展开。就“下来”而言，专门的讨论文章寥寥无几，不过有的描写得还比较细致。①但是从语言学的解释趋势来看，停留在细致描写的阶段显然是不够的。本文先对“下来”的句法、语义特点进行考察，之后，试图就其句法、语义特点之间的关系作认知上的探讨。

1. “下来”的句法特点

“下来”在现代汉语中的使用频率很高，语法学界一直笼统称之为“趋向动词”。其实，从共时的角度看，“下来”的功能业已分化，“下来”的句法特点呈现出从实词到虚词的连续统状态。②

---

① 刘月华主编 1998《趋向补语通释》，北京：北京语言文化大学出版社。

② 卢英顺 2001 论趋向动词问题，《徐州师范大学学报》第1期。

在现代汉语共时平面，“下来”仍然可以用作动词，而且十分普遍。和其他动词一样，它可以单独作谓语，受副词、介词短语等修饰。作为动词，“下来”还可以作兼语式或连动式的一部分，例如：

(1) 我承认道：好吧，我调戏了你——放我**下来**。（王小波《白银时代》）

(2) “二姐，”任海萍说，“让我自己**下来**走吧。”（魏继新《燕儿窝之夜》）

(3) 坡度大的地方，她还翻身**下来**，拖着车往前走。（柯云路《东方的故事》）

“下来”的典型用法是表示空间上的“客体（人或物体）朝着某一参照点（典型的参照点是说话人的所在地）方向的由上而下”移动。这种用法的“下来”，有时还可以作其他动词的宾语，如：

(4) 去吧去吧，那不是一般的车，你玩回试试，保你上去就不**爱下来**。（王朔《顽主》）

现在看看下面的几个例子：

(5)（她）每天吃派饭……大队干部在她刚**下来**的时候问过她，要不要在大队部吃饭，这儿有一个炊事员。（柯云路《东方的故事》）

(6) 一九五七年，由上边**下来**一个采样的煤炭技术干部，这事儿可惊动了整个阴阳谷，往山脚下打进去三米，真的挖出来黑煤。（从维熙《阴阳界》）

(7) 不了解他脾气的人还以为这小子刚丢了钱包，或是刚从批判会上**下来**。（蒋子龙《锅碗瓢盆交响曲》）

上述例子中，“下来”虽然有空间领域的位移，但并没有[自上而下]这一语义特征的要求，它表示的实际上是非空间领域的“位移”，比如从较高部门到较低部门。

有时，“下来”并不表示客体的真正位移，而只是表示“感觉（视觉）上的由上而下”的移动。例如：

(8) 他的胸脯很厚，很宽，粗粗地**下来**，没有腰，腰和腹部还是肥肥的，壮壮的。（柯云路《东方的故事》）

由上述例子不难看出，这些“下来”虽然脱落了[自上而下]这一语义特征，但仍然保留着动词的句法功能，它们在句子中也可以作谓语，也受副词、介词短语等修饰。有时它也可以作另一动词的宾语，例如：

(9) 他晓得她的技巧不怎样高明，而脾气——越输越不肯**下来**。（老舍《四世同堂》）

“下来”除了上述这些分布以外，其前面还可以出现表示时段的名词性成分。例如：

(10) 这时小林觉得长期这样卖鸭子也不错，每月可多得六百元的收入，一年**下来**不就富了？（刘震云《一地鸡毛》）

(11) 十几年**下来**，她不仅为家庭节省了一大笔钱，而且练就了一手熟练的理发技术。（蒋子龙《锅碗瓢盆交响曲》）

例(10、11)中的“下来”仍然不失为动词，比如可以说“十几年下来了”。所不同的是，这些例子中的“下来”的语义脱落得更加厉害，这可以从与它结合的名词——其配价成分看得出来：在前面的例子中，“下来”无论是否具有[自上而下]这一语义特征，是否存在空间上的位移，其配价成分都是有生命的，而这两例则不然。

“下来”除可以独立作谓语或连动式、兼语式的一部分外，更多的情况是跟在动词或形容词之后，构成非动宾结构的“V＋下来”，这种结构中的“下来”，一般认为是充当这个动词或形容词的补语(趋向补语)。其实，这不能一概而论。我们分别看几组例子。

A组：其中的“下来”记作“$下来_{a}$”。

(12) 他从床上跳了**下来**，蹲在我的面前，抱住我的脑袋说：傻大个儿——别发愣了！（王小波《白银时代》）

(13) 我把右手从腮下拿**下来**，平摊在桌子上。（王小波《白银时代》）

上述例子中，“$下来_{a}$”所指向的成分(客体)，有的发生了位移，有的虽没发生位移，但身体某一部位的位置发生了变化，其共同点是，相关的客体在空间上位置发生了变化。如例(12)中的“他”，位置从“床上”移到了“床下”，例(13)中的“右手”，位置从“腮下”移到了“桌子上”。可见，“$下来_{a}$”还保留着[由上而下]的语义特征。其前面的动词可以是及物的，也可以是不及物的，不过，它们或具有或隐含[位移]语义特征，表示客体是因什么方式而发生位移的。因而，整个“动词＋$下来_{a}$”表示的是“主体通过某种方式使客体发生了位移”(有时主体和客体是合而为一的)。这类例子中，“$下来_{a}$”的动词特征还是比较明显的。再看下面一组。

B组：其中的“下来”记作“$下来_{b}$”。

(14) 村里好多人上城打工走了，牛老茂从支书位子上退**下来**，由他儿子牛智明接替了村支书。（关仁山《老陵》）

(15) 牛宏一走，奖金降**下来**了，邱二宝那一伙子见钱眼开的家伙就不干了。(蒋子龙《锅碗瓢盆交响曲》)

(16) 天光从对面楼顶上透了**下来**，透过楼中间的狭缝，照在雾气上。(王小波《白银时代》)

(17) (胡宗乃)裤子是笔挺的，压住脚面的。当从这个办公桌走到那个办公桌的时候，挪动和站立，前后四条裤线潇洒流利地直泻**下来**……(柯云路《东方的故事》)

从上述例子可以看出，"下来$_b$"已经失去了空间上[由上而下]位移这一特征，而是有所引申，引申的程度也不同。例(14)指的是"官位"的变动；例(15)说的是"奖金"的升降；例(16)中的"天光"，我们虽然看不到它的移动过程，但从其来源上可以"感觉"这种移动；例(17)又有所不同，它纯粹是视觉上的感受，"裤线"完全是一种静止状态。由此可见，"下来$_b$"由于其自身语义特征的脱落，出现在它前面的动词已经不必具有[位移]语义特征。

接着再看下面两组例子：

C组：其中的"下来"记作"下来$_c$"。

(18) 从明天起孩子我来接，你去卖鸭子吧，这事你能干得**下来**。(刘震云《一地鸡毛》)

(19) 一次孩子拉稀，看**下来**硬是要了七十五。(刘震云《一地鸡毛》)

(20) 手里拎的大概常常是重五公斤的家伙吧，拎着它上马路、找车站……这么从浦西到浦东个把小时拎**下来**，手臂自然酸极。(报纸)

如果说，"下来$_b$"前面的动词与[位移]还沾点边的话，那么，"下来$_c$"前面的动词跟[位移]则一点关系也没有了。例(20)中的"拎"似乎跟[位移]有点关系，但在这里，它的着眼点不在空间位置的移动，而在时间上的延续("个把小时")。可见，"下来$_c$"虚化的程度比较高。

D组：其中的"下来"记作"下来$_d$"。

(21) 她觉得自己安定**下来**了，恢复了那种随时可以端起相机，反应敏捷地按下快门的状态。(张承志《北方的河》)

(22) 因为这件事的介入，使本来要爆发战争的家庭平静**下来**，小林又有些感激老头子。(刘震云《一地鸡毛》)

(23) 舞曲变为探戈，舞场上的节奏慢**下来**，紧搂在一起的人们分开，小心翼翼地共同举步，哈腰蹭行。(王朔《顽主》)

“下来$_d$”前都是形容词，不过能出现在“下来$_d$”前的形容词不多，刘月华(1998:176)指出：“可以与‘下来’结合的都是负向形容词”。从我们搜集到的语料来看，能出现在“下来$_d$”前面的形容词只有如下这些：

冷 安定 静 平静 沉 松 黑 松懈 闲 和缓

衰弱 稳定 松弛 平稳 慢 暗淡 踏实 硬 滑

综上所述，“下来”的句法功能已经明显地分化，从实词(动词)用法逐渐扩大到比较虚的用法。

2. “下来”的语义特点

从语义上看，“下来”的初始意义是表示空间上的“客体由上而下，朝着某一参照点移动”，这不仅表现在“下来”单独作谓语上，动词后的“下来”也有表示这样的意义的。

此外，“下来”还可以表示其他多种意义。吕叔湘(1984)[①]、杉村博文(1983)[②]、刘月华(1998)等对此都有比较细致的描述，但各家的描述不尽相同，有的也显得比较烦琐。我们在参考已有研究成果的同时，结合“下来”的认知图景(参下)，把“下来”的其他意义概括为以下几点。

2.1 表示“延续”意义，这种“下来”记作“下来$_{延续}$”。例如：

(24) 一年又一年的磨**下来**，眼睛钝了，人钝了，下一代又生出来了。(张爱玲《倾城之恋》)

(25) ……就凭这，不到万不得已，你梁三喜得活**下来**。(李存葆《高山下的花环》)

(26) 很多时候，为了使自己完全脱胎换骨进入角色的摸爬滚打，他觉得自己要坚持不**下来**了。(柯云路《东方的故事》)

“下来$_{延续}$”前面的动词多具有[持续]语义特征，如上例中的“磨”“活”和“坚持”。但这不是问题的关键。问题的关键在于含“下来$_{延续}$”句子所表示的事件必须是“延续性”事件。事件的延续与否跟动词是否具有[持续]语义特征有一定

---

① 吕叔湘 1984《现代汉语八百词》，北京：商务印书馆。

② [日]杉村博文 1983 试论趋向补语“·下”“·下来”“·下去”的引申用法，《语言教学与研究》第4期。

的联系，因为动词的语义性质对事件的性质有直接的影响；但这种联系不是必然的，因为决定事件性质的不仅仅是动词，还有其他因素，如句子中的主语、宾语、补语，甚至定语等。正因为如此，有些瞬间动词也能在"下来$_{\text{延续}}$"前出现，例如：

(27) 这鞭炮据说8点就点燃了，刚放完不久。

这样爆炸**下来**，得花多少钱啊！

"爆炸"本是个瞬间动词，但在例(27)中，它后面跟了"下来$_{\text{延续}}$"。如果把例(27)中的"这鞭炮"换为"这根鞭炮"，句子就不能成立。

能出现在"下来$_{\text{延续}}$"之前的不仅仅是动词，还可以是形容词，甚至名词。例如：

(28) 你这样累**下来**，小心别累坏了身体。

(29) 干这么重的活，五个小时**下来**，我累死了。

如前所述，能出现在"下来"之前的只能是时段名词，表示时点的名词不能出现在它之前，试将(29)与(29′)进行比较：

(29′) *干这么重的活，**五点钟**下来，我累死了。

例(29′)之所以不能说，显然与"下来"表示"延续"这一语法意义有关。

2.2 表示"离开"，这种意义的"下来"记作"下来$_{\text{离开}}$"。例如：

(30) 当时我不会吸烟，也吸了起来，很快就把过滤嘴咬了**下来**……(王小波《白银时代》)

(31) 他知道只要有一个蛮小子撞了他的母亲，这肌肉和神经就会即刻反射，把那个家伙头朝下扭**下来**。(张承志《北方的河》)

(32) 他越看越别扭，火了起来，光着脚板跳下床，把那些素描从墙上扯**下来**。(张洁《漫长的路》)

上述例(30—32)尽管"下来"前所使用的动词不同，但它们有个共同点：都表示通过某种行为使某客体离开另一客体，或者是使某客体的一部分离开它的整体。比如，例(30)中的"过滤嘴"是因为"咬"才离开"烟"的整体的；例(32)中的"素描"是通过"扯"这一行为而离开"墙"的。"下来$_{\text{离开}}$"前面的动词多隐含[去除]这一语义特征，之所以说是"隐含"，是因为对相关动词来说，这一语义特征不是必然的，比如"咬"未必就能使被"咬"的物体分离。能够出现在"下来$_{\text{离开}}$"前面的动词也未必就隐含[去除]语义特征，只要"动词+下来$_{\text{离开}}$"这一结构体具有这样的语义特征即可。[①]例如：

(33)（那些枣树）每年秋天总能结出果实，满树大大小小的红枣，用竹竿打**下来**，由全院的住户们分享，孩子们高兴极了。（吴道弘《两株树》）

例(33)中的“打”，它们本身并不隐含[去除]语义特征，但都可以在“下来$_{离开}$”之前出现。

2.3 表示“留存”意义，这种“下来”记作“下来$_{留存}$”。例如：

(34) 想来想去，他决定雕肉还是要充饥，但是把老雕的翅膀和弯嘴保存**下来**，做个黑雕标本带在身边，用以警示自己。（从维熙《阴阳界》）

(35) 在从政府迁到南京，你爸爸就教人家给刷**下来**了。（老舍《四世同堂》）

(36) 他把他的俏皮话省**下来**说给旁的女人听。（张爱玲《倾城之恋》）

例(34)中的“下来”表示“留存”比较容易理解。例(35、36)中，“下来”表示“留存”义不是直截了当的：例(35)中的“你爸爸”，之所以说是“留存”，是相对其他人的“升迁”而言的，这就像其他学生都升级，而有一个学生留级一样；[②]例(36)中的“俏皮话”，相对其他许多话来说，它们没有说出来，所以也可以理解为“留存”。

刘月华(1998:171)在对“写、画、抄、复印、录”等类动词与“下来”结合时所作的解释是：“此类动词与‘下来’一起用时，都存在一个表示原型的物体，这个物体是‘写、画’等动作的对象，而动作的结果——‘写、画’之物，可以看作是从原型分离下来的……”从这段叙述中我们不难看出，实际上，她把这种用法的“下来”看作是表示“分离”意义的，相当于本文的“离开”。我们认为，把这种用法的“下来”看作表示“留存”也许更容易理解一些：主体通过“下来”前动词所表示的行为使行为的对象或结果“留存”在某处。例如“把黑板上的字抄写下来”（刘例），就是通过“抄写”这一行为使“黑板上的字”留在（比如说）本子上。

2.4 表示“终止”意义，这种“下来”记作“下来$_{终止}$”。例如：

(37) 马路这边的行人抬起头来看我一眼，急匆匆地走过；在马路对面却常有人站**下来**，死盯盯地看着我。（王小波《白银时代》）

---

① 语料中有这样的例子：“两座山头反正得我们去攻，早攻**下来**总比晚拿**下来**好。（李存葆：《高山下的花环》）”，对此例试作如下解释：“两座山头”原被敌人占领，如果“攻下来”，就意味着从敌人手里到了我们手里，这时，“山头”相对敌人而言当然是“离开”。由于我们担心这样的解释牵强，特以注释形式予以说明。

② 英语中的 leave 一词的两个意义：“离开”和“把……遗忘在（某地）”可为此作旁证。人离开某地后，所遗忘的东西当然“留存”在该处。

(38) 他没有说什么，在一株树旁停**下来**准备和客人们告别。(张承志《北方的河》)

(39) 不要拎点心匣子，那太俗气也不一定管事，带着铺盖卷去，像去自己家一样，吃饭跟着吃，睡觉也跟着睡，像戏里说的一样："在沙家浜扎**下来**了。"(王朔《顽主》)

能够出现在"下来$_{终止}$"之前的动词非常有限。

2.5 表示"状态的获得"，这种"下来"记作"下来$_{状态}$"。

"状态的获得"有两种情况，一是到某一参照点为止，状态已经获得，出现在"下来$_{状态}$"之前的形容词就是相关客体所处的状态。例如：

(40) 刘小芳飞快地消逝在已经黑**下来**的楼道中。(王朔《刘慧芳》)

另一种情况是，状态还没有最终获得，而是处于获得的过程中，这种情况下往往有"渐渐""忽然"之类修饰，表示"进入某状态"的方式。例如：

(41) 他渐渐地平静**下来**了。(张承志《北方的河》)

(42) 流苏本来天天是出去惯了，忽然闲了**下来**，在徐太太面前交代不出理由，只得说伤了风，在屋里坐了两天。(张爱玲《倾城之恋》)

如何判断这两种不同情况呢？可以加"已经"测试，能加的表示状态已经获得，不能加的表示状态还处于获得过程中。

我们之所以用"状态的获得"而没有用"状态的继续"或"状态的出现"，是基于以下考虑："状态的继续"义已包含在"延续"义之中，而且后者的涵盖面更广，再者，既是状态的"继续"，就应该以状态的"已经存在"为前提，这样就难以解释例(41)这类现象；它也不能解释例(40)，因为此例中的"黑"的状态虽然已经存在，但着眼点并不在"继续"。如果用"状态的出现"，固然能解释例(40)，但仍然无法解释例(41)这种表示"处于状态获得过程中"这类现象。用"状态的获得"就能比较好地解决这种矛盾，因为它能兼容"状态处于获得过程中"和"状态已经获得"的一刹那。

3. "下来"的认知图景与语义的关系

"下来"为什么能从空间上的"由上而下，朝着说话人的所在地位移"(典型语义)这一意义引申出上述那些意义而不是别的意义？其中有没有一些制约因素？这些不同意义之间有没有一定的联系？这得从“下来”的认知图景谈起。

“下来”的认知图景是这样的：位于高处某一点（S，起始点）的客体（O），向低处某一参照点（L，典型的是说话人所在地）位移，这种位移要有一定的过程，位移过程中经过某点 A、B、C 等，位移的结果是客体 O 离开了起始点 S，到达参照点 L 后就停止。可图示如下：

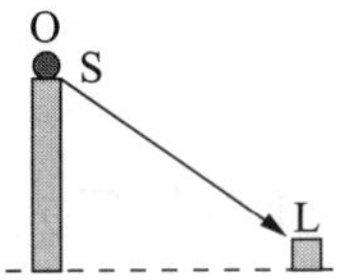

图 1

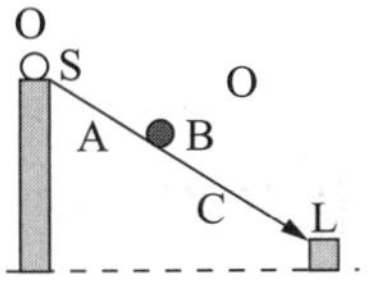

图 2

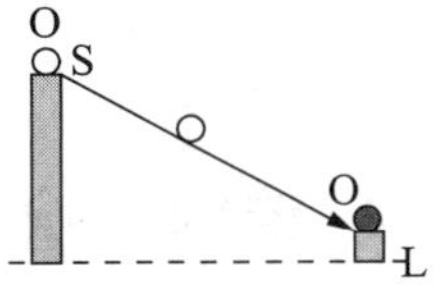

图 3

图 1 表示客体 O 处于初始状态，图 2 表示客体 O 离开起始点 S，处于向参照点 L 位移的过程中，图 3 表示客体 O 已经到达参照点 L 处。

“下来”的认知图景跟“下来”的不同意义有什么联系呢？我们可以这样解释：如果着眼于从起始点 S 到参照点 L，那么客体 O 就表示“由上而下，朝着参照点 L 位移”。如果着眼于这一过程在时间领域的映射，就产生了“延续”的意义。当客体 O 位移到参照点 L 处后，就客体 O 与起始点 S 的关系而言，如果着眼于客体，“下来”就有了“离开”的意义；如果着眼于起始点，相对分离出去的客体而言，其余的客体就是“留存”。比如，桌子上有五个苹果，拿走了三个，就这三个苹果而言，它们与桌子上的其他苹果分离了，但就另两个苹果而言，它们没有动，仍留存在桌子上。空间领域的“下来”有一个内在的终止点，这个终止点就是参照点。所以，如果着眼于客体 O 刚刚到达参照点 L 处那一刹那，“下来”就有“停止”的意义；如果着眼于客体 O 本身，这时它已经是静止的了，因而“下来”可以表示达到了某种“状态”。由此可见，“下来”的多种意义的产生不是任意的，而是有一定联系的，这种联系又是以表示空间领域的“下来”的认知图景为基础的。

正因为“下来”有这样的认知图景，所以，有的句子离开一定的语境可能有不同的理解，原因是，没有一定语境的帮助，我们不知道说话人的着眼点在什么地方。例如：

（43）雪是残雪，没有被人踏过的雪还有小半尺厚，雪粒子不时被一阵阵寒风从屋檐房瓦上吹**下来**，直吹到人们的后脖梗子里去。（钮海燕《解放》）

(44) 正在这当口，轰天震地一声响，整个的世界黑了**下来**，像一只硕大无朋的箱子，啪地关上了盖。(张爱玲《倾城之恋》)

例(43)中的"吹下来"既可理解为"雪"被吹、飘落下来的过程，也可理解为"雪"被吹，与"房顶""分离"开来。这其实不难理解，"雪"在作空间领域位移的同时，也就离开了它的起始点。例(44)中的"黑了下来"既可理解为整个世界"变黑"的过程，也可理解为世界已经变黑这样的"状态"。

4. 结构隐喻、语法化与"下来"句法功能的扩大

"下来"初始意义应该是表示"在空间领域里客体由上而下，朝着说话人所在地所作的位移"，因为这符合语法化的一般规律(可参阅 Heine et al. 1991①：156—58)。但是从上述"下来"的种种用法可以看出，它远远超出了空间领域的这一用法。"下来"的这一基本用法，通过结构隐喻的方式，可以运用到非空间领域，例如：

(45) 县委**下来**人了解，你尽可以如实汇报。(从维熙《阴阳界》)

(46) 去年肖永山退了**下来**，一局移到苏南手里。(于卓《八千万》)

(47) 烟叶出炕时，麦收等不及温度降**下来**，就钻到能在墙上贴锅饼的炕洞里出烟。(张一弓《流泪的红蜡烛》)

(48) 河水的流速骤然减了**下来**。(张承志《北方的河》)

(49) 若说这堵墙是古代遗留**下来**的，又不大像。(王小波《白银时代》)

上述例子中，例(45)表示从上级部门到下级部门，"县委"对应于空间领域中"处于较高位置的起始点"，"人"是作位移的客体，与空间领域内处于较低位置的参照点相对应的是比县级低的基层单位，在这句中没有说出来。例(46)表示职位的"由高而低"，与起始点对应的是"局长"这个职位，与参照点相对应的是"平民百姓"，作这种位移(不是真正的位移)的是客体"肖永山"。例(47)表示温度的"由高而低"，例(48)表示速度的"由快而慢"，例(49)则表示时间领域的"由古而今"，它们都与例(45、46)类似。可见，这些例子中的"下来"，在非空间

① Heine, B., U.Claudi & F.Hünnemeyer 1991 *Grammaticalization: A Conceptual Framework*, Chicago: University of Chicago Press.

领域虽然表示不同的意义，但是它们跟它在空间领域的认知图式（“处于较高位置的客体——作位移运动——移向较低位置的参照点”）是何等的相似。所不同的，它们只是不同程度地偏离了这个图式而已，比如，由原来空间位置的高低变成了职位的高低、温度的高低，作位移的客体由原来的“有生名词”扩展到其他的名词，由空间上的真正位移扩展到“感觉上”的位移，如上述例（8、17），等等。

“下来”使用范围的扩大，除了结构隐喻因素外，方位隐喻这一因素也起着一定的作用。①负向形容词与“下来”的结合就与此有关（参阅下文）。

由于“下来”在非空间领域使用范围的不断扩大，它作为趋向动词的语义特征已不同程度地脱落，这就使出现在它前面的动词的语义特征不限于是[位移]的，其结果是“下来”对其前面动词的语义特征的要求越来越不严格，最终形容词也能在相应的位置出现。这种结果反过来使“下来”的意义越来越虚化。

5. “下来”句法、语义的其他问题

出现在“下来”之前的形容词只能是负向形容词，原因何在？这似乎可以通过方位隐喻来解释。比如，在一只杯子里，所盛的水越多，水在杯子里的位置就越高；反之，把水不断地从杯中取出，水在杯中的位置就越来越低。可见，水位的高低是由水的量来决定的。除了物质的量以外，形容词在特定的向度上也存在量的问题，一般都把量多的一端看作正向，把量少的一端看作负向。比如，就温度而言，“热”意味着温度高，因而是正向；“冷”意味着温度低，因而是负向；所以能说“冷下来”，不能说“* 热下来”。这就是“下来”前出现的形容词是负向的原因。

但是，这并不是说所有的负向形容词都能在“下来”前出现。刘月华（1989：87）②曾指出过这一点：“‘下来’所能结合的形容词只限于负向形容词的一部分”，即表示光线、声音、速度、人的情绪等方面的词。而同样是负向形容词的“少”“短”等则不能出现在“下来”之前。刘文对此没有进一步的说明。我们认为，这与形容词所体现的“动态感”的强弱有关：动态感较强的负向形容词可以

① Lakoff, G. & Mark Johnson 1980 *Metaphors We Live by*, Chicago: University of Chicago Press.

② 刘月华 1989 表示状态意义的“起来”与“下来”比较，载《汉语语法论集》，北京：现代出版社。

和“下来”结合，动态感较弱的负向形容词则不能与“下来”结合。光线的由明而暗，声音的由高而低，速度的由快而慢，情绪的由高涨而平静，在认知上都有明显的、自然的动态感；而东西的多少，物体的长短则没有明显的、自然的动态感；因而表示前者的负向形容词可以和“下来”结合，表示后者的负向形容词则不能。究其原因，还是与“下来$_{位移}$”有关，因为客体作位移时动态感是明显的。

吕叔湘(1984)、杉村博文(1983)、刘月华(1998)等都提到“下来”可以表示动作的“完成”，如：

(50) 这篇文言文他到底念**下来**了。(吕叔湘例)

(51) 从丁处长讲的第一句话开始，杨杰就一字不漏地听**下来**。(杉村例)

(52) 但是陈文良几年观察**下来**，他们两个人始终是联在一起的。(刘月华 1998 例)

从“下来”的认知图景可以看出，当客体位移到参照点时，如果着眼于参照点，也就完成了位移行为。因而，“下来”就有了“完成”的意义。但是我们认为，上述例子中“下来”的着眼点不在参照点，而在于行为的过程，强调的是行为的由开始到结束；所以，把它们看作表示“延续”也许更合适一些。其实，在现代汉语中，着眼于行为完成的时候可以用其他的方式，如在相关的动词后接“了”等。

6. 余　　论

“下来”的语法意义多种多样，但这些意义之间不是一盘散沙，而是有一定联系的。这种联系可简单图示如下：

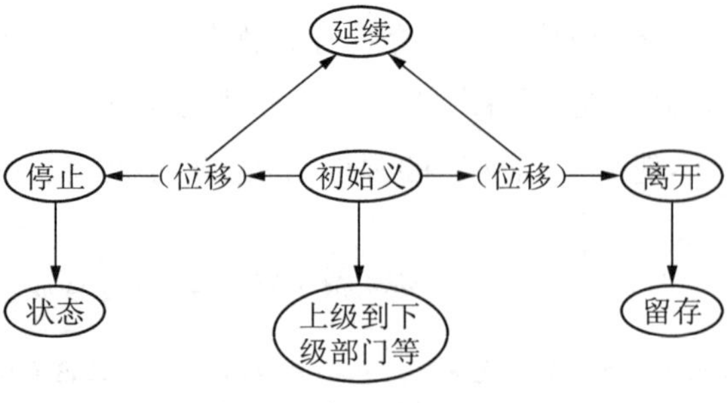

上图中的“位移”表示“下来”在空间领域的认知图景中有个位移过程，这个位移过程映射到时间领域后，就表示“延续”，因而从“位移”处有个箭头指向“延续”处。通过“位移”到“停止”“离开”的箭头，表示通过空间位移之后，“下来”由“初始义”而获得“停止”“离开”义。其他几点比较容易理解，如“状态”义由“停止”义获得，等等。

“下来”的其他种种用法总是上述图示中某种意义通过隐喻等手段来实现的。在讲“下来”的用法时，没有必要，也不可能将“下来”的种种用法列举出来。

“下来”的句法、语义特点比较复杂，它们或与认知图景有关，或与隐喻有关；因此，其句法特点和语义特点之间虽然有一定联系，但并没有齐整的对应关系，这突出地表现在“下来$_{延续}$”前所能出现的词语上——既可以是动词（包括位移动词），也可以是形容词，甚至时段名词。

刘月华（1998）等指出，“动词/形容词＋下来”这种结构内部，有的能插入“得/不”变成“可能式”，如“干下来”可以变成“干得下来”或“干不下来”；有的则不能这样插入。根据我们的初步考察，这与“下来”的句法特点、语义特点都没有明显的对应关系。很可能是具体语境的制约和词语的个性特点造成的。制约这种变换的因素到底是什么？需要进一步研究。

“下来”和“下去”在认知图景方面有同有异（后者可参阅卢英顺 2002[①]），因而它们之间在句法和语义方面也有相同和不同之处。限于篇幅，本文对此不作比较。

（原载《宁夏大学学报》2006 年第 5 期，第 30—34 页）

① 卢英顺 2002 “下去”的句法、语义特点探析，载《语法研究和探索》（11），北京：商务印书馆。

“上来”句法、语义特点探析

提　要　本文先就“上来”的句法、语义特点进行描述，然后通过“上来”一词所激活的认知图景、结构隐喻和语法化就有关句法、语义现象作出自己的解释。从句法上看，“上来”作趋向补语时，位于其前的词语主要是动词，形容词出现在其前面的极少；与它同现的动词不必具有[趋上]语义特征，与它有关的名词性成分不限于是表示具体事物的。从语义上看，“上来”可以表示空间领域或非空间领域的“由下而上”“趋近”，还表示“成功”“出现”。

关键词　上来；趋向动词；认知；语义特征

0. 引　　言

趋向动词是汉语中比较有特色的一类词，有关这方面的论文也较多，不过，除概括论述趋向动词的论文外，专题研究论文主要集中在“起来、下来、下去”等少数几个趋向动词上。就“上来”来说，似乎没有专题研究论文，只有刘月华(1998)①、吕叔湘(2001)②对它的用法作了比较详细的描述，但对它的句法、语义特点之间的联系没有进行解释，抑或解释不够。

本文试图吸取认知语言学的一些研究方法就有关问题作一探讨。

1. “上来”的句法特点

从句法上看，“上来”可以单独充当谓语动词[例(1)]，或连动式[例(2)]、兼

---

① 刘月华主编 1998《趋向补语通释》，北京：北京语言文化大学出版社。

② 吕叔湘主编 2001《现代汉语八百词》(增订本)，北京：商务印书馆。

语式[例(3)]的一部分。例如:

A组

(1) 路过这,看亮着灯,就上来了。(王海鸰《牵手》)

(2) 陈佐千和宋妈也上来架着颂莲,毓如刚把药灌下去,颂莲就啐出来,啐了毓如一脸。(苏童《妻妾成群》)

(3) 索泓一再次招呼她上来。(从维熙《阴阳界》)

当然,像其他动词一样,"上来"也可以受副词等修饰。

与其他趋向动词一样,"上来"也常常用在其他动词的后面,充当补语。根据"V+上来"的不同特点,我们将有关句子分为下列几组。

B组

(4) 抱着碗,他手上感到暖和;热气升上来,碰到他的脸上,也很舒服。(老舍《四世同堂·偷生》)

(5) (尸身)已由那两位雇来的人捞了上来,放在河岸上——瑞丰可是真动了心。(老舍《四世同堂·偷生》)

(6) 你呆着不要动,我这就给你搬上来!(贾平凹《废都》)

B组句子的特点是,"上来"仍然保留着它单独使用时的特点;位于其前的动词有的具有[趋上]语义特征,如"升";有的不具有这一语义特征,如"搬",但整个的"V+上来"结构具有[趋上]特征。在上述句子中,"上来"指向的成分所表示的都是具体的事物。其实,相关的成分也可以是表示抽象事物的,如:

C组

(7) 你有那么彪正个好儿子,光景一两年就翻上来了。(路遥《人生》)

(8) 晚上下班回家,孩子的感冒似乎又加重了,鼻子囊囊的,一个劲咳嗽;摸摸头,烧也有点升上来。(刘震云《一地鸡毛》)

(9) 刘嫂就抱怨每斤饲料又长了一角,可奶价还是提不上来,这么大热的天,真不够进城跑一天的辛苦钱。(贾平凹《废都》)

能这样用的"上来"用例很少,不过不限于作补语的情况,它独立作谓语时也有这种用法,例如:

(10) 城里的大小领导干部都是从乡下奋斗了上来的,老西京户却几乎没人在哪个单位负个责儿的。(贾平凹《废都》)

D组

(11) 不知什么时候,余发又跟上来。(郁秀《花季雨季》)

(12) 此时恰好有两个小伙子超过王纯赶了上来，出现在后视镜里。(王海鸰《牵手》)

(13) 慧芳和小雨忙跑上来，把他搀扶到沙发上。(王朔《刘慧芳》)

D组句子的特点是，“上来”仍然保留着它单独使用时的特点；但位于其前的动词已经不具有[趋上]语义特征，整个结构也不着眼于[趋上]这一特征。

上述例子显示，从分布上看，出现在“上来”前面的都是动词，但动词没有[趋上]这一语义特征的限制；从与“上来”有语义指向关系的成分性质来看，这些成分既可以是具体的人或者事物，也可以是抽象的东西。

再看下面一组“上来”的用法：

E组

(14) 更迫切的是天已黑上来，他的腹中已开始咕噜咕噜的响，而没人给他作饭。(老舍《四世同堂·偷生》)

(15) 天气慢慢凉上来。(刘月华 1998 例)

E组中，出现在“上来”前面的词是形容词，而且很有限。在我们所搜集到的语料中只有“黑”这一例。刘月华(1998：124)也指出，能出现在这个位置上的形容词只限于“热、凉、黑”等少数几个与天气、天色等有关的词。这一现象表明，与“下来、下去”等比较起来，“上来”的虚化程度很低。

2. “上来”的语义特点

从历时的角度看，上述A组“上来”的用法是其典型用法。语义上，“上来”表示“位于较低处的某客体向位于较高处的某参照点位移”，立足点是说话者所在的较高处。这种语义特点可以分解为4个主要语义特征：[空间]、[位移]、[趋上]、[到达]。其实，上述例子已经显示，在共时平面上，“上来”的这些语义特征可以有不同程度的脱落。根据脱落的情况，“上来”的语义特点可概括为以下几个方面。

2.1 “上来”表示“由下而上”，记作“$上来_{趋上}$”

“$上来_{趋上}$”的典型语义特点是表示客体在空间领域的由下而上的位移，前面A、B两组的例子就属此类。再如：

(16) 他自己也拖着水淋淋的衣服爬上来，一屁股坐下，抓起一个西红

柿，狼吞虎咽吃了起来……（路遥《人生》）

例(16)中的“他”在水里，经过空间上的位移而来到了岸上。

“上来趋上”除了表示空间领域的由下而上的位移以外，还可以表示非空间领域的由下而上。如上述C组的例子，再如

(17) 你们交上来的日记大多数是为了应付老师，真话不说，假话连篇，不写还好。（郁秀《花季雨季》）

(18) 你们赶快拿个处理意见报上来。（刘月华例）

2.2 “上来”表示“在空间领域某客体向某一目标趋近”，记作“上来趋近”。上述D组的例子就属此类，再如：

(19) 很多人拥了上来，把我们拥在中间要打架。（王小波《黄金时代》）

(20) 待他在棺木上画龙画凤时，几个看尸的轿夫，一块围拢上来，看索泓一手中那支神笔，画出的龙飞凤舞。（从维熙《阴阳界》）

例(19、20)中的“拥、围拢”本身不具[趋上]语义特征，整个动补结构也不着眼于这一特征。不过出现在“上来趋近”前的动词自身往往含有“向某一目标趋近”的意义。

我们来看下面几个例子：

(21) 说着，回头用扇子去撵三奶奶道：“你别跟上来凑热闹呀！”（张爱玲《倾城之恋》）

(22) 吴荪甫又接上来将王和甫的话加以合理的解释。（茅盾《子夜》）

(23) 吴芝生还没回答，张素素早就抢上来问道：……（茅盾《子夜》）

刘月华(1998:122)认为，这种用法的“上来”表示“接触、附着以至固定”，并且指出，此类意义的“上来”很少用。我们的考察也证明了这一点，“接上来”用得较多，其余的就是上述“跟上来”和“抢上来”。不过，在对这种用法的“上来”的意义的归纳上，我们有不同的看法：即“上来”仍可看作是表示“趋近”。所不同的是，前述“上来趋近”用于实在的客体，如某个人或者某个地方，而例(21—23)中的“上来趋近”用于比较抽象的东西——人们正在说的话或者正在谈论的事情。

2.3 “上来”表示“成功”，记作“上来成功”。整个“V＋上来成功”表示“成功地实现某种行为”，其否定形式是“V＋不＋上来成功”，表示“不能成功地实现某种行为”。例如：

(24) 他把自己所有的唱片上的戏词与腔调都能唱上来。

(25) 他的胡搅蛮缠往往将对方顶得眼睛一翻一翻的，一句话也答不上

来。（梁晓声《尾巴》）

（26）他们也许写不上来“国家”两个字，可是他们都视死如归的为国家牺牲了性命！（老舍《四世同堂·偷生》）

例(24)就表示能成功地把这些戏词与腔调唱出来。在我们所搜集的语料中，“上来成功”用在否定结构中占绝对的多数，真正用在肯定结构中的只有上述例(24)，另有两例从形式上看是肯定式，但实际上还是否定的，只是否定词的插入位置不同而已，请看：

（27）野求好大半天没回答上来，尽管他是那么喜欢说话的人。（老舍《四世同堂·惶惑》）

（28）钟锐被噎得没说上来话，气得把晓雪带来的药摔到地上。（王海鸰《牵手》）

刘月华(1998:123)曾指出：“上来成功”“这一用法总是与能力相联系，所以可能式用得较多。可以结合的动词……几乎都与学习、模仿有关。”从我们所搜集的语料来看，“说不上来”出现的频率很高。

2.4 “上来”表示“出现”，记作“上来出现”。例如：

（29）四奶奶忍不住插嘴道：“哪儿的话，今儿的事，一上来挺好的，要不是我们自己窝儿里的人在里头捣乱，准有个七八成！”（张爱玲《倾城之恋》）

（30）晓冰的眼前模糊了，泪水又涌了上来。（王海鸰《牵手》）

（31）这么一哭，不能收住，又将长时间里没有泛上来的思子之情袭了心间，越发放声号啕。（贾平凹《废都》）

“上来出现”在例(29)中是单用，在例(30、31)中分别作动词“涌、泛”的补语，表示因这个动词所表示的行为而“出现”。跟“上来出现”同现的动词很有限，除例句中的两个以外，我们所搜集到的另外1例是“冒”。与“上来出现”同现频率最高的是“涌”。这些动词都具有[趋上]语义特征，但“上来”的“出现”义不是动词造成的，这一点可以从例(29)得到证明。

3. “上来”的认知图景与语义的关系

如上所述，“上来”在现代汉语共时平面可以表示不同的意义，现在的问题是，这些意义之间有没有什么内在的联系？如果有的话，又是怎样联系起来的？

要回答这些问题，首先要知道“上来”的认知图景。

“上来”的典型用法所反映的就是它的认知图景，即：位于较低处某一点(S)的某客体(O，不限于人)向位于较高处的某一参照目标(T，典型的是说话者所在地)作位移，到达这一目标，位移行为就结束。这一认知图景可图示如下

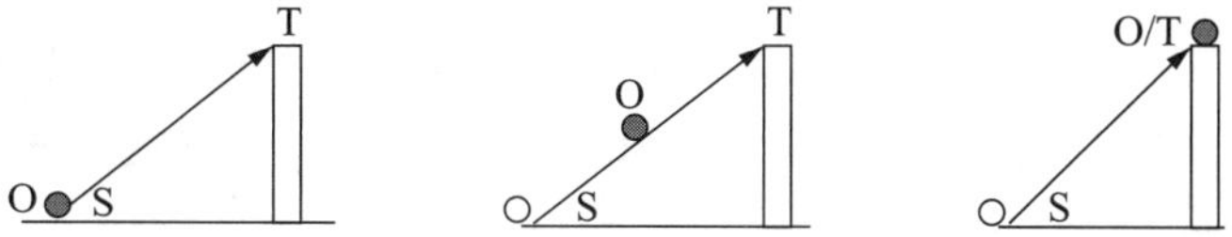

图 1　　图 2　　图 3

上图 1 表示客体 O 处于初始状态，图 2 表示客体 O 离开起始点 S 趋向目标的途中，图 3 表示客体 O 已经到达目标地 T。图 2、图 3 中的空心圆圈表示客体 O 的初始位置，实心圆圈表示客体 O 的当前位置。

“上来”的不同意义跟这认知图景有什么联系呢？似乎可以作这样的解释：当客体离开起始点向目标处作位移后，如果着眼于客体与它初始位置的关系，这客体的位置已经上升，整个过程都是趋上的；如果着眼于客体与目标之间的关系，不难看出，这一客体是不断逼近目标的，因而“上来”就有“趋近某一参照目标”的意义；当位移客体不断趋近目标时，客体就会在说话者的视野中出现，这样就有了“出现”的意义；当客体到达 T 位置时，客体在空间领域的位移已经成功完成，因而“上来”就获得了“成功”的意义。

由上可见，“上来”的多种意义的获得是以它的认知图景为基础的，这些意义是通过这一认知图景而相互联系起来的。“上来”的其他语义特点则与结构隐喻有关，参看下文。

正因为“上来”的语义与它在空间领域的认知图景有这样密切的关系，所以在有些句子中，特别是脱离了语境的句子中，“上来”的语义可以有不同的理解，例如：

(32) 炒肝端上来，小林老婆不好意思地看了小林一眼，就坐下吃起来。(刘震云《一地鸡毛》)

(33) 及至冠家的酒饭摆上来，他就更佩服了冠先生——冠先生并不瞎吹，而是真会享受。(老舍《四世同堂·惶惑》)

这两例中的“上来”，似乎既可以理解为“上来$_{\text{趋近}}$”，也可以理解为“上来$_{\text{出现}}$”，抑或兼而有之；因为这两者之间的关系太密切了。

4. 结构隐喻、语法化与“上来”的句法、语义特点

上文已指出，“上来”在句法上不仅可以用于空间领域，也可以用于非空间领域；“上来”前的动词既可以具有[趋上]特征，也可以不具有这一特征。在语义上，“上来”除了表示空间领域由下而上的位移以外，还可以表示非由下而上的位移，此外，它还可以用来表示非空间领域的由下而上。所有这些句法语义特点都可以从结构隐喻和语法化方面得到解释。试以下列例句加以说明：

(34) 刘嫂就抱怨每斤饲料又长了一角，可奶价还是提不上来，这么大热的天，真不够进城跑一天的辛苦钱。(贾平凹《废都》)

(35) 瑞丰的怒气冲上来，可是不敢发作。(老舍《四世同堂・偷生》)

这两例中的“上来”都用于非空间领域，因为“怒气”和“奶价”都是抽象的东西，它们根本不存在空间领域的位移问题；然而，这两例与有实际空间位移的句子之间又十分相似。就例(34)来看，奶的“目前价格”相当于空间位移中的起始点，奶的“期望价格”是个目标，这与空间领域的参照目标相对应，奶从目前价格到期望价格的提升对应于空间领域的位移。就例(35)而言，没有“怒气”，或者“怒气”没有表露出来的时候，这好像远离说话者的位移客体在初始状态时，在说话者的视野之外，“怒气”表露出来时，相当于位移客体进入了说话者视野之内，“怒气”从未表露到表露出来则相当于空间领域的“位移”。这两例表明，“上来”在非空间领域的用法与结构隐喻有关。

至于“上来”在空间领域的非[趋上]用法，可以看作是对典型用法的偏离，偏离意味着原有语义因素的脱落，当“上来”脱落了[趋上]语义特征以后，它就可以与不具[趋上]语义特征的动词同现。

由于结构隐喻等的作用，“上来”无论在空间领域内部，还是从空间领域用法转到非空间领域，其[位移]或[趋上]这些语义特征已经不同程度地脱落，伴随着这些特征的脱落，对客体的语义特征的要求、对“上来”前动词的语义特征的要求，也就越来越宽泛，不必是具体的名词，也不必是具有[位移]或[趋上]语义特征的动词。所以，“上来”才有上述这些用法。

5. 余　论

5.1　本文就“上来”的句法、语义特点进行了描述，从句法上看，“上来”作趋向补语时，位于其前的词语主要是动词，形容词出现在其前面的极少；与它同现的动词不必具有[趋上]语义特征，与它有关的名词性成分不限于是表示具体事物的，表示抽象的名词也可以在句子中出现。从语义上看，“上来”可以表示空间领域或非空间领域的“由下而上”“趋近”，还表示“成功”“出现”。本文还通过“上来”一词所激活的认知图景、结构隐喻和语法化就上述句法、语义现象作出了自己的解释。

5.2　前面还没有讨论“形容词＋上来”这种结构中“上来”的意义。刘月华(1998:124)认为是“表示进入新的状态”。我们觉得这种用法的“上来”还是看作表示“趋近”比较好，表示趋近其前形容词所表示的状态。试比较：

(36) 天气慢慢凉上来。

(37) ？天气已经凉上来。

太田辰夫(2003:202)①曾经指出：“上来”“用来辅助形容词，表示接近于这种状态的完成”。由上可见，这种表述似乎更确切。

5.3　下列句子也含有“上来”这一字串，但实际上“上”和“来”不是一个词。例如：

(38) 钱先生与儿子绝对不是肯压迫任何人的人，可是他们的金钱能力与生活的趣味使他们毫不注意到服装上来，于是家中的妇女也就只好深藏简出的不出去多暴露自己的缺陷。(老舍《四世同堂·惶惑》)

(39) 到最后，两个人的谈话必然的移转到养花草上来，而二人都可以滔滔不绝的说下去，也都感到难得的愉快。(老舍《四世同堂·惶惑》)

以例(38)为例，省去“到服装”，则“*注意上来”不能说，就是说，“上”是在“到服装上”这一个整体内，“上”相当于“方面”，因此，“注意到服装上来”也可以说成“注意到服装方面来”；可见，例(38)中的“上来”不是一个词。

但下面这个例子情况又有所不同：

---

①　太田辰夫[日]2003《中国语历史文法》(修订译本)，蒋绍愚、徐昌华译，北京：北京大学出版社。

(40) 黄亚萍听说高加林回来了，正准备去找他，想不到高加林已经找到她门上来了。(路遥《人生》)

例(40)中，省去"到她门"后，"找上来"是可以说的，其中的"上"也不能换成"方面"说成"* 找到她门方面来"，可见这句中的"上来"应该看成一个词。但从节律上看，不是"找到她门/上来"，而是"找到她门上/来"。对例(40)这类现象，我们的看法是，"上来"有个参照目标，这个参照目标("她的门")是通过"到"而明确的或者说是细化的。

5.4　"上来"和"上去"所激活的认知图景有相同之处，它们都可以表示某客体由较低处向较高处位移，因而都有"趋上"和"趋近某一目标"的意义；但它们在认知图景上又有不同的地方，即其立足点不同："上来"的立足点在较高的目标处，而"上去"的立足点在较低的起始处，这种差异在语义上也有所体现，"上来"有"出现"的意义，而"上去"则不可能有，这是由认知决定的；因为客体远离起始点时，它就会逐渐从观察者的视野淡出而消失。有时两者也可以互换，但给人的意象是不一样的，比较：

(41) 于观向她们招手，她们走了上来。(王朔《顽主》)

(42) 于观向她们招手，她们走了上去。

例(41)是从"于观"这个角度说的，例(42)是从"于观"之外的某个角度说的。正是这个缘故，当参照目标为第一人称的时候，两者之间就不能互换，比较：

(43) 我们向她们招手，她们走了上来。

(44) * 我们向她们招手，她们走了上去。

(45) 她们向我们走上来。

(46) * 她们向我们走上去。

限于篇幅，本文对此不作详细比较。

(原载陈昌来主编《现代汉语三维语法论》，
上海：学林出版社，2005 年，第 87—97 页)

“上去”句法、语义特点探析

提　要　句法上，“上去”可用作一般动词，但更多的是用作补语；位于其前的动词有的具有[趋上]语义特征，这是“上去”的典型用法。语义上，“上去”的典型特征是表示客体在空间领域由较低处向较高处某一目标位移，这一语义特点可以分解为[趋上]、[空间]、[位移]和[到达]。其他用法都是对典型用法不同方面和不同程度的偏离。

关键词　趋向动词；上去；认知图景；结构隐喻

0. 引　　言

与“起来”“下来”“下去”相比，语言学界对“上去”的研究比较少，专题讨论文章则更是寥若晨星。只是刘月华（1989①，1998②）、吕叔湘（2001）③对它的用法作了比较详细的列举，不过多停留在描写的层次，因而或有缺乏概括性之嫌，或不能涵盖复杂的语言现象。本文将重新审视“上去”的句法、语义特点，并试图从认知的角度探讨这些句法、语义特点之间的联系。

1. “上去”的句法特点

从句法上看，“上去”可以单独充当谓语动词，或连动式、兼语式的一部分。例如：

① 刘月华 1989 几组意义相关的趋向补语语义分析，载《汉语语法论集》，北京：现代出版社。

② 刘月华主编 1998《趋向补语通释》，北京：北京语言文化大学出版社。

③ 吕叔湘主编 2001《现代汉语八百词》（增订本），北京：商务印书馆。

A组

(1) 没意思,她怎么不跟王磊一块儿上台,倒和这家伙一块儿上去了呢?(白帆《寂寞的太太们》)

(2) 刚才我有意的让娘儿们自己商议商议,我说我上去瞧瞧六小姐就来。(张爱玲《倾城之恋》)

(3) 我送你上去!(王海鸰《牵手》)

和"下来"等一样,"上去"更多的是用在动词的后面,充当补语。位于其前的动词可以是具有[趋上]语义特征的动词,也可以是不具有这种语义特征的动词,不过,整个"V+上去"短语还是具有[趋上]这一语义特征的。例如:

B组

(4) 就在那个地方突然起了一个尖锐的响声,一股亮红的火光从黑暗里冒出来,升上去,升到半空,忽然散开来,发出许多股细的金丝,倒垂下来,依旧落在黑暗里。(巴金《家》)

(5) 每到跨沟越坎之处,她就找个树墩子,姿仪万方地站上去,让我扛她。(王小波《黄金时代》)

(6) 一阵风吹来,把晓雪的一绺发丝吹到前面,姜学成那么想为她拂上去,手心都出汗了,也没敢。(王海鸰《牵手》)

上述例子中,动词"升"本身就具有[趋上]语义特征,"站""拂"本身虽不具备这样的语义特征,但由它们构成的短语"站上去""拂上去"却具有[趋上]语义特征。可见,其[趋上]语义特征是由"上去"这一词获得的,"上去"前的动词只表示一种方式而已。这可以从例(5、6)两句中"上去"的语义指向得到验证:例(5)中指向"她",例(6)中指向"一绺发丝"。例(4)中,尽管"升"具有[趋上]语义特征,但"上去"的语义指向类似,指向"火光"。不难看出,B组中的"上去"在句法特点上与A组的并没有什么差别,只是在具体句子中所充当的句法成分不同而已。

现在来看看C组中"V"及"V+上去"的情况。

C组

(7) 刘嫂的男人上去按了,刘嫂却捂了脸向屋里跑去。(贾平凹《废都》)

(8) 颂莲刚要上去行礼,毓如手里的佛珠突然断了线,滚了一地,毓如推开红木靠椅下地捡佛珠,口中念念有词,罪过,罪过。(苏童《妻妾成群》)

(9) 我追上去:"我送你回去吧!"(戴厚英《人啊人》)

(10) 钟锐握着拳头向前迈了一步，晓雪无所畏惧地迎了上去，二人几乎脸贴脸地对峙着。（王海鸰《牵手》）

由上可见，C组中的“上去”，无论是作连动式的一部分[例(7、8)]，还是作补语[例(9、10)]都没有[趋上]这一语义特征，出现在“上去”前的动词也不具备这样的特征，因而整个短语“V+上去”就不具备[趋上]语义特征。

再看看D组中“V”及“V+上去”的情况如何：

D组

(11) 一个小时后，那位职员最后表示，研究生办是完全同情和理解他的；他们可以负责把他的情况反映上去，让上级再研究研究。（张承志《北方的河》）

(12) 公社党委正在千方百计，阻拦县委书记成行，为达到这一目的，公社要阴阳谷大队火速交上去一份材料，说明“真实情况”。（从维熙《阴阳界》）

(13) ……就正说反说，硬缠软磨，最后达成协议，给报社一万元，稿件总算排了上去。（贾平凹《废都》）

与前面几组比较起来，出现在B、C组“上去”前的动词，或者“V+上去”短语，无论它们是否具有[趋上]语义特征，它们都有一个共同点，即都存在着空间上的位移；而D组中的情况则不是这样。尽管如此，“上去”在动词后作补语是不会有异议的。

“上去”与“起来”“下去”“下来”相比，在句法功能上有所不同，这种不同体现在：能出现在“起来”等前面的词语，不仅仅是动词，也可以是形容词，甚至名词(参看吴洁敏1984[①]；卢英顺2000[②]，2001[③]等)。由此可以看出，“上去”的虚化程度还不高，下列例子除外：

(14) 杯里的残茶向一边倾过来，绿色的茶叶粘在玻璃上，横斜有致，迎着光，看上去像一棵翠生生的芭蕉。（张爱玲《倾城之恋》）

(15) 她对着镜子这一表演，那胡琴听上去便不是胡琴，而是笙箫琴瑟奏着幽沉的庙堂舞曲。（张爱玲《倾城之恋》）

像例(14)中的“上去”已经很虚，不过能与如此虚化的“上去”结合的动词似

---

① 吴洁敏 1984 谈谈非谓语动词“起来”，《语言教学与研究》第2期。

② 卢英顺 2000 现代汉语中的“延续体”，《安徽师范大学学报》第3期。

③ 卢英顺 2001 论趋向动词问题，《徐州师范大学学报》第1期。

乎只有“看”和“听”这么两个，与“看”近义的“望”后面的“上去”就没有虚化到这种地步，请比较：

(16) 她仰着脸望上去。(张爱玲《倾城之恋》)

比较之后，不难发现：例(16)中的“望”是“她”，例(14、15)中的“看”“听”不是“茶叶”“胡琴”，而是某个人。也许正因为如此，刘月华(1998)把“看上去”作为熟语看待，这样处理无疑是有道理的，在对外汉语教学上尤其必要。

2. “上去”的语义特点

从历时的角度看，上述A组“上去”的用法是其典型用法。语义上，“上去”表示“位于较低处的某客体向位于较高处的某参照点作位移”，它可以概括出四个明显的语义特征：[趋上]、[空间]、[位移]和[到达]。从共时平面上看，“上去”的语义特点不限于此，这些典型的语义特点可以有不同程度的脱落。根据“上去”语义上的是否典型以及所脱落的语义特征的情况，其语义特点可以概括为以下几个方面。

2.1 “上去”表示“由下而上”，记作“上去$_{趋上}$”。

“上去$_{趋上}$”的典型语义特点是表示空间领域的由下而上的位移，前面A、B两组的例子就属于此类。再如：

(17) 上车的人已经上了车，车门已关，她就使劲敲车门，大声叫喊；车门开了，便一个侧身冲挤上去。(贾平凹《废都》)

(18) 她看了琴一眼，伸手把右边垂下来的发鬓挑了上去。(巴金《家》)

例(17)体现了“上去”的典型用法：人在车外，通过空间上的趋上位移到达车里。例(18)有所不同：位移客体“发鬓”本身不能作位移，它需借助外在的力量，此其一；其二，客体所到达的目的地(参照点)隐含了，之所以隐含了这一成分，是因为这例中“目的地”不是要表达的重点。

“上去$_{趋上}$”除了表示空间领域的由下而上的位移以外，它还可以表示非空间领域的由下而上。在非空间领域，“上去$_{趋上}$”表示由较低部门向较高部门、由较低职位向较高职位等的“位移”。这种位移不是空间上的真正位移，虽然有时也确实伴随着空间上的位移，比如职位的由低而高，往往要换办公室，甚至换地方，但是这种用法的“上去$_{趋上}$”的着眼点不在空间。例如：

(19) 他具体接管这个案子,话也只能说到那个份上,不可能现在就对一方有明确表态,万一说出,对方反映上去。(贾平凹《废都》)

(20) 就是因为思想右倾,你一直升不上去。(戴厚英《人啊人》)

例(19、20)中"上去"的用法反映的是客体的非空间领域的位移。正因为如此,位移客体可以是抽象的,如例(20)中的"你"只能理解为"你的职位"什么的,不能理解为"你这个人本身"。

2.2 "上去"表示"在空间领域某客体向某一目标趋近",记作"上去$_{趋近}$"。上述C组例子就属此类。又如:

(21) 还是我追上去问她:"你为什么要躲避我?"(巴金《家》)

(22) 她猛地向晓雪扑了上去,"看我今天不撕烂了你这个不要脸的!"(王海鸰《牵手》)

"上去$_{趋近}$"也表示客体在空间领域向某一参照点作位移,这一参照点可以出现,如例(21)中的"她"、例(22)中的"晓雪";也可以不出现。客体在作空间领域位移的过程中,可以有[趋上]的特征,但这不是表达的重点所在。

从所搜集到的语料来看,出现在"上去$_{趋近}$"前面的动词很有限,主要是"追""迎""扑""跟"和"冲"等,这些动词本身都含有"向某一目标趋近"的意义,这容易让人提出这样的疑问:这些例子中"上去"的"向某一目标趋近"这一意义是它本身固有的,还是从其前面的动词获得的?或者说是整个"V+上去"短语的意义?从语言事实看,"上去"本身具有这一意义是无可怀疑的。我们可以看看"上去$_{趋近}$"前没出现动词的例子:

(23) 这时候卓云上去把他们拉开,佯笑着说,行了,就算他认错了人,我心中有个数就行了。(苏童《妻妾成群》)

(24) 周敏见她擦了眼泪,便上去抱了她亲,用手搔她的身子,一定要让她笑了才说明她是饶恕了他。(贾平凹《废都》)

2.3 "上去"表示"接触",这类"上去"记作"上去$_{接触}$"。随着具体语境的不同,"上去$_{接触}$"可以表示"接触""附着""叠加"等不同的具体意义。

首先,"上去$_{接触}$"可以表示在空间领域一个物体与另一物体的接触,例如:

(25) 陈佐千让侍者端来了蛋糕,然后他看见颂莲把小蜡烛一根一根地插上去,一共插了十九根,剩下一根她收回包里。(苏童《妻妾成群》)

(26) 王纯步子轻快地走着,脚下是浅驼色长毛地毯,踏上去柔软无声。(王海鸰《牵手》)

“上去$_{\text{接触}}$”，在例(25)中表示“蜡烛”通过“插”而与“蛋糕”接触；在例(26)中表示“脚”因“踏”而与“地毯”接触。这两例中，相接触的两个物体都出现了。

这一类中，客体虽然也有空间上的位移，但这不是表义重点所在。这类“上去$_{\text{接触}}$”的表义重点在于位移客体与参照点之间的关系，如例(25)中“小蜡烛”与“蛋糕”之间的关系，例(26)中“脚”与“地毯”的关系。

其次，“上去$_{\text{接触}}$”可以表示一物体附着在另一物体上，例如：

(27) 看着面目一新的大队队部，胡栓脸上绽开了笑容，再看那幅新贴上去的横标，胡栓已捺不住心中的欢快之情。(从维熙《阴阳界》)

(28) 这块牌子挂上去的时候，憾憾也在，她说，她一定告诉妈妈……(戴厚英《人啊人》)

(29) 他的颧骨真难看，像另外装上去的，周界太清楚了！(戴厚英《人啊人》)

例(27—29)中，“V＋上去$_{\text{接触}}$”表示通过行为V而使某物体附着到另一物体之上，这个被附着上去的物体可称之为“附着物”。与上述两例不同的是，这几例中只出现了附着物“横标”“牌子”和“颧骨”，与此相关的另一物体并没有出现；从位移的角度看，客体可以有空间上的真正位移，如例(27、28)，也可以只是感觉上的位移，如例(29)。

例(27—29)中的附着物都是很具体的物体，而且附着物在行为发生以前就业已存在。下面再看看附着物并不怎么具体，而且有时附着物在行为发生以前并不存在的例子：

(30) (阮知非)要雇车送大家夜里去逛大雁塔灯会，说大雁塔新设了一个专供游人题辞的墙壁，一是能看着世上那些有发表欲却没发表阵地的人的歪诗臭词而取乐，再是把他们的大名也题上去，镇一镇那寺里的一班蠢面和尚。(贾平凹《废都》)

(31) 修改好了，扯十多丈白纱，无论如何找到龚靖元，让他用墨直接写上去。(贾平凹《废都》)

(32) 有人说，笑和哭都能生出皱纹，女人的皱纹是男人给她刻上去的。(王海鸰《牵手》)

值得一提的是例(32)，其中的“皱纹”并不是真的通过“刻”这一行为而附着到“额头”或者“脸”上的，而是随着岁月的流逝而自然出现的。但是在认知上，人们认为笑和哭都能产生皱纹，使皱纹附着上去，同时，皱纹的沟沟坎坎，跟用刀雕刻的结果又很相似,故此例用上了动词“刻”。

再次,“上去$_{\text{接触}}$”可以表示叠加。例如:

(33)(电话)谁知才搁上去,又是铃声大作。(张爱玲《倾城之恋》)

(34)原料税,子口税,厘捐,一重一重加上去,就比外国原料还要贵了!(茅盾《子夜》)

(35)因为大哥有大哥的悲哀,觉慧也有觉慧的悲哀,我不能够再把我的悲哀给他们加上去。(巴金《家》)

例(33)表示具体事物的叠加,而例(34、35)则表示抽象事物的叠加,其中例(35)所叠加的事物比例(34)更抽象。

3. “上去”的认知图景与语义的关系

如上所述,“上去”在现代汉语共时平面可以表示不同的意义,现在的问题是,这些意义之间有没有什么内在的联系?如果有的话,又是怎样联系起来的?要回答这些问题,首先要知道“上去”的认知图景。

“上去”的典型用法所反映的就是它的认知图景,即:位于较低处某一点(S)的某客体(O,不限于人)向位于较高处的某一参照目标(T)作位移,到达这一目标,位移行为就结束。这一认知图景可图示如下:

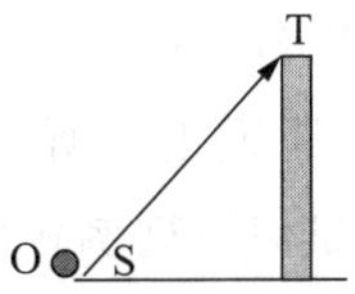

图 1

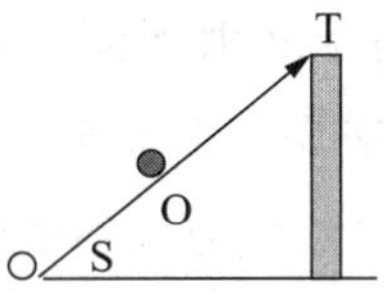

图 2

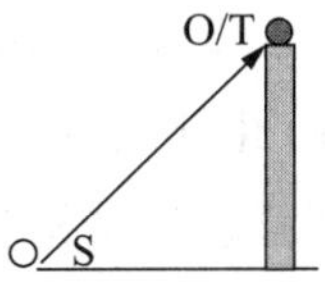

图 3

上图 1 表示客体 O 处于初始状态,图 2 表示客体 O 离开起始点 S 趋向目标的途中,图 3 表示客体 O 已经到达目标地 T。图 2、图 3 中的空心圆圈表示客体 O 的初始位置,实心圆圈表示客体 O 的当前位置。

“上去”的不同意义跟这认知图景有什么联系呢?似乎可以作这样的解释:当客体离开起始点向目标处作位移后,如果着眼于客体与它初始位置的关系,这客体的位置已经上升,整个过程都是趋上的;如果着眼于客体与目标之间的关系，不难看出，这一客体是不断逼近目标的，因而“上去”就有“趋近某一参照目标”的意义；在客体到达 T 位置后，客体在空间领域实际上是接触到了 T 所在的位置，这样，当我们着眼于客体与目标 T 的所在地的关系时，“上去”就获得了“接触”的意义。

由上可见，“上去”的多种意义的获得是以它的认知图景为基础的，这些意义是通过这一认知图景而相互联系起来的。“上去”的其他语义特点则与结构隐喻有关，参看下节。

正因为“上去”的语义与它在空间领域的认知图景有这样密切的关系，所以在有些句子中，特别是脱离了语境的句子中，“上去”的语义可以有不同的理解，例如：

(36) 快上去呀！（茅盾《子夜》）

(37) 他暴怒地扑上去，用拳头砸那扇窗子。（张承志《北方的河》）

这两例中的“上去”，离开了上下文我们难以确定它是“上去$_{趋上}$”还是“上去$_{趋近}$”，抑或兼而有之。

4. 结构隐喻、语法化与“上去”的句法、语义特点

上文我们已指出，“上去”在句法上不仅可以用于空间领域，也可以用于非空间领域；“上去”前的动词既可以具有[趋上]特征，也可以不具有这一特征。在语义上，“上去”除了表示空间领域由下而上的位移以外，还可以表示非由下而上的位移，此外，它还可以用来表示非空间领域的由下而上。所有这些句法语义特点都可以从结构隐喻和语法化方面得到解释。试以下列例句加以说明：

(38) 在车站上陈清扬说，这篇材料交上去，团长拿起来就看。（王小波《黄金时代》）

(39) 丁秘书激动万分地跑来告诉马扬：“恒发的张大康把价抬上去了。二百零五万。”（陆天明《省委书记》）

(40) 觉慧连忙把身子挨近窗户，抬起眼睛望上去，小声唤了两三次“琴姐”。（巴金《家》）

(41) 小林老婆也上去说，谁反映的这事，就证明谁偷水，不然他怎么会知道偷水的方法，这不是贼喊捉贼是什么？（刘震云《一地鸡毛》）

与上述“上去”的认知图景对照一下就不难看出，例(38)中的“这篇材料”、例(39)中的“价”对应于作位移的客体O，这两例中的“团部”“二百零五万”对应于图景中的目标T，在这里，对应于图景中的起始点S的成分都没有出现。例(40)稍有不同，对应于位移客体的不是“眼睛”本身，而是跟眼睛相关的“视线”，其起始点就是水平状态下的视线，视线作了由水平而上的移动，对应的目标成分则没有出现。不管是哪种情况，“上去”在非空间领域的认知结构都可以概括为“客体(具体或抽象)的由下(起始点)而上(目标)”。这种认知结构与“上去”的空间位移图景是极其相似的。例(41)中，“上去”虽然用于空间领域的位移，但位移客体“小林老婆”的位移时的起始点和目标成分都隐含了，没有出现。这是对“上去”典型认知图景的另一种偏离。

由于结构隐喻等的作用，“上去”无论在空间领域内部，还是从空间领域用法转到非空间领域，其[位移]或[趋上]这些语义特征已经不同程度地脱落，伴随着这些特征的脱落，对客体的语义特征的要求、对“上去”前动词的语义特征的要求，也就越来越宽泛，不必是具体的名词，也不必是具有[位移]或[趋上]语义特征的动词。所以，“上去”才有上述这些用法。

前面已经指出，“看上去”被处理为熟语。但这熟语的意义并不像有的熟语那样不可解释，它的意义似乎也可以从认知的角度进行解释。请看下例：

(42) 看上去，这女孩子只有六七岁。(张承志《黑骏马》)

(43) 中岛摆摆手，看上去好像完全无所谓。(王海鸰《牵手》)

(44) 楼下门前停着一辆黑色的韩国“大宇”车，里面坐着正中电脑公司的总经理方向平，他看上去精明强干，正用手机跟钟锐通话。(王海鸰《牵手》)

从这些例子不难看出，发出“看”这一行为的不是“这女孩子”“中岛”和“他”，而是其他的人，可见这里的“上去”虚化得十分厉害，正因为如此，“看上去”可以位于句首，如例(42)。从认知上看，人们在看某客体的时候，视线与目标的接触是一刹那的事，再加上这种情况下并没有真正的位移，这样人们完全可以把“看”的对象看作对应于空间领域的位移客体，而把真正“看”的人当成了目标，因而产生了上述这种现象。非常有意思的是，这刚好与视觉原理相吻合。“听上去”与此类似。“望上去”之所以没有获得相同的用法，倒不一定是因为它本身不具备获得此用法的基础，而很有可能是“看上去”领先了一步，抑制了它朝这方面发展。

5. 余　　论

5.1　本文首先就“上去”的句法、语义特点进行了描述，然后从“上去”的空间位移图景、结构隐喻和语法化等角度就有关问题作了尝试性的解释。对“上去”的讨论虽寥寥，但有的描写得非常细致。描写细致固然有可取的一面，不过有时难免让人有烦琐之感；而且，由于“上去”的结构隐喻的用法，很多地方我们难以一一列举，其实也不必这样，看到“上去”（不只是“上去”）的这种用法，就能以简驭繁，这在对外汉语教学中也可借鉴。

5.2　下列句子如何分析，笔者不能十分肯定：

(45)（唐宛儿）就站到一个凳子上去摘葡萄，藤蔓还高，一条腿便翘起，一条腿努力了脚尖……（《废都》）

这例中的“上去”是一个词还是分开的两个词（“上”和“去”）？如果把它看作一个词，那么从句法上看，“站到一个凳子”说不通，而且在节律上应该是“站到一个凳子上V去”，而不是“站到一个凳子V上去”；不过如果没有“到一个凳子”，“站上去”则可以说，这时的“上去”看作一个词是不会有异议的。如果把上述例子改成下列这样，“站到一个凳子上”的原义没变，把“上去”看作一个词也没什么问题：

(46) 葡萄太高，够不着，正好旁边有个凳子，唐宛儿就站上去摘。

比较一下就不难发现，单独的“站上去”所表示的语义不够具体，因为，到底站在什么地方，我们并不清楚；如果加上“到一个凳子”说成“站到一个凳子上去”就会使语义具体化，“到”在这里的作用是引进一个目标。因此，笔者倾向于把例(45)中的“上去”看作一个词。

5.3　“上去”的认知图景与“上来”“上”的认知图景既有相同的一面，也有不同的一面，因而在语义上表现为，有时可以相互替换而不改变句子的基本语义，虽然有时这样替换以后会给人以不同的意象，例如：

(47) 然后很多人拥了上来，把他们拥在中间要打架。

这句中的“上来”也是表示“趋近”，可以换成“上去”，但给听话人的意象并不相同。有时可能就不能做类似的替换，如“看上去”就不能换说成“看上来”。如此等等，限于篇幅，不能做详细比较。

（原载《安徽师范大学学报》2006年第4期，第478—483页）

“进”类趋向动词的句法、语义特点探析

提　要　本文首先对“进”类趋向动词的句法、语义特点进行了考察，句法上，“进”类趋向动词虽然多跟在动词之后作补语，但仍保留动词的特点；语义上，“进”和“进去”衍生了“凹陷”义而“进来”没有。进而结合相关的认知图景就有关现象进行了解释。结果进一步证明，语言中的语义成分和句法成分跟相关的认知图景有很大的关系。

关键词　进；进来；进去；趋向动词；认知图景

0. 引　　言

“进”类趋向动词包括“进”“进来”和“进去”。与其他趋向动词相比，学术界对这类趋向动词没有什么专门研究，据笔者所见，只有刘月华(1998)①的有关章节、吕叔湘(2001)②的有关词条对它们进行了比较详细的描写。刘月华(1998：203—216)对能出现在这类趋向动词之前的动词进行了列举，如“表示躯体或物体自身运动的动词”等；并对它们各自的语法意义进行了概括：三者都可以表示“趋向”意义，其中“进”和“进去”还可以表示“凹陷”意义。但作者并没有对“进”类趋向动词的这些句法、语义特点进行解释，也没有解释“进来”为什么没有发展为“凹陷”意义。

本文在已有研究成果的基础上，对“进”类趋向动词的句法、语义特点重新进行梳理，进而结合相关的认知图景对这些特点进行认知上的解释。为了行文的方便，下面我们先考察“进”的句法、语义特点，然后再比较它与“进来”“进去”

---

① 刘月华主编 1998《趋向补语通释》，北京：北京语言文化大学出版社。

② 吕叔湘主编 2001《现代汉语八百词》(增订本)，北京：商务印书馆。

的异同。

1. 趋向动词“进”的句法特点

1.1 “进”可以单独用作谓语动词，例如：

(1) 她的英国人进了集中营，她现在住在一个熟识的，常常为她当点小差的印度巡捕家里。(张爱玲《倾城之恋》)

(2) 九年了，那匹刚进五岁的、宽胸细腰的黑马，真的成了夺标常胜的钢嘎·哈拉；而你呢？(张承志《黑骏马》)

(3) 陈清扬说，那一回她躺在冷雨里，忽然觉得每一个毛孔都进了冷雨。(王小波《黄金时代》)

这三例中，“进”虽然都作谓语动词，都有主语和宾语，但具体情况并不一样：例(1)中的主语是有生命的“她的英国人”，施事，宾语“集中营”表示处所，这是“进”比较典型的用法；例(2)中的主语“那匹(黑马)”虽然也是有生命的，但“进”的行为不是主语自身所能控制的，宾语“五岁”也与处所无关；例(3)中的主语是无生命的“每一个毛孔”，宾语“冷雨”也不表示处所，它实际上是“进”的客体，这点与例(1、2)的宾语都不同。

1.2 “V＋进”结构

“进”虽然可以单独用作谓语动词，但它更多的情况下是跟在其他动词之后，构成“V＋进”结构，这点和其他趋向动词一样。能出现在 V 位置上动词的特点也不尽相同，例如：

(4) 她看见他走进炫目的毒热的阳光里，又走进一片丛生的杨柳树林，然后消失了。(张承志《北方的河》)

(5) 她就这样被人驾驶着看到了一切，一切都流进她心里。(王小波《黄金时代》)

(6) 她并没有哇地哭出来，更没有一下子扑进我的怀里。(张承志《黑骏马》)

(7) 等他接过找回的九块以后，立即飞也似的把车一拐，骑进了科学院图书馆。(张承志《北方的河》)

(8) 开始他还听见桌上闹钟在嘀嗒地响，后来那嘀嗒声溶进了一片潮

水般的风声中。(张承志《北方的河》)

从上述例子可以看出,例(4)中的"走"、例(5)中的"流"都具有明显的位移性;例(6)中的"扑"也蕴含着位移性。例(7)中的"骑"本身并不具有位移性,但在这一句中是指"骑自行车",因而实际上也具有了位移性。例(8)中的"溶"则没有明显的[位移]特征,不过由"溶"想到的"扩散性"仍可看作"位移"。可见,能出现在V位置上的动词并不限于位移类动词,但都直接或间接地与位移有关。

从与"V+进"所搭配的名词性成分来看,"V+进"的主语一般为有生命的、本身能位移的客体,但也不尽然,如例(5、8)中的"一切(所看到的东西)""嘀嗒声"。不过,声音虽然不具[生命]特征,在一切所看到的东西中,有的也不具[生命]特征;但声音可以通过空气来传播,所看到的东西进入了她的视线,所以也应该看作具有位移性,只不过这种位移是无法看到的。"V+进"的宾语一般是表示处所的词语,它们或为处所名词,或为方位短语;有时也可以是非处所词语,如:

(9) 他的眼睛里飞进了一只虫。

宾语位置上的这种非处所词语并不是任意的,它受认知图景的制约(参后)。

从V和"进"之间的关系来看,虽然在句法上V是结构的中心,"进"是补语,但在语义上,"进"起着更重要的作用。"进"是趋向动词,具有[位移]特征。客体在位移时会通过一定的方式,"V+进"结构中的V就表示"进"的方式。

上述例句有个共同的特点,就是客体本身具有位移性。再看下面的例子:

(10) 第一天全家三口坐在饭桌前时,母亲有些莽撞地忽然把一条鸡腿夹进他的碗里。(张承志《北方的河》)

(11) 上岸时我已经冻僵了,那些牧人把整瓶的烈酒灌进我的肚子里。(张承志《北方的河》)

(12) 索米娅还是在那时立刻把热腾腾,香喷喷的奶茶斟进我手中的碗里。(张承志《黑骏马》)

这些例子与上述例子的不同点在于:其中的客体自身不能位移到某一处所,它必须借助外在的力量才能位移,客体通过主体的行为而发生位移;因而这类句子具有"使动性"。比如例(10)中的"鸡腿"自身不能"位移"到"他的碗里",我们在感知上也不存在这种位移,"鸡腿""进他的碗里"是"夹"的结果。

2. “进”和“V＋进”的语义

“进”和“V＋进”的语义可以从两方面去探讨，一是它们所表示的意义，二是它们所涉及的语义成分。

2.1 “进”和“V＋进”的语义

“进”的原型意义是“表示某客体从某容器外向该容器内的位移”，该容器可以是很典型的，如“屋子”那样的建筑物，也可以是不太典型的，如“山”、“森林”等：

(13) 他什么也没说，直到进了监狱。（王小波《黄金时代》）

(14) 我告诉她路，还画了一张示意图，自己进山去了。（王小波《黄金时代》）

而“V＋进”则表示“主体通过某种方式使客体从某容器外向容器内作位移”，当这个位移客体是有生命的时候，它可能和主体合二为一。例如：

(15) 她挤完奶，又把豆饼掰成小块，放进木食槽里，挨个地牵过乳牛和牛犊。（张承志《黑骏马》）

(16) 当我的长调和全部音乐那久久不散的余音终于悄然逝尽的一霎间，我滚鞍下马，猛地把身体扑进青青的茂密草丛之中。（张承志《黑骏马》）

(17) 小姑娘跑进旁边的小屋，很快抱来一块白条毡。（张承志《黑骏马》）

其中，例(15)中的主体“她”和客体“豆饼”是分离的；而例(16、17)中的主体和客体是合为一体的，不过两者也有细微的差别：前者的客体“身体”本身不具位移能力，它的位移必须借助“我”的力量，后者的“小姑娘”是主体和客体真正的合二为一。

“进”和“V＋进”除了上述意义外，还可以表示“凹陷”的意义，例如：

(18) 桌子中间凹进一块，很不美观。（刘月华 1998 例）

“进”的这种用法极少，在我们所搜集到的语料中没有发现一例，刘月华(1998)这个例子好像是自造的。

2.2 “进”和“V＋进”所涉及的语义成分

“进”所涉及的语义成分有三个：位移主体、主体位移后所处的容器（一般是

表示处所的词语)和位移路径。例如:

(19) 那一回我从医院回来,从她那里经过进了山。(王小波《黄金时代》)

上例中的"我"是位移主体,"山"是容器,"从她那里"表示位移路径上的一个点。当然,这三个语义成分并不需要同时出现,实际上,从所搜集的语料来看,位移路径这一成分一般不出现。这是因为人们所关注的对象一般是位移的主体和容器。

"V+进"结构所涉及的语义成分有四个:实施位移行为的主体、位移客体、客体位移后所处的容器和位移路径。例如:

(20) 他把信从门缝塞进房间里。

(21) 他推开窗子,让清凉的夜风吹进小屋。(张承志《北方的河》)

例(20)中,"他"是主体,"信"是客体,"房间"是容器,"门缝"是路径。实际上,这四个语义成分也不是非要都出现,路径往往不出现;例(21)中只出现了主体"他"、客体"清凉的夜风"和容器"小屋","窗子"虽然是路径,但在这句中不是以路径身份出现的。

3. 从认知角度看"进"和"V+进"的句法、语义特点

"进"和"V+进"的上述句法、语义特点,可以从认知的角度得到比较合理的解释。

3.1 认知图景与"进"的句法、语义特点

"进"的认知图景可以这样表述:某客体从容器外的某处向容器内作位移,这客体一般是像人这样可以自身移动的,不需要借助外在的力量;既是位移,就存在一个位移路径。可简单图示如下:

图 1

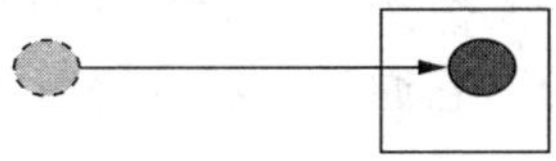

图 2

图 1 表示客体在位移过程中,图 2 表示客体已经位移到容器内。

这一认知图景涉及三个重要的要素:位移客体、位移路径和容器。这三个

要素表现在语言上就是三个不同的语义成分，这三个不同的语义成分映射到句法结构之后表现为主语、宾语或者状语。一般说来，位移客体映射为主语，容器成分映射为宾语，路径成分映射为状语。不过，两者之间没有简单的对应关系，就是说，位移客体除可以作主语外，还可以作宾语；容器成分除可以作宾语外，还可以作主语。前一种映射似乎存在着自然的关联，例句也比较常见。后一种映射情况，语料中罕见，上述例(3)属此类。为方便阅读，现转述如下：

(22) 陈清扬说，那一回她躺在冷雨里，忽然觉得每一个毛孔都进了冷雨。(王小波《黄金时代》)

例(22)中的“每一个毛孔”是容器成分，在句子中作主语，“冷雨”是位移客体，在句子中作宾语。

至于“进”的“凹陷”义，也可以通过认知图景得到解释：当位移客体不是从正常的路径进入容器时，它就可能对容器的外壁形成一种挤压力，致使容器外壁的某一部分凹陷下去，可图示如下：

图 3

在图 3 这种情况下，由于位移客体没有真正进入容器里面，所以相关的要素不必是容器类，也可以是平面类，如桌子的表面。

3.2 认知图景与“V＋进”的句法、语义特点

“V＋进”的认知图景与“进”的认知图景比较起来，多了一个主体要素，这个主体要素通过 V 的行为使客体位移到容器内。表现在语言上，这个主体要素就是施事成分，它出现时，在句法上一般映射为主语。主体与位移客体有时合而为一，有时则是分离的。前者如上述例(16)，后者如：

(23) 人家只好把这个东西放进了我们的档案袋。(王小波《黄金时代》)

例(23)中的“人家”是主体、施事，作主语；“档案袋”是容器；真正的位移客体是“这个东西”，它通过“放”这一行为“进”了档案袋。

在“V＋进”结构中，其他要素也可以映射为主语，如：

(24) 门掩上了，堂屋里暗着，门的上端的玻璃格子里透进两方黄色的灯光，落在青砖地上。(张爱玲《倾城之恋》)

例(24)中，“门的上端的玻璃格子里”是路径成分，在句子中作主语，“黄色

的灯光”是位移客体，在句子中作宾语。前面所说的“V＋进”的宾语有时可以是非处所词语，指的就是这种情况，它必须是位移的客体。“进”单独作谓语动词时也如此。

“V＋进”结构，当行为主体和位移客体同时出现时，把字句的使用占绝对的多数，这可能与把字句主要表示位移这一功能有关(张旺熹，2001①)。偶尔也有用非把字句来表示这种位移的，如：

(25) 我带进山两件，一件是我的，一件是从别人门口顺手拿来的。(王小波《黄金时代》)

就例(25)来看，这显然与话语的自然衔接有关：上一句句末是“两件”，接下来是“一件……一件……”，前后句的衔接非常自然。如果把前一句改成“我把两件带进山”，话语衔接的自然度就低了。

如果施事主体不出现，位移客体映射为主语时，则不用把字句：

(26) 像这样的事倒可以写进交待材料，可是我怕人家看出我在受审查期间继续犯错误，给我罪加一等。(王小波《黄金时代》)

有时，容器成分不出现，这时位移客体可以直接作宾语，也不用把字句，如：

(27) 他们来不及整顿房屋，先去张罗吃的，费了许多事，用高价买进一袋米。(张爱玲《倾城之恋》)

4. “V＋进来/进去”句法、语义特点

“V＋进来/进去”的句法、语义特点，其实也与相关的认知图景②有关。

4.1 “V＋进来/进去”的认知图景

“V＋进来/进去”的认知图景跟“V＋进”的认知图景十分相似，所不同的是，在“V＋进”认知图景中，没有明确的参照点，即参照点与容器的空间关系不明确，具体地说，参照点可能处于有关容器中(典型情况)或者在该容器附近，也可能位于容器外较远的地方。而在“V＋进来/进去”认知图景中，则有明确的参照点：“V＋进来”的参照点在容器内或者容器附近；“V＋进去”的参照点在容器

① 张旺熹 2001 “把”字句的位移图式，《语言教学与研究》第3期。

② 有关认知图景方面的内容，参阅：卢英顺 2005 认知图景与句法、语义成分，《复旦学报》第3期。

外较远的地方。这种认知图景上的异同，导致了“V＋进来/进去”在句法、语义方面与“V＋进”有相同的一面，也有不同的一面；就是“V＋进来”与“V＋进去”之间也有相异之处。

4.2 “V＋进来/进去”句法、语义特点

“V＋进来/进去”在语义成分上也包括：行为主体、位移客体、位移路径和客体所进入的容器，V 表示位移的方式。从所搜集到的语料来看，更多情况下，行为主体与位移客体是合而为一的，位移路径也经常不出现。例如：

(28) 他以为案情严重，我会被枪毙掉，把一盒烟从窗里扔进来，说道：二哥，哥们儿一点意思，然后哭了。（王小波《黄金时代》）

(29) 她知道沿着一条路走进山去，就会找到我。（王小波《黄金时代》）

上述例(28)中，“他”是行为主体，“一盒烟”是位移客体，“从窗里”表示的是位移路径，容器就是“我”被关押的地方，这一成分在这里没有映射出来。例(29)中，行为主体和位移客体合而为一，都是“她”，“沿着一条路”表示的是路径，“山”就是容器成分，不过这一容器不够典型。这例中，参照点是在山外的某个地方。

类似的例子如下，只是客体作“位移”时不是从一个地点到另一个地点的真正移动，即客体并没有离开原来的位置，如例(30)中的“月光”和例(31)中的“大雾”；或者，位移路径没有映射出来，如例(32、33)：

(30) 陈清扬坐在竹床上，月光从门里照进来，照在她身上。（王小波《黄金时代》）

(31) 天明时我睡着了，她又把我叫起来，那时节大雾正从墙缝里流进来。（王小波《黄金时代》）

(32) 人人都关在他们自己的小世界里，她撞破了头也撞不进去。（张爱玲《倾城之恋》）

(33) 我把手伸进去，有很优美的浑圆的感觉。（王小波《黄金时代》）

4.3 “V＋进来”和“V＋进去”之间的差异

如上所述，“V＋进来”和“V＋进去”在认知图景方面有相同之处。这种相同之处不仅表现在句法、语义成分的对应上，如上例所示，也表现在“进来”和“进去”使用的可互换性上。例如上例(30)中的“进来”就可以用“进去”替换，例(34)中的“进来”也可以用“进去”替换，只是替换以后参照点发生了变化。试比较：

(30′) 陈清扬坐在竹床上，月光从门里照**进去**，照在她身上。

(34a) 这儿是党委书记的办公室啊——门也不敲就闯**进来**？（张承志

《北方的河》）

（34b）这儿是党委书记的办公室啊——门也不敲就闯**进去**？

但是，由于“进来”和“进去”存在着参照点方面的不同，因而在特定的句子中，有些情况下，两者的使用就不能互换，例如：

（32′）* 人人都关在他们自己的小世界里，她撞破了头也撞不**进来**。

（28′）* 他以为案情严重，我会被枪毙掉，把一盒烟从窗里扔**进去**。

例（32′）中，由于使用了“他们”，参照点就必然在“他们”之外，所以用“进来”句子就不能接受。在例（28′）中，是以“我”为参照点来观察的，而“我”又处于容器里面，所以这种情况下，趋向动词不能用“进去”。这两例如果作适当的调整，使相对的参照点成为可能，句子就能接受：

（32″）我们都关在自己的小世界里，她撞破了头也撞不**进来**。

（28″）张明以为案情严重，他会被枪毙掉，把一盒烟从窗里扔进去。

上述例子中，“进来”和“进去”之间的不能互换，是因为受上文的影响，参照点无法改变。可见，观察事件时参照点在“进来、进去”的使用上起着制约作用。这种制约也可以通过现实情景体现出来。请看下图4：

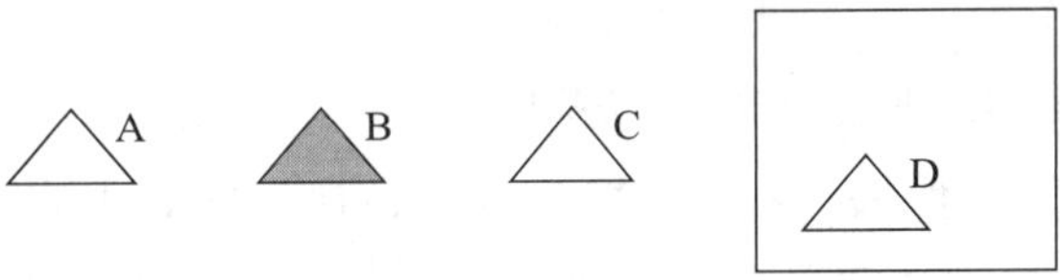

图 4

假如有两个人在B点谈话，说话人要他们进屋里谈，如果说话人处于D点，只能用“进来”，如例（35）；如果说话人处于A点，则只能用“进去”，如例（36）；如果说话人在C点，则既可以用“进来”，又可以用“进去”，如例（37）。

（35）你们进来/* 进去谈吧。

（36）你们进去/* 进来谈吧。

（37）你们进来/进去谈吧。

上述现象表明，趋向动词“进来、进去”的使用不仅受参照点的制约，也受位移目标（即容器）的制约。这与它们的构成要素有关：“进”“来/去”。“来”“去”的使用，前者是向参照点趋近，后者是偏离参照点。（参阅卢英顺，2000①）在D

① 卢英顺 2000 现代汉语中的“延续体”，《安徽师范大学学报》第3期。

种情况下，参照点和位移目标融为一体，所以用“进来”就很正常；A 种情况下，参照点和位移目标分离，而且位于位移客体的两边，这时只能用“进去”；C 种情况下，参照点和位移目标也是分离的，但它们所处的位置与客体位移方向一致，这时，既可以用“进来”，也可以用“进去”。用“进来”时，参照点选在容器的内部；用“进去”时，参照点选在容器外附近的某个地方。可见，参照点的选择是有一定主观性的。既然如此，那么，为什么在 A 种情况下不可以选择容器的位置作参照点呢？可能与语言运作的邻近性原则有关。（卢英顺，2004①）由此似乎可以得出这样的结论：对趋向动词“进来、进去”的选择，如果参照点方向与位移目标方向两者发生矛盾时，参照点的制约优先。

在观察位移事件时，对参照点的选择虽然说具有主观性，但也不是随心所欲的；有时会受到人们对现实经验认知的制约。例如：

（38）她讲了很多，但我没有听进去，也不愿听进去。（张承志《黑骏马》）

这例中的“进去”就不能换用“进来”，因为我们很难设想人会处在“话”里观察事件。

由于同样原因，我们可以比较合理地解释：为什么“进去”可以发展成“凹陷”义而“进来”不能？

4.4 “V＋进来/进去”和“V＋进”比较

如上所述，“V＋进来/进去”与“V＋进”在认知图景上有相同的一面，即认知图景所包含的要素相同；但也有不同的一面，即前者有一个明确的位移参照点，而后者没有。因此，从语义成分上看，它们所包含的语义成分相同；从分布上来看，“V＋进”由于没有主观参照点的限制，所以原则上讲，其分布范围是“V＋进来”和“V＋进去”分布范围之和。因而抽象地说，前者可以用后者中的一种替换。但实际情况并非如此，有的可以用后者替换，有的不能用后者替换。例如：

（39）不远的湟水河滩上，他看见高老汉独自在烈日下站着，他走过去给老汉道谢时，看见一弯哗哗的渠水正被老汉用铁锹引导着，淌进一片小青杨林。（张承志《北方的河》）

（40）三个小伙子推开门，吵吵嚷嚷地走进了小屋。（张承志《北方的河》）

---

① 卢英顺 2004 语言理解中的邻近性原则，《安徽师范大学学报》第 4 期。

(41) 那是你第一次坐火车，第一次投进一条汹涌的河。（张承志《北方的河》）

其中，例(39、40)中的“进”可以用“进来/进去”替换，而例(41)中的“进”则不能作这样的替换。试比较：

(39′) ……一弯哗哗的渠水正被老汉用铁锹引导着，淌进一片小青杨林去。

(40′) 三个小伙子推开门，吵吵嚷嚷地走进小屋来/去。

(41′) * 那是你第一次坐火车，第一次投进一条汹涌的河来/去。

“V＋进”不能用“V＋进来/进去”替换的条件可能比较复杂，限于篇幅，这里不作详细的探讨。有一点可以肯定，“V＋进”有时受参照点的制约，不能用“V＋进来”替换，不能替换的条件及原因可参看“V＋进去”有关说明。

至于“V＋进来”和“V＋进去”用“V＋进”的替换情况，也不单纯，有时可以替换，有时则不宜替换。例如：

(42) 陈清扬坐在竹床上，月光从门里照进来，照在她身上。（王小波《黄金时代》）

(43) 我走进去时，屋子里暗了一下，因为是草顶土坯房，大多数光从门口进来。（王小波《黄金时代》）

(44) 我的情况比较复杂——您让我进去，跟他们研究生办公室的同志谈谈好吗？（张承志《北方的河》）

例(42)中的“进来”、例(43)中的“进去”可以用“进”替换，但例(43)中的“进来”、例(44)中的“进去”就不宜用“进”替换。

5. 结　束　语

本文首先对“进”类趋向动词的句法、语义特点进行了考察，进而结合相关的认知图景就相关现象进行了解释。结果进一步证明，语言中的语义成分和句法成分跟相关的认知图景有很大的关系（卢英顺，2005①）。前面例(2)中所说的“(马)刚进五岁”是在认知图景基础上的一个隐喻用法，从空间域映射到时间

① 卢英顺 2005 认知图景与句法、语义成分，《复旦学报》第 3 期。

域，时间上的某个点对应于空间领域的某个处所。

“进”类趋向动词跟“起来、下来、下去”等相比，无论在句法分布上还是语义发展上都简单得多。这种现象表明，“进”类趋向动词没怎么虚化。其中原因有待进一步探讨。

（原载《语言教学与研究》2007 年第 1 期，第 52—59 页）

“回”类趋向动词的句法、语义特点探析

提　要　本文探讨“回”类趋向动词的句法和语义特点。在描写的基础上，试图作出认知等方面的解释。句法上，它们具有一般动词的特点，此外还可以跟在其他动词后构成“V＋回类”结构。它们单独作谓语动词时，后面所带的成分主要是处所词语，非处所词语只限几个名词；而在“V＋回类”结构中能出现的非处所词语很多，这跟构式有关。在语义上，除用于空间领域外，还可以用于时间领域和状态领域，但内部并不平衡。

关键词　趋向动词；回；回来；回去；认知图景

0. 引　　言

本文所说的“回”类趋向动词包括“回、回来、回去”三个。

与“下来、下去”等趋向动词相比，“回”类趋向动词的用法相对简单些，这可能是学术界对它们关注不多的原因。笔者没看到什么专门讨论这类趋向动词的论文。吕叔湘(2001:276—278)①对此有个简单的介绍。描写得比较详细的是刘月华(1998)②，但有些语料作者没有发现，故在描写方面有遗漏，在解释方面还有进一步的工作需要做。因此，本文打算在对“回”类趋向动词作尽可能细致描写的基础上，运用认知语言学方法作出解释。

1. “回”类趋向动词的句法特点

1.1　“回”的句法特点

跟其他趋向动词一样，“回”可以单独作谓语动词，这时它可以受各种状语

① 吕叔湘主编 2001《现代汉语八百词》(增订本)，北京：商务印书馆。

② 刘月华主编 1998《趋向补语通释》，北京：北京语言文化大学出版社，第 257—268 页。

修饰，也能带宾语、补语，自然还可以用在连动结构中。例如：

(1)（陈玉英）又飞快地**回**到里屋梳妆台前，描了描眉，点了点唇膏，然后坐到外间沙发上，给张全义拨电话。（陈建功、赵大年《皇城根》）

(2) 但却没有一个离开的人重新**回**到那个地方那个村子。（梁晓声《表弟》）

(3) 她说："那你就**回**哈尔滨嘛，晚来报到几天也没什么的。"（梁晓声《京华闻见录》）

(4) 金秀整忙了一上午啦，拖着软软的两条腿**回**西厢房，只见张全义躺在长沙发上吸烟。（《皇城根》）

(5) 老爷子告诉他，金秀身体不舒服，**回**西屋歇着去了。（《皇城根》）

上述例(1—3)中，"回"分别受状语"又""飞快""重新"和"就"修饰；例(3)中的"哈尔滨"以及例(4)中的"西厢房"是"回"的宾语；例(1)中的"到里屋梳妆台前"则是作"回"的补语。例(4、5)中的"回"用在连动结构中。

由上述例子，"回"所在的句子结构的特点可以概括为：NP_1＋回＋(到)＋NP_2(连动结构可以合并在内)。其中的 NP_1 一般是能自身作位移的生物体，最典型的当然是人；NP_2 一般是表示处所的词语，典型的处所自然是表示场所的，如"教室""家"等。但 NP_1 和 NP_2 有时并不典型，例如：

(6) 他的车**回**厂？（蒋子龙《赤橙黄绿青蓝紫》）

(7) 凌晨时分，"炮轰派"的大部队**回**"营"了。（梁晓声《一个红卫兵的自白》）

(8) 镜头又**回**到她的脸，一本正经得近乎严肃，娓娓地还在说……（梁晓声《感觉日本》）

例(6)中的 NP_1 是"他的车"，不表示人，况且"车"自身也不能作出位移的行为；例(7)中的"营"则不表示典型的处所。例(8)中，NP_1 和 NP_2 都不典型。

上述例句中，不论典型与否，NP_2 却都是表示处所的。在我们所搜集到的语料中，NP_2 还可以是不表示处所的词语，例如：

(9) 我多么想**回**到当年为国家轰轰烈烈了一番的那岁月里去。（冯骥才《一百个人的十年》）

(10) 我忽然觉得我年轻了，又重新**回**到十年前的样子。（《一百个人的十年》）

(11) 这不是又**回**到我老家王姓和李姓的斗争里去了吗？（《一百个人

的十年》)

上述画线部分,在例(9)中表示的是时间,在例(10、11)中表示的是某种状态。

此外,“回”还经常带“信、话”作宾语,例如:

(12) 合着是满桌子的人谁也没有**回**老爷子的话儿。(《皇城根》)

(13) 我替父亲**回**过几封信,对那种尖酸刻薄、文字放肆无礼的,我也以其人之道,还治其人之身。(梁晓声《冉之父》)

其实,“回话、回信”在另一些场合已经是一个词了,为名词。如:

(14) 明天你就得给我个回话!(《冉之父》)

(15) 并将小姚的回信给他看。(《冉之父》)

以上是“回”独立用作谓语动词的情况。“回”跟其他趋向动词一样,还经常跟在别的动词后面,构成“NP_1+V+回+NP_2”结构,例如:

(16) 不过最后,她还是退缩了,退回了西厢房,“砰”的一声,拉上了房门。(《皇城根》)

(17) 没听完,我便跑回自己家,扑在炕上,抱头痛哭了一场。(《自白》)

(18) 大棒擎举如林,数千人连声高呼:“救回我战友!”(《自白》)

(19) 带回一台电视机,尽管是黑白的,尽管才十四英寸,家里人也会喜出望外的!(《表弟》)

(20) 苏敏说:“倒退回三十年,就冲这出《双阳公主》,金角儿就得大红大紫,信不?”(《皇城根》)

例(16、17)中,NP_2 是表示处所的词语,例(18—20)中的 NP_2 则是非处所词语。从搜集到的语料来看,NP_2 为处所词语的占绝对的优势。这些和“回”独立作谓语动词时的情况差不多。但有一点值得注意,就是,在“NP_1+V+回+NP_2”结构中,当 NP_2 为非处所词语时,它已经不限于“话、信”等几个有限的词语,它的范围要广泛得多。究其原因,自然与V的介入有关。

还有一点值得指出来,就是 NP_2 与V和“回”之间潜在的句法关系:当 NP_2 为处所词语时,它实际上是与“回”发生关系的;当 NP_2 为非处所词语时,它实际上是与V发生关系的。这可以通过局部变换而看得一清二楚:

(17′) 跑回自己家 → *跑自己家　　回自己家

(18′) 救回我战友 → 救我战友　　*回我战友

那么,为什么“V+回”后面可以跟这两类不同的宾语呢?显然是“V+回”

这一构式的作用。

与这类结构相关的有“NP_2＋(被 NP_1)V＋回”,或者“NP_1＋把/将＋NP_2＋V＋NP_3”结构,其中,NP_1 表示使客体发生位移的主体,NP_2 表示位移的客体,NP_3 表示客体位移后最终所在的处所。例如:

(21) 数日后,剧本寄回。(《闻见录》)

(22) 剧本被“剧本委员会”退回,附函曰:“该剧本既然已经你们扶植,你们还是扶植到底吧!”(《闻见录》)

(23) 是大立和金枝一块儿把张全义送回家的。(《皇城根》)

(24) 我挽着他,将他送回宿舍。(《表弟》)

例(21—24)中的“剧本、张全义、他”都是位移客体,“剧本委员会、大力和金枝、我”都是使客体发生位移的主体,“家”和“宿舍”都是客体位移后的最终处所。

1.2 “回来”的句法特点

“回来”独立作谓语动词时,后面很少跟表示处所的词语,但可以有状语或者补语,或者用于连动结构中。由“回来”构成的基本结构可概括为:NP_1＋回来。例如:

(25) 张全义从公园回来了,闷闷不乐的样子。(《皇城根》)

(26) 晚上不回来了。(《皇城根》)

(27) “我妹妹到剧团去啦,演出以后回来得很晚。”(《皇城根》)

(28) 我刚走穴回来,挣了点儿劳务费,想念金枝妹妹,跑来看看她。(《皇城根》)

之所以会这样,是因为“回来”所要回的处所,最典型的是自己的家,“回家”可以看作对“回来”的默认理解。当然,偶尔也有出现“家”的例子:

(29) 父亲每天早晨到厂里露一面,就回家来教给思佳怎样做录音机、电视机,等等。(蒋子龙)

除了“家”以外,要回的也可能是自己常住的地方,否则,表示处所的词语是要出现的,这时的结构是:NP_1＋回(到)＋NP_2＋来。例如:

(30) 过了一阵子白连长回来,手里空空,可是头次看他脸上有表情,好像很惊奇。(冯骥才)

(31) 金秀在北屋忙完了,又回南屋来找陈玉英,发现陈玉英已经走了。(《皇城根》)

(32) 可孩子是我的,他得回到他妈身边来……(《皇城根》)

例(30)中,"回来"的不是"家",而是"营部"。对一个军人来说,"营部"也无异于他的"家"。例(31)中的"南屋"虽然是"家"的一部分,但毕竟不能跟"家"画等号,自然也需要出现,否则要"回"的处所就不明。例(32)处所词语的出现就更不用说了。

这表示处所的词语 NP_2,也可能不典型,例如:

(33)"你现在已经是人民的敌人了,你应该很好改造自己,回到人民中间来,到那时我就叫你爸爸。"(冯骥才)

例(33)中的"人民中间"显然不是典型的处所词语。

上述关于"回来"的结构可以概括为:NP_1+回(到)(+NP_2)来。

"回来"可以用在其他动词之后,构成"NP_1+V+回(+NP_2)来",或者"NP_1+V+回来(+NP_2)",其中的 NP_2 一般不是表示处所的词语。后者更常见。例如:

(34) 可我很快又跑回来了,我没搞清楚,到底叫不叫我回去呀。(《一百个人的十年》)

(35) 她水土不服,加上心情不好,十六岁去,二十七岁回来,已经满头白发,赛白毛女一模一样,就那样白,这二年才变回色来。(《一百个人的十年》)

(36) 张全义悲愤已极,抽回手来:"我不要!"(《皇城根》)

(37) 金枝推姐姐:"快去开门呐,给你抱回大胖儿子来啦!"(《皇城根》)

在"NP_1+V+回(+NP_2)来"结构中,NP_2 其实可以是表示处所的词语,但在所搜集的语料中,我们没有发现这类例子。上述例(35—37)中的 NP_2 都是非处所词语。从变换的角度看,例(37)中的"抱回大胖儿子来"可以变换成"抱回来大胖儿子";而例(35、36)中的"变回色来""抽回手来"却不能做类似的变换,不过后者如稍加变通就可以变换,如"抽回来一只手",可见,后者的不能变换不是绝对的。而前者则不然,即使给"色"加个修饰语,也不能变换,如"*变回来原来的色"不能接受。这可能与"变色"的词汇化有关。

下列例子则似乎没有变换上的限制,可以将 NP_2 移到"回来"之间,哪怕 NP_2 很长也行,如例(40)。

(38) 金秀不理她,转身出了厨房门,进院子拔回来几根葱,蹲在地上剥了起来。(《皇城根》)

(39) 没过十分钟,徐太太就用挎包拎回来两万现钞。(《皇城根》)

(40) 将来我的儿子长大了，我是无论如何绝不允许他给我搞回来一个才小学文化水平，字也写得太糟糕，一心想当电影演员的儿媳妇的。(《闻见录》)

“V＋回来”还经常出现在“把”字句中，构成“NP_1＋把＋NP_2＋V＋回(＋NP_3)来”结构；有时也出现在被动结构中，即“NP_2＋(被 NP_1)V＋回来”。其中，NP_1 表示使客体发生位移的主体，NP_2 表示位移的客体，NP_3 表示客体位移后所在的处所。例如：

(41) 陈玉英从托儿所把孩子接回家来了。(《皇城根》)

(42) 改革开放以后，他做买卖，发啦，这才把他爹接回来。(《皇城根》)

(43) 张全义的每一句话都被徐承宗驳了回来，除了窝火，别无收获。(《皇城根》)

(44) 刚去北屋里送洗脸水，老爷子头一句话便是：“小兴儿抱回来了吗?”(《皇城根》)

在“NP_2＋(被 NP_1)V＋回来”这一结构中，“回来”之间其实是可以出现处所词语的，但在语料中没发现相关的例子。

动词后的“回来”还有个俗语化的用法：

(45) 话又说回来，金秀的要求哪一点过分了?(《皇城根》)

例(45)中的“话又说回来”，从意义上看很像是省略了“被”，但实际上，这个“被”是不能添加进去的。其俗语性由此可见一斑。

1.3 “回去”的句法特点

与“回来”一样，“回去”单独用作谓语动词时，具有一般动词的特点，例子从略。由它构成的句型是：“NP_1＋回去”或者“NP_1＋回＋(到)$NP_{2处所}$＋去”。这两者一般情况下是可以合并的，前者可以看作是后者省略或隐含了表示处所的 NP_2 的结果。例如：

(46) “你回去吧，这事我可以给你解决。”(《一百个人的十年》)

(47) 春节前，他留下译稿，携老伴儿回日本去了。(《感觉日本》)

(48) 一生气，徐承宗也不看电视了，气冲冲地回到自己小单元去了。(《皇城根》)

不过有一点需要注意，即当“NP_1＋回＋$NP_{2处所}$＋去”这一结构中出现否定词，表示不能回到某处所时，处所词语只能位于“回不去”之后，而不能位于其中间的任何位置，如：

(49) 逢时自然要解释自己为什么一时回不去金家。(《皇城根》)

动词后面跟"回去"可以构成句型:"NP_1+V+回(到)(+NP_2)去",这一结构中的 NP_2 也可以是非处所词语。例如:

(50) "捍联总"们呐喊着冲了上来,但一见出现在门口的是装甲车和坦克,又退了回去。(《自白》)

(51) 金秀刚要骂她,金枝已像只快乐的小鹿似地跑回北屋去了。(《皇城根》)

(52) 从类人猿到人经历了千万年的进化过程,但由人退回到猴子去,往往和蝉蜕一次壳一样容易……(《冉之父》)

例(52)中的"猴子"显然不表示处所,它实际上表示的是"人类"早期的一种状态。再看下面的例子:

(53) 纵然我自己倒退回去二十年,我想我也不会凭着青年人的刚愎自用和过分意气用事的冲动,而像他这么做。(《表弟》)

例(53)中的"二十年"虽然也是非处所词语,但它却不能位于"回去"之间(*倒退回二十年去)。

动词后面跟"回去"还可以构成"NP_1+把+NP_2+V+回(+NP_3)去"或者"NP_2+(被 NP_1)V+回(+NP_3)去"结构,如果不需要凸显 NP_3,NP_3 则可以省略。例如:

(54) 到时候,她再堂堂正正地把孩子领回去,我决不阻拦。(《皇城根》)

(55) 他把骨灰匣送回供桌上去,又突然止步,好像发觉了什么不对劲儿的事情。(《皇城根》)

(56) 杨妈跟在他身后一个劲儿往回劝,金一趟这才不情愿地被杨妈推回屋去了。(《皇城根》)

(57) 她好几次想开口,把那个重要的消息告诉王喜,话到了嘴边,都被她咽了回去。(《皇城根》)

2. "回"类趋向动词的语义特点

关于"回"类趋向动词的语义特点,我们准备从两方面来考察:一是它们自身所表示的意义及其与其他动词结合后所表示的意义,二是"回"类趋向动词所在结构涉及的语义成分问题。

2.1　“回”类趋向动词所表示的意义

从语义上看，“回”类趋向动词最典型的用法是表示位移的主体或客体离开某处后又回到原来的位置。比较起来，“回来”和“回去”有个明确的参照点，以说话人的所在地为参照点，向参照点方向位移时用“回来”，离开参照点作位移时用“回去”；而“回”则没有参照点的限制。这相当于刘月华(1998:257、261、265)①所说的“趋向意义”。这类例子，上文已经举了很多，此不赘述。

如前所述，出现在“回”类趋向动词后面的NP(暂不考虑其具体位置)不仅仅是表示处所的词语，也可能是非处所词语，这时它们所表示的就不是空间意义上的位移了，而是，或表示回到原先的某种状态，或表示回到先前的某一时间。这些上文都有所提及。

当“回”类趋向动词跟在其他动词之后时，还可以表示“领有关系、占有关系等的转移。”(刘月华，1998:258、263、267)例如：

(58) 小姚就想到第二天应该替丈夫买回一柄伞。(《冉之父》)

(59) 后来，金一趟行医出了名，才把这房子赎回来……(《皇城根》)

(60) 售货员理执一端，指着她对一大群瞧热闹的人说，她把伞昨天买回去了，用过了，用坏了，隔了一整天又来要求换。(《冉之父》)

例(58、60)中的“伞”本来并不在“买者”这里，所以无所谓“回”的问题，之所以说“回”，是因为“伞”从“卖者”那里转移到“买者”这里。例(59)中的“这房子”虽然原先的主人是“金一趟”，但一旦抵押出去，房子的主人暂时就是别人，因此“赎回来”也是一种领有关系的转移。实际上，即便在没有领有关系转移的情况下，也可以用“回”类：

(61) 还有防化兵们，他们必须在爆炸后冲进现场取回样品，供给我们研究爆炸效果。(《一百个人的十年》)

(62) 送走了客人，金枝顺便把报箱里的晚报取了回来。(《皇城根》)

例(61)中的“样品”本来是应该有主人的，但在这句并不是凸显关系的转移。例(62)中的“晚报”亦然。

吕叔湘(2001:277)②指出：“回”“引申为从不利状态到有利状态”，如

① 刘月华主编 1998《趋向补语通释》，北京：北京语言文化大学出版社。

② 吕叔湘主编 2001《现代汉语八百词》(增订本)，北京：商务印书馆。

(63) 救回了一条命/捞回一把(吕叔湘例)

根据我们的观察,也确实如此,如:

(64) 七九年我国科学回到正轨,我跑到国外一看,吓一跳,与西方发达国家差距多远!(《一百个人的十年》)

(65) 我忽然觉得我年轻了,又重新回到十年前的样子。(《一百个人的十年》)

之所以会这样,自然跟认知有关:人们总是愿意把积极的、好的方面看作常态,从不利状态到有利状态,意味着向常态的复归,用“回”也就不足为奇了。

2.2 “回”类趋向动词所涉及的语义成分

“回”类趋向动词独立作谓语动词的时候,它们所涉及的语义成分主要有四个:实施位移的主体、位移客体、位移的起始点(源点/目标)及该客体位移之后所达的处所(目标/源点)。实际上,在这种情况下,实施位移的主体与位移客体往往是合而为一的。因此,从语义与句法的映射关系来看,一般情况是主体兼客体表现为主语;源点成分表现为状语,目标成分表现为宾语或者补语。关于源点和目标有点儿复杂:一般情况下,起始点是源点,客体位移后所达的处所为目标,但是由于“回”类趋向动词的特殊性,客体位移后所达的处所也可以作为源点身份出现,而起始点则相应地成为目标。不过,在由“回来/回去”组成的结构中,表示目标成分往往不出现,而由“回”组成的结构中,目标成分必须出现。例如:

(66) 我已经从广州回北京了,几天前就急着想见你。(《皇城根》)

(67) 她看见张全义从院儿外面回来了。(《皇城根》)

(68) 他从北京回去时,我不是给他带上了几封信么?(梁晓声《关于大小》)

例(66)中的“广州”、例(67)中的“院儿外面”、例(68)中的“北京”都是主体(兼客体)位移后所达的处所,但是它们在这三例中都是源点身份出现的。

尽管“回”类动词都包含源点成分,但在所搜集的语料中,在“回去”句中出现这一成分的仅例(68)一例。原因也不难解释:因为在“回去”句中,参照点一般都是说话人所在地,源点自然清楚,也就不必说了,这符合语言运转的经济原则。如果需要凸显,源点成分自然要出现。

“V+‘回’类趋向动词”结构所涉及的语义成分基本上与上述情况一致,所不同的是,在这种情况下,实施位移的主体与位移客体是分离的。在语义到句法的映射方面，除具有上述映射特点外，位移客体也可以表现为主语，而实施位移的主体则相应地表现为状语，或者干脆不出现。例如：

(69) 得知一个弟弟生病，连本带息全寄回家了……(《表弟》)

(70) 金一趟虽说被杨妈劝回了屋，心里也没踏实。(《皇城根》)

(71) 他往外走，被妻子拽回来，撴到沙发里："那你去干什么？"(《皇城根》)

(72) 她好几次想开口，把那个重要的消息告诉王喜，话到了嘴边，都被她咽了回去。(《皇城根》)

3. "回"类趋向动词的句法、语义特点与认知图景等的关系

卢英顺(2006①，2007②)等都是以认知图景为切入点来解释趋向动词的句法、语义特点，本文也是从认知图景入手，试图解释"回"类趋向动词的上述句法、语义特点。

"回"的认知图景可以这样描述：某主体，最典型的自然是人，离开原先的所在地A，经过一段时间的位移之后到达B处，然后又从B处返回到A处。可简单图示如下：

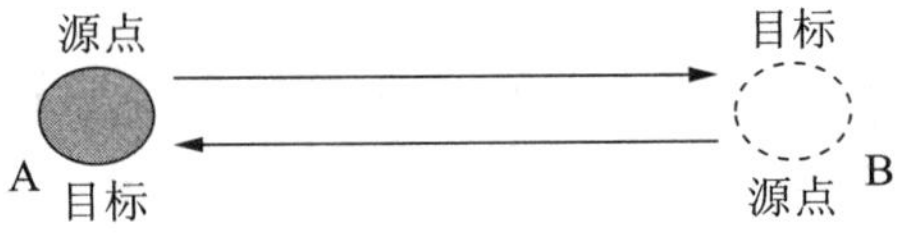

这一认知图景涉及几个重要的要素：即实施位移行为的主体、主体位移后所到达的处所，还有位移的路径。不过在"回"所激活的认知图景中，路径是不被凸显的要素。因而反映在语义上，就有位移主体和处所成分，而没有相应的路径成分；这一处所成分是以源点或者目标的身份出现的。这些语义成分映射到句法上，就形成了不同的句法结构。上文已作交代，此不赘述。这是就典型情况而言的。

在实际语料中，我们发现，有些情况是对典型的不同程度的偏离。对典型

① 卢英顺 2006"下来"句法、语义特点探析，《宁夏大学学报》第5期。

② 卢英顺 2007"进"类趋向动词句法、语义特点探析，《语言教学与研究》第1期，第52—59页。

的偏离体现在两个方面，一是缺少典型的某些特征，二是，即便具备某一特征，这个特征本身也存在典型和不够典型的问题，Taylor(1995:61—62)①对此有过类似的说明。表现在“回”类句子中，有些语义成分就不够典型。如前面的例(6)和例(8)。不妨再举两例加以说明：

(73) 我挺有气，当即要一辆车回部队，把这本书拿来，放在县革委会桌上给他们看。(冯骥才)

(74) 这就算我认罪服法了，从“血肉横飞学习班”回到监号里。(冯骥才)

例(73)中的“部队”，作为处所成分，显然不如“家”之类典型；例(74)中的“血肉横飞学习班”就更不典型了。

“V＋回”结构所激活的认知图景跟单独的“回”所激活的认知图景基本相似，所不同的是，在前一种认知图景中，实施位移行为的主体和位移客体这两个要素是分离的。其实在“回”认知图景中，我们也可以把位移客体看作与位移主体重合的一种情况。

“回来/回去”和“V＋回来/回去”所激活的认知图景分别与“回”和“V＋回”的认知图景差不多，只不过前者因为有“来/去”，多了一个说话人的主观参照点。

从前述的例子可以看出，“回”类趋向动词不仅可以用于空间领域(包括不太典型的)，还可以用于时间领域和状态领域，这自然与结构隐喻有关(参阅 Lakoff & Johnson, 1980②)。如前面举过这样的例子：

(75) 我忽然觉得我年轻了，又重新回到十年前的样子。(冯骥才)

例(75)中，“十年前的样子”是指“我”十年前所处的状态，对应于空间领域的位移前的位置(图示中的 A 处)，十年后的状态则对应于位移后所处的位置(图示中的 B 处)；“回到十年前的样子”就是从现在的状态回到十年前的状态，这相当于在空间领域内从 B 处回到 A 处。

从认知图景来看，“回”类趋向动词与其他趋向动词相比，还有一个特殊的地方，那就是，这类趋向动词所激活的认知图景中，位移客体在离开原先所在地

① Taylor, J.R. 1995 *Linguistic Categorization: Prototypes in Linguistic Theory*. Oxford: Clarendon Press.北京：外语教学与研究出版社，2001 年。

② Lakoff, G. & Mark Johnson 1980 *Metaphors We Live by*, Chicago: University of Chicago Press.

之后又返回原地。这一特点使得“回”类趋向动词在偏离典型用法时多了一个方面，即位移客体的初始位置不必是图示中 A 的位置，而可以是 B 的位置，从 B 处到 A 处也可以称“回”。例如：

(76) 带回一台电视机，尽管是黑白的，尽管才十四英寸，家里人也会喜出望外的！(《表弟》)

(77) 父亲说，还是爸去吧，爸亲自去把药抓回来，你妈的病才好得快。(《冉之父》)

(78) 可我总不能不沾亲不带故带一个姑娘回去，算哪门子事？(冯骥才)

例(76)中的“一台电视机”显然不是从家里拿到外面的商店，再从商店拿回家，而是直接从商店拿回家。例(77、78)中的“药、一个姑娘”都类似。这里有一点似乎不可忽视，就是在这种情况下，“回”类趋向动词的使用在很大程度上与实施位移行为的主体有关，即主体原本处于图示中 A 的位置；因而尽管位移客体本身原先不在 A 的位置，但由于受主体的影响，仍然可以用“回”类趋向动词。

“回信、回电话”这种说法与此类似，但又有所不同。因为，虽然有信、有电话从原先所在地位移到某处，又从该处回到原处，但此信非彼信，此电话非彼电话。就这点来看，它们与上述例子类似；但又有所不同：如果不考虑“信/电话”的具体内容，它们又确实回到了原来的位置——“信/电话”从 A 处位移到 B 处，又从 B 处回到 A 处。

4. 对其他相关问题的解释

根据认知图景可以解释“回”类趋向动词句法、语义的诸多方面，还有几个问题需要作进一步的解释。

第一，如前所述，“回”类趋向动词除了用于空间领域的位移外，还可以用于状态领域和时间领域，但在我们所搜集的语料中，没发现“回来”有这样的用法。原因何在？我们的初步解释是，我们对时间的认知是从“过去”经由“现在”再向“将来”移动，状态的变化自然是伴随着时间的流逝而发生的；而我们的语言表达总是习惯于以“此时此地”为立足点，这是语言运作和理解邻近性原则的一种体现(卢英顺,2004[①]),从结构隐喻来看,“现在”就相当于上述图示的 B 处,因为时间不能倒流,我们无法想象时间从 B 处倒流到 A 处,再从 A 处回到 B 处。所以,“回来”的用法无法从空间领域扩展到时间领域和状态领域。而“回去”则不然,它正好符合“现在”这一立足点;“回”不存在立足点的问题,自然可以扩展到上述两个认知域。

第二,“回来”“回去”后接处所词语的时候,处所词语的位置为什么只能出现在“回”和“来/去”之间?[②] 当然你可以这样解释:“回”是及物动词,而“回来”和“回去”是不及物动词,所以表示处所的宾语不能位于其后。我们试着作这样的解释:因为要回某个地方,必须有个目标,所以目标成分自然与“回”在一起;至于“来/去”,其作用只是明确说话人的立足点问题,或者说是说话人的所在地与参照点之间的关系,这表明必须先有参照点,然后才能谈参照点与说话人立足点之间的关系;因此表现在句法结构上,“来/去”位于处所词语之后。[③]这可看作象似性在句法上的体现。

不过,前面我们指出过这样的现象,即只能说“回不去金家”,而不能说“*回金家不去”“*回不金家去”。这又是为什么?我们的看法是,表示可能态的否定词只能插入动补结构之间[④];如果在其间插入处所成分,就在不同程度上破坏了原有的动补结构,造成整个结构的不能接受。比较而言,“*回金家不去”的可接受度要高于“*回不金家去”,就是因为前者从整体上看还属于动补结构。我们也可以从反面来证明这一点,即将可能态的否定式变成一般的否定式,相应地,我们只能说“不能回金家去”,而不能说“*不能回去金家”。

第三,上文已经指出,“话又说回来”(及类似说法)具有俗语性。这种俗语表达其实是可以通过隐喻来解释的。刚开始说的话相当于空间领域位移的起始点(A),说着说着,相当于到达新的处所(B),然后从 B 处回到 A 处,就是回到原来的话题,或者话语开始发生转折。例如:

(79) 究竟什么是中年,姑置不论,话可又说回来了,当时的问题何以不

---

① 卢英顺 2004 语言理解中的邻近性原则,《安徽师范大学学报》第 4 期,第 477—482 页。

② 在网络文学中我们发现过处所词语位于“回去”之后的例子,不过目前看来是不规范的。例如:“其实我并没有准备和他们一起来的,只不过洋子说相识一场,都是朋友,这次回去西安,拿了毕业证之后可能还要回日本一趟,那就说不准什么时候才能见一面了,所以我就没有推辞”(我和一个日本女生,新浪网)。

③ “上来、上去、进来、进去”等趋向动词之间的处所词语也出于类似的原因。

④ “回来”“回去”本身也是动补结构。可以在其间插入“不/得”,如“回得来”“回不去”。

见了呢？（俞平伯《中年》）

(80) 话可是又说回来，我还自顾不暇，怎能再多养两口人呢？（老舍《四世同堂》）

第四，从语义成分到句法结构的映射来看，理论上，处所成分可以映射为句法上的主语，构成“$NP_{处所}$＋（V＋）＋回类＋$NP_{客体}$”结构，不过，在所搜集的众多语料中，没有发现一例这样的结构。刘月华（1998：257—268）虽然指出过这类结构少用，但她也没有提供这方面的例子。而在其他趋向动词中就能找到类似的例子，如：

(81) 他的眼睛里飞进了一只虫。（卢英顺 2007 例）

(82) 楼顶上跑下来一只猫。

为什么“回”类趋向动词没发现类似的结构呢？我们认为，这不仅与“回”类趋向动词的认知图景有关，更与这一构式有关。上述构式是一种动态存现句，表示某处出现某物，该物自然是新信息；而“回”类趋向动词的位移客体往往是已知的信息（因为客体位移到他处又返回，自然不是新信息），这就与上述构式所传达的意义相冲突，所以不能说。而其他趋向动词则不存在这个问题，因而能说。从这里又看到了“回”类趋向动词的另一特殊性。

5. 结　束　语

本文就“回”类趋向动词的句法、语义特点作了尽可能详细的描写。在句法上，它们除了能单独作谓语动词外，都可以跟在其他动词后，构成不同的句法结构，从分布范围来看，“回”的范围最广，因为它不受说话人立足点的约束。在语义上，其各自的语义发展并不平衡。从描写的结果来看，“回”类趋向动词与其他趋向动词相比，有自己特别的地方。本文还试图从认知图景出发，运用隐喻等理论对相关的句法、语义现象作了自己的解释。

有一个问题，笔者尚不能肯定，即“（扭）回头”“（转）回身”的“回”属不属于趋向动词？因为在古代汉语中有两个不同的“回”，其间的意义纠缠，不易分清。如果只在“回旋”这一意义上理解倒比较方便；如果不是，就是说把其中的“回”看作是趋向动词的用法，那么又该如何解释？这里涉及一个方法论的问题，就是我们在解释一个词语的多种用法时，首先要以“同一性”为前提，否则就难免牵强附会，不管你说得听起来多么有道理。举一个极端的例子，如果你不知道"站[1]（立）"和"（车）站[2]"的不同，无论你怎么解释两者的意义联系，都是不符合语言实际的。有人硬是把"归去来兮"中的"来"当作"来去"的"来"，然后再竭力寻找这两个"来"意义上的联系，或许就是犯了这样的错误。为避免牵强附会之嫌，本文没有对"回头""回身"这种表达作所谓认知上的解释。

［原载日本《中国语文法研究》(2012 年卷)，第 122—136 页］

由“V+过来”构成的句式及其否定

提　要　由“V＋过来”认知图景可以激活不同的认知要素，这些认知要素构成了相关的语义要素，这些语义要素经过不同层次的凸显以后，映射到不同的句法位置，形成不同的句式。本文在着重描写这些句式之后，还探讨其否定特点，其否定形式主要有两种：“没/不＋V过来”和“V不过来”。前者一般是用否定词“没(有)”，加“不”是有条件的；后者只能用否定词“不”。并试图对相关现象作出解释。

关键词　过来；认知图景；数量准则；句式；否定

0. 引　　言

“过来”在现代汉语中使用频率较高，但学界对它做专题研究的不多，只是在部分有关趋向动词的著作中有所涉及，如刘月华(1998：285—300)①、吕叔湘(2001：248—250)②、王国栓(2005：186—191)③等。这些研究或是从共时或是从历时对“过来”的用法进行了不同程度的描写。对“过来”和“过去”进行研究的论文也有一些，如谢白羽和齐沪扬(2000)④、张幼冬(2010)⑤。他们侧重于对“过来、过去”作语义上的分析或者兼及其前动词的语义特征。也有学者从认知的角度对它进行研究，如吴云(2006)⑥从认知的角度运用“动体”(trajector)和

---

① 刘月华主编 1998《趋向补语通释》，北京：北京语言文化大学出版社。

② 吕叔湘主编 2001《现代汉语八百词》(增订本)，北京：商务印书馆。

③ 王国栓 2005《趋向问题研究》，北京：华夏出版社。

④ 谢白羽、齐沪扬 2000 复合趋向补语“过来”和“过去”的语义分析，陆俭明主编《面临新世纪挑战的现代汉语语法研究》，济南：山东教育出版社。

⑤ 张幼冬 2010 趋向补语“过来”“过去”引申义的语义分析，《吉林师范大学学报》第4期。

⑥ 吴云 2006“过来”“过去”引申用法的认知分析，朱立元主编《探索与创新——华东地区对外汉语教学论文集》，北京：北京大学出版社。

"陆标"(landmark)概念及隐喻对"过来、过去"进行了比较详细的句法、语义分析。曾传禄(2009a)[①]运用运动图式分析了"过来、过去"在不同认知域的用法。本文也是运用认知语言学理论,但研究视角和具体的理论方法与他们有所不同。本文着重描写由"V+过来"[②](其中的V包括动词和部分形容词)构成的句式及其否定特点,并试图从其认知图景出发,运用会话合作原则中的数量准则解释相关问题。

"过来"在现代汉语中可以独立作谓语动词用或者与其他动词一起构成连动结构、兼语结构,但为了集中讨论相关问题,本文一般不予涉及。

1. 由"V+过来"构成的句式

对句式的描写自然离不开句法、语义成分,而一个句子的句法、语义成分是由相关词语(特别是动词)所激活的认知图景要素决定的(卢英顺,2005[③])。因此,我们首先来描述一下由"V+过来"所激活的认知图景。

1.1 "V+过来"的认知图景及相关认知要素

由"V+过来"所激活的认知图景可以大致描述如下:它表示的是由行为主体实施的位移行为,主体通过某种方式使客体发生位移,客体作位移时有个起始点,经过一定的路径,到达目标点,位移时还有个参照点,这个参照点就是目标方向。由这一认知图景所激活的认知要素有:实施行为的主体(A)、位移客体(O)、起始点(S)、路径(P)以及目标点(G)。这些认知要素构成了相关的语义要素,这些语义要素经过不同层次的凸显以后,映射到不同的句法位置,形成不同的句式。

1.2 由"V+过来"构成的句式

卢英顺(2008)[④]指出,由认知图景激活的相关认知要素也不是都需要在句法上表现出来,这里存在着凸显的问题。他把凸显分为两个层次,分别称之为"第一次凸显"和"第二次凸显"。通过第一次凸显,我们可以明确哪些语义成分

① 曾传禄 2009a 障碍图式与"V得(不)过来/过去",《燕山大学学报》第1期。
② 限于篇幅,本文只讨论"V+过来",不涉及"V+过去"。后者将另文讨论。
③ 卢英顺 2005 认知图景与句法、语义成分,《复旦学报》第3期。
④ 卢英顺 2008 关于认知图景的几个问题,《语言科学》第6期。

需要在句法结构上表现出来。这还不够，因为被选中的语义要素还存在如何在句法结构上映射的问题，这就涉及第二次凸显，即选择什么语义要素作话题，选择什么语义要素作焦点。话题和焦点实际上都是凸显的对象。话题和焦点一旦确定，句子的格局就基本定型了。因此，通过这样两次凸显，句式问题大致也就清楚了。

接下来，我们就用这种方法描写由"V＋过来"构成的句式，其中的A、S等符号所表示的是语义成分而不是句法成分。主要的有以下几种：

第一种，**A—V＋过来**

这一句式中，A是实施位移行为的主体。它实际上包括两种情况，一种情况是这一行为只包含行为主体要素，另一种情况是，除主体要素外，还包含位移客体要素，但这一客体要素在句子中没有出现。例如：

(1) 回到家，一进院门，杨妈就**迎过来**，把金枝拉到她住的东厢房去了。(陈建功、赵大年《皇城根》)

(2) 申涛**夹过来**，放到自己碗里来了。(礼平《小站的黄昏》)

(3) 徐华北惊讶地**接过来**，然后开始一张张翻看起来。(张承志《北方的河》)

由上述例(1—3)不难看出，这些句子中都只出现一个语义要素，即实施位移行为的主体S；但具体的情况有所不同。就主体而言，有的是与位移客体合而为一的，有的则是分离的，前者如例(1)中的"杨妈"，后者如例(2)中的"申涛"、例(3)中的"徐华北"。就"过来"前面的V来说，有的具有[位移]语义特征，如例(1)中的"迎"，类似的有"走、跑、赶、踱"等，有的V本身不具有这一特征，但整个的"V＋过来"具有[位移]特征，如例(2)中的"夹"。

第二种，**A—S—V＋过来**

这一句式包含行为主体A和起始点S两个要素，在句法结构上S映射在状语位置，所以根据不同情况，在S前后必须有相应的介词和方位词。例如：

(4) 金秀和全义出了北屋门，刚走到西边的游廊里，周仁又从屋里**追过来**了。(陈建功、赵大年《皇城根》)

(5) 徐伯贤从他的书房兼办公室快步**赶过来**，和气地与张全义握手："请坐，我特意在家恭候大驾。"(陈建功、赵大年《皇城根》)

这两例中，例(4、5)"V＋过来"都表示真正的空间位移，位移的起始点要素跟处所有关，因此要求由表示处所的词语来充当，其前都需要加上介词"从"。

第三种，**A—G—V+过来**

这种句式包含主体A和目标G两个认知要素。G处于状语位置，因此也需要相应的介词引进，或者通过一定的句法结构体现出来。例如：

(6) 角落里站起来一个老管理员，对着他照直**走了过来**。(张承志《北方的河》)

(7) 她站在门口，张开臂膀向全义**扑了过来**。(陈建功、赵大年《皇城根》)

(8) 男人——张全义，犹豫着，似乎难以决定是跟陈玉英回去，还是走自己的路，终于，他还是迎着金枝**走过来**。(陈建功、赵大年《皇城根》)

例(6)中的"他"、例(7)中的"全义"都是位移的目标点，它们分别用介词"对着""向"引进；例(8)中的"金枝"也是目标要素，但是通过动词"迎着"引进的。这三例中的"V+过来"都是典型的空间位移，位移主体和客体也都是合而为一的。

第四种，**A—P—V+过来**

这一句式包含行为主体A和位移路径P这两个要素。例如：

(9) 十几年前，他就是从这个山嘴**转过来**，一步步踏上被暴雨冲得沟渠纵横的道路的。(张承志《北方的河》)

例(9)中的"他"是行为主体，"这个山嘴"是位移路径上的一个点。

第五种，**A—O—V+过来**

这一句式包含位移主体A和位移客体O两个要素，A和O是分离的，主体通过V使客体发生位移。例如：

(10) 徐太太将茶杯和盛瓜子花生的果盒**拿过来**："刚下火车，还没回家就来这儿，有什么急事儿吧？"(陈建功、赵大年《皇城根》)

(11) 杜大叔爬上炕，把毯子**扯过来**，轻轻地替青苗盖在身子上，自语道："明天上一趟山试试。"(浩然《夏青苗求师》)

(12) 陈玉英再次把话**接过来**："我了解，徐经理是位通情达理的人。"(陈建功、赵大年《皇城根》)

(13) 严晓强的侃侃而谈把本来忙着别的事的表嫂也**吸引过来**了，他见我们夫妇都兴致勃勃，聊得更无顾忌。(刘心武《曹叔》)

从例(10—13)来看，虽然都包含A和O，但具体情况又有所差异。就典型性而言，例(10、11)中的"徐太太、杜大叔"作为行为主体是很典型的，因为他们是切实能实施“拿、扯”这样的行为的；其中的位移客体“茶杯、果盒、毯子”也是实实在在的客体。例(12)中的主体“陈玉英”虽然典型，但客体“话”却不是实实在在的，致使“接”这一行为不够典型。例(13)中的客体“表嫂”是典型的，但主体“严晓强的侃侃而谈”只能算得上是个事件，偏离了典型的实施行为的主体，“吸引”也不是具体可感的行为。

下面是客体和路径要素同时出现的例子：

(14) “广东腔”踮起脚尖，把话筒从众人的头顶上**递过来**。(陈建功、赵大年《皇城根》)

其中的“广东腔”是借代或者说是转喻，指具有广东腔的那个人，是实施行为“递”的主体，“话筒”是客体，“众人的头顶上”是路径。

第六种，**O—V+过来**

这种句式只包含位移客体 O 这一个要素，自然是凸显的对象。例如：

(15) 名片**递过来**了，是《歌坛百家》的记者。(陈建功、赵大年《皇城根》)

(16) 果然，她一进门，老爷子的话就**递过来**了。(陈建功、赵大年《皇城根》)

(17) 孟吉一对细长俊美的眼直直地**望过来**。(廉声《月色狰狞》)

就典型性而言，无论是位移行为本身还是位移客体，例(16)都不如例(15)，例(17)离典型就更远了。

第七种，**O—S/P/G—V+过来**

这一句式包含位移客体 O 和位移起始点 S 或者路径 P、目标点 G 这两个要素，多数情况下，客体位于起始点之前做话题/主语，起始点/目标点处于状语位置。例如：

(18) 那卖瓜的倒爷说，您还甭嘬牙花子，咱大兴县的早花儿西瓜还差个把月呢，我这瓜不起眼儿，可是从广西**空运过来**的！(陈建功、赵大年《皇城根》)

(19) 女人觉得土匪头的话是从另一个世界**飘过来**的，他的话叫她迷惑，叫她难辨真伪难说是非。(尤凤伟《石门夜话》)

例(18)中的“广西”和例(19)中的“另一个世界”都是起始点，跟“从”一起构成介宾短语，作状语。但偶尔也有起始点作主题的情况，例如：

(20) 冯紫英笑道：“你这样地‘慢工细活’，在宁国府天香楼下射圃，倒能博珍大哥等哄然叫妙；用到实战上，可就未等这边箭出，只怕那边箭早**飞**

过来了！”（刘心武《贾元春之死》）

例(20)中的“那边”就表示起始点，“箭”是位移客体。

以上是位移客体与起始点同现的例子。下面是位移客体和路径、目标同现的例子：

(21) 各路大军总汇合，欢呼“万岁”的声浪从前方黑鸦鸦的人头上**滚**将**过来**。（梁晓声《一个红卫兵的自白》）

(22) 他的一只手，向她的身体**探**了**过来**。（梁晓声《激杀》）

例(21)中的“前方黑鸦鸦的人头上”是“声浪”位移的路径；例(22)中“她的身体”是“他的一只手”要位移的目标。在所搜集的语料中只发现这一例。

第八种，**A—V+过来—O**

这一句式跟上述第五种一样，也包含实施行为的主体 A 和客体 O 这两个要素，但句法映射上，它们分别映射为主语和宾语。例如：

(23) 可是今天，金枝捎带着给张全义**带过来**了那个信件。（陈建功、赵大年《皇城根》）

(24) 他们遇见一个半熟脸的街坊，那女人**投过来**惊异的目光。（陈建功、赵大年《皇城根》）

这两例中的“带过来”和“投过来”虽然都可以表示典型的空间领域的位移，但例(24)中的“惊异的目光”，由于它不是典型的客体，所以，整个句子并不表示典型的位移。

第九种，**S—V+过来—O**

这一句式虽然也包含起始点和客体两个要素，但起始点处于话题/主语位置，客体处于宾语位置。例如：

(25) 杨妈侧起耳朵听了听，西厢房**传过来**孩子的哭声。（陈建功、赵大年《皇城根》）

(26) 电话里**传过来**大立的声音，他在楼下的电话亭里。（陈建功、赵大年《皇城根》）

其中的“西厢房”和“电话里”都表示起始点。从所搜集到的语料来看，动词都是“传”。事实上，可以是其他的动词，例如：

(27) 那边洞里**窜**过来一只老鼠。

(28) 对面**跑**过来一条牛。

单个的“过来”也有这种句式，例如：

(29) 从后面**过来**一位妇女,三十多的年纪,瞪着眼睛看着两个孩子。(冯向光《三晋春秋》)

2. 认知图景的扩展:隐喻

在第一部分所举的诸多例子都表示空间领域的位移,虽然有的很典型,有的在不同程度上偏离了典型。除此之外,由"V+过来"构成的句子,还可以是非空间领域的,这是隐喻用法。例如:

(30) 好在我们都**挺过来**了。(冯骥才《一百个人的十年》)

(31) 5月20日晚他又率先**清醒过来**,抢先发出这样的电讯:"……"(刘心武《5.19长镜头》)

例(30、31)谈不上真正的位移过程,无论就V本身来说还是就整个结构来说都是如此,如例(30)中的"挺"是"勉强支撑"的意思,表示的是一种状态,"挺过来"的是"我们",但"我们"没有发生空间上的位移,"挺过来"只是一种隐喻的说法,是"时间"的位移,或者理解为"从一种状态到另一种状态",类似的如"熬过来"。例(31)则完全表示一种状态的变化,从昏迷状态到清醒状态。这两例与上述第一种句式相对应。再看下面的例子:

(32) 二爷很快从刚才讲故事的低沉中**恢复过来**。(尤凤伟《石门夜话》)

(33) 想到这里,她仿佛突然从梦中**惊醒过来**一样,飞快地叠被子、换衣服。(陈建功、赵大年《皇城根》)

例(32)不表示空间领域的位移,而是表示状态的变化,是隐喻用法;"低沉"是一种起始状态,它对应于空间领域位移的起始点。例(33)类似,"梦中"其实也是一种状态。

前述第二种和第三种句子中的S和G是分别出现的,在语料中,我们发现一例是同时出现的,不过是隐喻用法:

(34) 名声赫赫的金一趟诊所,从解放前走到今天,甚至是从清末民初**走过来**的,几经战乱,几度沉浮,并没垮台。(陈建功、赵大年《皇城根》)

例(34)中的"金一趟诊所"相当于位移主体兼客体,"解放前"和"清末民初"相当于起始点,"今天"相当于目标点。

(35) 姐,你不知道这一年我是怎么硬**挺过来**的!(陈建功、赵大年《皇

城根》)

(36) 这三千六百五十个日子,我真是一天一天**数过来**的。(冯骥才《一百个人的十年》)

例(35、36)不是真正的位移,也是隐喻用法;其中的“这一年”“这三千六百五十个日子”相当于路径,“我”相当于位移主体兼客体。与前述第四种句式相比,这两例中的路径和主体的位置关系颠倒了一下,可看作是第四种句式的变体。再看下面一例:

(37) 在车子晃晃悠悠中,我便不自觉唱起歌来,唱完一个再唱一个,把我所有会的歌全**唱过来**,无忧无虑唱了一路……我尽量什么也不想,享受这一切。(冯骥才《一百个人的十年》)

例(37)中的主体“我”虽然很典型,但行为“唱”显然不是表示位移的动词,“唱过来”也不具明显的[位移]特征。“我所有会的歌”虽然是用“把”引进的,但把它理解为路径的隐喻用法似乎更可取,“我”是随着唱的一支又一支歌过来的。

在语料中,我们发现一个只凸显路径 P 这一要素的例子,只不过这路径是隐喻用法,从而构成“P—V+过来”这样的句式:

(38) 用他自己的话说,枪林弹雨**闯**过来了,却一个跟斗栽倒在一个女人怀里爬不起!(梁晓声《一个红卫兵的自白》)

例(38)中,实施“闯”这一行为的主体是“他”,但没有凸显出来;“枪林弹雨”不是位移客体,而是相当于路径。整个句式凸显的是主体通过路径的过程。

其他不同句式也多有相应的隐喻用法,限于篇幅,这里就不一一举例了。

3.“V+过来”句式的否定

否定,可以从不同的角度去看,或者从语义上去看,或者从形式上去看。这两者有时并不一致,即从形式上看是否定的句子,其意义却是肯定的;或者反过来,从形式上看是肯定的,意义上却是否定的。例如:

(39) 这件事他不是不知道。

(40) 他怎么会知道这件事。

本文所说的否定是就形式而言的。从形式上看,现代汉语中表示否定的词语主要有两个："不"和"没(有)"。接下来，我们主要考察一下"不"和"没(有)"在"V+过来"句子中的使用情况，并就相关现象作出解释。

3.1 "V+过来"句式的否定特点

由"V+过来"构成的句式，其否定形式有两种，一种是在"V+过来"之前加上否定词，另一种是在"V"和"过来"之间加否定词。前者一般是用否定词"没(有)"，加"不"是有条件的；后者只能用否定词"不"。

我们先看看前一种情况：

(41) 如果金枝**没有**给张全义带**过来**那个牛皮纸信封的信件，那么，张全义心里的这一通闹腾，大概就不会有什么新鲜的结局了。(陈建功、赵大年《皇城根》)

(42) 尚未下车的乘客，一时还**没有**反应**过来**。(刘心武《公共汽车咏叹调》)

(43) 趁他还**没**缓**过来**，我赶紧宣布道："你对我的研究就到此结束吧，行不行?"(梁晓声《表弟》)

(44) 直到端起奶茶碗，还**没有**清醒**过来**，只是觉得该说点儿什么。(张承志《黑骏马》)

由上述例子可以看出，能出现否定词"没(有)"的"V+过来"句子既可以是真正具有空间领域位移特征的句子，如例(41)，也可以是具有隐喻性质的句子，如例(42—44)。

前面是加"没(有)"的例子，接下来看看加"不"的例子：

(45) 菜园子变了花坛，我可**不敢**把公家的月季花儿挖几棵送**过来**。(陈建功、赵大年《皇城根》)

(46) 我说没必要这样，直觉告诉我他下午不会来，要是平常他倒是可能找来的，但是他如果知道是你来了，他反而**不会过来**了。(朱文《我爱美元》)

(47) 金一趟说："那还**不**快抱**过来**!"(陈建功、赵大年《皇城根》)

(48) 就对手下摆摆手说："你们还**不**去把范吉射领**过来**?"(冯向光《三晋春秋》)

这类否定的特点是，或是句子中含有"敢、能、会"等能愿动词，或是行为还没有发生，它们的共同点是行为都没有成为既成事实。

我们再来看否定词位于"V"和"过来"之间的情况。例如：

(49) 因为路上受阻,那一头终点站的车**开不过来**。(刘心武《公共汽车咏叹调》)

(50) 我们本来就被压得**喘不过来**啦,烧香怎么样?(张承志《北方的河》)

(51) 我又不是招待所的服务员,好多重要事儿都**忙不过来**,不想瞎耽误工夫!(浩然《夏青苗求师》)

这些句子,无论是否具有[位移]特征,其否定形式只能在"V"和"过来"之间插入"不"。其实,这种否定不是对"V+过来"的否定,而是对"V得过来"的否定,是"V补"结构可能式的否定。根据王国栓(2005)的调查,"过来"作补语的现象在唐五代语料中还没有发现,《五灯会元》和《朱子语类》中才有少量用例;"V补"结构的否定式在《红楼梦》中才出现。

通过对所搜集的材料进行观察,"V"和"过来"之间一般都可以插入"不",如:

伸不过来|飘不过来|走不过来|反应不过来|翻不过来|弯不过来|清醒不过来|明白不过来|照顾不过来……

吴云(2006)曾指出:"只要语境充分,几乎所有的自主动词都可以与之构成可能式。"他的观察是符合语言实际的,只是有的不一定是自主动词,如上例中的"明白"。我们对所搜集的语料进行否定测试后发现,只有个别的"V"和"过来"之间似乎不可以插入"不",如"*迎不过来"。我们对此类现象的解释如下:这类结构表示的是"由于主观或客观上的原因不能通过V的行为达到某种结果",比如,"走不过来"可能因为道路上的障碍而不能过来,"照顾不过来"可能因为主体的能力有限而无法照顾周全。因此,如果有某种行为,它一般不会受到主观或客观的限制,就不能在这类结构中出现,因为这样的动词不适合这类结构对动词的语义要求。"*迎不过来"之所以不说,可能就是"迎"这一行为的实施一般不会有什么障碍的。把其中的"不"换成"得",能说或者不能说,道理是一样的。

3.2 对"V+过来"句式否定特点的解释

要解释"V+过来"句式的否定特点,自然离不开"V+过来"结构自身的特点。在"V+过来"结构中,"过来"在有些句子中虽然失去了空间领域位移的特征而有所虚化,但这种虚化相对其他趋向动词如"下来、下去"来说,虚化程度要低得多。因而,把其中的"过来"看作前面V的补语,在学术界几乎没有什么异议。不过,补语有不同的种类,不同学者对补语的分类也不一致。那么,"V+过来”结构中的“过来”是什么性质的补语呢？刘月华等(2002)[①]在“补语”一章把“结果补语”和“趋向补语”并列，这就意味着它们是不同性质的补语。范晓(1985)[②]虽然从语义上把补语分为“动结关系”“动趋关系”等不同的类，但他又说：“动结式和动趋式有共同性：广义地说，V—R 都是表因果关系的‘使成式’……”我们同意范文的看法，并进一步，主张把所谓的“趋向补语”看作结果补语的一种。原有的“结果补语”和“趋向补语”实际上是从两个不同的角度命名的，前者是就“动作的结果”来说的，后者是从充当补语的这类词的语义特征而言的，从分类的要求来看，是不符合逻辑的。

明确了“V＋过来”结构中补语的性质以后，我们就能比较方便地解释“V＋过来”句式否定的特点了。

因为“V＋过来”中的“过来”是表示“结果”的，既然结果都产生了，那相应的行为自然也发生了，“有结果的动作或历程往往是完成了的动作或历程”(高名凯，1986：195[③])；而“没(有)”是对行为发生的否定，是相对“V 了”而言的，所以这类句子多用“没(有)”否定。必须明确的是，虽然说有结果的动作往往是完成了的动作，但这只是逻辑上的蕴含关系，而并不意味着其中的动作和结果都成了事实。正因为如此，一部分由“V＋过来”构成的句子就可以用“不”来否定，上述用“不”否定的句子，不管具体的句法条件如何，但都有一个共同的地方，就是那些行为都没有真正发生，自然也就不存在行为的结果。

至于“V＋过来”可能式的否定，是对可能结果的否定，自然是这一结果没有成为事实，因此只能用“不”来否定，不能用“没(有)”来否定。

从语言事实来看，无论是哪种否定(通过“没”还是“不”来否定)，所否定的都是结果(现实的结果或可能的结果)。究其原因，可以从会话合作原则之数量准则得到解释。数量准则的一条是，不提供过量的信息。就动补结构而言，它涉及两方面的信息：行为和行为的结果。动补结构的否定，如果只否定行为本身，则没有必要说出结果，否则就违反了数量准则；因为说话人既然不是要否定结果这一信息，结果信息出现了，就成了多余的信息。因此，动补结构的否定，必然是否定行为的结果这一信息。沈家煊(1999：53)[④]也曾指出：“状语、补语和

---

① 刘月华、潘文娱、故韡 2002《实用现代汉语语法》(增订本)，北京：商务印书馆。

② 范晓 1985 略论 V-R，《语法研究和探索》(3)，北京：北京大学出版社，第 60—77 页。

③ 高名凯 1986《汉语语法论》，北京：商务印书馆。

④ 沈家煊 1999《不对称和标记论》，南昌：江西教育出版社。

定语一般不是构成谓语所必需的(obligatory)句法成分,它们一旦在否定句谓语中出现就成为语义重点,容易‘吸引’否定词。”

4. 结 束 语

本文运用认知图景理论对“V+过来”所构成的句式进行了描写。由“V+过来”所激活的认知要素有:实施行为的主体(A)、位移客体(O)、起始点(S)、路径(P)以及目标点(G)。这些要素经过不同的凸显(包括第一次凸显和第二次凸显),从而形成了各式各样的句式。

本文还就“V+过来”的否定特点进行了探讨。“V+过来”的否定有两种情况,一是把否定词放在该结构之前,二是把否定词插入“V”和“过来”之间。第一种情况下,“没”和“不”都可以用来否定,但使用条件不同:“没”用来否定已经发生的行为,而“不”只能用来否定尚未发生的行为。第二种情况的否定,只能在“V”和“过来”之间插入“不”,表示对通过“V”的方式达成某种结果可能性的否定,这是由“V+过来”这一构式的特点决定的。

此外,还从认知图景和会话合作原则之数量准则出发对相关问题作了解释。

(原载复旦大学《语言研究集刊》第十二辑,
上海:上海辞书出版社,2014 年,第 34—46 页)

关于“句式”研究的一点理论思考

——以“放置”类动词为例

提　要　本文在简单梳理学术界对“句式”这一概念的理解之后，提出自己对“句式”的理解，主张根据相关词语所激活的认知图景中的要素来描写句式。对“放置”类动词具体句式的描写表明，不同句式体现的是这些认知要素凸显上的差异。基于认知图景的句式描写对对外汉语教学更实用。

关键词　句式；认知图景；凸显；“放置”类动词

0. 引　　言

“句式”这一术语虽然在学术界普遍使用，但人们对它的内涵似乎并没有清晰的界定，因而在外延上其涵盖范围也不是十分清晰。此外，句式与句型是怎样的关系？与构式又是不是一回事？这些问题如果不梳理清楚，势必会影响汉语句式研究的深入。

本文试图从认知图景理论出发，以“放置”类动词为例，阐述一下自己对句式的理解，以及如何研究汉语的句式。

1. “句式”与“句型”“构式”

一谈及“句式”，我们就很容易想到“把”字句、“被”字句，等等。但什么是“句式”？学术界对此进行明确界定的不多。值得注意的是，胡裕树（1987）①

① 胡裕树主编 1987《现代汉语》（增补本），上海：上海教育出版社，第 374 页。

对“句式”有个特殊的解说:“句式是以语言中部分句子为对象加以描述的结果。”这些“部分句子”实际上指的是具有一定特色的句子,如“‘把’字句”“‘被’字句”等。这里就存在一个问题:到底什么样的句子才是“有一定特色”的句子?除“把”字句和“被”字句外,还有什么句子可以纳入“句式”范畴来研究?范晓在《关于句式问题》一文中,给“句式”下了一个比较具体的定义:

句式是句子的语法结构格式,即指由一定语法形式显示的表示一定语法意义的句子的结构构式(“结构格式”也可简称“构式”),具体可表述为:由词类序列、特定词(或特征字)、固定格式、语调等形式显示的包含句法结构和语义结构以及具有语用功能的句子的结构格式。(范晓、陈昌来,2015①)

该文还明确指出:“‘句式’是一种句法、语义、语用三位一体的句子结构格式”“句式具有五个特点:线条性、有序性、层次性、抽象性、匹配性。”尽管如此,在笔者看来,这很难把句式和句型区分开来。

胡明扬(2003)②在《基本句式和变式》一文中所使用的“句式”,似乎相当于一般所说的“句型”。

那么,句型是什么?学术界对“句型”进行明确定义的不多,研究者似乎都遵守着一条“默认原则”;但在具体理解方面却存在差异,比如,黄伯荣和廖序东(1988)③在讲“主谓句”时,其下位所包含的句型有“主谓谓语句、双宾句、连谓句、兼语句、存现句、‘把’字句、‘被’字句和疑问句”8 种。虽则如此,主流理解是,“句型”是“句子的结构类型”。胡裕树(1987:354)是这样描述的:“句型是从许多句子中归纳出来的,不同的句子可以归入同一句型。”如“你读书”“他看报”“我写文章”这三句就属于同一句型。范晓和张豫峰等(2003:151)④给“句型”下了如下的定义:

句型是指句子的句法结构类型,确定和区别句型就是在句法平面上对具体的句子进行抽象的句法分类。

由于受结构主义“二分法”的影响,在句型描写和分析上多采用逐层分析,并且对许许多多句子的结构进行归纳后所得的“句型”是非常抽象的,在归纳过

① 范晓、陈昌来 2015《汉语句子及其句式研究》,上海:学林出版社,第 53 页。
② 胡明扬 2003《胡明扬语言学论文集》,北京:商务印书馆。
③ 黄伯荣、廖序东 1988《现代汉语》(下册),兰州:甘肃人民出版社,第 408—420 页。
④ 范晓、张豫峰等 2003《语法理论纲要》,上海:上海译文出版社。

程中忽略了不同的语义上的差别，其结果就是，许多不同的句子具有同一个句型。如：

(1) 我来了。

(2) 他打了孩子。

(3) 我姓卢。

(4) 她织了一件毛衣。

(5) 我浇菜。

(6) 我浇大瓢。

(7) 这些水浇菜。

(8) 我用大瓢浇菜。

……

上述句子都是主谓句。如果考虑到层次上的差异，例(2—7)也都属于同一句型，然而其内部差异是显而易见的。

李临定(1986)[①]在句型描写过程中加进了语义因素，致使对句型描写的角度不一致，从而招来不少诟病。

句式和构式也是容易混淆的两个概念。后者的英语说法是 construction，顾名思义，只要是个结构体，[②]就是一个构式，这其中自然包括短语的结构。但众所周知，句式是从句子层面来说的。它只能是构式的一部分。因此，说"句式"是"构式"没问题，但必须清楚，句式不等于构式。

那么，到底如何看待句式呢？胡明扬(2003:312)指出："只承认一种基本句式，或者基本句式太多，尽管在理论上不是讲不通，可是太抽象了或者太烦琐了就会影响实用价值。"胡明扬虽然是就句型而言的，但我们觉得这段话可以用来讨论句式。要避免这两个极端，我们觉得，基于认知图景的句式研究是可行的。我们对"句式"作如下理解：句式是指基于某一认知图景所激活的认知要素在经过两次凸显以后在句法上的排列格式，每个句式都涉及一定的语义成分，每个句式都是这些语义成分在句法层面映射的结果，因而是比较具体的，既不抽象，也不像句型那样具有层次性。

---

① 李临定 1986《现代汉语句型》，北京：商务印书馆。

② 甚至连"结构体"都不需要，只要是音义配对即可。如此一来，一个单音节语素就可谓之构式。笔者不敢苟同。

2. “放置”认知图景及其句式描写

2.1 “放置”认知图景所激活的认知要素

本文所涉及的“放置”类动词包括单音节的“放、搁、搭、置、堆、摆”和双音节的“安放、停放、堆放、放置”。这些动词虽然各有其他意义，但我们这里只讨论其“放置”义，故而把它们归为一类。由“放置”义所激活的认知图景，我们称之为“放置—认知图景”。由这一认知图景所激活的认知要素有：(1)“放置”的行为；(2)实施这一行为的主体；(3)所放置的对象；(4)这一对象最终所处的位置。(参阅卢英顺，2013①)这些认知要素就是潜在的语义成分。

卢英顺(2008)②指出：“当认知图景与语言挂上钩的时候，就会出现这样的问题：是不是所有的跟认知图景相关的要素都要在语法结构中出现？或者只是其中的一部分？从语言事实来看，后者似乎更常见。”这就是说，一般情况下，我们只选择其中一部分的要素。为什么是这些而不是那些？这涉及“凸显”哪些要素的问题。这种“凸显”卢文称之为“第一次凸显”。该文还进一步指出：“通过第一次的凸显，可以确定认知图景中的哪些要素可以在语法结构中出现。但这还不够，在语法成分的线性序列中，还存在信息安排的问题，什么要素作主题，什么要素作信息的焦点，这也是一般意义上所说的凸显。”卢文称这种凸显为“第二次凸显”。可见，由相关认知图景所激活的认知要素，它们经过第一次凸显之后就成为现实的语义成分，再经过第二次凸显，映射到句法层面，就形成各种不同的句式。

2.2 “放置”类动词所构成的句式

从我们所搜集到的语料来看，在“放置”类动词中，有些动词语料用例很少，有的则很多，特别是“放”。因此，在以下的句式描写中，我们较多地涉及“放”的例子，如果其他动词也有相应的例子，我们也一并举出。

在描写“放置”类动词构成的句式时，我们依据的是相关认知要素经过第二次凸显的结果，主要是根据作主题和焦点的语义成分状况来描写。为了叙述的

---

① 卢英顺 2013 概念化对句法、语义成分的影响，复旦大学汉语言文字学科《语言研究集刊》第十一辑，上海：上海辞书出版社。

② 卢英顺 2008 关于认知图景的几个问题，《语言科学》第6期。

方便，我们使用相关的符号，其中，V 表示动词，A 表示实施行为的主体，O 表示行为所涉及的对象，L 表示行为对象最终所处的位置。

由“放置”类动词构成的句式主要有以下几种：

第一种，A＋把/将＋O＋V＋L 式。这种句式只出现行为主体、行为对象和对象所处位置。例如：

(9) 他将手中寒光森冷的刺刀横搁在保长多肉的后背上。（廉声《月色狰狞》）

(10) 他将保养得很好的身体舒坦地放置在床上，垂落蚊帐。（廉声《月色狰狞》）

(11) 小林将手搭在后脑勺上，将身子仰到被子垛上说……（刘震云《一地鸡毛》）

(12) 男人把一杯加了冰的饮料放在女人面前。（田小菲《哈得逊河上的落日》）

例(9—12)的画线部分都属于这一类句式。细心的读者可能会有疑问：为什么要把“把/将 O”纳入句式的描写范围？从句法上看，“把 O”是状语，而状语一般被认为是“扩展性成分”，扩展性成分在句法结构的完整性方面则是可有可无的，就是说，它的有无并不影响句法结构的可成立性。因此，胡裕树(1984)①指出“扩展不影响句型”，其目的就是“限制句型的膨胀”。这种确定句型的原则是非常必要的。这一原则在句式描写上也可以用来参考。然而，上述这些例句中的“把 O”是绝对不可以删除的，否则，其所在的句法结构就不能成立，或者，即使能说，但意义已经完全不同了，试比较与例(11)、(12)对应的句子(11′)、(12′)：

(11′) *小林(　　)搭在后脑勺上

(12′) *男人(　　)放在女人面前。

再看看下面的例子：

(13) 他一只手臂搭在方向盘上，转脸看着她，橙红的路灯光映照着他的脸，脸的另一半却隐在阴影里。（田小菲《哈得逊河上的落日》）

从句型上看，例(13)的画线部分属于主谓谓语句，与例(9—12)的情况不一样；但从句式的语义成分排列的格局来看，它们是一致的，只不过在形式上少了

---

① 胡裕树 1984 如何确定句型，《中文自修》第 4 期；又载张斌、胡裕树《汉语语法研究》，北京：商务印书馆，1989 年。

个"把/将",其中的"一只手臂"也是不能删除的。同时,在语料中,我们也没发现其他同类例子,所以这里把它与例(9—12)归为一类。反过来看,例(9—12)这些句子,如果删除其中的"把/将",也是可以成立的。

在特定语境中,"把O"也可以省略,不过这省略的成分可以补上,例如:

(14) 我不吃,她就( )**放**在炕席子上。(张炜《柏慧》)

例(14)的画线部分,如果没有前面的"我不吃"激活"放置对象",则不能接受。

第二种,O+V+L式。这种句式只出现行为对象和对象所处的位置。例如:

(15) 从商场里买来的也是货真价实的,它**放**在我们的菜篮里,同其他菜一样,我们不要对它有更多的想法。(朱文《我爱美元》)

(16) 双门冰箱**放**在厨房里,双缸洗衣机**放**在天井里,彩电和音响**放**在房间里;房间里有两张弹簧床,一套组合柜,连被子都是新的,眼下流行的结婚装备应有尽有,而且是中间偏上的。(陆文夫《清高》)

(17) 还有一叠写着零乱字迹的餐巾纸,( )**随意地摆**在一只烟盒下面。(田小菲《哈得逊河上的落日》)

(18) 因为我就是这样一个廉价的人,在火热的大甩卖的年代里,属于那种清仓处理的货色,( )被**胡乱搁**在货架的一角,谁向我扔两个硬币,我就写一本书给你看看。(朱文《我爱美元》)

(19) 他试图坐起,被温和而坚决地劝阻了,一只腴白的手**轻轻搭**在他胸口,"躺着罢,你病还没好呢。"(廉声《月色狰狞》)

上述例子都属于这一类。值得一提的是,例(17)中括号处省略了行为对象成分(餐巾纸),省略不影响句型。在句式描写上,我们也可以说,省略不影响句式的类别;在对句式进行分类描写时,可以把省略的部分补回来考虑。例(18)类似,其中的"胡乱"虽说也是状语,但它不同于第一种中的"把O",是可以删除的,是真正的扩展成分,例(17)中"随意地"和例(19)中"轻轻"类似。所以在句式描写时,我们对此不予考虑。

第三种,L+V+O式。这种句式也只出现行为对象和对象所处的位置,但与前一种相比,这两个语义成分在第二次凸显时有差异。例如:

(20) 进了门是一个大厅,中央**摆着**一株一人多高的圣诞树。(阎真《因为女人》)

(21) 响起一阵引擎声，原来园子外边**停放了**一辆汽车。（张炜《柏慧》）

(22) 锅台上**放着**一把茶壶；大概是怕时间久凉了，还用一件衣服围着。（浩然《夏青苗求师》）

(23) 他看清了，窗台上**搁着**一柄尖刀，月光下它晶莹闪烁如一件玉器。（廉声《月色狰狞》）

例(20—23)就是一般所说的存在句的一种，它表示"某处存在某存在物"。虽然其中的动词都表示一种动作行为，但该句式则表示"放置"行为发生后行为对象和其所处位置的一种静态关系。值得注意的是，这种句式中，"放置"类动词前面没有出现表示"方式"类状语，这显然与这种句式不表示动作有关，因为只有动作才存在"方式"的问题。由此可以看出，句式的整体意义有时会制约着其中词语的结合功能。不过，其他类型的状语似乎可以出现在动词的前面，例如：

(24) 桌子上乱七八糟地**放着**许多书和杂志。

其中的"乱七八糟地"表示的是"许多书和杂志"的呈现状态，而不是行为"放"的方式。综合不同句子，从语义指向上来看，似乎可以作如下的概括：如果状语指向行为本身，就不能在这种句式中出现；如果状语指向行为对象（其后的宾语），则可以出现。

第四种，O＋V式。这种句式只凸显行为对象这一个语义成分。

(25) 本来那暖水壶就没放好，谁碰到都会碎！（刘震云《一地鸡毛》）

(26) 于是小林老婆调工作的事，就这样不上不下地放着。（刘震云《一地鸡毛》）

(27) 可是他在大学时就有个坏毛病，东西乱放。（礼平《小战的黄昏》）

第五种，O＋在L＋V式。这种句式除凸显行为对象这一个语义成分外，还出现了对象所处位置这一语义成分，例如：

(28) 你这破玩意还**在这**搁着。（《北京人在纽约（电视剧记录）》）

(29) 花瓶可是好端端地**在大立柜上**放着，你抹灰尘给抹碎了，你倒有资格说我了！（刘震云《一地鸡毛》）

例(28、29)中的"在L"从句法上看都是状语，但这一语义成分不可删除，因此在作句式描写时必须予以考虑。有时，这一语义成分可以通过"往"引进，例如：

(30) 可是抽水机正要**往机井上**放的时候，民兵连长嘴里咬着一个琥珀

色烟嘴出现了,身边还跟着两个持枪的民兵。(张炜《秋天的愤怒》)

(31) 我说穿了,部长的面子**往哪儿**搁?(刘学林《品茶》,略作改动)

第六种,A+V+O式。这种句式凸显的是行为主体和行为对象两个语义成分,动词后有时带上"下"作补语。例如:

(32) 我放了盆,叫他等着,就提桶打热水来给他洗。(阿城《棋王》)

(33) 又走了几步,他放下了车。(老舍《四世同堂》)

(34) 他愣了愣,想了想,又转回来,( )放下家什,走到羊栏跟前抽着烟,看了看静静安睡的羊群。(浩然《夏青苗求师》)

这种句式有时也会出现对象所在位置成分,以状语的身份出现,例如:

(35) 肖万昌**在灶里**放了一把火,锅里的小泥鳅乱窜起来。(张炜《秋天的愤怒》)

(36) 野求轻轻的,象挪动一些珍宝似的,( )一件件的**往床上**放那些破书。(老舍《四世同堂》)

(37) 车停住,那两位军官先下来视察地形,而后**在胡同口**上放了哨。(老舍《四世同堂》)

例(35—36)中的"在/往L"的出现与否,虽然对语义的明晰表现有一定影响,但从句法上看,这种成分是可以省略的,因而它们可以看作"A+V+O式"的扩展,这是我们把这两者归为一类的原因。

第七种,A+把O+往L+V式。这种句式中,行为主体、行为对象和对象所处位置这些成分也都出现了,与第一种不同的是,该句式凸显的焦点是V,而不是L。这类例子罕见,从搜集到的自然语料中,我们只发现一例:

(38) 问了李四爷几句话,他开始很慢很慢的,( )把刀剪和一些小瓶往提箱里**安放**。(老舍《四世同堂》)

3. "放置"类动词的拓展用法

在上述第二部分,所举的例子都是"放置"动词的典型用法,即"放置"行为都表示空间领域的一种行为,由这一行为所激活的认知图景要素也都是具体可感的。这些可看作"放置"类动词的原型用法。在所搜集的语料中,我们也发现了一些偏离原型的用法,这些用法可看作基于"放置—认知图景"的拓展用法。

例如:

(39) 现在,他们才真感到国家,战争,与自己的关系,他们须把一切父子兄弟朋友的亲热与感情都放在一旁,而且只有摆脱了这些最难割难舍的关系,他们才能肩起更大的责任。(老舍《四世同堂》)

(40) 她不像有的农村姑娘那样,把一切心思都集中在花包袱和巧打扮上面;她有自己的理想,她决心把自己的全部精力,都放在集体事业上边。(浩然《新媳妇》)

(41) 他差不多把所有时间都放在了事业上,几乎没有厌倦和疲惫的时候。(张炜《柏慧》)

(42) 当然,一个生命力非常旺盛的人,还是会把主要的力量放到创造上,让它像闪电一样突爆,回荡起一种创造的旋律。(张炜《激情的延续》)

(43) 到他作过六十整寿,决定退休以后,他的劳作便都放在美化这所院子上。(老舍《四世同堂》)

(44) 我们考虑问题的出发点已经仅仅放在这能否为别人所接受上了,越来越没有个性了……(赵琪《告别花都》)

(45) 今年是个大年,果实累累,家家大丰收,人们的脸上都堆满了笑,只等卖个好价钱了。(乔典运《香与香》)

上述例(39—45)中的语义成分不同程度地偏离了相应的原型语义成分。例(39—42)所对应的是"A+把O+V+L"句式,其中的行为对象成分和对象所处位置成分都是表示抽象的事物,例(39)中的"一旁"独立地看还是表示空间位置,但由于对象成分的抽象化,其语义所指也随着抽象化了。例(43、44)所对应的是"O+V+L"句式,其中的O和L都不表示具体的事物或处所。例(45)对应的是"L+V+O"句式,其中,"人们的脸上"作为对象所处位置虽然不是很典型的处所,但它仍属于空间领域;"笑"虽然不是具体的事物,但它还属可感之列。由此不难看出,上述这些例子在对原型的偏离上程度是不同的。根据这点,我们把"放置"类动词的拓展方法分为两类:基于隐喻的拓展和偏离原型的拓展,其区分标准就是看其拓展用法是否还保留在空间领域,如果是,就是偏离原型的拓展(这种情况下不宜一并看作隐喻,因为它和原型用法属于同一认知域);如果不是,就是隐喻拓展。例(39—44)属于隐喻拓展,而例(45)属于偏离原型的拓展。

4. 不同句式的语用价值

由“放置”类动词构成的句式多种多样，那么这些不同句式之间有没有什么功能上的差异？众所周知，不同句式体现的是凸显上的差异（包括第一次凸显和第二次凸显）。此外，从语篇的角度考察，不同的句式有不同的语用价值，主要体现在语篇上下文的连贯性上。例如：

(46) 他边走边想地来到门口，轻轻地推开屋门，只见青苗独坐在油灯下边，身边放着一盆子水，手抱着脚，正用剪刀剪脚掌心。（浩然《夏青苗求师》）

(47) 舞池就在我们的右侧，我们远远地看到了小舞台上放着全套电声乐器，但是没人在那。（朱文《我爱美元》）

(48) 等小林回到家，果然，里间床上正坐着两个皮肤晒得焦黑、头上爆着青筋的老家人，脚边放着几个七十年代的帆布提包，提包上还印着毛主席语录。（刘震云《一地鸡毛》）

(49) 你想想看，日本人的刀已放在咱们的脖子上，你还能单看家中的芝麻粒大的事，而不往更大点的事上多瞧一眼吗？（老舍《四世同堂》）

(50) 在棺材要盖上的时候，她颤抖着从怀中掏出一小卷，没有裱过，颜色已灰黄了的纸来，（ ）放在儿子的手旁。（老舍《四世同堂》）

(51) 瑞宣转身把灯由窗台上拿进来，（ ）放在桌上。（老舍《四世同堂》）

例(46—48)都是“L＋V＋O”句式，这种句式以L为话题，以O为焦点。就例(46)而言，“只见”的后续内容是以“青苗”为话题的，“身边”虽然是L成分，但从语篇的角度看，其所在小句是承续“青苗”这一话题的，而且它后面的小句“手抱着脚……”也是承续这一话题的，因此，“只见”后的几个小句的话题一贯、畅通。如果画线部分用的是“O＋V＋L”句式，不仅话题的连贯性遭到破坏，“一盆子水”忽然作了话题，也显得突兀。例(47)首句的话题是“舞池”，“小舞台上”承接这一话题就很自然。例(48)中，“脚边”承续前面的“老家人”，焦点“帆布提包”又开启了后续句的话题。

例(49—51)都是“O＋V＋L”句式。以“日本人的刀”为话题更能凸显日本人对我们中国的威胁，因为这种句式凸显了行为主体（日本侵略者）对行为对象

(刀)的处置(放在咱们的脖子上)。如果将画线部分说成“咱们的脖子上放着日本人的刀”(“L+V+O”式),凸显的则是静态的状况,其威胁性就会受到削弱。例(50、51)中,画线部分的上文已引出了话题“颜色已灰黄了的纸”“灯”,采用这样的句式就顺理成章了。

5. 基于认知图景的句式和基于配价的句型

在配价研究中,有不少学者根据动词的配价特点来描述其所能构成的句型,如吴为章(1982①;1987②)、范晓(1996)③等。诸如此类的研究与本文所说的基于认知图景的句式描写有相通之处,但两者并不完全相同。其区别主要表现在以下几点:

一是,句型描写往往是讲层次性的,如单句之下动词性谓语句、形容词性谓语句等,动词性谓语句下又分单动句、动宾句等;而基于认知图景的句式描写则不存在这种层次性。

二是,句型描写是极其概括、抽象的,语义成分荡然无存。只有这样,语言中无数的句子才有可能归纳为数量极其有限的句型。归纳句型的初衷应该是为语言教学服务,然而,在忽略动词语义特点的情况下,由句型而生成的现实的句子就有可能是不符合语法的。而基于认知图景的句式描写,则充分考虑到了不同动词的语义特点以及该类动词不同语义成分的现实的排列顺序,所以从语言教学的角度,从句子生成的角度,不符合语法的句子将会大大地避免。

三是,有些基于配价的句型描写虽然也考虑到动词的语义角色的差异,但是,一则动词价的确定往往不考虑定语、状语和补语位置上的成分,而有些句子中的状语等成分如果省略,句子就根本不能成立,这样的句型描写显然是有缺陷的;二则属于同一个价(一价、二价或三价)的动词实际上涵盖了不同语义类别的动词,由它们构成的句型,内部不可能一致,甚至差别很大,有的不得不对同价动词进行分类后再作句型描写,致使句型描写十分复杂,甚至有零乱之感。而基于认知图景的句式描写,由于属于同一认知图景的动词的语义是一致的,

① 吴为章 1982 单向动词及其句型,《中国语文》第5期。
② 吴为章 1987 “X得”及其句型——兼谈动词的“向”,《中国语文》第3期。
③ 范晓 1996《三个平面的语法观》,北京:北京语言学院出版社。

所激活的认知要素是一致的，因而在句式描写上就容易概括出共同的东西，而且这种共同的东西也不那么抽象，基于这种种句式而生成的句子，其合格率将会明显地升高。这对第二语言教学是非常有意义的。

6. 结 束 语

针对学术界对“句式”和“句型”的混乱理解，我们主张区别“句式”和“句型”，并且主张基于相关词语的认知图景来归纳描写句式。我们对“句式”的理解是：句式是指基于某一认知图景所激活的认知要素在经过两次凸显以后在句法上的排列格式，每个句式都涉及一定的语义成分，每个句式都是这些语义成分在句法层面映射的结果，因而是比较具体的，既不抽象，也不像句型那样具有层次性。

至于句式和句型的关系，我们主张在这种句式描写的基础上进一步抽象，进而归纳不同的句型。以本文前面提及的例(5—7)句为例，“我浇菜”“我浇大瓢”和“这些水浇菜”这三句的句式是不一样的，但它们可以概括为同一个句型，即“主语—动词—宾语”。从第二语言教学的角度来看，基于认知图景的句式教学可能更为实用。

传统上所研究的“把”字句、“被”字句等跟本文所说的句式不是从一个角度说的，它们只是汉语句子格式的一部分，因而从第二语言教学的角度来看，传统意义上的“句式”，其涵盖面比较有限。鉴于“把”字句和“被”字句有其特殊之处，不妨把它们作为“构式”来对待。

［原载日本《中国语文法研究》(2016 年卷)，第 49—59 页］

语义成分在句法结构上的映射

——以“捆扎”类动词为例

提　要　本文以“捆扎”类动词(包括“扎、捆、绑”等)为研究对象。首先基于语义成分的配列对这类词形成的构式进行描写。“扎”“捆”“绑”所形成的构式既有相同的一面,也有不同的一面。其根源都与它们各自所激活的认知要素有关。这些要素可以在句法上有不同的映射,从而形成不同的构式。

关键词　认知图景;构式;捆;扎;绑

0. 引　　言

一个句子是由一定的句法成分如主语、述语、宾语、定语、状语和补语等组成,这些不同的句法成分都是不同语义成分在句法结构上映射的结果。同一个语义成分映射到句法结构上可以表现为不同的句法成分,从而形成一个个不同的具体的句子。这些在学界已达成共识。那么,语义成分是由什么决定的呢?根据卢英顺(2005)①的研究,语义成分是由认知图景决定的。在一个以动词为核心的结构中,这一结构的语义成分主要是由该动词所激活的相关认知图景中的要素决定的。

本文以“捆扎”类动词为例,考察由这类动词构成的不同的句子的句法、语义特点,并就相关问题作出认知上的解释。本文的“捆扎”类动词包括“扎(zā)、捆、绑、捆扎、捆绑”。从所搜集的语料来看,双音节的“捆扎”和“捆绑”用例很少;所以我们主要讨论单音节的“扎、捆、绑”。

---

① 卢英顺 2005 认知图景与句法、语义成分,《复旦学报》第 3 期。

1. “捆扎”类动词所激活的认知图景

“捆扎”类动词所激活的认知图景可大致描述如下：首先是存在一种“捆扎”的行为，其次是实施这一行为的主体，所要捆扎的东西或者叫捆扎的对象，如“书”“箱子”等，用来捆扎东西的材料；捆扎的结果是这些材料附着在所捆扎的东西之上。

卢英顺(2008)①指出：认知图景也可能具有层次高低的不同；处于较高层次的认知图景叫“上位认知图景”，处于较低层次的认知图景叫“下位认知图景”。处于同一上位认知图景之下的不同下位认知图景所激活的相关要素自然有相同的方面，但也有可能存在一些差异。本文把“捆扎”类所激活的认知图景称为上位认知图景，把“扎”“捆”“绑”所激活的认知图景称为下位认知图景。从下位认知图景来看，“扎”所激活的相关认知要素，除上述几个外，还有一个，就是经过“扎”这一行为所形成的“产品”，如“扎一个草人”中的“草人”，这一认知要素是“捆”和“绑”等所不能激活的；但“捆、绑”能激活“处所”要素，如“把他捆在椅子上”中的“椅子上”，而在“扎”语料中我们没有发现类似的例子。相关认知图景所激活的认知要素直接影响句法结构的形成。

2. “捆扎”类动词所构成的构式

在这一部分，我们将对由“捆扎”类动词所构成的构式作个比较详细的描写。考虑到同一语义成分，用我们的话说就是同一认知要素，可以映射为不同的句法成分，我们在描写构式的时候将不采用句法术语而是基于语义成分的配列。其中，V 表示行为本身，A 表示实施行为的主体，O 表示所捆扎的对象，M 表示捆扎东西时所使用的材料，P 表示行为所产生的产品，L 表示捆绑对象所附着的处所。

这些认知要素的不同配列就会形成不同的构式。

---

① 卢英顺 2008 关于认知图景的几个问题，《语言科学》第 6 期。

2.1 A—V—O式

这类构式,实施行为的主体位于动词之前,行为的对象位于动词之后。例如:

(1) 聂小轩换了件灰布小衫,月白裤子,**扎**着裤脚。(邓友梅《烟壶》)

(2) 那人穿着短袄,**扎**着腰,戴一顶瓜皮毡帽。(吴伯箫《羽书》)

(3) 冬天地里没活了,他就在院里忙活,**捆**草、垫圈、打扫院子,一点不肯闲着。(尤凤伟《石门呓语》)

(4) 飞波在后边**捆**麦子。(苗长水《终极美貌》)

(5) 几个太监推推搡搡的**绑**了一个人过来。(冯向光《三晋春秋》)

(6) 在深山密林里被边境民兵发现,**绑**他时,他像小豹子似的不肯就范,还踢人家民兵的老二。(老鬼《血色黄昏》)

(7) 敌人**捆绑**了她的双手,她胸部挺得更高;嘴里流出了鲜血,她舌头一卷,一口吞下。(朱泽云《贺龙的土家族妻子向媛姑》)

在这一构式中,表示材料的成分有时以状语的身份出现,例如:

(8) 我们把蛤蟆从水荡中钓来,剥了皮洗刷得干干净净后,用麻线**捆**着那东西小脚。(沈从文《老伴》)

2.2 A—(用M)—把/将O—V式

这类构式中,材料和行为对象都出现在状语位置,分别用"用"和"把/将"引入,其中材料成分可以省略。例如:

(9) 为了显得利落,他用长长的宽黑绸带把裤脚扎了起来。(老舍《鼓书艺人》)

(10) 人家要有贵重的东西,像大磁瓶,座钟,和楠木或花梨的木器,他们便把它们捆扎好,用一块窄木板垫在脖子上,而把它们扛了走。(老舍《四世同堂》)

(11) 马俊杰等用事先带来的绳子,将丛松波捆了起来。(牛爱民等《"卫益行"特大贿赂案内幕》)

有时候,材料成分位于对象成分之后,例如:

(12) 于是,她将自己褴褛的衣服用草绳紧紧地系上。(胡杨《两走长征路的红军女团长》)

(13) 他们把我用绳子捆上。(老舍《四世同堂》)

2.3 A—V—M式

这类构式,实施行为的主体也是位于动词之前,位于动词之后的是实施这一行为所需要的材料；行为对象这一成分表现为“处所”，以状语的身份出现。例如：

(14) 1938年9月，龚澎打起背包，**扎**好绑带，告别延安，跟着彭德怀将军在垣曲渡过黄河进入太行山区。（宗道一《才女外交家龚澎》）

(15) 在她第一次放单飞时，大胡子教官特意在她的飞机尾翼上**扎**了一条长长的大红飘带，随着开飞的信号，李霞卿一拉杆，跃入碧空，红色飘带如一抹燃烧的红霞，在天际飞舞。（王玉彬《“东方蜻蜓”李霞卿》）

(16) 除把书用细绳捆扎之外，还在纸箱上**捆**了好几根铁丝，为的是即使遇上野蛮装卸，纸箱破了书也不至于散失。（肖华《我和张艺谋的友谊与爱情》）

在语料中，我们没有发现“绑”用于这种构式；不过，“绑”是可以用于这一构式的。例如：

(17) 小王在纸箱上**绑**了几道绳子。

在这一构式中，如果捆扎对象这一成分不在V之前出现，句子往往不能接受，至少会觉得语义不自足。例如：

(15′) *小王**绑**了几道绳子

2.4 O—V—M式

在这一构式中，O是捆扎的对象，但它以处所的身份出现；由于捆扎的对象一般都是普通名词，它们不能直接作处所成分，所以要在这些对象名词之后加上方位词。M是捆扎东西所需要的材料。例如：

(18) 她穿了一件素净的旧蓝布褂子，旧缎鞋、小辫上没有缎带，只扎着根蓝色的绒线。（老舍《鼓书艺人》）

(19) 虽然没有风，头上还是扎了一条白纱巾。（老舍《四世同堂》）

(20) 黄狗好伤心，颈上捆绳绳，五个小鸡儿，看到吃不成。（流沙河《流沙河给女儿编课本》）

如果对象名词可以作处所理解，有时就是处所名词，则不需要加方位词。在前一种情况下，名词后可以添加适当的方位词。例如：

(21) 生活是艰苦的，可她有一股拗劲，和大伙儿一块儿脚穿草鞋，腰扎皮带，登山砍柴，趟溪担水，拾粪，摘桑……（张清渝《跨越大海的爱》）

(22) 为首的是穿着军装，腰间扎着宽宽的军用皮带，操着一口北方话的……（王慧萍《“红色小开”荣鸿仁落难记》）

(23) 冷风推着香烟，一直向上首冲去，烟雾蒙住了一切，弥漫了整个的

厅堂，等到慢慢地淡下来，上面就现出一个人影，不，一张很大的半身照片，四边扎着白绸。（唐韬《眼睛》）

2.5 O—被A—(用M)—V式

当对象成分作主题，同时又要凸显其被动性时，就形成了这一构式。例如：

(24) 等到他完全被那个乡下人用他所塞到裤袋里的腰巾捆住以后，他手里的枪可仍然是夺不下来。（骆宾基《一九四四年的事件》）

(25) 我找她去要点钱，正赶上，她教人家给绑了出来！（老舍《四世同堂》）

2.6 A—V—P式

这种构式只在"扎"语料中出现过，因为由"扎"认知图景所激活的认知要素中多一个"产品"要素。其中的P就是表示"扎"这一行为产生的产品。例如：

(26) 当晚，她就组织群众一起扎花圈、织黑纱，在大队部布置灵堂。（张茂龙、杨宜中《郭凤莲的风雨人生》）

(27) 她扎着两根羊角辫子，身穿宽大的棉军衣，横挎一支卡宾枪，边走边打着竹板，有板有眼地数着。（钟艺兵《巴金与朝鲜战场上的"小作家"》）

2.7 M—V—P式

由于同样原因，这一构式也只在"扎"语料中出现过。例如：

(28) 天赐穿了新红洋绒的毛衫，头上的几根黄毛很勉强的扎成一个小辫，专仗着红绒绳支持着。（老舍《牛天赐传》）

(29) 这张红纸可以扎朵花儿。（鲁川 1994 例）

例(28)中的"几根黄毛"其实是作为扎的材料看的，例(29)中的"这张红纸"的材料性就非常明显了。

2.8 A—将/把O—V—L式

其中的A是实施捆绑行为的主体，O是捆绑对象，L表示"处所"。这一构式只在"捆、绑"语料中出现过。因为在捆绑东西时，我们有时还将捆绑对象附着在某一物体上。例如：

(30) 梦林无奈，只得含泪用一条围巾将他捆绑在坐椅上。（袁少杰《王任叔（巴人）之死》）

(31) 她的情况被战友们发现了，战友们纷纷来看她，那个伤员还流着泪将马还给她，可她坚决不要，最后大家不由分说，用一条长布带将她强行捆在了马背上。（曹检生、姚文奇《女将军李贞的三次婚恋》）

(32) 当然,大部分人都会说自己不喜欢太实际,但这要看是不是叶公好龙,不要真到了火车开过来了,就恨不得找根绳子把自己绑在站台的桩子上了。(赵琪《告别花都》)

2.9 O—V—L 式

当行为主体 A 不出现时,要凸显的自然是对象 O,于是就有了这样的构式。例如:

(33) 睡梦中我见到多吉喜一被火绳子死死地捆在老槐树上。(高建群《大顺店》)

(34) 他说他牺牲得非常英勇,被国民党反动派捆在树上,用刺刀戳死,他还破口大骂。(刘白羽《漂河口杂记》)

(35) 他被绑在椅子上。

细心的读者可能已经注意到:在 O—V—M 构式中,我们说 O 被理解为处所成分,在上述两个构式中,我们又说 L 表示处所。同样是处所,为什么要将这两者作不同处理?它们有没有什么不同?之所以将它们作不同处理,是因为,在 O—V—M 构式中,O 是真正的捆绑对象;而在上述两个构式中,L 不是捆绑对象,而是真正的处所,比如例(33)中的"老槐树"并不是要捆绑的对象,捆绑对象是"多吉喜一"。

3. 对"捆扎"类动词句法、语义特点的解释

通过上述描写我们至少可以看出"捆扎"类动词在句法、语义方面的这样几个特点:一是,在相关的结构中,为什么出现的是这些语义成分?二是,为什么会形成上述几种结构类型?三是,当捆扎对象这一要素位于动词之前时,为什么会作"处所"成分来理解?

3.1 语义成分的性质

卢英顺(2005)已经指出,语义结构是由认知图景决定的。这里的"语义结构"[①]当理解为"语义成分"的组成,这"语义结构"相当于一个集合,这些不同的语

① 范晓、张豫峰等(2003:164)对"语义结构"的解释是:"语义结构都是指两个或两个以上的语义成分按照一定规律组成的语法结构"。可见这里的"语义结构"是有序的而非无序的。由于大家习惯说"语义结构决定句法结构"之类的话,我们顺势提出了"语义结构是由认知图景制约的"说法,其中的"语义结构"实际上等于"语义成分的构成要素",而这些要素是没有序列限制的。

义成分则相当于这个集合中不同的元素，这些元素是无序的。因而“语义结构”不是具体的语义成分的序列，如“施事—动作—受事”或者“受事—施事—动作”等。

那么，语义结构中的不同的语义成分跟认知图景是什么关系呢？简单地说就是，特定的认知图景不仅决定了语义成分的数量，也决定了语义成分的性质；这些与特定认知图景所能激活的认知要素密切相关。就“捆扎”类动词来说，“捆扎”类动词所激活的首先是一种行为，这对应于语义结构中的“动作”；实施“捆扎”行为的主体，对应于一般所说的“施事”；“捆扎”的对象对应于一般所说的“受事”；“捆扎”时所需要的材料，对应于一般所说的“材料”（有的称之为“工具”，如鲁川 1994①）。这样，认知要素和语义成分可以看作两个不同的集合，它们之间的对应关系可图示如下：

认知要素集合：{行为，行为主体，捆扎对象，捆扎材料}

↓　　↓　　↓　　↓

语义成分集合：{动作，　施事，　受事，　材料/工具}

本文在谈及语义成分的时候并没有像一般论著那样使用“施事、受事、工具”等术语，而是直接使用相关认知图景所激活的认知要素的类型。这样做的好处有以下几点：

一是，能更直观地看到认知要素与句法成分之间的关系。②

二是，很多情况下，我们很难说某认知要素是施事还是受事或者其他什么语义角色，如“我有很多书”中的“我”是什么角色？“很多书”又是什么角色？范晓、张豫峰等（2003：184—186）③在“语义论”部分没有直接提及“有”字句的情况，他们列举的语义角色分别有“施事、系事、经事、起事”和“受事、成事、使事、涉事、位事、止事”，但是没有哪个角色符合这句中的“我”和“很多书”④；如果从认知要素的角度说就很容易理解：“我”是拥有者，“很多书”是拥有对象。

三是，有时候，同一认知要素可能对应不同的语义角色，如本文所说的“捆

---

① 鲁川主编 1994《动词大词典》，北京：中国物资出版社。

② 根据胡裕树、范晓（1985）的说法，“语义是指词在句法结构中获得的意义，离开了句法结构，一个词孤立起来也就不存在这种语义”。由此可见，“施事、受事”等是在句法结构中确定的。本文所说的认知要素则是由相关的认知图景决定的，不需要借助句法结构来确定；是先明了认知要素的性质，然后看它们在句法上的位置。

③ 范晓、张豫峰等 2003《语法理论纲要》，上海：上海译文出版社。

④ 陈昌来（2003：129）把它们分别叫作“起事”和“止事”。这种说法难以让人理解，而且这个“事”和那个“事”之间从术语本身很难看清楚到底是什么。

扎对象”，有时充当一般所说的“受事”，有时又充当“处所”。碰到这种情况，我们又不宜说“受事”在特定构式中“处所化”了。

3.2 对几种结构类型的解释

关于结构类型，可以考虑这几个因素：在现实语料中为什么没有发现所有认知要素出现在一个句子里？不同认知要素的排列顺序是受什么制约的？

上述两个因素都与凸显有关。卢英顺(2008)区别了两种不同的凸显，他称之为“第一次凸显”和“第二次凸显”。所谓第一次凸显，就是从认知图景所激活的认知要素中选择一部分组成句子，而没有必要将所有的要素都在句子中反映出来。这显然跟语言运转的经济原则有关，有时也很难在一个句子中容纳所有的认知要素。所谓第二次凸显，就是给入选的认知要素以一定的排列顺序，让哪个要素作主题，哪个要素作焦点。

比如，以“A—V—O 式”和“A—V—M 式”为例，从句法上看，它们虽然都是“主—动—宾”结构，而且主语都是行为的实施者，即行为主体；但充当宾语的认知要素不一样，前者由捆扎对象充当，后者由捆扎时所需要的材料来充当的，这一差异体现的是要凸显的对象的不同。而在“O—V—M 式”中，第一次凸显的是 O 和 M，在第二次凸显的时候，选择 O 为主题，M 为焦点。另外几种结构与此类似，此不赘述。

对由捆扎认知图景所激活的认知要素所构成的结构类型，我们还可以从反面来看，即从理论上看可以有的结构为什么在现实语料中没有出现？比如“O—V—P 式”“P—V—O 式”或者“O/M/P—V—A 式”。究其原因，前两者与认知图景中要素之间的关系有关，具体地说就是，“捆”和“绑”下位认知图景所激活的认知要素中根本不存在“产品”要素，自然不能构成这两种构式；那“扎”认知图景能激活“产品”要素，又为什么不能有这两种构式呢？因为在“扎”认知图景中，虽然能激活“对象”和“产品”这两个要素，但它们之间不存在任何联系。这点只要与“M—V—P 式”比较一下就会看得一清二楚：在“M—V—P 式”中，M(材料)和 P(产品)之间是有联系的——任何产品都是由一定的材料制成的。至于“O/M/P—V—A 式”为什么不能成立，似乎可以这样解释：当行为主体出现时，往往是要凸显的要素，在这种情况下，一般都是表示主体从事某种行为。而要表示这种语义，在汉语和其他许多语言中，这一主体要素是位于其他要素之前的，这符合主体能动性的认知感觉，也符合句法象似性——先有行为主体，然后才有主体行为对对象的影响或产生某种结果等。因此，在句法上，主体要素需要位于动词之前。

3.3 对象要素为什么理解成“处所”成分

如上所述，在“O—V—M式”中，捆扎对象这一要素被理解为“处所”成分。原因何在？

这仍然可以通过认知图景来解释。我们在捆扎某东西的时候，捆扎时所使用的材料，如绳子，最终会附着在被捆扎的东西的上面，这就是材料的[附着性]特点。正是这一缘故，有的学者主张将“材料”从“工具”中分离出来。（谭景春，1995①）所以，当捆扎对象O位于动词之前而动词后又是材料的时候，整个构式所表示的是，从O的角度看，M与O的关系。这种情况下，M的附着性非常明显，O的处所性因此而得到凸显。

同样是由O和M构成的结构，也可以是“M—V—O式”。虽然我们在语料中没有发现这样的例子，但是这种结构是完全可以接受的，例如：

(36) 麻绳捆箱子。

(37) 橡皮筋扎铅笔。

不难看出，这一构式的意义是“说明材料的功用”，其中的O并不能理解为处所。为什么？原因在于，在这一构式中，M位于动词之前成为主题，成为看问题的立足点，要谈论的是材料，要谈论材料，自然是谈论材料干什么用。

4. “捆绑”的隐喻用法

在“捆绑”语料中，我们还发现了诸如下列例子：

(38) 咱们要老叫困难捆住手脚，不想办法，什么时候才会有新鲜事儿呢？（老舍《女店员》）

(39) 同居可以，结婚不行，我可不能被一纸婚约捆死，你再爱上别人怎么办？（王素萍《她还没叫江青的时候》）

(40) 他知道村子穷，风沙、盐碱、缺水，像三根绳索似地紧紧捆绑着村民们的手脚，许多应该上学的孩子却由于家庭贫困而失学；但他更知道，没有文化，将比贫困更加可怕！（黄传会《不灭的烛光》）

---

① 谭景春 1995 材料宾语和工具宾语，《汉语学习》第6期。

日常认知经验告诉我们，能实施捆绑行为的主体必须是人，能用作捆绑材料的也必须是绳子、铁链之类。但在例(38—40)中，“困难，婚约，风沙、盐碱、缺水”既不是指人的词语，也不表示绳索。照理说，它们既不能充当行为主体，也不能充当捆绑时所使用的材料，句子也应该不能成立；但实际情况是，这些句子都能接受。原因何在？这就涉及“捆绑”的隐喻用法。不过，这种隐喻用法仍然受“捆绑”认知图景所能激活的认知要素的制约，可以看作是认知图景的扩张。由于“困难，婚约，风沙、盐碱、缺水”既不表示人也不表示绳索，所以，从隐喻用法与非隐喻用法之间的对应关系来看，它们可以理解为与捆绑材料对应，这从上例(40)可以看得一清二楚：例(40)中，“风沙、盐碱、缺水”被直接比喻成“三根绳索”；但它们似乎也可以理解为与行为主体相对应，这可以通过相应的“把”字句来证明，比如下面几句应该可接受：

(41) 那些困难把咱们的手脚捆住了。

(42) 结婚的话，一纸婚约就会把我捆死。

(43) 风沙、盐碱、缺水，这三者把村民们的手脚紧紧捆绑着。

而在非隐喻用法中，材料是不能充当“把”字句的主语的，例如：

(44) *麻绳把他/书捆起来了。

或许有人认为，上述例(38)中的“困难”前有“叫”，例(39)中“一纸婚约”前有“被”，这样看来，它们应该理解为与行为主体对应。其实，由此得出的结论不是必然的，因为在汉语中，“被”所引介的不一定是行为主体，还可以是工具或者材料。例如：

(45) 山被厚厚的一层雪覆盖着。

(46) 他的手被绳子紧紧地捆着。

如果行为主体出现，工具/材料就会让位，“被”的宾语一定是行为主体。试比较：

(47) 他的手被犯罪分子用绳子紧紧地捆着。

(48) *他的手被犯罪分子被绳子紧紧地捆着。

(49) *他的手被绳子(被)犯罪分子紧紧地捆着。

5. 结　束　语

本文从“捆扎”类动词认知图景出发，具体考察了由这类动词认知图景所激活的认知要素对一个句子的语义成分的制约，以及这些语义成分在句法结构上的映射。由“捆扎”类动词所激活的认知图景有上位和下位之分，这就决定了由“扎”“捆”“绑”所形成的构式既有相同的一面，也有不同的一面。相同方面表现在，它们都能构成A—V—O式、A—（用M）—把/将O—V式、A—V—M式、O—V—M式和O—被A—（用M）—V式；不同方面表现在，“扎”所能形成的构式还有A—V—P式、M—V—P式，而“捆、绑”没有这样的构式，但“捆、绑”能形成A—将/把O—V—L式和O—V—L式，而在“扎”语料中，我们没有发现这样的构式。本文还就此作了认知上的解释：由“捆扎”类动词形成的构式，相同也好，相异也罢，其根源都与它们各自所激活的认知要素有关。

本文的研究进一步验证了这样的命题：句子的句法成分和语义成分是由相关词语（特别是作述语的动词）所激活的认知图景所包含的认知要素决定的。这些要素可以在句法上有不同的映射，从而形成不同的构式。由“捆扎”类动词所激活的相关认知要素在句法上的映射情况可大致图示如下：

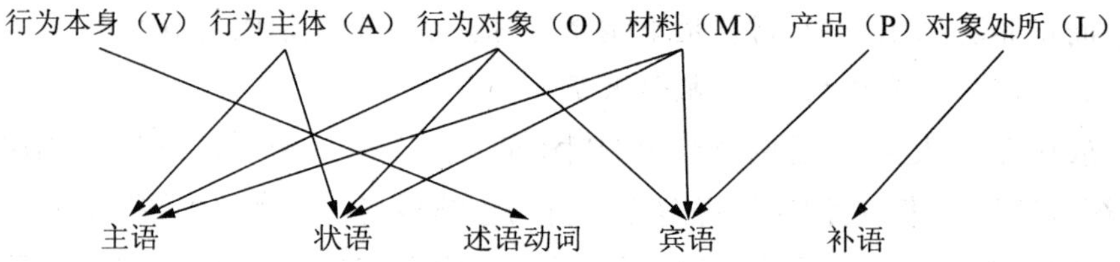

一点说明：上图中某要素映射为状语或补语，不是说它直接作这些成分，而是说它可以处于状语或者补语的位置，它作状语或者补语时需要借助一定的虚词，如“把”“被”“在”和相应的方位词等。

（原载《汉语学习》2014年第5期，第3—10页）

语　汇　篇

关于基本语汇和一般语汇区分的再思考

提　要　基本语汇和一般语汇的区分在汉语语汇学界由来已久，但研究者对这种区分的意义不甚了了。传统的三个区分标准有问题。本文认为，这种区分应该为汉语教学，特别是对外汉语教学服务，区分的标准应该考虑到这一现实，因而提出两个标准：普遍性和动态性。

关键词　语汇；基本语汇；一般语汇

0. 引　　言

汉语语汇学研究中，基本语汇和一般语汇的区分源于斯大林在《马克思主义和语言学问题》中的两段话："语言的词汇中的主要东西就是基本词汇，其中也包括成为它的核心的全部根词。""语言的语法构造及其基本词汇是语言的基础，是语言特点的本质。"①从斯大林的这两段话中，我们不难理解为什么汉语语汇学研究中如此重视基本语汇和一般语汇的区分了。

但是，苏培成(1995)②曾指出："这些研究的理论基础几乎是千篇一律地引用斯大林的成说，缺乏新意；对汉语基本词汇的认识限于举例；对这个理论的使用价值也缺乏有说服力的阐述。"

斯大林的话实际上对区分基本语汇和一般语汇的目的的认识有所启发。我们认为，这种区分对语言学习，特别是外语学习和教学是十分重要的。然而目前语汇学界对两者的区分标准存在一些问题。本文想就基本语汇和一般语汇的区分等问题进行再探讨。

---

①　斯大林 1956《马克思主义和语言学问题》，北京：人民出版社，第 17 页、第 19 页。

②　苏培成 1995 关于基本词汇的一些思考，《词汇学新研究——首届全国现代汉语词汇学术讨论会选集》，北京：语文出版社，第 137—145 页。

1. 传统的区分标准

把语汇分为基本语汇和一般语汇需要有一定的标准。高名凯和石安石(1981:127—128)[①]指出了基本词汇的三个特点:全民常用的特点、稳固性特点和“给语言构成新词的基础”的特点;而一般词汇就不具备这些特点。因而这三个特点实际上就成了区分基本语汇和一般语汇的标准。后来人们把这三个特点概括为:全民性、稳固性和能产性,它们作为两者的划分标准已成为传统,如胡裕树(1995)[②]、邢福义(1993)[③]、葛本仪(2001)[④]等。不同学者对三者的表述不尽一致,但基本意思相同。

全民性指的是语汇的极其普遍性。对操这种语言的人来说,不论他是哪个阶级、哪个阶层,不论他从事什么职业,也不论他具有什么样的文化水平,只要他用这种语言来表达思想、与人交际,口头上也好,书面上也好,他都要用到这样的语汇。如“水”“爸爸”“吃”“喝”,等等。

稳固性指的是语汇的长期不变性。这样的语汇在语言的历史长河中产生得比较早,而且一直沿用到现在。比如“风”“雨”“人”“山”“一”“牛”“马”“天”“鱼”,等等。这些语汇之所以具有稳固性,是因为它们所表示的事物或现象可以说是亘古不变的,星星还是那个星星,月亮还是那个月亮,山还是那个山,水还是那个水。我们只要交际就有可能用到它们,它们和我们的日常生活关系非常密切。“风”啊,“云”啊,在甲骨卜辞中就已出现,我们并没有感觉到它们有多么古老。

语汇的能产性指的是,它们可以用来作为构成新词的材料。比如说“水”,用它作为语素构成的词语很多,有:

水笔　水坝　水霸　水表　水波　水车　水电　水果　水平……

淡水　风水　祸水　墨水　露水　潜水　泉水　缩水　汗水……

按照传统的说法,符合这三条标准的,或者说具备这三条特征的,属于基本语汇,否则属于一般语汇。

---

① 高名凯、石安石主编 1981《语言学概论》,北京:中华书局。

② 胡裕树主编 1995《现代汉语(重订本)》,上海:上海教育出版社。

③ 邢福义主编 1993《现代汉语》(修订版),北京:高等教育出版社。

④ 葛本仪 2001《现代汉语词汇学》,济南:山东教育出版社。

2. 对传统区分标准的检讨

传统的这三条标准看起来似乎比较明了，但实际操作起来有很大的不足。同时符合这三条标准的词语，无疑应该归为基本语汇；完全不符合这三条标准的，无疑应该归为一般语汇。但问题并没有这么简单。主要有以下几种情况：

第一，这三条标准中，如果只符合其中的两条，甚至一条标准，怎么办？像"的""了""吗"这些虚词，我们在日常的交际中须臾离不开它们，但它们又无法成为构造新词的基础。把它们看作基本语汇吧，显然不符合能产性这一点；把它们看作一般语汇吧，显然有悖于语感。正因为如此，一些学者对类似现象作过专门的说明。

黄伯荣、廖序东(1988:279)①就作了这样的解释："上述三个特点是就基本词汇的整体来说的，不是说所有的基本词都具备这三个特点。现代汉语词汇双音节化的结果，使得许多双音节词进入了现代汉语基本词汇，但其构词能力却远远赶不上一些单音词。如果单纯强调构词能力，就会把许多双音节的基本词排除在基本词汇之外。"

邢福义(1998:218)："基本词汇这三个特征，不是每个基本词全都具备的，如一些代词，就只具备前两个特征，即没有构词能力。"

葛本仪(2001:6)②也有类似的说明："这里讲的基本词是产生新词的基础这一特点，也是从其整体性质的角度来谈的，事实上，有个别的基本词的词素，如'你''谁'等，体现这种性质的确是比较弱的，但是因为它们都具备了普遍性和稳固性的特点，所以仍然是基本词。"

从上述三位学者的论述中，我们可以明确的一点是，基本词可以不具备"能产性"这一特点；我们感到不够明确的是，如果缺少的是"全民性"或者"稳固性"这一特点，还算不算基本词呢？如果不算，理由何在？更有甚者，如果只具备其中的一条标准呢？有的词只符合其中的一条标准，如"收录机""电视机"，它产生的历史并不久，又不具能产性；但由于中国经济的普遍发展，无论在城市还是

---

① 黄伯荣、廖序东 1988《现代汉语》(修订本，上册)，兰州：甘肃人民出版社。

② 葛本仪 2001《现代汉语词汇学》，济南：山东教育出版社。

在农村，无论男女老少，他们对“收录机”“电视机”这样的词是并不陌生的，可见它具有全民性。“收录机”“电视机”又该为哪个语汇呢？如果硬要恪守三条标准，所得的基本语汇的成员必定非常有限。这样来区别基本语汇和一般语汇，又有多大的意义呢？

第二，就每一条标准本身来说，也不容易把握。

怎样才算具有全民性？是不是每个会说这种语言的人都用的词才具全民性？又是怎么知道大家都会用这个词的？显然，这里的全民性不是指操这种语言的每一个成员。再退一步说，只要每个阶层或者每个行业的人都有可能用到的词就可以具有全民性，那么，文盲与受过不同程度文化教育的人之间，在用词上存在不存在差别？如果仅仅以文盲所用的词为参照标准，所得的基本语汇，其成员的数量未免太有限了。

怎样才算具有历史稳固性？经受社会的检验，是1万年，还是5 000年？是1 000年，还是500年？是100年，还是50年？正因为如此，刘叔新(1990：233)①认为，“历史悠久，应该有个尺度。”“一个词语能将其存在史追溯到近代和现代交替的年代，便应当算有较长久的历史而充分显出稳固性。这就是说，只要存在至今大致有七八十年，即民国初年‘五四’时期便存在而现今仍沿用的词语，便可以认为具备了历史悠久的特征。”不过，这么规定的依据是什么？

再看看能产性标准。能够构成多少新词才算具有能产性？“吗”不具能产性，“你”“她”有没有能产性呢？“我”“你”“他”与“吗”这类虚词比较起来，在能产性方面稍胜一筹。“我”在一定程度上成为构造新词的基础，如“大我”“敌我”“忘我”“自我”“我们”“我行我素”等；以“他”为语素可以构成“他们”“他杀”“他人”“他乡”“其他”“排他”等这么有限的几个；以“你”为语素，则只能构成“你们”“你死我活”。如果说“我”和“他”有一定的构词能力，可以归为基本语汇的话，那么“你”呢？与“他”相对的“她”又该属于哪个语汇呢？如此等等，不一而足。

由上不难看出，语汇学界在区分基本语汇和一般语汇时，实际上没有利用第三条标准②。大概因为这个缘故，刘叔新(1990：232，233)则说得更干脆：“有

---

① 刘叔新 1990《汉语描写词汇学》，北京：商务印书馆。

② 事实上，“能产性”是有的学者对斯大林那句话发挥时偏误所致。斯大林并没有把能产性看作基本语汇的一个特点，更没有把它作为区别基本语汇和一般语汇的一个标准。他只是说：“……基本词汇，其中也包括成为它的核心的全部根词。”很明显，能产性只是一部分基本语汇的特点，而不是整个基本语汇的特点。

无能产性，不应看成区分基本词汇和一般词汇的一个依据。”“历史悠久和社会普遍使用，这两个特征充作确定基本词语的条件，则是恰当的。”尽管如此，由于各个特征自身的模糊性，用它们来区分基本语汇和一般语汇也是难以把握的。

3. 基本语汇和一般语汇区分的新标准

3.1 区分基本语汇和一般语汇的目的

我们认为，在区分基本语汇和一般语汇之前，首先要明确区分基本语汇和一般语汇的目的是什么。只有目的明确了，才能找到比较可行的区分标准。我们以为，区分的目的是让学习者(无论是母语学习者还是外语学习者)尽快地掌握某种语言的核心语汇，从而更快地掌握这种语言，以达到熟练交际的目的。这点我们在学习外语时深有体会。

3.2 基本语汇范畴的性质

明确了这一目的以后，我们还有必要澄清基本语汇这一范畴的性质。基本语汇是语言的核心部分，而语言是具有系统性的，这种系统性只有在共时平面才能体现出来。因而，基本语汇属于共时平面的范畴，而非历时平面的范畴。苏培成(1995)认为“基本词汇属于历时的范畴”。

明确这一点，我们再来审视一下传统的“历史稳固性”标准。如前所述，对这个标准中的“历史”跨度的理解会见仁见智，最长的可追溯到甲骨卜辞，最短的也有七八十年的历史。按照这个标准，语言中的基本语汇必然受到很大的限制，这跟我们区分基本语汇和一般语汇的目的是不协调的。而且，正如葛本仪(2001:5—6)所指出的那样，“许多非基本词也同样可以具有历史悠久的特点”，如“诗经”；“一个并非具有悠久历史的词，但它在某个历史发展阶段具有了普遍使用性，并进而形成了它的稳固性”，如“电视”。那么，应该怎样看待基本语汇和一般语汇的区分呢?

3.3 我们的新标准：普遍性和动态性

我们认为，区分基本语汇和一般语汇，采取“普遍性”标准和“动态性”标准比较合适。在谈论基本语汇特点的时候，有的学者就没有用“全民性”，如葛本仪(2001:4)。她还指出，在基本语汇的三个特点中，“普遍性”是“最根本的”。普遍性标准旨在强调语汇成员使用的广泛性，它可以是各个阶级或阶层、各个行业、各种文化层次中各个成员经常用到的词语，也可以是其中的大多数成员经常用到的词语。符合这个标准的，属于基本语汇；反之，那些只在少数阶层、少数行业或特定的文化层次的成员中使用的词语，则属于一般语汇。这是就语汇的一个个具体成员来说的。普遍性标准符合我们的区分目的。

就基本语汇这一范畴来说，还应该有个“动态性”标准。动态性标准的意思是，不同时期，或者不同年代里，基本语汇的成员会有所变动，不尽相同的。以这种标准来划分基本语汇和一般语汇，就可以满足不同的需要。要学习先秦古籍，如果我们能首先掌握这时期的基本语汇，就能取得事半功倍之效；要以学习现代汉语，特别是当代汉语为目的，就应该以改革开放以来的一二十年的语料为参照对象，进行统计，确定这段时间的基本语汇。当然，在语料的选择上，要考虑不同语体（包括口头语体和书面语体）之间、不同行业之间、不同文化层次之间语料的平衡。

传统语汇学论著在谈到基本语汇时往往要与“常用词”比较一番，在谈及它们之间的关系时，尽管说法各有不同，但看法是一致的，即基本语汇和常用词语之间是交叉关系，常用词语中有一部分属于一般语汇。符淮青（1985：163）①是这样说的：“常用词就是当代社会生活中最常用的词。它可以是基本词汇中的词，也可以是一般词汇中的词。常用词的确定完全根据词在最流行的书刊上运用的频率。”刘叔新（1990：236，237）的看法有所不同，我们来看看他的表述：“常用词语只依据较高的使用频率而定，不论其历史的长短。有相当一部分常用词语，由于有长久的历史，就也是基本词语。这就是说，基本词汇是常用词的一部分。”“基本词语必同时是常用词语，而常用词语不一定是基本词语”。根据这种表述，基本语汇则包含在常用词语之中。苏培成（1995）同意刘的看法。对基本语汇和常用词之间关系的这些看法有点匪夷所思。他们为什么会有这种看法？恐怕与传统的区分基本语汇和一般语汇的三个标准有关。即使有的学者在语言实际面前不得不对能产性标准作了让步，但在举例时没有人涉及“了”“的”“吗”这些虚词，就是默认它们是一般语汇。然而它们的常用性是任何人也否定不了的。于是就有了上述匪夷所思的论述。

根据我们对基本语汇和一般语汇的看法，基本语汇是指那些在一定的时间内普遍使用的语汇，既然是普遍使用的，它当然是常用的，很难想象一个常用词

---

① 符淮青 1985《现代汉语词汇》，北京：北京大学出版社。

不是被普遍使用的。但是,常用词的范围的大小是相对的。有人对现代汉语词语的使用频率进行过统计。李忆民主编的《现代汉语常用词用法词典》①收常用词 3 700 条。当然,根据不同的需要,常用词的数量可以增加,也可以减少。只有这样,才能适合不同层次的人学习和使用的需要。可见,基本语汇的成员不一定都是常用词,但常用词必定属于基本语汇。因此,基本语汇与常用词语之间是包含与被包含的关系。这点跟传统的看法是不同的。

词语使用的普遍与否,在不同的时期或不同的年代,不是一成不变的。古代的许多词语,由于它们所表示的对象、关系、行为等在现代社会生活中已不存在,这些词语在现代的日常交际中也就少用,甚至不用,所以不具普遍性。就近的而言,"文革"期间被普遍使用的"走资派""红卫兵""地主""富农""贫农""修正主义""万寿无疆""最高指示"等现在却很少使用甚至不用了。相反,"文革"期间少用的词,如"小姐",在现代生活中却被普遍地使用。原先属于新造的词语,由于在日常生活中经常使用,逐步普及,也慢慢进入了基本语汇,如"电视""电话""广播"等,不论城市乡村,不论男女老少,都知道它们的意思,都经常使用它们,具有相当的普遍性。外来词与此类似,随着农村人民生活水平的提高,随着农村和城市之间交往的日益增多,"巧克力"这样的词已经家喻户晓;像"卡拉 OK"这样的词,年轻一代,无论文化层次的高低,对它都不陌生。行业词语由于其使用范围的扩大,已具有普遍性,或渐具普遍性,如"打针""水平""感染""贷款""利息"等。

可见,基本语汇和一般语汇的成员在不同时期或不同年代是可以相互转化的。没有动态性标准,很难说明它们之间的这种相互转化关系。

4. 结 束 语

基本语汇和一般语汇的区分在汉语语汇学界由来已久,但学界对这种区分的意义或者说目的不甚明确,我们认为,区分的意义体现在语言教学,特别是对外汉语教学方面。本文还对传统的区分标准进行了检讨,提出了新的区分标准,即普遍性和动态性。

① 李忆民主编 1995《现代汉语常用词用法词典》,北京:北京语言大学出版社。

传统的基本词汇范围只局限于词，这是不妥的。语汇的成员既然包括语素、词和熟语等(徐国庆，1999①)，那么在谈基本语汇时就不应该把语素和熟语等弃置一旁。这方面当然需要去研究。

(载日本中国文史研究会《中国文史论丛》2007 年第 3 号，第 95—101 页)

① 徐国庆 1999《现代汉语词汇系统论》，北京：北京大学出版社。

关于语汇研究的几点思考

提　要　本文就语汇的分类和造词法问题提出了自己的一些看法。主张首先应该将语汇分为大众语汇和非大众语汇，而不是基本语汇和一般语汇，语汇学主要研究的是大众语汇，这样可避免同义词研究过程中所遭遇的尴尬。还从语言教学的角度考虑，提出需要开展对基本语素和基本熟语研究及研究设想。关于造词法问题，主张区分“造词”和“语汇成员形成”这两个不同的概念，否定把外来词语和缩略语纳入造词法研究范围。

关键词　语汇分类；大众语汇；非大众语汇；基本语素；造词法

0. 引　　言

语汇研究涉及的内容非常广泛，如语汇成员的类别、多义词、同音词、构词法、造词法，等等。关于语汇的类别问题，学术界的看法比较一致，尽管在细节上存在差异；与语汇类别有关的问题是语汇教学问题，关于这个问题，学术界存在着不同的教学理念，即“字本位”教学和“词本位”教学，本文不讨论这种问题，而是探讨语汇教学过程中教什么的问题。关于造词法，学术界的分歧比较大。本文想就这几方面的问题谈谈自己的看法。

1. 关于语汇的类别问题

语汇的类别，从不同角度看，可以有不同的类别；不同类别之下还可以进一步划分成更小的类别。（可参阅徐国庆，1999①）本文涉及的类别问题是指在第

---

①　徐国庆 1999《现代汉语词汇系统论》，北京：北京大学出版社。

一层次划分出来的“基本语汇”和“一般语汇”。这一区分源于斯大林的《马克思主义和语言学问题》(卢英顺,2007:30①)

1.1　学术界的共同看法

关于语汇的类别,学术界往往首先把语汇分为两大类:基本语汇和一般语汇。比如武占坤和王勤(1983:188)②是这样说的:“从词在词汇中完成语言职能的地位和作用来看,有的词是词汇里的主要成员,有的是一般成员。前者是基本词,后者是非基本词。”

葛本仪(2001:2—3)③也明确地说:“一种语言中所有的词构成为该语言的词的总汇,词的总汇又可分为基本词汇和一般词汇两个部分。”

卢英顺(2007)也是这样划分的,尽管由于划分标准的不同,基本语汇和一般语汇的成员不尽一致。

由此看来,学术界对这样的划分似乎达成了共识。

然而,这样的划分有没有不足?

1.2　这种划分的不足

目前学术界关于基本语汇和一般语汇的划分,除了因划分标准而带来的具体操作上的尴尬以外,从逻辑的角度看,应该不存在什么不足。那么这种划分的不足又是从哪里看出来的?这就必须联系到汉语语汇研究的其他方面,确切地说,就是同义词的研究。

同义词研究,不少论著都忽略了同义词的系统性,把方言和普通话中所指相同的词看作一组同义词,如“玉米”和“包谷”,“肥皂”和“胰子”等。这显然是不妥的。卢英顺(2007:87)已经指出过这一点。对这类问题,如果能坚持语言研究的系统观,我们容易解决。真正棘手的问题是:如何处理日常生活用语和专业用语所指相同的情况?比如“盐”和“氯化钠”,“石灰”和“氧化钙”,“肺病”和“肺结核”,它们是同义词吗?把最后一组看作同义词,也许大家都能接受;但是,如果把前两组也看作同义词,大家的看法恐怕就不一致了,因为它们不符合很多人的语感,没有学过化学的人,恐怕根本意识不到它们所指相同,自然也就不会把它们看作同义词。如果不把它们看作同义词,则又有违我们对同义词的定义,一般的说法是:意义相同或相近的一组词是同义词。这种现象不同于“玉

① 卢英顺 2007《现代汉语语汇学》,上海:复旦大学出版社。
② 武占坤、王勤 1983《现代汉语词汇概要》,呼和浩特:内蒙古人民出版社。
③ 葛本仪 2001《现代汉语词汇学》,济南:山东教育出版社。

米”和“包谷”之间的关系,“玉米”和“包谷”属于不同的语言系统,前者属于普通话系统,后者属于方言系统;而我们很难说“氯化钠”和“氧化钙”不属于现代汉语普通话系统。如果它们不属于普通话系统,那我们在讲一般语汇的下位分类时,为什么要提及行业用语?

按照目前学术界的一般看法,一般语汇之下又可分成:(1)新造词语;(2)部分外来词语;(3)行业词语;(4)从方言中吸收来的词语;(5)古代汉语遗留下来的词语;等等。这里值得注意的一点是,行业词语和其他几类并不是平行的关系,就是说,行业词语中,有的可能是新造的,有的是从外语中吸收进来的。这一尴尬的问题该如何解决?

1.3 本文对语汇类别划分的新的尝试

鉴于上述原因,就汉语语汇类别的划分问题,本文试图提出一个新的划分方案。具体地说就是,首先把语汇分成“大众语汇”和“非大众语汇”两大类,所谓“大众语汇”是指普通大众在日常生活中所使用的语汇;所谓“非大众语汇”,是指某一社会集团所使用的语汇,包括行业词语和隐语等。其次,在大众语汇之下,再区分基本语汇和一般语汇,这样,一般语汇中就不再包括行业词语和隐语,从而可以避免行业词语和其他几类词语不平行的尴尬。新的分类程序可简单图示如下:

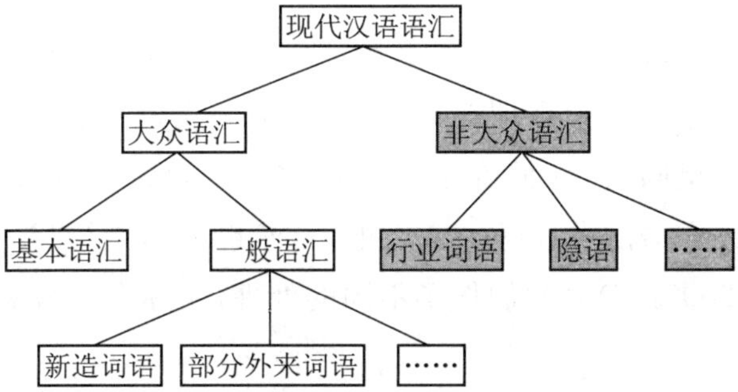

非大众语汇下的行业词语和隐语等可以根据需要作专门的研究。一般的语汇研究可以不考虑非大众语汇这一部分,只研究大众语汇部分,这样或许更符合语言生活实际和语汇研究实际。

如果说基本语汇和一般语汇之间可以相互转化,我们似乎可以说,非大众语汇中的成员可以“拷贝”到大众语汇,如“肺结核”本为医学行业的词语,现在已经被普通大众所理解,可以看作大众语汇的一分子。类似的如计算机行业的

"硬件""软件"等。从理论上说,大众语汇也可以"拷贝"到非大众语汇。在大众语汇和非大众语汇之间,我们用的是"拷贝"而不是"转化",是考虑到这样的事实:如果某个词从非大众语汇拷贝到大众语汇,那么在大众语汇和非大众语汇中都有它的影子,如"肺结核";这点跟基本语汇和一般语汇之间的转化是不同的,如果一般语汇的某个成员转化成基本语汇的成员,那么一般语汇中就不再有它的影子了。

非大众语汇的成员往大众语汇拷贝,有一个渐变的过程,从临时借用开始,慢慢地,用得多了,大众对它们也熟悉了,大众语汇的身份自然也就获得了。下面是行业用语非行业用法的几个例子:

(1) 还有一点,其实也是贡开宸非常看重的,那就是老大长得非常像他。拿他年轻时的照片来和现在的老大对照,活脱脱一个"全选"后的"另存"。(陆天明《省委书记》)

(2) 婚姻可不是好玩的。当年一不小心,就被段莉娜死死套牢,如今还不知道如何解套。(池莉《来来往往》)

(3) 女人的生活是精彩了,可是反观如今的男人,他们被要求"上得厅堂入得厨房",既要会挣钱,在家还是"马大嫂"(买大烧),并美其名曰:海派丈夫。"上海牌"的海派丈夫还日渐走红,据说成了女人们择偶的重要软件之一。(刘琳《其实,男人更需要关怀》,《新民周刊》2000 年第 44 期)

基于上述考虑,前面提及的同义词研究中出现的尴尬局面也能迎刃而解。"肺结核"由于其被大众理解,在大众语汇中占有一席之地,所以它可以和"肺病"构成一组同义词;而"氧化钙"则不然,一般大众对它还比较陌生,因而它还不能在大众语汇中获得一席之地,自然也就不能与"石灰"构成一组同义词。卢英顺(2007:87)对它们作了不同的处理,实际上是考虑到了它们内部的差异。

2. 从语言教学看基本语汇的研究

迄今为止,学术界对基本语汇的研究主要停留在理论探讨方面,即如何区分基本语汇和一般语汇。而以往对这方面的探讨又多忽略了这种区分的意义之所在,似乎是为了区分而区分,或者说是为了斯大林的"那段话"而区分,"对这个理论的使用价值也缺乏有说服力的阐述”(苏培成,1995[①])。实际上,基本语汇和一般语汇的区分目的应该是“让学习者(无论是母语学习者还是外语学习者)尽快地掌握某种语言的核心语汇,从而更快地掌握这种语言,以达到熟练交际的目的”。(卢英顺,2007:30)一句话,区分的目的就是更有效地进行语言教学,包括母语教学(特别是小学和初中阶段)和对外汉语教学。

那么,目前的语言教学现状如何呢?

2.1 语言教学的现状

就母语教学而言,识字教学是极其重要的一个教学环节。我们的前辈在启蒙阶段大多读过《百家姓》。不过,大家都知道,《百家姓》不同于《三字经》和《千字文》,后两者作为“教材”,不仅能从中学到不同的汉字,还能同时学到做人的道理,学到天文、地理、历史等方面的知识;而前者则不然,究其原因,想必主要是《百家姓》里所涉及的都是不同的字,识字“信息量”大。至今还有人把一个人的识字量和他学问的大小等同起来,如果他听说你是个博士,很可能会问这样的问题:“那字典里的字你应该都认识吧?”

时过境迁,今天的国人恐怕谁也不会把《百家姓》作为孩子的启蒙教材,哪怕是国学世家。但识字教学的传统依然保留着。郝家杰曾经写过一篇文章,叫《识字:永恒的语文教育话题》,不同地区、不同老师在识字教学上都各显神通。[②]

在对外汉语教学方面,汉字教学没有得到应有的重视。有的教材虽然也有教外族人如何写汉字的内容,但仅仅教如何写汉字是远远不够的。

《文汇报》2010年2月8日第一版上刊登了记者王乐的一篇文章《“温饱型”教材对付不了汉语热》,这篇文章是基于对相关人士的采访而写就的。其中有一段所陈述的情况与我们所要探讨的问题有关,现摘录如下:

> (对外汉语教材)最主要的不对路,就是不从学习者的角度来编教材;尽管编写者想来也是努力“换位思考”过的,但因为对外国学生所知甚少,“换位”并不到位。举个小例子,国外出的汉语教材每教生词,不仅解释词义,对组成这个词的每个字也都注释,比如“商店”,除了说明词的意思,还解释“商”、“店”两个字的独立意义。这么做,更能帮助外国学生识字、组词,领会汉语特点,也给学习增加一些趣味。这是国外汉语老师从教学经

---

① 苏培成 1995 关于基本词汇的一些思考,《词汇学新研究——首届全国现代汉语词汇学术讨论会选集》,北京:语文出版社,第137—145页。

② 参阅许嘉璐 2001《语言文字学及其应用研究》,广州:广东教育出版社,第135—144页。

验中提炼出来的技巧。国内对外汉语教材的编写者不明此道，所以教生词只是“就词论词”。

上文所述只涉及如何识字、如何写字的问题。在识字教学方面还有个重要而被忽视的问题，那就是“教什么”的问题。王乐的采访结果很能说明问题。

2.2　语汇教学：教什么

要问“语汇教学应该教什么？”的问题，很自然的回答是，首先教常用词和次常用词。这样回答固然不错，但不够。一则，常用词和次常用词加在一起只有 3 500 个，与熟练地掌握一种语言的要求相比差距较大，对 HSK 词汇大纲所规定的 8 822 个词，周健(2010)①认为“远远不能满足交际表达的需求，至少要达到 15 000 个词”。因此必须在常用词和次常用词的基础上扩展到其他的基本词②，而目前对基本语汇的研究状况是，“对汉语基本语汇的认识限于举例”(苏培成，1995)。二则，根据徐国庆(1999)③和卢英顺(2007)的主张，语汇的成员还应该包括语素在内④。本文赞同这种看法。这样，我们在讨论基本语汇时就不能像通常那样只涉及“词”这一个层次，“语素”和“熟语”这两个层次也都存在基本语汇的问题。从语言教学的角度来看，对这两个层次的探讨是非常必要的。

前面所说的“汉字”教学只是一种传统的、比较方便的说法，从语言学的角度看，应该叫“语素”教学。在对外汉语教学方面，存在着“字本位”和“词本位”教学的理念之争，彭小川和马煜逵(2010)⑤对此有很好的论述，这也不是本文要讨论的问题。本文所关注的是：语素教学要教什么？这里的“教什么”至少包含两层意思：第一当然是教语素的意义，第二是教哪些语素。

先看第二层意思，即需要教哪些语素的问题。现代汉字的数目非常庞大，虽然汉字和语素之间不能画等号，但两者在数量上的差异不会太大。根据于龙和陶本一(2010)⑥的研究，从目前的中小学课外读物(包括 12 种报纸、10 种杂志和 11 种书籍)的用字情况来看，掌握其中的 2 724 个字就可以覆盖各类读物

---

① 周健 2010 分析字词关系　改进字词教学，《语言文字应用》第 1 期。

② 根据卢英顺的看法，“基本语汇和常用词之间是包含和被包含的关系”。

③ 徐国庆 1999《现代汉语词汇系统论》，北京：北京大学出版社。

④ 学术界的主流看法是，它包括词和熟语(对熟语的范围有不同看法)。

⑤ 彭小川、马煜逵 2010 汉语作为第二语言词汇教学应有的意识与策略，《语言文字应用》第 1 期。

⑥ 于龙、陶本一 2010 识字教学的问题与对策——基于语料库的小学语文教材用字研究，《语言文字应用》第 1 期。

99.03%的内容。因此在教语素时就必须有所选择,一些不常用的甚至是极其冷僻的语素根本没有必要在初级、中级甚至高级阶段刻意学习。接下来的问题是,如何确定基本语素?笔者的设想是,利用较大规模的语料库,对不同语素的使用情况进行统计,把使用频率高的定为基本语汇的范畴,内部可再分为不同层次,以便不同水平段学习者的需要。在语素的统计上,从实用的角度来考虑,似乎应该以常用和比较常用的复合词为统计对象为宜(单音节的词可通过常用词反映出来);因为这样会有助于学习者迅速而比较容易地掌握汉语中的复合词,众所周知,在现代汉语中,复合词在这个语汇中占有绝对的优势。以上文所说的"商"和"店"为例,如果学习者了解它们的意义,还了解"人""书""鞋"等语素的意义,那么,他们是不难掌握"商人""书商""书店""鞋店"等词的。笔者在对外汉语教学中使用过这种方法,效果不错。我还告诉学生,汉语里的词,初学时记起来有点难,但越学越容易记。

再看第一层意思。语素和词一样,也存在多义的问题;因此,就一个多义语素来说,首先要教的自然是常用的意义。这可以从所有组成的复合词的数量上加以确定。

与基本语素的确定比较起来,对基本熟语(主要是成语和惯用语)的确定要困难得多。但这方面的工作需要做。特别是成语,要想提高汉语的阅读理解能力和书面表达能力,不掌握一定数量的成语是不可想象的。而汉语的成语又那么丰富,无计划地学习,其结果很可能就是事倍功半,这就需要教授那些常用和比较常用的成语,当然也包括惯用语和部分歇后语。

在意义方面,熟语的意义不像语素那么复杂①。但有些熟语存在变体问题,这种情况也应该选常见的那种变体优先教。

3. 关于造词法问题

3.1 学术界对"造词法"的不同定义

关于汉语的造词法问题,孙常叙早在20世纪50年代就有论述:

> 造词方法是使用具体词素组成词的方式和方法,在造词方法的研究

① 这是就熟语的义项而言的,而不是就语素义和整个熟语义的关系来说的。

中，要考虑造词时使用词素的哪些特点，采取什么方式，使用什么方法，如何把词素配搭起来或给以部分改变。①

此后，关于造词法问题，学术界也时有讨论，不过看法不尽一致。刘叔新(1990:92)②把“造词法”定义为“汉语在现代时期内构造新词的方法”。葛本仪(2001:76)是这样表述的：“造词法就是创制新词的方法。给事物命名的行为是造词问题，命名时使用的方法就是造词法问题。”

上述不同学者对什么是造词法问题的论述没有多少实质的不同。不过，这样的表述很难跟构词法分清，比如葛本仪(2001:89)在谈到“构词法”时就是这样说的：“构词法指的是词的内部结构规律的情况。也就是词素组合的方式和方法。”有鉴于此，卢英顺(2007:64)从另一个角度探讨造词法的问题，把造词法定义为“词的表义的方法”。

3.2 关于造词法分类上的问题

从研究现状来看，关于造词法分类上的问题主要有两个：一个是造词法和构词法混在一起，另一个是同一个作者在分类的角度上不一致，不符合起码的分类逻辑。这两个问题往往是纠缠在一起的。

关于造词法和构词法不分的问题。由于造词法和构词法在定义上难以厘清，学界往往把本属于构词法方面的问题也归结为造词法，造成造词法研究的混乱，如任学良的《汉语造词法》。周荐和杨世铁③对此有较详细的介绍和中肯的批评。由于各家对造词法的认识不同，不同学者对造词法的分类也相当悬殊，此不赘述。

关于分类角度不一致的问题。任学良(1981)④把造词法分为“词法学、句法学、修辞学、语音学和组合式”五大类，这是多标准分类的结果，卢英顺(2007:72)已经指出这一点。刘晓梅(2003)⑤经过对当代汉语词语进行研究，提出了以下几种造词方法：语素合成、修辞转化、语法类推、音义相生、字母造词。这种分类有一定的缺陷，比如“语素合成”和“修辞转化”两类，分类角度似乎不一致。根据作者的界定，“语素合成是用具有实义的语素来创造新词语，不包括意义虚

① 孙常叙 2006《汉语词汇》(重排本)，北京：商务印书馆。
② 刘叔新 1990《汉语描写词汇学》，北京：商务印书馆。
③ 周荐、杨世铁 2006《汉语词汇研究百年史》，北京：外语教学与研究出版社。
④ 任学良 1981《汉语造词法》，北京：中国社会科学出版社。
⑤ 刘晓梅 2003 当代汉语新词语造词法的考察，《暨南大学华文学院学报》第4期。

化了的虚语素。"很显然这是就词的构成材料来说的。而"修辞转化"一类却包括比喻造词和借代造词,这又显然是就构词成分的意义与整个词义之间的关系来说的。角度不一致,对同一研究对象就可以"横看成岭侧成峰",比如"夕阳婚"和"封笔",按照作者自己的说法,前者属于比喻造词,后者属于借代造词,难道它们不是通过语素合成造出来的词吗?所谓"字母造词法"实际上绝大多数可以归为作者所说的"修辞转化"中的"缩略"小类,如 TDK(TOEFL, dance, kiss), HSK,有的似乎可以归属"语素合成",如"IP 电话"("IP"本身虽然是缩略,但在这个词中,不妨整体上把它看作一个语素)。

这里需要指出的是,有的学者把外来词也纳入造词法的研究范围,如刘叔新(1990:111—116)就列举了"音译法""半音法""半意法"等;还有些学者把缩略也看作一种造词法,刘叔新(1990:101)称之为"缩略型",葛本仪(2001:86)称之为"简缩法"。笔者觉得,把外来词和缩略语纳入造词法的研究范围欠妥。

之所以会出现上述情况,我们认为这与没有分清"造词"和"语汇成员的形成"有关。语汇成员的形成,主要是语汇成员的来源问题。卢英顺(2007)把语汇成员的来源分为 4 种:旧有词语、新造词语、方源词语和外来词语。"旧有词语,是指汉语中本来就有的语汇成员。""新造词语,简单地说,就是利用汉语中已有的构词材料和构词方式新近创造出来的词语。"(卢英顺,2007:44, 45)由此看来,只有旧有词语和新造词语才存在造词法问题。外来词语的吸收方法可以另行讨论,不必放到造词法中来讨论,否则可能造成体系上的不严密。

杨世铁(2003)①虽然也指出了把外来词语和方源词语作为造词法研究对象的不当,但他仍然把缩略语中属于词的部分纳入了造词法的研究范围,并称这种方法为"缩合法",即"缩意合素法"。杨文所列举的许多缩略词,其实很难独立使用,这点他自己也指出了。就是真正具备词的资格的,如"四化""科技",我们觉得也不宜放在造词法中讨论,它们由短语而"词化",跟一般的造词还是有区别的。

3.3 如何看待作为构词成分的外来成分

如上所述,笔者不主张把外来词语纳入造词法研究范围。但是,有些外来成分被吸收进汉语语汇以后,又以构词语素的身份参与造词,由这些外来成分参与所造的词,在研究造词法时自然要考虑。比如"酒吧""巴士",它们本身是

---

① 杨世铁 2003 汉语新词造词法研究,《集宁师专学报》第 3 期。

外来词语，造词法研究不必考虑；不过，由于它们在汉语中长期使用，“吧”和“巴”实际上已经获得了语素的身份，卢英顺(2005)①运用格式塔理论对此作过解释；因此，像“网吧”“陶吧”“大巴”“中巴”等词语就应该纳入造词法研究范围。

4. 结 束 语

本文就语汇的分类和造词法问题提出了自己的一些看法。目前通行的做法是把语汇首先分为基本语汇和一般语汇，然而这种分类给同义词研究带来了理论上的漏洞，因此主张首先应该将语汇分为大众语汇和非大众语汇，语汇学主要研究的是大众语汇，这样就避免了同义词研究过程中所遭遇的尴尬。

关于造词法问题，学界存在把造词法和构词法混淆的情况，存在把其他不属于造词法研究的对象纳入造词法研究的情况。本文指出，造成这些现象的原因，一是分类的角度不一致，二是没有区分“造词”和“语汇成员形成”这两个不同的概念。不赞成把外来词语和缩略语纳入造词法研究范围，并不意味着它们不是现代汉语的语汇成员。换句话说，造词法的研究对象并不是现代汉语语汇中所有的词(熟语自然要排除在外)。

本文还主张开展对基本语素和基本熟语的研究，并提出了粗浅的研究设想。要把这一设想付诸行动绝非易事，需要做许多具体的事，这得靠同仁的共同努力。这种研究对语言教学有重要的意义，对外汉语教材的编写也会因此而有所调整。

(原载《阜阳师范学院学报》2011 年第 4 期，第 34—38 页)

① 卢英顺 2005 语言理解中的格式塔原则，《修辞学习》第 5 期。

几种语汇现象的认知解释

提　要　认知语言学理论在汉语语法学界日益受到重视并得到广泛的运用，本文试图运用认知语言学的有关理论和方法解释汉语语汇方面的一些问题，如词义引申、语汇成员的空缺、词义标记等问题。

关键词　语汇；认知图景；原型范畴；注意

0. 引　　言

认知语言学理论在汉语语法学界日益受到重视，并且被用于汉语语法研究，使汉语语法研究又大大深入了一步。在汉语语汇学界，近年来也有学者开始运用这种理论方法开展语汇研究，这必将拓宽语汇学的研究领域，使这方面的研究出现一个新的气象。

本文就下列几方面问题试图作出认知上的解释：

(1) 词义的引申问题；

(2) 语汇成员的空缺和隐退；

(3) 词义标记等问题；

(4) 跨语言语汇成员的比较。

1. 词义的引申与认知图景

词义问题一直是语汇学研究的重点问题之一，词义的一个重要方面就是词义的引申结果及引申途径。根据引申途径不同而获得的意义，传统的语汇学研究一般把它概括为三种：引申义、比喻义和借代义。比如葛本仪(2001：144—145)[①]就把“引申法、比喻法和借代法”(还有一种“特指法”)并立而提。符淮青(1985：59—61)[②]也是把引申义看作和比喻义相对的一种意义。其实，这种概括有问题。除了造词时的意义用的就是比喻和借代以外，在词语原有意义的基础上通过比喻和借代两种途径而获得的新的意义，都是词义的引申，这样，“引申义”实际上就成了比喻义和借代义的上位概念；因此，把比喻义和借代义与“引申义”并列而论就显得不合适。

从造词的角度来看，属于比喻造词的有“熊猫、菜花、鸡眼”等，属于借代造词的有“须眉、眉目、笔墨”等。从词义引申的角度来看，有些词的比较初始意义并不是比喻义或借代义，但其引申义则是比喻义或借代义。比如“桥梁”，原义为“架在水面上或空中以便行人、车辆等通行的建筑物”，这个意义通过比喻的方式引申为“能起沟通作用的人或事物”。之所以能作这样的引申，是因为“桥梁”在原义中“连接”的是一个地方与另一个地方，而在比喻义中，它“连接”的是一个人与另一个人，或者一个机构与另一个机构，或者人与机构，等等。不管以什么方式连接，也不管连接的对象是什么，它们在“连接”这一点上是相似的，这是“桥梁”从原义到比喻义引申的前提。再比如“包袱”，原义为“包衣服等东西的布”，由这个意义引申为“用布包起来的包儿”，采用的是借代的方式。“红娘”也属于这类，它原为专有名词，因她促成了崔莺莺和张生的婚事，从而获得“媒人”这一意义。

但是，有些词义的引申方式是无法归入上述两类的。如“舆”，它有好几个义项：车、车厢；抬、举；众人、众多；奴隶；等等。这些不同意义之间看上去互不相干，那么它们到底有没有联系呢？苏宝荣(2000：25—26)[③]认为：“这种多歧的词义，不是靠逻辑思维系联的，而是通过汉字的形象特征来贯通的，是具象思维的产物。”因为“舆”在甲骨文中是人抬车的样子、众手抬车。并对这些意义之间的联系作了如下的解释：

> 早期的“舆”同后世的轿子差不多，下面没有轮；有轮的车子出现后，则把载人或物的车厢叫作“舆”。“舆”有“车、车厢”义，是不言而喻的；而抬车需众人，故有“众人、众多”义；古代的“舆”是靠人抬的，故有“抬、举”义；抬

---

① 葛本仪 2001《现代汉语词汇学》，济南：山东教育出版社。
② 符淮青 1985《现代汉语词汇》，北京：北京大学出版社。
③ 苏宝荣 2000《词义研究与辞书释义》，北京：商务印书馆。

“舆”的“众人”属奴隶的一种，故有“奴隶”义。多义词的各个义项并没有逻辑上的、直接的联系，而都是由文字形体引发的。

苏氏对“舆”不同义项之间联系的解释是可取的，但我们不同意他基于文字形体的解释。原因至少有两点：一是这无法解释“舆”的另一意义：“运载”义①；另一原因是，有些汉字未必有“舆”这样的具象形体，如“去”。“去”从古代到现代至少包括下列几种意义：离开；距离；前往。②可见，苏氏对“舆”的基于汉字形体的解释方式就有一定的局限性，甚至有就事论事之嫌。我们认为，要圆满地解释上述现象，可以通过认知图景来解决。

什么是认知图景③？卢英顺（2005a）④作了如下的描述：

认知图景是人们对现实世界常规的，或者说是比较恒定的认知模式。它包括两个方面：静态的模式和动态的模式。所谓静态的模式是指我们对一个客体（也许包括抽象的在内）方方面面的认识，比如，一个“足球”，它是圆的，充满气后，可以踢，落到地面上还可以弹跳起来，还有它的大小、表面图案、作用甚至质料等；一只“苹果”，我们知道它是什么颜色、什么味道、什么形状、一般大小、是结在树上的果实等。所谓动态的模式是指一个可感知的行为动作的过程以及伴随这一过程的各种概括的认识特征，比如“吃”这一行为，存在一个有生命的动物，典型的是人，“吃”一种什么东西，吃的时候还可能涉及一些辅助工具。就人而言，他要用筷子或刀叉之类，食物还要放在碗之类的容器里，等等。无论是静态的模式还是动态的模式，都可能涉及文化信仰等方面的因素。这两种不同的模式似乎又可以分别称之为“物体模式”和“行为模式”（“行为”一词要作广义的理解）。

“舆”的认知图景可简单地描述为“众人抬着车将某人从一个地方抬到另一个地方，抬车的人社会地位非常低下”。根据认知图景来解释“舆”的不同义项之间的联系，大致如苏氏所述，此不赘述。这里需要补充解释的是“运载”义的由来：众人抬车总不会是原地抬着玩，而是有目的的，要把人从一个地方抬到另一个地方，“运载”义便由此而来。

下面我们来看看“去”的上述几个义项之间是怎样联系的。“去”的认知图

① 《古代汉语词典》编写组 1998《古代汉语词典》，北京：商务印书馆，第 1921 页。

② “去”有多种意义，为下文的说明简便，这里只列举这三个义项。

③ 认知图景和认知模式等概念的不同，卢英顺（2008）对此有个简单的比较。

④ 卢英顺 2005 认知图景与句法、语义成分，《复旦学报》第 3 期。

景可以这样描述：某客体（典型的是人）从A处经由B处向C处位移，这C处是位移的终点。可简单图式如下：

“去”的早期意义是“离开”，这是相对起始点A而言的；当客体离开A处位移到另一处，比如B处的时候，就B处与A处之间的关系来说，它们之间已经有一段距离，因而“去”获得“距离”的意义就不足为奇了；当我们把位移时的着眼点由原来的“客体与起始点”之间的关系转移到“客体与终点”之间的关系上时，“去”获得“前往”的意义也就再自然不过了。

对上述词义现象的解释恐怕是目前语汇学研究中比较棘手的问题，而运用认知图景则能得到圆满的解释。其实，传统语汇学研究中所说的比喻、借代都能纳入认知语言学理论，前者归为隐喻（metaphor），后者归为转喻（metonymy）。不过，在认知语言学的背景之下，可解释的现象更为广泛。比如从造词的角度来看，“山脚、山腰”“墙脚”等难以看作比喻方式，但它们可以看作是一种隐喻。“裁缝”“编辑”“导演”等既表示一种行为又表示从事这种行为的人，其间就是通过转喻联系起来的。

2. 语汇成员的空缺、引退与注意

2.1 语汇成员的空缺问题与注意

平常我们说，语言是一个系统，语言中的三大要素——语音、语汇、语法也各自成一个系统。其实，就这三者而言，语音的系统性应该最强；语汇系统和语法系统都不是非常严整的。

语言反映现实生活，语汇是最重要的。但是，语汇与现实生活之间并不是照相似的翻版，并不是现实生活中有什么，在语言中就必须有个词语形式来表示。语言中的语汇其实只反映现实生活的一部分，而不是全部。因此，语汇系统中的成员在反映现实生活时就有空缺现象，从而形成语汇成员之间的不对称。

比如，有“妻子”，就有“丈夫”，有“男”，就有“女”，这些都是对称的。但是语汇成员中也有不对称现象。男性到一定年龄没结婚者，称之为“单身汉”；而女性到一定年龄没结婚者，似乎没有一个相应的合适的称法，“老处女”明显带有贬义色彩，况且当今社会是否结婚与是否处女之间没有简单的对应关系。称之“单身婆”？明显有戏谑的味道。必要时只能说“大龄女青年”，多不方便。再比如，徒弟称呼他们的男性师傅的配偶，或者研究生称他们的男性导师的配偶为“师母”，信手拈来；如果他们的师傅或导师是女性，又该如何称呼其配偶呢？到目前为止，还没有听到称“师父”或“师公”的。实在碰到这种尴尬事，只好以“老师”之类权宜之。如果他恰巧是老师倒也罢了；如果他根本不是老师，甚至下岗在家，成了无业人员，称之为“老师”，着实有点不伦不类。诸如此类不对称（或空缺）现象，想必很多人都已意识到。但是，为什么会有这种空缺现象？语汇研究者应该对此加以解释。

我们认为，这种现象可以通过认知来解释。

从认知上讲，我们在感知事物的时候，对进入我们眼帘的一切并不是同等对待的，其中有的比较清楚，有的比较模糊，这跟“注意”有关。这一认知现象反映在语言的语汇中，就是那些现实生活中普遍为人关注的事物或现象才用词来指称，因为这些事物或现象在交际中会经常提及，没有一个特定的词语形式来指称它们，交际就会显得很大的不便。而那些在日常生活中不太受到注意的事物或现象，在交际过程中也就很少提及，为了经济的原则，在语汇上就没有反映。

现在来看看“注意”与词语空缺之间的关系。在早些时候，成年男性或因家境贫寒或因各种各样的生理缺陷，不能结婚的现象比较普遍，这一类群体就显得比较突出，出于交际的需要，语言中就用“单身汉”或“光棍”来指称这类人；而女性则不然，女性一般都是能嫁出去的，这是传宗接代的需要，无论其家境有多贫寒，也无论其生理上有无缺陷。即使有个别成年女性终身不嫁，她们也不会引起社会的关注；因此语汇中就不必有专门指称这类女性的词。但现代社会则不然，出于不同原因，成年女性不结婚的现象比较普遍，开始受到社会的关注。当我们要谈论这些群体的时候，一时就找不到合适的词语。

与“师母”相对应的词的空缺，也与注意有关。在过去，从事外面工作的，一般都是男性，妇女一般是不工作的，只在家做做家务，带带孩子，所谓“男主外，女主内”。在社会交往中，男性是受注意的对象，因而对男性师傅或老师的配偶当然也应有所称呼，于是就有了“师母”这一词的出现。女性则不然，她们在社会上是不受注意的一类群体，因而在社会交际过程中她们就很少被提及，跟她们有关系的“丈夫”更不会通过“她们”来间接提及，所以语汇中就没有相应的词来指称其配偶。

2.2 语汇成员的隐退与注意

从历史发展来看，语言中曾经存在过的一些语汇成员到现代已经隐退了，成了历史词语，如“耜”“诸侯”“社稷”“庭燎”“宰相”“太监”“驸马”“武士”“王妃”等。究其原因，还是与注意有关。这类词语，由于它们所表示的事物或现象在现实生活中已经不存在，难以受到社会的注意，所以在一般的交际场合已经不使用了，只在一些比较特殊的场合，如史学著作中、历史教科书中、涉及历史题材的文学作品中出现。

3. 词义的标记性与原型范畴

“标记”是现代语言学中的一个重要术语，在语言学的发展过程中，其涵义发生了变化。对标记的传统理解有两个方面：一个是形式方面，一个是意义方面。比如 book 和 books，前者是无标记的，后者是有标记的，-s 就是英语名词的复数标记，这是标记的形式方面。再比如 dog 和 bitch，前者既可以指“公狗”又可以指“母狗”，而后者只指“母狗”，因而我们说 dog 是无标记的，bitch 则是有标记的；这是标记的意义方面。在语言的类型学研究中，标记的涵义与“蕴含”有关①。这里所涉及的是标记的意义方面。

现代汉语中，有些词语的意义是无标记的，如“教师”“医生”“工人”“干部”等。这些词语既可以用于男性，也可以用于女性。例如：

(1) 他是一个教师/医生/工人。

(2) 她是一个教师/医生/工人。

另有一些词语是有标记的，它们只能用于特定的性别，用于另一性别就觉得很奇怪，如“护士”“保姆”“英雄”等。例如：

(3) 她是一个护士/保姆。

(4) *他是一个护士/保姆。

换一种说法，说“男教师、男医生，女教师、女医生”等都比较自然，而说“男

① 这种意义上的标记与本文无关，此不赘述。可参看 William Croft 的 *Typology and Universals*（外语教学与研究出版社，2000）或沈家煊的《不对称和标记论》（江西教育出版社，1999）。

护士、男保姆”一般就觉得奇怪,说“女护士、女保姆”就觉得“女”是多余的。相反的情况也有,如“英雄”,说“女英雄”能够接受,但似乎没听到过“男英雄”的说法。类似这种现象在语汇成员中并不多见,但毕竟存在,而且我相信,这种现象不为汉语所独有,其他语言的语汇成员中也会有。

为什么“教师”“医生”等就是无标记的,而“护士”“保姆”“英雄”等就是有标记的?这仅仅是任意性的吗?如果不是,有没有可解释的理由?我们认为,这与原型范畴有关。

在我们的现实社会中,从事“教师、医生”这一行业的既有男性也有女性,所以在需要区别的时候,就可以在它们的前面加上修饰语“男”或“女”。“护士”“保姆”和“英雄”则不然,我们对现实世界的认知是,从事“护士、保姆”这些行业的一般都是女性;“英雄”在传统的观念中也只与男性联系在一起,因为有教养的女性是不会逞强好胜的,她们的任务是做好家务,带好孩子,没有抛头露面的机会,当然也就与“英雄”无缘。现代社会则不然,妇女能顶半边天,女强人屡见不鲜,女性与“英雄”也就接下了缘。这些认知结果,在说汉语人的脑子中就形成了一个个不同的原型,这些不同原型的属性可简述如下:

教师原型——一种职业,成年人,男性或女性,文化水平较高,在学校给学生上课,道德修养比较好,行为规范,等等;

医生原型——一种职业,成年人,男性或女性,有一定的医学知识,在医院或诊所给人看病,有救死扶伤的责任心,有医德,等等;

护士原型——一种职业,成年人,女性,有一定的医学知识,在医院辅助医生的工作,给病人打针、吃药等,有职业道德,等等;

保姆原型——也算一种行业,成年人,女性,文化水平一般不高,在别人家帮助照料孩子、做家务,等等;

英雄原型——成年人,一般为男性,有与邪恶行为作斗争的勇气,不怕牺牲,或者在某一方面取得很大成功,不违法,等等。

有了这些原型以后,我们就比较容易解释上述现象。比如,为什么我们觉得“男护士、男保姆”奇怪?因为这跟我们对“护士、保姆”的原型认知有矛盾;为什么说“女护士、女保姆”时我们觉得多此一举?因为“护士、保姆”本来就是由女性充当,不存在与男性相区别的问题。

利用词语的原型范畴,我们还可以解释其他现象。如在特殊情况下,我们也可能说“男保姆”,之所以要在“保姆”前加上修饰语“男”,是因为男性作保姆偏离了“保姆”这个原型；给孩子另外请个辅导老师，我们一般说“我给孩子请了个家教”，而一般不直接说“我给孩子请了个教师”，原因在于，这样的教师不典型，他们也偏离了“教师”的原型；一个未成年人做了一件勇敢的事，我们称之为“小英雄”而不是“英雄”，因为他/她偏离了“英雄”原型中的“成年人”属性①。

当然，原型范畴随着时间的流逝而可能发生属性的某些变化。如果有男性从事护士这一行业，而且逐渐多了起来，“护士”的原型属性就会发生一些变化，具体地说就是，由原来的“女性”变为将来的“女性或男性”，到那时，对“男护士”这种说法就不会觉得奇怪了；对“女护士”的说法就不会觉得是多此一举而有时是必要的了。②类似的现象是幼儿园里的老师，我们习惯称之为“阿姨”，对这类群体的认知要素之一就是女性，所以“幼儿园阿姨”的原型中就有“女性”这一属性。幼儿园老师的女性化，使得那些小男孩儿们失去（或者说不能获得）应有的阳刚之气，因此有的幼儿园开始引进男老师，如何笼统地称呼他们？笔者就听到这样一句：“×××被孩子们评为最受欢迎的男阿姨。”③这是对“阿姨”这一原型的偏离，故在其前面加上了“男”。笔者相信，随着幼儿园男性老师的日益增多，我们对幼儿园老师的原型的认知也会发生变化。

4. 跨语言(或方言)语汇成员的比较

跨语言（或方言）语汇成员的比较至少可以从以下几方面着手：(1)相对应的词的词义比较；(2)对同一事物的不同命名；(3)某些特别的语汇成员。

4.1 相对应的词的词义比较

这方面可以把汉语中的“杀”和英语中的 kill(杀死)作个比较。《现代汉语词典》(修订本，1093)对“杀”的基本意义的解释是“使人或动物失去生命”；LDOCE④ 对 kill 基本意义的解释是：to make a living thing die。两相比较不难

---

① 有时也有“大英雄”的说法，但这里的“大”不是为了与“小英雄”相区别，而是表示强调。

② 一个有趣的类似例子是，过去我们如果说“狗理发师”，那一定是骂人的；现在如果有人这样说，你认为这一定是骂人的吗？不一定吧。随着饲养宠物(狗)的普遍，确实有人专门给狗理发，称之为“狗理发师”不是名正言顺吗？

③ 中央电视台午间“新闻 30 分”，2004 年 9 月 11 日。

④ LDOCE 1997 *Longman Dictionary of Contemporary English*，北京：外语教学与研究出版社，第 773 页。

发现，kill 的语义域比“杀”广，因而就“失去生命”这一意义来说，kill 的搭配范围比“杀”要大，例如英语中可以说：

(5) The sun has killed most of the plants.（太阳晒死了大部分植物）

而“杀”则没有类似的用法。即便就动物而言，两者的搭配也有所不同，英语中可以说 to kill an insect，to kill a mosquito 等，汉语中则没有“*杀昆虫、*杀蚊子”这样的搭配。

究其原因，两种语言对相关词语所作的词义概括的不同，即概念化的不同：kill 一词不包括“工具”这一义素在内，而“杀”应包括“工具”这一语义成分，而且默认的工具是“刀”之类。这样就可以从认知上解释“杀”的搭配限制：汉语中之所以不能说“*杀昆虫、*杀蚊子”，是因为我们在弄死一只昆虫、弄死一只蚊子的时候，一般是不用“刀”之类的工具的。当我们特别提及非“刀”类工具时，“杀虫”就可以说：

(6) 这种农药杀虫效果不错。

从跨语言的角度看，这种现象比较普遍。Ungerer 和 Schmid(2008：233—246)①曾对英语、德语、法语和西班牙语中运动类动词(verbs of motion)进行了简单的比较，结果表明，这些语言在对相关词语的概念化上不尽一致。运动类动词除了“运动”本身以外，还存在运动的“方式”和“途径”等，不同语言对这些要素的概括在数量上和要素的性质上都可能存在差异。比如与汉语意义相近的“骑”，在进行概念化时，英语中涵盖了“运动”和“方式”这两个要素，西班牙语中则涵盖了“运动”和“途径”。这种概念化上的差异必然会对句法结构产生影响。石毓智(2003)②就古今汉语动词概念化的不同对句法结构的影响作过论述。

4.2 对同一事物的不同命名

从跨方言的角度看，对同一事物的不同命名，反映了对同一事物不同特征凸显的不同。比如普通话中对花椰菜的通称是“菜花”，而有的方言则称之为“花菜”。前者着眼于这种菜的形状像花，后者则着眼于其作为“菜”的功能。

李宇明(2000：8—9)③提及“用盐腌制的鸡蛋或鸭蛋”在不同方言中的不同称法，有的地方称之为“盐蛋”，有的地方称之为“咸蛋”或“腌蛋”。从认知的角度来看，这些不同的称法，凸显的是不同的侧面：“盐蛋”凸显的是腌制材料

---

① Ungerer, F. & H.J.Schmid 2008 *An Introduction to Cognitive Linguistics*，北京：外语教学与研究出版社。

② 石毓智 2003 古今汉语动词概念化方式的变化及其对语法的影响，《汉语学习》第 4 期。

③ 李宇明 2000《汉语量范畴研究》，武汉：华中师范大学出版社。

“盐”,“咸蛋”凸显的是腌制结果“咸”,“腌蛋”凸显的则是腌制的过程。

从跨语言的角度来看也有类似情况。汉语中的“大雨”在英语中相对应的说法之一是“重雨”(heavy rain),在俄语中也称“重雨”。汉语中凸显的是“雨滴”的“体积”,而英语和俄语凸显的则是“雨滴”的“重量”。

4.3　某些特别的语汇成员

表示“东、南、西、北”这种方位的词似乎具有跨语言的共性,不仅汉语中有,韩语、日语、英语等诸多语言都有这些词。如果有人说某种语言没有这些词,你一定会感到惊讶。据陈建民(2001:260—262)①介绍,我国西南地区羌语支诸语言中在方向的定位上与众不同,不是根据日出和日落来定东方和西方,而是根据山水的走向和位置来定。羌语中固有的基本方位词只有“直上方、直下方,上游方、下游方,靠水方、靠山方”这 6 种,其“东、南、西、北”这样的方位词都是汉语借词。这显然与这个民族的生活的地理环境有关。它反映的是对日常生活经验的认知对语言语汇成员的制约。

5. 结　束　语

本文试图从认知的角度探讨了词义的引申、语汇系统中语汇成员的空缺等问题,相关研究带有个案性质,目的是想让研究者知道语汇中的一些问题可以从认知图景、注意等方面寻求解释。认知语言学理论不仅能深化汉语语法研究,在汉语语汇学方面也大有用武之地。语汇学界的同仁如能有意识地从认知的角度开展研究,汉语语汇研究必将出现一个新的气象。

值得一提的是,本文的认知解释不是认知解释的全部,有些语汇现象的解释需要借助其他理论,如卢英顺(2005b)②就运用格式塔理论对非语素成分的语素化(如“蝶”)作了较好的解释。

(原载复旦大学《语言研究集刊》第八辑,
上海:上海辞书出版社,2011 年,第 94—104 页)

① 陈建民 2001《中国语言和中国社会》,广州:广东教育出版社。

② 卢英顺 2005 语言理解中的格式塔原则,《修辞学习》第 5 期。

从认知图景看容器类复合词语的构成

提　要　本文从复合词两个直接构成成分之间的语义关系出发将容器类复合词分为"内容、功用、材料、特征"等几类；进而运用认知图景理论考察容器类复合词的构成与相关认知图景所激活的认知要素之间的关系。结果表明，认知图景对容器类复合词的构成起着制约的作用。本文在作定性分析的同时，还运用了定量分析的方法。

关键词　认知图景；容器；复合词

0. 引　　言

学界有人从认知图景出发比较成功地解释了现代汉语中诸多句法、语义现象，如卢英顺(2005①；2008②)。这表明语言中的句法、语义问题在很大程度上受人类对周边世界认知的制约。语汇作为语言的一个组成部分，也应该不可避免地受这一因素的制约；所以本文试图以现代汉语中容器类复合词语为例，作较封闭的研究，以期考察容器类复合词语(主要是复合词，包括少量的短语)的构成要素与相关的认知图景之间的关系。

容器类词语，除复合词外，还包括单纯词，如"碗"，以及"杯子"之类的派生词。由于本文的写作目的是要考察认知图景在汉语构词中的作用，单纯词与派生词都与此无关，所以考察对象只限定在复合词语范围内。

基于上述考虑，笔者对《现代汉语词典》(修订第 3 版，2000 年印刷)中相关的词语进行了穷尽性的检索(不排除有个别遗漏的可能)，再辅以《汉语倒排词

---

① 卢英顺 2005 认知图景与句法、语义成分，《复旦学报》第 3 期。

② 卢英顺 2008 关于认知图景的几个问题，《语言科学》第 6 期。

典》①,共搜集到113个词语。本文试图对这些词语进行定性和定量分析,并从认知上对有关现象作出解释。

1. 容器类复合词语的界定

认知心理学和认知语言学的研究结果表明,人类对周围世界的范畴化是基于原型的,原型范畴中的各个成员有典型和非典型之别;范畴之间的边界是模糊的。(Taylor, 1995/2001)②"容器"这一范畴也具有这样的特点。比如"瓶、碗、杯子、盒子、箱子、桶"等所表示的事物可看作典型或者比较典型的容器;如果把"碗"类看作容器,那么"盘子、碟子"类算不算容器?即使算,也不典型。还有,"包、袋子"之类所指称的事物属于不属于容器类?为此,笔者特意查了《现代汉语词典》对"容器"一词的解释:

容器:盛物品的器具,如盒子、箩筐、搪瓷盆、玻璃杯等。(《现代汉语词典》:1071)

可见,在对"容器"一词的释义中并没有提及包、袋子之类。当然这也并不意味着它们就不是容器。于是进而查了"包"和"袋子"的相关释义:

包:③装东西的口袋。(《现代汉语词典》:40)

袋子:口袋。(《现代汉语词典》:243)

而对"口袋"的解释则是:

口袋:①用布、皮等做成的装东西的用具。(《现代汉语词典》:724)

从相关的解释来看,这些词语所指称的事物都没有被直接说成容器。笔者进而查了查英语词典LDOCE和OALD对bag一词的解释③:

bag: a container made of paper, cloth etc, which usually opens at the top. (LDOCE:82)

bag: (often in compounds) a container made of paper or plastic, that

---

① 郝迟、盛广智、李勉东主编 1987《汉语倒排词典》,哈尔滨:黑龙江人民出版社。

② Taylor, J.R. 1995 *Linguistic Categorization: Prototypes in Linguistic Theory*. Oxford: Clarendon Press.北京:外语教学与研究出版社,2001年。

③ LDOCE: *Longman Dictionary of Contemporary English*, 1995版,北京:外语教学与研究出版社,1997年;OALD: *Oxford Advanced Learner's Dictionary*, 第7版,日本东京:旺文社,2005年。

opens at the top, used especially in shops/stores.(OALD:113)

不难看出,这两家词典都把 bag 看作一种容器。

由于容器类成员的范围直接影响到容器类词语的搜集,所以我们在参考了英语词典对 bag 的解释后,把汉语中的包、袋子之类也纳入容器类来考察。

跟容器类词语界定有关的,除上述受典型与否因素影响外,还有一种现象需要说明:从构词语素来看,某个复合词中虽然含有容器类语素,但作为一个整体,它所指称的事物并不表示一种容器,应该排除在容器类复合词语之外。如"风箱",虽然它含有容器类语素"箱",而且还是典型的容器类语素,但这个词作为整体的意义是"压缩空气而产生气流的装置。最常见的一种由木箱、活塞、活门构成,用来鼓风,使炉火旺盛"。(《现代汉语词典》:377),难以看作容器。再比如"电瓶"这个词,虽然含有容器类语素"瓶",但从整个词义上看,不宜把它看作真正意义上的容器类复合词。由此可见,容器类复合词含有容器类语素,但含有容器类语素的复合词不一定是容器类复合词。"容器"这个词本身也不能算容器,硬要算的话,它只是"放各种容器类词语的容器"。

2. 容器类复合词的分类

从构词法的角度来看,传统的普遍分类法是仿照句法来分类的,比如胡裕树(1995:213—215)①就把复合词分为联合式、附加式、补充式、陈述式和支配式五种。其他学者可能在分类数目上或名称上有些差异,但实质是一样的,如刘叔新(1990)②、葛本仪(2001)③等。Li 和 Thompson(1983)则是从功能的角度对汉语的复合词进行了分类,跟本文有关的一条是"N_2 表示 N_1 的容器",如"书包""酒杯"。(Li 和 Thompson 1983:53)④如此而已,没有对容器类复合词作进一步的分类。Li 和 Thompson 的分类,实际上可看作从语义角度分的类。其他论著也有涉及语义方面的,如赵元任(1979:190)⑤在论及 V-N 复合词时就提到 N 为

① 胡裕树主编 1995《现代汉语(重订本)》,上海:上海教育出版社。

② 刘叔新 1990《汉语描写词汇学》,北京:商务印书馆。

③ 葛本仪 2001《现代汉语词汇学》,济南:山东教育出版社。

④ Li 和 Thompson 1983《汉语语法》,黄宣范译,台北:文鹤出版有限公司。

⑤ 赵元任 1979《汉语口语语法》,吕叔湘译,北京:商务印书馆。

主动者、N 为受动者、N 为工具等。但这方面的研究，既不全面，也有待于深入。

正如朱彦(2004:22)①所说:“复合词中应该有两种不同的构词法系统，即句法构词法系统和语义构词法系统。”本文根据复合词两语素之间的语义关系来分类。鉴于容器类复合词的构词语素不都是名词性的，如“保温瓶”中的“保温”“暖瓶”中的“暖”，我们不用“N_1N_2”来表示，而是用“XY”来表示复合词的两个直接成分。这类复合词有个特点，就是语素 Y 都是表示容器的。这样，我们可以把容器类复合词分为如下几类:

第一类，可称为“内容”类。这类复合词所占比例最大，如:

酒瓶　酱缸　签筒　钱包　烟灰缸　酒杯　便桶　油箱　烟盒　茶壶　字纸篓

这一类的特点是，X 为 Y 所盛的东西。比如“酒瓶”，是说这个瓶子原来盛的是“酒”，“油箱”是说里面装的是“油”。

第二类，可称为“功用”类。如:

保温杯　保温瓶　保险箱　量杯　脸盆　澡盆　面盆　染缸　浴缸　暖壶

这一类的特点是，X 凸显的是 Y 的作用。比如“保温杯”凸显的是这种杯子有“保温”的作用，“染缸”是用来染东西的，“浴缸”是用来洗澡的。

广义上讲，内容类也可以归入功用类，如“酒瓶”可以理解为“装酒用的瓶子”，“茶壶”是“泡茶用的壶”。但是这两者还是有区别:我们可以这样说，“酒瓶”里原来装的是“酒”，“酱油瓶”里原来装的是“酱油”(以后挪作他用则是另一回事)，“烟灰缸”里盛的是“烟灰”;但是我们不能说，“保温杯”里原来装的是“保温”，“脸盆”里原来装的是“脸”。可见，功用类和内容类有区分开来的必要。也正因为如此，我们在这里把“面盆”放在功用类，而不是内容类，因为它是“**和**面用的盆”，而不是“**盛**面用的盆”。

第三类，可称为“材料”类。例如:

草包　蒲包　钢瓶　玻璃瓶　柳罐　铁锅　瓦盆　竹筐　砂碗　纸盒　皮箱

这一类的特点是，X 为 Y 的制成材料。比如“草包”是说这个包是用稻草编制成的，“玻璃瓶”是用玻璃制成的。

---

① 朱彦 2004《汉语复合词语义构词法研究》，北京:北京大学出版社。

第四类，可称为“特征”类，如：

喷壶 海碗 圆笼 高压锅 元宝筐子 胆瓶

这一类的特点是，X说明Y的某方面的特征。特征是多方面的，可以是容器的形状，也可以是容器的大小，或者其他某方面，难以一一列举。比如“喷壶”说的是这种壶能“喷水”的特征，“海碗”是说这个碗“大”；“元宝筐子”不是说这个筐子是用来装“元宝”的，而是说筐子的形状像元宝，这点从语境中可以看得一清二楚：

(1) 老头子已不拉车，身上的衣裳比以前更薄更破，扛着根柳木棍子，前头挂着个大瓦壶，后面悬着个破元宝筐子，筐子里有些烧饼油鬼和一大块砖头。(老舍《骆驼祥子》)

除上述四类外，还有少量的容器类复合词不容易命名，姑且称之为“其他”类，如：

背包 背筐 背篓 车筐；钵盂 缸盆 箩筐 箱笼

这一类里有两种情况，一种是“背包”“车筐”之类，说明该容器在使用时所附着的位置，另一种情况是“缸盆”“箩筐”类，它们属于联合式复合词，是对相近容器的概括称法。

不同类别复合词语的数量及所占调查对象(总数113个)的比例，列表如下：

<table>
<tr><td rowspan="2">类别</td><td rowspan="2">内容类</td><td rowspan="2">功用类</td><td rowspan="2">材料类</td><td rowspan="2">特征类</td><td colspan="2">其他类</td></tr>
<tr><td>“背包”类</td><td>“箩筐”类</td></tr>
<tr><td rowspan="2">数量</td><td rowspan="2">50</td><td rowspan="2">25</td><td rowspan="2">21</td><td rowspan="2">7</td><td>6</td><td>4</td></tr>
<tr><td colspan="2">10</td></tr>
<tr><td rowspan="2">百分比</td><td rowspan="2">44.2%</td><td rowspan="2">22.1%</td><td rowspan="2">18.6%</td><td rowspan="2">6.2%</td><td>5.3%</td><td>3.5%</td></tr>
<tr><td colspan="2">8.8%</td></tr>
</table>

3. 容器范畴的认知图景及其与复合词构成的关系

朱彦(2004)主要运用述谓结构理论来讨论复合词的构成特点，分析也很细致。但另一方面，分析的过程似乎过于繁琐。所以本文以认知图景为基础来讨论容器类复合词的构成特点。

要想深入了解容器类复合词语的构成特点，就有必要先了解一下容器范畴的认知图景。

3.1 容器范畴的认知图景

卢英顺(2005)就“认知图景”这一概念下过定义，可简单表述为：认知图景是人们对现实世界各种事物、现象、行为的比较恒定的、常规的认知经验。不同的事物、现象或者行为会激活人们对与它们相关的要素的认知。就容器类事物来说，它们所能激活的认知要素主要有：(1)容器里装什么东西；(2)容器是干什么用的；(3)容器是用什么材料制成的；(4)容器的形状如何。容器的这些要素，或者说是属性，都是很稳定的，甚至可以说是必要的。谭景春(2005)[①]在探讨用品类名物词[②]的释义方式时，归纳出了这类词释义时的三个共性方面，即“用途、形状、材料”。他所说的“用途”包括我们所说的第(1)、第(2)两个属性。这实际上从另一个角度证明了上述容器四要素的重要性。而容器的颜色、大小等属性则是可以变动的，如“杯子”这一类，它有大有小，有红色的，也有黄色的，等等。

从范畴的层次(可参阅 Ungerer 和 Schmid，2008[③])来看，“容器”类是个上位范畴，其下位范畴也有各自的属性，不同的下位范畴所激活的认知图景自然就有程度不同的差异。正因为如此，卢英顺(2008)又进一步提出“上位认知图景”和“下位认知图景”的概念，比如“看”的认知图景和“看电视”的认知图景相比，前者是上位认知图景，后者是下位认知图景。

3.2 容器类复合词语的构成与相关认知图景的关系

容器范畴的认知图景特点，在容器类复合词语的构成上有充分的反映。细心的读者会发现，我们在上文对容器类复合词语的分类与容器范畴的认知图景有很强的对应关系。

内容类对应于认知图景中的第(1)个要素，即容器里装什么东西，如“墨水瓶”中的“墨水”就是装在这种瓶子里的东西；功用类对应于第(2)个要素，即这种容器是干什么用的，如“澡盆”是说这种盆的功用是用来洗澡的；材料类对应

① 谭景春 2005 用品类名物词的释义方式，载沈家煊主编《现代汉语语法的功能、语用、认知研究》，北京：商务印书馆，第 420—428 页。

② 该文所说的“用品类”比本文所说的“容器类”范围要广。

③ Ungerer，F. & H.J.Schmid 2008 *An Introduction to Cognitive Linguistics*，北京：外语教学与研究出版社，第 76—81 页。

于第(3)个要素,即容器是用什么东西制成的,如"麻袋"中的"麻"说明了这个袋子的质地是麻的;特征类对应于认知图景中的第(4)个要素及其他属性要素,如"喷壶",倒出来的水具有喷射状的特征,"海碗"中的"海"说明这种碗的特征是"大","车筐"是说这种筐子是安在自行车上的。

由于认知图景存在上位和下位之别,容器范畴的下位认知图景有可能显现出与其他下位容器图景不同的属性来,上述"其他"类中的"背包、背筐"就是凸显这种包、这种筐子是背在身后的,"车筐"凸显的是这种筐子安装在自行车上面这一属性。从容器类复合词的分类角度看,虽然把它们列入"其他"类,但它们的构成仍然受相关的认知图景所激活的认知要素的制约。

容器范畴的认知图景对相关复合词的制约,不仅体现在复合词的构成要素上(如上述各种情况),还体现在不同类型复合词的数量上。卢英顺(2008)指出,在认知图景所激活的诸要素中,有的要素可能受到更多的注意,受到凸显的程度较高,比如在"吃"所激活的认知图景中,实施"吃"这一行为的人以及所吃的东西这两个要素最容易受到人们的注意,而实施"吃"这一行为的时间、地点这两个要素一般就不大会引起人们的注意。这应该就是"吃的"这一"的"字结构既可以理解为施事也可以理解为受事而不能理解为时间、处所的真正原因。英语中 cost 所能构成的句型不同于 buy 和 sell,就在于它们在买卖认知图景中,受到凸显的要素不同,cost 凸显的是所买的东西、买这东西所花费的钱和买东西的人这三个要素,特别是前两个要素,至于卖者这个要素根本不需要凸显,表现在句型上就是,我们能说例(2、3),却不说例(4、5)

(2) The old shirt cost David ten pounds.

(3) The old shirt cost ten pounds.

(4) * The old shirt cost David.

(5) * The old shirt cost David ten pounds from John.

就容器范畴的认知图景而言,最受人们关注的自然是容器里装的是什么东西,这个容器是干什么用的。这一特点表现在构词上,就是表示"内容"类的复合词数量很多,占所调查对象的 44.2%,加上"功用"类的话(22.1%),它们所占的比例是 66.3%,它们在容器类复合词中所占的比例占绝对的优势。而"特征"类所占的比例不大,只有 6.2%。这些从前面的列表中可看得一清二楚。从认知的凸显性来看,这点也不难解释:就一个容器而言,除了少数情况需要凸显它们的特征外,一般情况下人们并不关注这方面的属性。

4. 结　束　语

汉语中的复合词，学界从不同角度对它们进行了研究。本文从认知图景出发，从定性和定量两个方面考察了容器类复合词的构成特点：除了少数表示"概括"的情况（如"箩筐"）外，容器类复合词的构成包括两个直接成分，一个是表示容器的语素，另外一个直接构成成分为表示容器的内容、功用、材料、特征等方面，尤其是前两者，在所调查的对象中占有绝对的优势。这些与容器范畴所激活的相关认知图景的要素是吻合的，与不同要素在认知图景内的凸显程度也有很大的关系。这一研究结果表明，认知图景不仅制约汉语的句法、语义成分，对汉语的复合词的构成要素也有着制约作用。

本文的研究具有个案的性质，即把研究范围限定为容器类复合词，希望这种研究能引起同仁对其他复合词的构成也能够从认知图景的角度予以重新审视。

附：

容器类复合词语

（共 113 个词语）

内容：百宝箱　便壶　便桶　冰袋　冰瓶　菜篮子　茶缸　茶壶　茶碗　饭钵　饭盒　饭桶　饭碗　蜂箱　花篮　花瓶　火柴盒　火盆　酱缸　酒杯　酒缸　酒壶　酒瓶　酒盅　料斗　墨盒　墨水瓶　泡菜坛子　签筒　钱包　热水袋　热水瓶　首饰盒　书包　水缸　水壶　水箱　炭盆　汤壶　信筒　信箱　烟盒　烟灰缸　盐瓶　药罐子　药瓶　油锅　油箱　鱼缸　字纸篓（50）　44.2％

功用：保温杯　保温瓶　保险箱　冰箱　插袋　插兜　插瓶　恭桶　脚盆　净桶　聚宝盆　脸盆　量杯　量筒　面盆　暖壶　暖瓶　染缸　烧杯　烧瓶　汤罐　汤锅　夜壶　浴缸　澡盆（25）　22.1％

材料：笆斗　笆篓　玻璃缸　玻璃瓶　草包　瓷瓶　钢精锅　钢瓶　金盒子　柳罐　麻包　麻袋　皮箱　蒲包　砂碗　铁锅　铜盒子　瓦盆　席篓　纸盒　竹筐（21）　18.6％

特征:胆瓶　高压锅　海碗　集装箱　喷壶　元宝筐子　圆笼(7)　6.2%

其他:背包　背兜　背筐　背篓　车筐　马桶(6)　5.3%

钵盂　缸盆　箩筐　箱笼(4)3.5%　共 8.8%

(内容类:44.2%;功用类:22.1%;材料类:18.6%;特征类:6.2%;其他类:8.8%)

(原载《中国语言学报》第 15 期,
北京:商务印书馆,2012 年,第 134—141 页)

“X 的”复合词的认知研究

——兼论汉语复合词的研究视角

提　要　本文从认知的角度切入，通过认知图景所激活的认知要素，分析“X 的”词族中“X”和“的”之间的语义关系，指出：在典型和比较典型的“X 的”中，“X”是说明“的(士)”的车型或者车种的。还从原型出发，揭示“X 的”范畴内部不同成员之间的相互差异：比较边缘的“X 的”在不同方面、不同程度地偏离了该范畴的属性。

关键词　复合词；X 的；认知图景；原型范畴

0. 引　　言

本文所讨论的“X 的”中的“的”是“的士”的“的”，同时也只涉及位于词末的“的”，因此像“目的”“的哥”这类词不在讨论之列。“X 的”的整体意义是表示“什么样的的士”，因而“打的”也不在讨论范围之内。

“的”从音译词“的士”的一个音节到一个有独立意义的语素，是语言理解中的格式塔原则在起作用。(卢英顺，2005①)“的”获得了语素资格之后，便形成了由它构成的一系列复合词。朱彦(2010)②列举了不少，我们在此基础上，根据推测，可能还有其他同类，于是利用百度进行搜索，搜索到了新的“X 的”词，同时也验证了朱文中提及的不大用的词。到目前为止，由“的”构成的属于本文讨论范围之内的复合词有以下这些：

轿的　奔的　桑的　摩的　电的　面的　残的　驴的　马的　板的

① 卢英顺 2005 语言理解的格式塔原则，《修辞学习》第 5 期。

② 朱彦 2010 从词义到词语模式：创造性类推构词中词语模式的范畴扩展，《词汇学理论与应用》(五)，北京：商务印书馆。

火的 飞的 水的 货的

这些词,有的使用比较普遍,有的只是偶尔用之,称之为“词”似乎还未必妥当,但为了叙述的方便,我们姑且同等待之。

对汉语复合词的研究,其主流方法是研究构成复合词的两个语素之间的“句法结构”关系。就“X的”复合词而言,其语素之间的句法结构关系非常简单,都是偏正关系。自然没有深究的必要。朱彦(2010)另辟蹊径,从复合词的语义结构入手,运用降级述谓结构和原型理论对“X的”复合词进行了深入细致的分析。我们觉得,这种分析路子虽然有可取的一面,但也难避免繁琐之嫌。

所以,本文从认知图景出发来分析“X”与“的”之间的语义关系,这种分析,简洁而明了。卢英顺(2012)①对汉语中容器类复合词的研究可以显示这一点。另外,我们还研究不同“X的”之间的语义关系。

1. “X的”复合词例证

为了证明“X的”说法是否存在,我们利用百度一一进行检索。现将搜集到的语料举例如下:

(1) 你好!你所反映的问题,市委、市政府及市交通局领导都极为重视,面的改为轿的方案已在酝酿之中,争取尽快出台。特此回复 邵武市交通局

(2) **“奔的”出走** 1月9日凌晨,夜黑风高。杭州大众出租汽车股份有限公司的6名河南西华籍出租车司机,开着自己承包的E200型奔驰出租车驶出杭州收费站。其中6辆“奔的”一路狂奔,直接开回了这些司机的老家——河南省周口市西华县艾岗乡。

(3) 江宁再增100辆黄“桑的”。

(4) 近日,丰都警方破获一起抢劫强奸案。原来,这名摩的司机以载客为幌子,对女乘客抢劫后强奸。

(5) **电的**—电的是电动出租车的俗称。2011年1月,电的在杭城实现

① 卢英顺 2012 从认知图景看容器类复合词语的构成,中国语言学会《中国语言学报》第15期,北京:商务印书馆。

商业营运，但由于自身的限制，只能在市区运行。

(6) 面的是微型面包的士车的简称，在20世纪80年代末90年代初，应着“以低档车辆、廉价车费满足市民需求”的口号出现的最早期的出租车。

(7) 那天，过百辆残的集合在小花园里，他们都是前来为我的新书助一臂之力的，来到现场的车主都是残疾人，他们拿到新书的宣传海报就自己粘贴到车上，井然有序，场面壮观，感人肺腑。

(8) “驴的”一词出自电视剧《武林外传》，台词为：“出门打一驴的，明天就能到十八里铺了。”意为驴驾驶的的士，属流行搞笑用语，可引申作“极慢的交通方式”解。

(9) 遇见过：坐上“马的”游瓜园

(10) 板的就是一种用来载人的人力三轮车。有面向车身和背向车身两种骑法，一般夏天加一个顶棚用来防雨遮阳，冬天则加个密封的棚来防寒。它的优势在于价格比出租车低，灵活性强；而且孩子等弱势群体的人坐起来还比较安全。

(11) **69岁俏阿姨迷恋迪斯科　打“火的”学跳舞（标题）**　周慧清，一个迷恋舞蹈的老人，舞蹈几乎成了生活的全部，为了一个新舞蹈，她曾乘火车到外地学习。

(12) 面试打“飞的”，可以要求公司报销吗？

(13) **年内　府南河上打“水的”（标题）**　街上的出租车、公交车堵得紧，让河里的快艇来往返载客，成都敢不敢来一个“水上的士”的全国首创？

(14) 来自市交通运输部门的消息，苏州货运出租行业将进行一场大整合，现有的7家货运出租企业中，6家老企业将规模化整合，重组新公司，首批544辆老“货的”报废更新。重组后，货运出租行业将提供更加高效、便捷、环保的城市统一配送服务。

朱文列举的“骆的”，我们没有检索到。她提及的“卧的”其实不是“的”，跟出租车无关，而是跟租房有关，例如：

(15) 上海杨浦房屋合租类目次**卧的**信息—第2页置顶服务10元起8月10日900元—出租水丰路与延吉中路两室中一室(限女性)个人8月9日950元

2. 对朱文分析方法的检讨

朱彦(2010)从语义角度分析了“X 的”结构中“X”和“的”之间的语义关系，而这一关系是基于隐藏的述谓结构之上的。比如，她认为，“货”与“的”之间是受事与施事的关系，“残”与“的”和“马”与“的”之间是施事与受事之间的关系，“飞”与“的”之间是说明与系事的关系。本来，施事、受事等是说名词性成分与动词之间的关系的，而“X”和“的”都是名词性的；因此，这样描述“X”和“的”之间的关系就可能让人费解。不过，如果了解朱文对“X 的”的完整描述，或许容易理解一点。我们不妨看看她的几个例子：

货的：$N_{的}$——$V_{拉}$——$N_{货}$

残的：$N_{残疾人}$——$V_{驾驶}$——$N_{的}$

马的：$N_{马}$——$V_{拉}$——$N_{的}$

飞的：$N_{的}$——$R_{是}$——$N_{飞机}$

尽管这样的解析能帮助我们理解“X”与“的”之间的语义关系，但仍存在一些问题。比如，朱文把“马的、驴的、骆的”归为一类，在对“马的”进行分析时，说是“马—拉—的”，那么，“驴的”是不是“驴—拉—的”，“骆的”是不是“骆(驼)—拉—的”呢？从生活经验看，不至于作如是理解。即便是“马的”，也未必是“马—拉—的”，就是说，未必是“马拉着马车，人坐在马车上”，上述例(9)大概就不是这种情况。“残的”中的“残”似乎不能理解为“残疾人”，虽然它和残疾人有关。其中的“残”应该理解为“残疾人车”，这点从下例中可以看得一清二楚：

(16) **广州严厉查处非法营运　查健康人驾“残的”(标题)**　主要任务则是，一、整治电瓶车、摩托车、残疾人车、电动自行车、拼(改)装报废车等“五类车”非法营运……对于健康人驾驶残疾人三轮车的，要见一辆查处一辆，查一个处罚一个；对于查扣的非法营运“残的”，要交由质监部门进行检测，超标的不能领回。

鉴于上述原因，我们将首先从认知图景出发来分析“X”与“的”之间的语义关系，并对“X 的”进行分类。我们还将运用原型理论来分析“X 的”家族内部成员之间的语义关系，并作个大致的分类。

3. 从认知看“X 的”复合词的语义关系

“X 的”复合词的语义关系可以从两方面来探讨：一是复合词内部的语义关系，即“X”和“的”之间的语义关系；二是不同“X 的”之间的语义关系。

3.1 从认知图景看“X 的”复合词内部的语义关系

我们在引言部分已经指出，“X 的”的整体意义是“什么样的的士”。的士在起初是用来拉人的，后来发展到拉货物；所用的车一般是桑塔纳轿车，后来因为各种原因，出现了不同的车型。因此，由“的士”所激活的认知要素主要是车型及所拉的对象(是人还是货物)。由于的士起初是拉人的，没有所拉对象的差异，自然没有突出“人”的必要。到的士开始拉货物的时候，为了显示与拉人的区别，就凸显了所拉的对象“货物”，于是就产生了“货的”。

另一方面，由于出租业的发展，出于不同的考虑，出现了不同的车型，人们在交际过程中有时需要凸显的士的车型，因而出现了“面的、奔的、摩的”等不同说法。“轿的”是用来与“面的”和“摩的”等非轿车相区别的，“奔驰”则是轿车的一种，在范畴上，它从属于“轿车”这一范畴。因此，从认知图景的层次来看(卢英顺，2008)，“轿的”是上位认知图景，“奔的”是下位认知图景。

朱文对“火的”的解释是“收费较高、经营较好的出租车”，但她没有提供“火的”的例句。我们从认知图景的角度审视其中的“火”，觉得它应该是“的”的类型，而不应该是对“的”的性质的描述。这样，“火的”的“火”就应该是“火车”的“火”而不应该是“红火”的“火”。为了证实我的推测，我通过百度进行搜索，终于搜到了 3 例，其中的“火”都是指“火车”。除了前面的例(11)之外，另外两例是：

(17) 打“火的”去长春。

(18) 好在日本的铁路系统足够发达，只要你有足够的耐心和时间，只要你能够在半夜 12 点钟之前干完活并坐上火车，你就用不着担心去坐那些计价器跳得让你心动过速的出租车了。于是，每天打着“火车的士”去采访，也让记者成了正儿八经的“上班一族”……每天相当一部分时间，都花在了辗转于各条铁路线之间，打着“火的”采访，也算是本届东亚四强赛的一大特色吧。

除上述语言事实之外，在我们的经验世界中，什么东西值得用一个词来指称实际上是有一定条件的。一般情况下，被指称的那个东西在人们的日常交际中是被经常提及的，或者是需要凸显的，或者是具有分类的作用。“火的”的“火”如果理解为“红火”，它似乎只能起到描写的作用而达不到分类的目的。如果把其中的“火”理解为“火车”则能起到分类的作用，即与一般的轿车的士相区别。

“火的”也好，“轿的、面的、奔的、摩的”等也罢，其中的“X”部分都是说明“的”的车型的，是“的士”所激活的重要的认知要素之一。正因为如此，当有些人或许不知道“电的”的意义的时候，我们可以据此推测，其中的“电”应该是“电动自行车”。这一推测得到了语料的证实。所以，朱彦(2010)在注释 7 中把“X”和“的”之间的关系看作“小名＋大名”结构，与“鲤鱼”“松树”同类，我们对此有不同看法。“鲤”就是鱼，“松”就是树；而“面包车、轿车、摩托车”等本身并不能理解为“的士”。

的士用车由起初的轿车扩展到面包车、摩托车，继而扩展到马、驴、骆驼，由车变成了非车；尽管如此，这些还都是在陆地上运行的。如果不是通过陆路的话，那自然就借助飞机和水面上的交通工具了，于是产生了“飞的、水的”的说法。

我们可以从认知图景出发将“X 的”家族的成员分类如下：

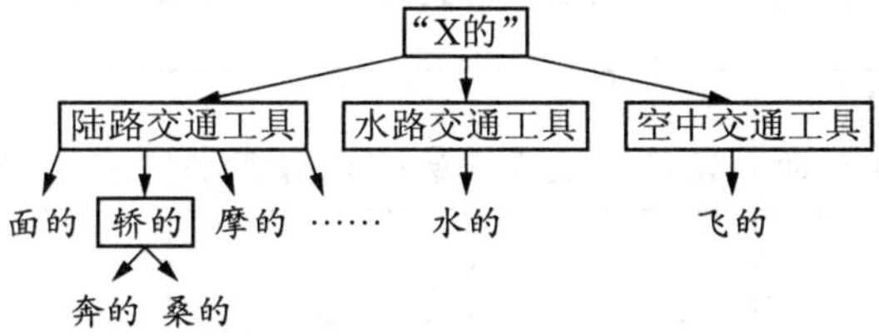

关于上图，有三点需要说明：

一是，不同的“X 的”属于认知图景的不同层次，陆、水、空属于较上的层次，在这一层次上，陆路可以激活不同的交通工具，其中的“轿的”还可以进一步激活出具体的“奔的”和“桑的”，它们和“面的”等属于不同的层次。

二是，“马的、驴的、骆的”虽然不是车类，但它们没有一个共同的概括的“的”，所以把它们看作直属于陆路这一层次。

三是，尽管“水的、飞的”处于较高的层次，但由于它们偏离典型属性太多而不容易被激活，真正容易被激活的是陆路之下的“轿的、面的”。

3.2 原型范畴与不同“X 的”之间的关系

如何分析“X 的”这一家族内部不同成员之间的异同？朱彦(2010)从家族相似性入手，运用原型范畴理论对此进行了深入的分析，给我以很大的启发。

原型理论的一个重要观点是，范畴内的各个成员之间，其地位是不相等的，有的处于范畴的核心地带，是该范畴的典型成员，有的则处于范畴的边缘，是非典型成员。非典型成员缺少典型成员所具备的某个或某些属性。(Taylor，1995/2001：60①；Ungerer 等，2008：27②)我们也以原型范畴为立足点分析“X 的”内部各类成员之间的联系，但在具体操作上与朱文的不同。我们对这一范畴的属性的分析是完全基于语义方面的。“X 的”范畴的典型属性可以分解如下：

A 陆上机动交通工具；

B 所用工具是轿车；

C 运载人；

D 专为打的者服务；

E 前往目的地由打的者决定。

“X 的”范畴的典型成员具备所有上述属性，较为典型的成员具备其中的大多数属性，比较边缘的成员只具备其中很少的属性。非典型成员都是在不同方面、不同程度地偏离了这一范畴的属性。根据不同成员所具备的属性多少及属性种类的不同，我们把它们之间在语义上的联系列表如下：

<table>
<tr><th>序号</th><th>X 的</th><th>A
陆上机动</th><th>B
轿车</th><th>C
运人</th><th>D
专为打的者服务</th><th>E
打的者决定目的地</th><th>缺少
属性</th></tr>
<tr><td rowspan="3">Ⅰ</td><td>轿的</td><td rowspan="3">+</td><td rowspan="3">+</td><td rowspan="3">+</td><td rowspan="3">+</td><td rowspan="3">+</td><td rowspan="3"></td></tr>
<tr><td>奔的</td></tr>
<tr><td>桑的</td></tr>
<tr><td rowspan="4">Ⅱ</td><td>面的</td><td rowspan="4">+</td><td rowspan="4">−</td><td rowspan="4">+</td><td rowspan="4">+</td><td rowspan="4">+</td><td rowspan="4">−B</td></tr>
<tr><td>摩的</td></tr>
<tr><td>电的</td></tr>
<tr><td>残的</td></tr>
</table>

---

① Taylor，J.R. 1995 *Linguistic Categorization*：*Prototypes in Linguistic Theory*. Oxford：Clarendon Press.北京：外语教学与研究出版社，2001 年。

② Ungerer，F. & H.J.Schmid 2008 *An Introduction to Cognitive Linguistics*，北京：外语教学与研究出版社。

续表

序号	X的	A 陆上机动	B 轿车	C 运人	D 专为打的者服务	E 打的者决定目的地	缺少 属性
Ⅲ	板的	－	－	＋	＋	＋	－AB
	马的						
	驴的						
	骆的						
Ⅳ	货的	＋	－	－	＋	＋	－BC
Ⅴ	火的	＋	－	＋	－	－	－BDE
Ⅵ	飞的	－	－	＋	－	－	－ABDE
	水的						

在上面的图表中，我们大致地将“X的”分了类。其中第Ⅰ类为“X的”家族的典型成员，其余各类都不同程度地偏离了典型成员所具有的某些属性。其中第Ⅴ类的“火的”以及第Ⅵ类的“飞的、水的”，说它们是的士已经非常勉强。在大类内部，其成员之间仍然存在一定的差异，比如第Ⅱ类中，“面的”偏离典型成员的属性要比其他的低些，因为“面的”是“四个轮子”，而其他几个不是。

4. 关于复合词的研究视角问题

目前对汉语复合词的研究，其研究的视角或者说切入点主要有以下四种情况：

第一种情况，较多的是研究构成复合词的两个直接成分之间的句法关系，如“动员”是动宾型，“黑板”是偏正型，等等。

第二种情况，以某一语素为核心，进行同素词研究。同素词有广义和狭义两种理解：只要有一个语素相同，这些复合词就构成一个同素词族，如由“电”构成的同素词“电灯、电线、水电、触电”，等等，这是广义的理解；狭义的同素词是指构成复合词的语素完全相同，只是这些语素的顺序不同而已，如“演讲”和“讲演”。常敬宇(1985)①、张其昀(2002)②从不同角度对同素词进行了细致的分析。

---

① 常敬宇 1985 同素词简论，《语言教学与研究》第2期。

② 张其昀 2002 现代汉语同素词通考，《语言研究》第2期。

第三种情况，研究复合词的整体意义与构成它的语素意义之间的关系，如符淮青(1981)①、王树斋(1993)②。

第四种情况，以朱彦(2004)为代表，通过降级述谓结构研究复合词内部语素之间的语义关系。顾阳和沈阳(2001)③从动词的论元结构来研究复合词的构成，实际上也可以归为这一类。

上述这些研究视角，虽各有其所取之处，也有一定的必要，但由于其内部成员在语义或句法功能的类别上的驳杂，我们很难真正发现构成复合词的两个直接成分之间的语义关系。

如果从认知图景出发对复合词进行研究，就能以某一语义类的成员为研究对象，这种研究对象比较单纯，便于把握复合词语素之间的关系。比如卢英顺(2012)以汉语中容器类复合词为研究对象，由容器所激活的相关认知要素就成了这类复合词的重要构成成分，比如“酒瓶”中的“酒”是容器(瓶)所装的东西，“塑料瓶”中的“塑料”是“瓶”的材料，等等。本文也是从认知图景出发来研究“X的”的，由“的士”所激活的重要的认知要素自然是的士的不同类型。由此我们可以推测其他可能的说法，比如“桑的”就是根据这一思路推测出来的，后通过百度检索得到了证实。“夏利车”也充当过的士，“本田车”也有可能充当的士，我们虽然没有检索到“夏的”“本的”，但我们检索到了类似的说法：

(19) 一位四十多岁、自称打了近20年的士的乘客甚至说，最后这20多辆**夏利的士**不应该全部都拿去报废，“起码留下一辆放在博物馆里”。

(20) 今天上午，从南宁回来的一辆白色广州**本田的士**桂LT××××，在将到324国道隆安金鸡滩水电站叉路时，发生车祸，当场死2人。

夏利的士和本田的士没有缩略成“夏的”“本的”，可能跟它们不够普及有关。

5. 结　束　语

由于汉语的特殊性，汉语的复合词是值得深入探讨的一个问题。不同的学

① 符淮青 1981 词义和构成词的语素义的关系，《辞书研究》第1期。
② 王树斋 1993 汉语复合词词素义和词义的关系，《汉语学习》第2期。
③ 顾阳、沈阳 2001 汉语合成复合词的构造过程，《中国语文》第2期。

者从不同的视角对复合词进行了深入细致的研究。本文从认知的角度切入，通过认知图景所激活的认知要素，分析了“X的”词族中“X”和“的”之间的语义关系，指出：在典型和比较典型的“X的”中，“X”是说明“的(士)”的车型或者车种的。我们还从原型出发，揭示了“X的”范畴内部不同成员之间的相互差异：比较边缘的“X的”在不同方面、不同程度地偏离了该范畴的属性。我们还指出，对汉语复合词的研究，从认知图景切入，也是一条值得探索的路子。

（原载日本《中国文史论丛》2014年第10号，第133—141页）

修 辞 篇

比喻现象的认知解释

提　要　比喻是汉语中极为常见的一种修辞现象，对喻体的选择有一定的要求，如相似性、民族性和熟悉性等，本文从认知的角度对这些问题加以解释；同时引入了“特征联想度”等概念，并讨论了与此相关的喻体的连用和比喻特征的隐现等问题。

关键词　比喻；比喻特征；特征联想度；原型范畴

0. 引　　言

比喻是汉语中极为常见的修辞现象，已有的研究成果很多，研究得也比较全面细致，但只是归纳、分类而已；对喻体选择的情况也没能作更深一层的探讨，比如，喻体选择的地域性、民族性问题；喻体和本体必须本质不同但有一点（或几点）相似；用熟知的事物比喻陌生的事物；用具体的、形象的事物去比喻抽象的事物等。针对后者，温锁林（1993）① 又提供了“抽象式比喻”的例子：

（1）这个岛啊，好似虚无缥缈的仙山。

（2）资本主义是地狱。

“仙山”“地狱”是怎样的东西？谁见过？可见这种喻体的选择是违背常规的。怎样看待这种现象？是喻体选择有问题，还是其他缘故？温文从思维科学、语言模糊性和文学形象的再创造三个方面对其作了解释。

我们认为，所有这些现象都可以从认知角度得到统一的解释。这就涉及原型范畴、认知的多面性和认知的异同等问题。

---

① 温锁林 1993 论“抽象式比喻”，《山西大学学报》第 4 期。

1. 原型范畴与喻体的选择

1.1 原型范畴及其特点

认知心理学研究表明①，人类对自然范畴的把握不是基于定义的，而是基于对范畴中典型成员的把握。比如，我们在习得“鸟”这一概念的过程中，并没有人事先把鸟的定义讲述给我们，而是通过一个个具体的鸟来习得“鸟”这一范畴的；同样，我们知道“苹果”“梨”是“水果”一类，但我们并不知道“水果”的定义应如何下。《现代汉语词典》对水果的解释是“可以吃的含水分较多的植物果实的统称，如梨、桃、苹果等。”（第 1182 页）这种解释并不是定义性的解释。人们对自然范畴有一些强烈的成见来确定一个典型的范畴成员，这些成见包括关于一个范畴成员的外貌、行为、典型的习惯以及品质（好、坏）的看法。关于范畴的这套成见，就可视为该范畴的原型（或格局）。

根据原型理论，范畴内的成员不必在每个方面都相同，只要在某些方面相似即可。某个范畴成员，和同范畴的其他成员之间的相似度越高，而与其他范畴的成员无所相似，这个成员就越具典型性。典型程度的高低对范畴成员的识别或范畴内成员的联想有直接影响。E.Rosch 做过这样的实验，让被试者判断“苹果”和“西瓜”哪个是“水果”，“知更鸟”和“鸡”哪个是“鸟”，结果表明，苹果比西瓜较快地被视为水果，知更鸟比鸡较快地被视为鸟。这一实验结果表明：(a)典型程度较高的成员与范畴的联想较强，反之，(b)典型程度较低的成员与范畴的联想较弱，(c)非该范畴内的成员（与该范畴内的成员没有什么相似之处）就不会被联想到。这一实验结果可以用来解释人们对喻体的选择。

1.2 与原型理论相关的喻体选择问题

上述实验结果表明，在选择喻体时，在与本体本质不同的前提下，喻体与本体之间必须有某一（些）相似处，否则人们无法理解，因而就出现比喻不当的毛病，如

(3) *我们站在高山顶上俯视，海边到处是一方块一方块的盐田，像天上的星星一样。

① J.R.安德森 1989《认知心理学》，杨清等译，长春：吉林教育出版社。

例(3)中,“盐田”是“一方块一方块”的,而天上的“星星”给我们的感觉是个圆点,它和“方”是对立的,没有相似之处,所以人们难以理解。也许说话者为的是说明“海边盐田之多”,这点和天上的星星有相似之处,这样看似乎可以作比,但这里牵涉到另一个问题:认知的多面性问题,下文再论及。

上述实验结果(a)、(b)表明,选作的喻体一般是具体的、人们熟悉的事物,因为只有具体的东西,人们才易于把握,易于熟悉;而只有熟悉的东西,人们才易于联想,因而才易于理解。喻体选择的民族性(甚至地域性)由此可窥见一斑。平常所说的喻体选择与地理环境的关系,就是这个道理。倪宝元(1983:216)①说:“中国人不会拿阿波罗的七弦琴作喻体,正如西洋人不会用孙悟空的金箍棒作喻体一样。中国人常用梅花、菊花、荷花、芙蓉作喻体,日本人常用樱花作喻体,西洋人则常用紫罗兰、郁金香作喻体。”倪氏所说的是事实,探究其原因就是认知心理。当然,喻体的民族性还有另外的意义,下文再讨论。

除了熟悉的事物以外,有时也以“不熟悉”的事物作喻体。如《围城》中的一些例子:

(4) 方鸿渐受到两面夹攻,才知道留学文凭的重要。这一张文凭,仿佛有亚当、夏娃下身那片树叶的功用,可以遮羞包丑;小小一方纸能把一个人的空疏、寡陋、愚笨都掩盖起来。自己没有文凭,好像精神上赤条条的,没有包裹。

(5) 海风里早含着燥热,胖人身体给炎风吹干了,蒙上一层汗结的盐霜,仿佛刚在巴勒斯坦的死海里洗过澡。

例(4)中的“亚当、夏娃”典出《圣经》,在今天看来,受过一定教育的人对此并不一定陌生,但在作者写作《围城》的时代,对一般读者而言,恐怕是不熟悉的。把“文凭”和“亚当、夏娃下身那片树叶”相提并论又如何解释?例(5)何以把“胖人身体”上“汗结的盐霜”与“死海”联系到一起,没有有关“死海”地理知识的人对此必定感受不深。

其实,所谓“熟悉”“不熟悉”要看对谁而言,从发话者这边看,所用的喻体对他来说,总是熟悉的,不熟悉的事物也许在记忆中根本就不存在,所以根本不可能被选作喻体;从受话者这边看,则有所不同,发话者熟悉的东西,对受话者来说不一定就是熟悉的。所以喻体的选择应多从接受的角度来考虑。因此,喻体

---

① 倪宝元 1983《修辞》,杭州:浙江人民出版社。

选择的“熟悉性”应考虑到大多数人的是否熟悉。《围城》中的比喻虽然用得好，但没有较高文化程度的人是难以欣赏的。

回过头来再看看“抽象式比喻”。前面例(1)中的“仙山”、例(2)中的“地狱”，虽然谁也没有见过，但人们在各自的观念世界里尽可以展开自己的想象翅膀，根据自己对仙山、地狱的“认知”来理解“这个岛”，来理解“资本主义”。

《围城》中的下列比喻似乎也可看作抽象式比喻：

(6) 他们俩虽然十分亲密，方鸿渐自信对她的情谊到此而止，好比两条平行的直线，无论彼此距离怎么近，拉得怎么长，终合不拢来成为一体。

“两条平行的直线”是数学上的概念，可谓抽象，用来比作方鸿渐和苏文纨之间的“情谊”又可谓“形象”至极，其原因就在于，对学过一点数学知识的人来说，都知道两条平行的直线永远不会相交，由此可联想到他们之间的“情谊”始终保持一定的距离，不可能越来越亲密。

鉴于语言中存在着抽象式比喻，温锁林(1993)曾建议：“在比喻的定义中，去掉‘用具体的、熟知的事物来比喻抽象的、深奥的事物’等限制。”我们认为，“熟知的事物”应当保留，而本体也未必就是“深奥”的，甚至“陌生”的。例如：

(7) ……

那喷薄而下的钢水呀，

好像朝霞映照着的高山瀑布；

……

那金光闪闪的钢花呀，

好似满天星斗同时在炉前跳舞。(倪宝元 1983)

上例中的本体“钢水”“钢花”都是具体的，并不陌生。

2. 认知与喻体的选择

2.1　认知的多面性与认知的异同

维特根斯坦在《哲学研究》中曾谈及“词的实指性教法”，就是指着某一具体实物来教小孩习得语言。在谈到数词“2”的习得时，他说，指着两个胡桃说“那就叫‘2’”，接受定义的那个人并不知道人们想用“2”来称呼什么，他会以为“2”

是用来称这一堆胡桃的！“他也可能犯一个相反的错误，当我把一个名字加诸于这组胡桃时，他可能把这个名字理解成数词……这即是说，在每一种情况下，实指定义可能有各种不同的解释。”①

维特根斯坦所谈及的其实是认知的多面性问题。认知的多面性归根结底是由事物的多面性造成的。比如，“苹果”不仅具有形状，还有一定的颜色和味道，这不同的方面可以看作不同的特征。正是这种事物的多面性导致了人们认知上的可能差异。

人们的认识基于客观世界，所以人们对客观世界的感知有相同的一面；另一方面，人们在认识客观世界的同时，又渗透着主观因素，这就给认识的差异提供了可能，因而不同的人对同一事物的认识就会有一定的差异。之所以有相同的一面，是因为客观世界中的事物对每个人来说都是相同的，人们容易认知到这一点；之所以有差异的一面，是因为客观存在的每个个体都有不同的特征，不同的人可能对其特征的感知有所不同。比如说“海”，它的“广阔无垠”这一特征是人们感知到的，表现在语言上就有“海碗”“海量”之说；此外，“海”还有容纳的水“多”一面，所以在一些方言里，“海”又有“多”的意思。

2.2 认知的多面性与喻体的选择

人类认知的多面性表现在喻体的选择上就是：第一，同一喻体可以用来说明不同类的本体，因为同一喻体和不同的本体之间可以有不同的相似点，如“布衾多年冷似铁”和“他有一副铁石心肠”中的“铁”，各句所用的相似点就不同，在前一句中，由于“铁”的吸热能力很强，取了“铁”的“冷”这一特征，而在后一句中则用了“铁”的“硬”这一特征。

第二，不同的民族语言在喻体的选择上有所差异，因为不同民族可能看到喻体的不同特征。同是说明“工作勤奋”，汉语中经常用“老黄牛”作比，而英语则可说成“to work like a beaver”（像河狸那样工作）。同是用来比喻“处境十分焦急”，汉语中常说“急得像热锅上的蚂蚁”，而英语中则说成“like a cat on hot bricks”（像热砖上的猫），甚至可能说成“like a hen upon a hot griddle”（像热锅上的鸡）（参阅温科学 1998②）。同是用来说明“事物蓬勃发展”，汉语中常用“雨后春笋”作比，而英语中则用“mushroom”（蘑菇）作比。同是描写人的“强壮”，

---

① 涂纪亮 1992《语言哲学名著选辑》（英美部分），北京：三联书店，第 159 页。

② 温科学 1998 英汉比喻的地域和民族色彩，载吴友富主编《国俗语义研究》，上海：上海外语教育出版社。

俄语中说“像牛一样”，英语中可以说“像马一样”，捷克人则说“像鱼一样”“像芜菁一样”，而阿里山的少年则“壮如山”。（参阅王希杰 1996：423①）

第三，同一喻体在不同的语言中可能有不同的联想意义。如“狼”在汉民族看来是“凶狠”的，在维吾尔族看来则不然：

(8) 姑娘很干脆地说：“那样的话，我的嫁妆要二十只狼，三十只豹子……姑娘要的这些嫁妆，意思是——人满二十岁，就像狼一样的勇敢敏捷；到三十岁，就像豹子一样的身强力壮……”（《维吾尔族民间故事选》，转自张致钧 1988②）

可见，维吾尔族所认知的“狼”是“勇敢敏捷”的。

2.3 认知异同与喻体的选择

由于人类的认知既有相同的一面，又有不同的一面，所以表现在喻体的选择上就是，不同的语言可以有相同的喻体，也可以有不同的喻体。比如“雪”的“白”这一特征，不同民族的人都容易感知到，因而不同语言都有以“雪”比“白”的例子。汉语中可以说“白如雪”，英语中有“as white as snow”，俄语中也有类似的说法。

再比如“狐狸”，古今中外对它的“狡猾”看得一清二楚。从古代的“狐假虎威”故事，到当代的“你这个老狐狸”，再到英语中的“He is as sly as a fox, you have got to watch him”（他狡猾得像只狐狸，你可要小心点），无不反映出这一特征。

不同民族在认知上存在差异时，对喻体的选择就有所不同，上文已有这方面的例子。再如形容“大口大口地一口接一口喝”时，汉语中说“牛饮”，而英语中则说“to drink like a fish”（像鱼一样喝）。

3. 相似性与不同喻体的连用

众所周知，比喻的构建是以相似性为基础的，但这种相似并不强求本体和喻体之间全面的相似，只要在某一方面（即某一特征上）相似即可，这样一来就

① 王希杰 1996《修辞学通论》，南京：南京大学出版社。

② 张致钧 1988《比喻大观》，广州：广东人民出版社。

可能有以下几种情况。

3.1 本体相同,不同喻体从同一方面说明本体

由于事物特征的多面性,同一本体可能在某一方面和不同的喻体相似,这样就造成不同喻体从同一方面说明本体的现象,例如:

(9) 雨是最寻常的……看,像牛毛,像花针,像细丝,密密地斜织着,人家屋顶上全笼着一层薄烟。(朱自清《春》,濮侃例)

(10) 曲曲折折的荷塘上面,弥望的是田田的叶子。叶子出水很高,象亭亭的舞女的裙。层层的叶子中间,零星地点缀着些白花,有袅娜地开着的,有羞涩地打着朵儿的;正如一粒粒的明珠,又如碧天里的星星,又如刚出浴的美人。(朱自清《荷塘月色》)

例(9)中的本体是“雨”,喻体有三个:“牛毛”“花针”和“细丝”,它们和本体的相似点就是“细”,连用三个不同的喻体,把春天烟雨蒙蒙的景象描绘得淋漓尽致。例(10)中,用来比喻“荷花”的有三个喻体:“一粒粒的明珠”“碧天里的星星”和“刚出浴的美人”,其中前两个喻体都是从总体上来感知的,形容荷花像“明珠”“星星”那样“多”、那样“亮”。

3.2 本体相同,不同喻体从不同方面说明本体

由于本体本身具有多面性(多种特征),因而在选择喻体时,可能选择不同的喻体从不同的角度对本体作比,这也是一种不同喻体的连用。例如:

(11) 美人松的树干挺拔,扶摇直上青天,凌空展开她的绿臂,远眺像个美丽的姑娘。她的细长挺拔似姑娘苗条的体态;她的斑白树纹似姑娘白皙的肌肤;她的婀娜多姿的青枝叶像姑娘绿色的头巾。(张致钧 1988:419)

(12) 她的心就像辆不会超载的大拖车,无论你投掷进什么有棱有角的东西,都默默地装着,一声也不响。但是,这颗心又充满感情,有着极欢跃的脉搏。像灵敏度极高的天平,每句话的分量都能称个清清楚楚。(张致钧 1988:213)

这种连用和上面的不同之处在于,前一种是不同喻体从同一方面说明同一本体;后一种是不同喻体从不同方面说明同一本体,英语中的“A lion at home, a mouse abroad”(在家如狮,在外如鼠)说明同一个人(本体)在不同场合具有不同的心理特征,也可归入此类。

此外,同一本体由于整体和部分特征的不同,或这部分和那部分特征的不同,也可能造成不同喻体连用的现象,这时,不同喻体从不同角度对本体的不同

部分作比。例如：

(13)（长白山）整座雪峰好像一朵闪闪发光的雪莲……对于我，她更像是一位绝世容华的少女，雪峰是她头上的银冠，云雾是她身上的轻纱。（张致钧 1988：390）

4. 特征联想度与比喻特征的隐现

4.1 特征联想度与比喻特征

在原型范畴一节，我们已经指出，同一范畴内的不同成员，由于其典型程度的不同，人们对它联想的程度也有所不同。典型成员容易被联想到，非典型成员则联想起来比较慢，甚至难以联想。与此相似，就同一个喻体而言，其不同特征给人的联想程度（特征联想度）也不同，有的特征人们容易感知到，因而容易联想到，这样的特征联想度就高；有的特征不容易感知到，因而难以造成联想，这样的特征联想度就低。容易联想到的特征，不妨称之为"（较）强联想特征"，不易联想到的特征叫"弱联想特征"。

"比喻特征"在这里不是指有关比喻的特征，而是专指喻体与特定本体相似的那种特征。它的隐现与喻体的特征联想度的高低有很大的关系。

4.2 特征联想度与比喻特征的隐现

事物的多面性决定了用作喻体的特征的多面性，在这个特征的集合中，并不是每个个别特征都具有相同的联想度，而是有的特征联想度高，有的特征联想度低。这样，喻体的特征和比喻特征之间就有可能出现这样的情况：一是用作比喻特征的是喻体的（较）强联想特征；另一是用作比喻特征的是喻体的弱联想特征，这种不同情况与比喻特征的隐现有着密切的关系。

在前一种情况下，由于喻体的这方面特征容易被感知到，容易被认识，这时即使比喻特征不出现，人们也容易理解本体和喻体之间的相似处，所以在这种情况下，比喻特征可以隐含，不出现。假如你听到"他像只狐狸"这样的句子，你立即就会意识到"他"很"狡猾"，"狡猾"这个比喻特征无须出现就能领会，因为"狐狸"的这一特征具有很高的联想度。

在后一种情况下，由于喻体的某特征联想度较低，如果比喻特征不出现，人们难以想象到喻体和本体的相似之处，从而给理解和欣赏带来一定的困难。因此，在这种情况下，比喻特征出现较好。如：

(14) 那女人讲了一大串话，又快又脆，像钢刀削萝卜片。(《围城》)

例(14)中的“又快又脆”是本体“她讲话”和喻体“钢刀削萝卜片”之间的相似点，是比喻特征。如果省去这一特征，这句话就不好理解。

上述两种情况给我们的启示是：我们在选择喻体时，要尽可能选择典型喻体的典型特征(即强联想特征)，这时的比喻特征一般可以不出现而不影响理解；否则，比喻特征最好出现，以免造成理解上的困难(甚至被认为比喻不当)。再比如：

(15) 我发现拍马屁跟恋爱一样，不容许有第三者冷眼旁观。(《围城》)

(16) 科学家跟科学大不相同，科学家像酒，愈老愈可贵，而科学像女人，老了便不值钱。(《围城》)

上述例子中的比喻特征如果不出现，人们就难以理解。

5. 结　束　语

比喻现象可以说是语言的共性，不同民族的语言在对喻体的选择上，有相同的一面，也有相异的一面，后者往往构成喻体的民族特色。不过喻体民族特色的形成还有其他的因素。以前的研究似乎只局限于对事实的描写，而没能达到解释的程度。本文吸收了认知心理学的有关研究成果，从不同的认知角度对有关问题作了尝试性的解释；同时引入了“特征联想度”“比喻特征”等概念，讨论了与此相关的喻体的连用及比喻特征的隐现等问题。恳请行家指出得失。

(原载《语言教学与研究》2001年第1期，第42—47页)

一种新的“不是A是B”构式

提　要　本文探讨“不是A是B”新构式的特点。其主要特点是，“不”不表示真正的否定；成分B是要凸显的对象；整个构式的意义是“主体NP通过某种方式（即VA所表示的行为）获得或者消除B所表示的状态”。是“获得”还是“消除”，取决于成分B的性质。

关键词　不是……是……；构式；原型；修辞

0. 引　　言

“不是……是……”是汉语中常见的一种构式，为方便起见，我们称“不是”后面的成分为“A”，称“是”后面的成分为“B”；这样，整个构式就成了“不是A是B”。其中的A、B既可以是名词性成分，又可以是动词性成分。例如：

（1）他不是教师，是学生。

（2）我不是教你诈，是教你看清世事。

例（1、2）是大家非常熟悉的一种构式，不妨称之为“旧构式”。近来在媒体上，特别是网络媒体上，出现了一种新的构式，为区别起见，我们称之为“新构式”。例如：

（3）据近日《南方日报》报道，名为“契约工”的网友发帖爆料：作为世界500强的某公司对待员工极其苛刻，下班时居然还要工人在众目睽睽下解开裤腰带接受安检，让女工备感羞辱。这名网友称自己受不了这种污辱最后辞职。这个帖子在短短几天内有了近30万的访问量，网友回帖怒斥工厂。“我提的不是裤腰带，是尊严”更是成为又一网络流行语。[1]

---

① 这种新构式语料主要是通过百度网搜索所得，少数来自广播。为节约篇幅，来自网络的语料，随文不再一一注明出处。

本文试就“不是A是B”的新构式的一些特点作一探索。

1. 新旧构式中否定词的作用不同

众所周知,“不”是个否定词,“不是”就是对“是”的否定。因此,上述例(1)就是否定“他”是个“教师”,例(2)否定的是“教你诈”。这是“不是A是B”这一旧构式的正常用法。新构式是怎样的呢?从例(3)来看,并不是对“提裤腰带”的否定。不妨看看其他的例子:

(4) 哥过的不是圣诞节是寂寞无聊的青春。

(5) 哥炒的不是股票,是寂寞。

(6) 兄弟,哥买的不是保险,是安心。(广播)

例(4)并不是说“哥”没有过圣诞节,实际上是过了圣诞节;例(5)实际上是说在炒股票;例(6)有点不同,它是一句广告词,实际上,“保险”可能还没有买,不过从广告的目的来看,实质上是“虚拟”的买,因此也可以看作是“买了保险”,而不是对“买保险”的否定。

由上可见,与旧构式不同,新构式中的否定词“不”并不是真正表示对其后成分的否定。

2. 新构式中A、B成分性质的特点

在旧构式中,A、B这两项成分属于同一(次)范畴。比如就名词性成分来说,要么同为具体名词,要么同为抽象名词。上述例(1)中的“教师”和“学生”就是都为指人的具体名词。A、B同为抽象名词的例子如:

(7) 但不容置疑的是,加强学生的职业能力培训已刻不容缓。这一点,如今异常严峻的就业形势证明:缺少的并不是就业机会,而是就业能力。

例(7)中的“就业机会”和“就业能力”都是比较抽象的名词性短语。

而新构式则不然,从所搜集到的语料来看,A、B两项成分不属于同一范畴,A一般为表示具体事物的名词性成分,B则多为形容词性成分。例如:

(8) 我开的不是车,是方便。(广播)

(9) 哥看的不是天空是寂寞。

例(8、9)中的A成分分别是“车”和“天空”,都是具体名词,而B成分“方便”和“寂寞”则都是形容词。

新、旧构式中A、B成分,除上述差异外,还有一点不同,就是,新构式中的A成分只能是名词性成分,而旧构式则不然,其中的A可以是非名词性成分。例如:

(10) 我在这儿这么些日子了,一顿中国饭还没吃过;不是我吃不起一顿,是怕一吃开了头儿,就非常吃不可!(老舍《二马》)

(11) 她口口声声不是为她自己买而是心疼祥子。(老舍《骆驼祥子》)

(12) 不是你不忠心哪,是事儿来得太邪,你没法儿不先顾自己的命!(老舍《骆驼祥子》)

3. 新构式中主语和宾语的特点

新构式中主语的一个明显特点是“NP+V+的”结构,如上述例(8)中的“我开的”和例(9)中的“哥看的”。

“不是A是B”构式其实是一种复句,“不是A”和“是B”各是一个分句。A和B都是“(不)是”的宾语。新构式中的前一分句是分裂句,A是V的配价成分,“V+A”能构成一个正常的动宾短语;而后一分句中的B则不是V的配价成分,“V+B”不能构成一个可接受的动宾短语,因此,“(NP+V+的)是B”不能独立说。为方便阅读,这里另举一例加以说明:

(13) 我们上的不是网,是寂寞。

例(13)中,“上”和“网”可以正常搭配在一起,形成“上网”;而“上”就不能和“寂寞”在一起构成短语“*上寂寞”。“我们上的不是网”独立地说,能接受;而“我们上的是寂寞”就不能接受。“是B”在整个构式中之所以能接受,完全依赖于前一分句,这类似于拈连格。例如:

(14) 每日来到小河边,一坐就是大半天,莫道此河无鱼钓,俺不钓鱼钓时间。

例(14)中,“钓鱼”能说,而“*钓时间”不能说,但整个句子是可接受的,这是因为“钓时间”是顺着“钓鱼”之势而说的。“(NP+V+的)是B”在整个构式中能被接受，就类似于此。

值得一提的是，我们说新构式的主语是由“NP＋V＋的”结构充当的，但不能反过来说，由“NP＋V＋的”结构充当主语的都是新的“不是A是B”构式。例如：

(15) 他开的不是桑塔纳，是奥迪。

例(15)不是我们这里所说的新构式，原因有三：第一，其中的“不”是真正的否定，第二，“奥迪”是以商标代替该牌的轿车，指称具体的事物，第三，其中的动词“开”能和成分B“奥迪”构成正常的动宾短语“开奥迪”。

4. 新构式的构式意义

要归纳新构式的构式意义，我们得先考察一下相关例句所表达的意义，然后在此基础上加以概括。例如上述例(5)“哥炒的不是股票，是寂寞”是说通过“炒股票来消除寂寞”；上述例(4)在网络上就有对它的诠释：“更多时候宅在家里的‘寂寞’也只得靠不属于自己的节日来消磨打发，圣诞节的发扬光大让内心寂寞的人聊以自慰”。通过例(4、5)及其他同类的例子，我们把这一构式意义初步概括为：“通过某种方式(即VA所表示的行为)来消除成分B所表示的状态。”此为构式意义$_1$。

再看看例(6)和例(8)。例(6)是说“通过买保险来达到‘安心’的目的”，例(8)是说“通过开车来达到‘方便’的目的”。概括起来就是：“通过某种方式(即VA所表示的行为)达到由成分B所表示的目的。”此为构式意义$_2$。

其实，构式意义$_1$也是“通过某种方式达到某种目的”，只不过其目的是要“克服”B所表示的状态，而不是“获得”某种状态。

综上，我们可以将新构式的构式意义概括为“主体NP通过某种方式(即VA所表示的行为)获得或者消除B所表示的状态”。是“获得”还是“消除”，取决于成分B的性质：如果B所表示的状态是我们所希望的，则为获得；如果B所表示的状态不是我们所希望的，则为消除。

5. 新构式是对原型构式的偏离

像例(1)“他不是教师，是学生”这样的句子，其中的“不”表示实实在在的否定，这是“不是A是B”构式的最基本、最原始的用法，这是旧构式；同时，从共时平面的使用频率来看，旧构式也是占绝对的优势。Taylor（1995/2001：197）[①]指出，句法结构也存在原型性问题，有典型和非典型之别。Croft等（2006：78）[②]提及了范畴中的典型成员的几个特征，其中前两个特征就是“频率和提及顺序”（frequency and order of mention）以及“习得顺序”（order of learning）。鉴于此，我们称旧构式为“原型构式”。新构式与原型构式有什么相同之处？又有怎样的偏离？在回答这些问题之前，我们先得了解原型构式的特点。那么，原型构式有哪些特点呢？

首先，如上所述，原型构式中的“不”表示真正的否定。

其次，我们有必要讨论一下原型构式中前后两分句之间的关系。在这一构式中，后一分句“是B”之前实际上是可以插入“而”的，而且插入“而”之后语义上基本没有什么变化。黄伯荣和廖序东（1988：451—452）[③]把“不是……而是……”看作表示并列关系的一种关联词语，不过这与我们这里所讨论的“不是A而是B”是有区别的。不妨看看他们举的例子：

（16）不是人们的意识决定人们的社会存在，而是人们的社会存在决定人们的意识。

如果不考虑各个分句意义的变化，例（16）去掉关联词语“不是”“而是”后，各分句独立出来都是能说的。而本文所说的“不是……而是……”则不然，试比较：

（17a）地上卧着的人，不是兵，而是个铁路工人。（老舍《火葬》）

（17b）*地上卧着的人，兵/（一）个铁路工人。

可能正是这个缘故，胡裕树（1995：364）[④]有一道练习题是这样的：

“他不是不知道，而是装糊涂”中的“不是……而是”属关联词语，“他不是工人，而是农民”中的“不是”和“而是”是不是关联词语？为什么？

我们认为，像例（17a）中的“不是”“而是”不是关联词语，只有“而”是关联词语。而“而”是表示“转折”关系的（吕叔湘2001：192[⑤]）。由于汉语中复句之间

① Taylor, J.R. 1995 *Linguistic Categorization: Prototypes in Linguistic Theory*. Oxford: Clarendon Press. 北京：外语教学与研究出版社，2001年。

② Croft, William & D. Alan Cruse 2006 *Cognitive Linguistics*，北京：北京大学出版社。

③ 黄伯荣、廖序东 1988《现代汉语》（修订本，下册），兰州：甘肃人民出版社。

④ 胡裕树主编 1995《现代汉语（重订本）》，上海：上海教育出版社。

⑤ 吕叔湘主编 2001《现代汉语八百词》（增订本），北京：商务印书馆。

的语义关系有时不必通过关联词语来表示，同时，原型构式中加入“而”以后又没有改变前后分句之间的语义关系，所以我们的看法是，原型构式前后分句之间的关系是转折关系，而不是并列关系。

第三，在转折关系的复句中，后一分句实际上是表达的重点。吕叔湘(2001：147)在讲到“但是”的用法时就指出过：“要表达的重点在‘但是’之后。”卢英顺(1988)[①]曾指出，“然而、但是”等表示转折关系的关联词语也可以用在递进关系的复句/句群中。由此可见，原型构式的表达重点是在后一分句，即“是 B”这一部分。

很显然，与原型构式相比，新构式只是在否定词的作用方面发生了偏离：在原型构式中，“不”是真正的否定，而在新构式中，“不”则是假性否定。不过，虽然不是真正的否定，但在形式上还是否定，新构式中前后两分句之间仍然是转折关系，因而整个构式的表达重点依然在后一分句，即“是 B”部分，从而使这一部分得到凸显，这正是新构式的语用价值所在。例(6)中的那句广告词“兄弟，我买的不是保险，是安心”非常能说明问题。

6. 对新构式的滥用

从修辞的角度看，新构式的出现是有其积极意义的。于是时不时地有人仿效，最明显的表现就是，B 部分都为“寂寞”这个词，例如：

(18) 哥吃的不是面，是寂寞。

(19) 吸的不是烟，吸的是寂寞。

(20) 哥发的不是帖，是寂寞。

(21) 发的不是视频，是寂寞。

(22) 姐发的不是照片，是寂寞。

例(18—22)中，不管前一分句说的是什么行为，后一分句千篇一律地都是“寂寞”。从这些例子本身来看，虽然不知道说话者本人是否意识到这一构式的表达作用，是否真的就是通过“吃面、吸烟、发帖、发视频、发照片”这些方式来消除其“寂寞”，但上述例句都可以作如是理解。

---

① 卢英顺 1988 “然而”等可以用在递进关系复句中，《学语文》第 1 期。

然而，也有一部分人对这种新构式的作用根本不了解，只是盲目仿效而已。例如：

(23) 我们挤的不是地铁，是寂寞。（广播）

(24) 挣的不是钱，是脆弱。

说话者难道是到地铁里挤一挤以消除寂寞？例(24)更是不知所云。

7. 结　束　语

本文探讨了“不是A是B”的新构式的特点。其明显的特点是，主语由“NP+V+的”结构充当，至于宾语，A是V的配价成分，一般都是表示具体事物的名词性成分，B多为形容词，偶尔也有表示抽象事物的名词性成分。新构式中的“不”不表示真正意义上的否定，这是与旧构式不同的地方；但与旧构式一样，其语义重点仍然在“是B”这一部分，B是要凸显的内容。整个构式的意义是“主体NP通过某种方式（即VA所表示的行为）获得或者消除B所表示的状态”。

从新构式的使用情况来看，有的取得了积极的修辞效果，也有盲目仿效的情形。运用新构式时，一定要对新构式“知其然”。

（原载《当代修辞学》2010年第2期，第50—54页）

“这样吧”的话语标记功能

提　要　本文以典型的话语标记语所具有的连接性、可选择性和非真值条件性等特征为参照，对位于语段开头的“这样吧”进行分析，认为这种用法的“这样吧”具有话语标记语的性质，其话语标记功能是：说话人通过说出“这样吧”来明示他在向听话人提出建议，“这样吧”后面的相关话语就是建议的内容，而其前面的话语成分则是提出这一建议的背景或语境。同时，话语标记语“这样吧”在语篇中具有衔接功能。本文还从语法化的角度进一步探讨了话语标记语“这样吧”和非话语标记语“这样$_0$”之间的联系。

关键词　话语标记语；这样吧；建议；修辞；语法化

0. 引　言

“这样吧”的下述用法似乎尚未受到注意：

(1) 这样吧，我告诉你我两位哥哥黄宗江和黄宗洛的住址，有了困难你就去找他们。（梁晓声《京华闻见录》）

(2) 这样吧，既然一时没有合适的人选，就不要硬提，专员先让陆洪武同志兼起来，再等个一年两年，找人来接他专员的担子也不迟！（王跃文等《官场故事》）

本文认为，这两例中的“这样吧”应该看作话语标记语，在语篇中起着承上启下的作用，引出说话人的一种建议。

截至目前，不少学者从不同角度对汉语的话语标记语进行了研究，如高增霞（2004）[①]、刘丽艳（2005）[②]、陈振宇和朴珉秀（2006）[③]、李胜梅和晏梨花

① 高增霞 2004 自然口语中的话语标记“完了”，《语文研究》第4期。

② 刘丽艳 2005 作为话语标记的“不是”，《语言教学与研究》第6期。

③ 陈振宇、朴珉秀 2006 话语标记“你看”“我看”与现实情态，《语言科学》第2期。

(2010)[①]等,但似乎还没有人从这一方面对“这样吧”进行探讨。

这种用法的“这样吧”与处于相同话语位置的“这样”,都可以用来引出建议,可以把后者看作是前者的变体,但两者在用法上存在差异:“这样”引出建议时,在说出建议的内容之后通常必须有“好吧/怎么样?”等,而“这样吧”没有这一要求。[②]本文只讨论“这样吧”,文中语料除特别标明外,都来自电子语料库。

1. 话语标记语的特点

自 20 世纪 70 年代起,特别是 Schiffrin(1987)[③]*Discourse Markers* 问世以来,话语标记语在国外受到越来越多的学者的重视。不同学者在研究兴趣、研究方法及研究目标上呈现出差异(Schourup 1999[④]),导致术语的使用存在很大的不同(参阅高春明 2004[⑤]、徐赳赳 2010:264—265[⑥]、刘丽艳 2011:23[⑦]),对话语标记语这一概念及其特点和范围学术界至今没有比较一致的界定和认识。

Schourup(1999)把话语标记语的特征归纳为七点:连接性(connectivity),可选择性(optionality),非真值条件性(non-truth-conditionality),跟小句的弱联系性(weak clause association)[⑧],起始性(initiality),口语性(orality),多范畴性(multi-categoriality)。其中的“可选择性”包括两层意思:句法上,去掉话语标记语以后,这个标记语所在的主句(host sentence)依然合乎语法;语义上,话语标记语的删除不影响它所连接的成分之间的语义关系。[⑨]Schourup 同时指出,前三者一般被看作话语标记语的必要特征,如果不是就某个特定的话语标记语而言,第四至六个特征不是必需的但有参考价值。至于最后一个特征,在

---

① 李胜梅、晏梨花 2010“说句玩笑话”“开个玩笑”及相关语篇现象,《阜阳师范学院学报》第 5 期。

② “这样”常是和“吧”一起出现的,原因在于“吧”有缓和语气的作用。(卢英顺 2007)正因为“这样吧”是明示建议,没有“吧”语气就显得比较生硬,加上“吧”语气就显得缓和,带有和听话人商量的口气。当“建议”体现为一种命令时,就更应该弱化祈使语气。

③ Schiffrin, Deborah 1987/2007 *Discourse Markers*,北京:世界图书出版公司。

④ Schourup, Lawrence 1999 *Discourse Markers*, Lingua 107.

⑤ 高春明 2004 话语标记的识别及其语用功能,《长春理工大学学报》第 1 期。

⑥ 徐赳赳 2010《现代汉语篇章语言学》,北京:商务印书馆。

⑦ 刘丽艳 2011《汉语话语标记研究》,北京:北京语言大学出版社。

⑧ 指不是正式的句法成分,相当于汉语所说的“外位成分”。

⑨ Janet M.Fuller 也提出过类似的看法。(参阅高春明 2004)

笔者看来,它是就整个话语标记语而言的,因而在判断某个话语成分是不是标记语时不需要考虑。

刘丽艳(2005)则归纳为五点:(a)功能上具有连接性;(b)语义上具有非真值条件性,即话语标记的有无不影响语句命题的真值条件;(c)句法上具有非强制性,即话语标记的有无不影响语句的句法合法性;(d)语法分布上具有独立性,经常出现在句首,不与相邻成分构成任何语法单位;(e)语音上具有可识别性,可以通过停顿、调值高低等来识别。

本文根据刘丽艳(2005)的归纳,判断类似例(1)、(2)中的"这样吧"到底是不是话语标记语。

2. "这样吧"的话语标记语性质和标记功能

2.1 "这样吧"的话语标记语性质

再看"这样吧"这种用法的几个例子:

(3) 最后,河南想了想说:"**这样吧**,先让她在家里住上一个月,一个月以后我回家休假;到那时候,只要您舍得放手,我就让她到外边住。"(浩然《新媳妇》)

(4) 我说**这样吧**,我带你去楼下的一家小发廊,我请你洗面,顺便再请那个温州来的妹子帮你把头发染染。(朱文《我爱美元》)

(5) 吴仲荣说,马团长,你的心意朱县长领了,我看**这样吧**,我来代他喝一杯,你看如何?(季宇《县长朱四与高田事件》)

(6) 谢队长用感到意外的眼光看了看我,"**这样吧**,明天你就留在家里,把炉子砌了,窗子糊了……"(张贤亮《绿化树》)

从上述例子不难看出,分布上,"这样吧"位于语段的开头,符合特征 d;在语音方面,它的后面具有明显的停顿,在书面上的体现就是必须有一个逗号,符合特征 e;在句法功能上,它与其后的话语没有任何句法上的关系,因此,如果将它省略掉,句子的合法性不会受到任何影响,符合特征 c;而且从语义上看,它的省略也不影响其后面句子的命题意义,符合特征 b。至于特征 a——连接性,例(3)—(6)不能很好地看出这一点,但我们把例(2)中"这样吧"前面的话语补出来就看得一清二楚了:

(7) 金全礼刚提了副专员不到一年，接着又提专员，也不见得好，我看还是先让他在副专员位置上锻炼锻炼好。**这样吧**，既然一时没有合适的人选，就不要硬提，专员先让陆洪武同志兼起来，再等个一年两年，找人来接他专员的担子也不迟！（王跃文等《官场故事》）

综上所述，这种用法的"这样吧"完全具备话语标记语的特点，把它看作话语标记语是没有问题的。

2.2　"这样吧"的话语标记功能

从句法上看，话语标记语并不属于某一特定的句法范畴。从词类的角度看，有的属于连词，有的属于叹词，有的属于动词性的；从语法单位的角度看，有的是词，有的是短语。话语标记语的这一特点，使得它作为一个整体，在功能上具有多样性的特点。

Fraser(1999)①认为，话语标记语是标示(signal)其前后两部分话语之间的关系的。他把话语标记语分为两大类：跟(语段解释)信息有关的话语标记语；跟话题有关的话语标记语。前者又可以细分为：对比性标记语(contrastive markers)、阐发性标记语(elaborative markers)、推导性标记语(inferential markers)，等等；后者又有岔开话题和重述先前话题的区别。Lenk(1998)②根据话语标记语所标记的关系把它们分为两种：指前话语标记语(retrospective discourse markers)，表示该话语与前面语篇之间所存在的某种关系；指后话语标记语(prospective discourse markers)，表示后续关系。(参见冉永平 2000③)

"这样吧"具有阐发性功能，同时属于指后话语标记语，这和它的功能有关：说话人通过"这样吧"这个标记语明示他在向听话人提个建议，"这样吧"后面的相关话语就是所建议的内容。所建议的内容部分所体现的行为，既可能由听话人去实施，也可能由说话人自己去实施(甚至还有可能由第三方去实施)，在前一种情况下可能就是一种命令行为，而在后一种情况下可能就是说话人在表达一种承诺或者意志、决定。或许基于这方面的考虑，司红霞(2005)④提出，"'这样吧'后面常是说话人提出的新建议/承诺。"我们认为，"这样吧"的话语标记功

① Fraser, Bruce 1999 What are discourse markers?, *Journal of Pragmatics*, Vol.31.

② Lenk, Uta 1998 Discourse markers and global coherence in conversation, *Journal of Pragmatics*, Vol.30.

③ 冉永平 2000 话语标记语的语用学研究综述，《外语研究》第4期。

④ 司红霞 2005 "这样吧"试析，《语言文字应用》第S1期。

能和建议内容所体现出来的言语行为是不同层次、不同角度的东西，前者纯粹从语篇结构和衔接本身来说的，而后者是从话语所体现的言语行为来说的，应该区别对待。所以我们主张“这样吧”的话语标记功能就是“说话人向听话人明示一项建议”。例(1)—(6)都能说明这一点。“这样吧”的这一功能，下面的例子最能体现：

(8) “**这样吧**，”他建议，“我们到咖啡馆里坐一坐，请你喝一杯咖啡我还是请得起的，我们坐下来休息一下，或者你把心里话跟我说一说，说多说少，都行，不说也行……我觉得你也许需要找一个倾诉的对象，至少需要找一个陪你坐一坐的人……”(刘心武《多桅的帆船》)

上例中的“他建议”就是对“这样吧”具有明示建议功能的最好诠释。

2.3 “这样吧”的修辞功能

如前所述，话语标记语的两个重要特点是句法上的非强制性和语义上的非真值条件性。既然它们在句法和语义方面都不是必需的，那它们又有什么存在价值呢？从修辞的角度来看，话语标记语的另一个特点“连接性”正好能够说明这一点。“这样吧”的话语标记语用法也印证了这一点，其话语标记功能也就是一种修辞功能，具体地说，就是它在语篇中起着承上启下的作用，具有衔接的功能。考察一下“这样吧”在语篇中的出现环境不难发现，出现在它后面的话语成分所表示的是建议的具体内容，而出现在它前面的话语成分则是提出这项建议的背景或者说是依据，如前面的例(7)。再看下面的例子：

(9) 骂完后队长说：“凤霞不会是那种人，说是你王四抢的也没人看见，**这样吧**，你们一家一半。”(余华《活着》)

(10) 但你们年轻夫妻恐怕一月也拿不了多少钱，**这样吧**，五十块算了。(池莉《太阳出世》)

例(9)中，“这样吧”后面的“你们一家一半”是队长的一项建议，提出这个建议的依据是其前面的“凤霞不会是那种人，说是你王四抢的也没人看见”。类似地，例(10)中“这样吧”后面的“五十块算了”是一项建议(从说话人的角度看，也可以理解为一种决定)，其前面的“你们年轻夫妻恐怕一月也拿不了多少钱”是提出这一建议的依据。由此可以看出“这样吧”在语篇中所起到的承上启下的衔接作用。

如果从修辞动因来看，说话人之所以选择这样的标记语，是想引导听话人有意识地注意后面的建议内容，便于让听话人领会“这样吧”前后话语成分在逻辑上的联系。王扬(2005)①指出："话语标记实质上是一种语用标记，在话语的解读推理的过程中只起着明示引导的作用，亦即一种明示标记，而不具有真值条件意义……使用话语标记语的目的旨在减少人们对话语进行加工处理时所需付出的努力，取得最佳关联效果，从而使交际得以顺利进行。"

3. 从语法化看"这样吧"的话语标记语性质及其功能

3.1 "这样吧"中"这样"的语法化轨迹

话语标记语"这样吧"和非话语标记语"这样"在用法上有无联系？如果有，又是怎样联系的？本节就探讨这个问题。为便于叙述，下文把非话语标记语"这样"写作"这样$_0$"。

从语法化的角度看，"这样"的语法化过程实际上就是词义的演变过程。一般说来，任何词义的演变都不是空穴来风，而是和先前的词义有着这样或者那样的联系。语法化一般被看作是语义脱落(semantic bleaching)(虽然实际上不限于此)，语义的脱落与否以及脱落的程度，自然也要以此前的语义为参照。因此，要讨论"这样"的语法化问题，我们先得看看"这样$_0$"的意义。

《现代汉语词典(第5版)》(2005：1727)对"这样$_0$"的解释是："指示代词。指示性质、状态、方式、程度等。""这样$_0$"的意义和用法不必赘述，下面只举些与"这样"相关的例子：

(11) 在娘家，她和年轻的姐妹们，常在一块儿钻进青纱帐里锄草；一块儿爬到高树上摘果子；一块儿上民校、排评剧……压根儿不知道什么是劳累，什么是苦恼，跟她们生活在一起，永远是欢乐；看来只要自己不离开集体，到处都有**这样**的欢乐……(浩然《新媳妇》)

(12) 惠荣把辫子往背后一甩，两只美丽的眼睛，突然变成两把锋利的刀子一样，朝黄全宝望去，愤愤地说："黄全宝违反劳动纪律，做活投机取巧，别人提意见还不接受，**这样**下去……"(浩然《新媳妇》)

从例(11)、(12)不难看出，"这样$_0$"所指示的都是前面所叙述的一系列行为，或者说"这样$_0$"的所指内容先行。"这样$_0$"的这种用法显然跟话语标记语

① 王扬 2005 话语标记的认知语用诠释，《天津外国语学院学报》第3期。

"这样吧"的用法没有直接的关系，因为"这样吧"作为话语标记语，它所连接的重点是其后面的话语成分。真正跟"这样吧"有关的是如下的"$这样_0$"用法：

(13) 事情原来是**这样**的：惠荣她们四个人捣一圈粪，另一边有四个男社员也捣一圈粪，记工的时候，那四个男社员每人记九分，她们四个女社员每人却只记六分；惠荣觉得挺奇怪，就向翠英打听，翠英没好气地说："从来就这样。"（浩然《新媳妇》）

很显然，例(13)中"$这样_0$"的所指内容不是先行的，而是后行的。尽管如此，"$这样_0$"的指示功能没有变。在语法化研究中，一般都强调促成语法化的句法环境。从话语层面上看，也存在类似的情况。例(13)就为"$这样_0$"进一步语法化成"这样"提供了必要的话语环境，在例(13)这种用法的基础上，其指示功能再进一步弱化，就成了话语标记语"这样"。我们说"这样"的意义已经虚化，是因为如果去掉"这样吧"，整个话语还是连贯的。比如例(7)，去掉"这样吧"之后就成了下面的样子：

(7′) 金全礼刚提了副专员不到一年，接着又提专员，也不见得好，我看还是先让他在副专员位置上锻炼锻炼好。(　　)既然一时没有合适的人选，就不要硬提，专员先让陆洪武同志兼起来，再等个一年两年，找人来接他专员的担子也不迟！

例(7′)仍然是一段连贯的话语，与原例(7)相比，或许如李秀明(2011:15)① 所说："去掉这些话语成分在信息传达上更为简洁。"而例(13)的情况则不然，试比较：

(13′) *事情原来是(　　)的：……/*事情原来：……

例(13′)不能成立，即使连同"是……的"一起省略掉也不能成立，其中的"$这样_0$"在句子中承担着一定的句法、语义功能，省略以后，就会影响句子的结构和命题意义。下面的句子与例(13)类似：

(14) 而所以如此，一方面作者本来便穷于技巧，过于追求，反倒弄巧成拙，另一方面，作者也有**这样的想法**：既然拙了，就一拙到底，抑或也会拙出一种韵致来。（尤凤伟《关于〈石门夜话〉》）

(15) 位子空了起来，她向他抬起眼睛，他在她的眼睛里读到**这样的话**："您坐吗？"（张洁《漫长的路》）

---

① 李秀明 2011《汉语元话语标记语研究》，北京：中国社会科学出版社。

在我们所搜集的300多个句子中，“这样$_0$”所指内容后行的只有几个。

由所指内容先行的典型指示代词，到所指内容后行的指示代词，再到指代功能弱化而话语标记功能和语篇衔接功能增强的话语标记语，“这样”的语法化过程大致勾勒如下：

这样$_0$	→	这样$_0$	→	这样
（指代，所指内容：先行）		（指代，所指内容：一先行）		（一指代，所指内容：一先行）

指代功能的弱化甚至完全消失、所指内容的位置变化，只能解释“这样”获得话语标记语身份的原因，它们并不能解释“这样”为什么会具有标示建议的功能。笔者以为，“这样”这一功能的获得与语境吸收有关。刚开始的时候，“这样$_0$”还具有指示的性质，只是其所指内容是后行的，类似例(13)—(15)那样。由于所提建议的内容是要具体说明“这样$_0$”的，所以这部分话语总是位于“这样$_0$”之后。这样，久而久之，在听话人那里就会形成条件反射，一听到这种用法的“这样$_0$”就很自然地想到后面要说的是一项建议。“这样”的话语标记功能就是通过这样的语境吸收获得的。而对“这样”语法化为话语标记语后，其指代功能是完全消失还是仍有保留的问题，不同的人也许会见仁见智，但话语标记功能和语篇衔接功能已成为其主要的话语功能则是显而易见的。

至于为什么是“这样$_0$”而不是“那样”发展为话语标记语，这与它们的构词成分“这”和“那”的用法有关。限于篇幅，而且跟本文所讨论的主题也不直接相关，此不细述。

3.2　从语法化看“这样吧”的修辞功能

从上面我们对“这样”语法化轨迹的勾勒以及“这样吧”话语标记功能的获得出发，可以进一步说明“这样吧”为什么会具有上面提及的修辞功能。我们的看法是，“这样$_0$”在比较彻底语法化之前，其所指成分后置这样的照应关系为“这样吧”获得标示建议内容这一功能作了铺垫，而建议的提出不是凭空的，应该有一定的依据，这种依据在语篇上最自然的出现位置是在提出建议之前，“这样吧”因此就在其前后两段话语之间扮演起桥梁的角色，起到衔接的作用。

从修辞动因的角度来看，如果没有“这样吧”这一标记语，提出建议的依据这部分内容和建议的具体内容这一部分就会浑然一体，听话人因而难以准确地、及时地捕捉到建议的信息，从而会影响交际的效果。加上“这样吧”后则不然，由于它的标示、指引作用，听话人就能够准确地判断出建议的内容部分并及时地对之进行加工，使交际更加有效。

3.3 话语标记语存在不存在语法化问题

不少学者在讨论话语标记语时往往都要探讨其语法化过程，但李宗江(2010)[①]似乎对此持怀疑的态度，其怀疑起因于刘嵚(2008)[②]对一个具体案例的讨论。刘嵚(2008)认为，“我说”中的“说”的语义的演变过程是：行为义(言说)→认知义(认为)→篇章义(话语标记)。李文指出，我们无法从“说”的认知义(认为)获得“我说”的“提请注意”这样的语用功能，也无法解释其他的相关现象，“不如看作直接从表示言说意义的‘我说’演变而来”。对此，笔者也有相同的看法，李文对相关问题的论证令人信服。但是该文最终得出“话语标记语研究中的语法化研究可疑”这一结论值得商榷。也许这一观点符合某个具体个案的情况，但是我们不能因此而放弃对其他话语标记语的语法化研究，而且不能盲目相信语法化过程是多个阶段先后相继，而是很可能呈现为跳跃式的发展，更不能人为地添加某个阶段，关键要看从一种用法演变出另一种用法是否合情合理。正如李宗江(2010)所说：“话语标记的研究要想对某个话语标记的来源提出令人信服的说明，必须将话语标记的主要功能(说语用意义也可以)明确起来，然后找到这种功能和承担这种功能的词语的原来意义和语序特征之间的联系。”

4. 结　束　语

本文借鉴国内外话语标记语的相关研究成果，就“这样吧”的话语标记特征和标记功能进行了分析。“这样吧”具有典型话语标记语的连接性、可选择性和非真值条件性等特征。其话语标记功能是：说话人通过“这样吧”这个标记语明示他在向听话人提个建议，“这样吧”后面的相关话语就是所建议的内容。而这项建议是依据“这样吧”前面的相关话语内容提出的，所以，从修辞的角度看，它在语篇上起着衔接其前后话语成分的作用。

本文还从语法化的角度进一步探讨了话语标记语中的“这样”和非话语标记语“这样$_0$”之间的联系。典型的“这样$_0$”具有指示性和所指内容先行性的特

---

① 李宗江 2010 关于话语标记来源问题的两点看法——从“我说”类话语标记的来源说起，《世界汉语教学》第2期。李文还论述了对“话语标记语词汇化”的看法。

② 刘嵚 2008 “我说”的语义演变及其主观化，《语文研究》第3期。

点，而“这样”则不具有这样的特点。因此本文认为，“这样吧”具有话语标记语的性质。

需要说明的是，有一些“这样吧”形式上看似话语标记语，实则不是。如：

(16) 梁局长看看表，就站起身：**就这样吧**，我抽时间去公安局找找。(谈歌《大厂(连载之二)》)

上例中的“就这样吧”看起来也位于话语的开头，也具有比较明确的话语功能，即结束前面所谈论的话题①，但不难看出，其中的“这样”具有明显的指代功能，而且所指的内容还是先行的，存在于上文或语境之中，只是在本句范围内看不出来而已。该句中的“这样吧”不是话语标记语。

(原载《当代修辞学》2012 年第 5 期，第 39—45 页)

① 也可能是同意别人的看法，但是在截取的语料中，我们无法知道上文的语境。

从原型范畴看“拈连”

提　要　拈连这种言语现象属于原型范畴，典型的拈连具有“本体、拈体”和“拈词”这三个要素，具有多种属性，但重要的属性是拈体顺本体或拈词而说。据此，本文将拈连分为“基于本体的拈连”和“基于拈词的拈连”两类。并讨论了“无甲事物的拈连”问题。

关键词　拈连；修辞；原型范畴

0. 引　　言

自陈望道在《修辞学发凡》中提出“拈连”辞格之后，不少修辞学著作在不同程度上涉及这一问题，但多偏向于“举例解说”式；专门探讨“拈连”的修辞学论文也有一些。关于拈连的研究，早期多关注对拈连的分类，分类角度各异，有从词性角度分类的，如“拈动词的拈连”“拈形容词的拈连”“拈名词的拈连”“拈数量词的拈连”等；有从句法角度分类的；有从是否借助其他辞格的角度分类的，如“比喻拈连”“比拟拈连”“引用拈连”等；有从构成成分是否齐全的角度分类的，如“全式拈连”“略式拈连”等。（谢英，2004①）其中，从句法上的表现形式给拈连分类的较多，如周春林（2009）②把拈连辞格的基本要素分解为三个：本体、拈体和拈词。然后“以拈词为参照点，把拈连辞格分为三种主要基本类型：主谓式；动宾式；偏正式。”近些年的研究论文中，也有着眼于这一辞格的生成和理解机制的，如徐盛桓（2007）③认为是“心理建模”的中介作用；房鸿鹃（2011）④运用

① 谢英 2004《拈连辞格的构成与认定》，《修辞学习》第 3 期。

② 周春林 2009《拈连的辞格要素及其辞格结构类型》，《毕节学院学报》第 3 期。

③ 徐盛桓 2007《说“拈连”》，《解放军外国语学院学报》第 4 期。

④ 房鸿鹃 2011《汉语拈连的认知理据及意义构建研究》，《枣庄学院学报》第 4 期。

概念隐喻和概念合成理论探讨这一语言现象生成的认知理据。也有从原型范畴的角度来探讨相关问题的，如郭振红(2007)[①]、叶莛(2013)[②]。本文也是从原型范畴出发研究拈连问题，但着眼点与她们不一样(详后)。之所以如此，是因为下列修辞现象难以纳入现有的“拈连”框架：

(1) 你也许难以想象英语教师将**试管、大口杯**带入教室后，英语课堂会有什么“化学反应”……(用“另类”方法演绎精彩课堂，《文汇报》，2009-09-14，第 11 版)

(2) 小说《春宴》出现三种“吃法”(按：指同一本书的不同购买方式，通过网络买比在书店买便宜，而电子版下载到手机、ipad 阅读则更便宜)(《文汇报》，2011-8-12)

如果把上述现象另立辞格，就会造成如下两种局面：一是辞格数量的无谓增加，二是由于辞格与辞格之间有很多相似之处，其结果就是这些辞格之间的关系难以厘清。

王希杰(1996：54)[③]在《修辞学通论》前言中就修辞格分化过细现象曾说：

“一味分化，一味求细，带有繁琐哲学的味道，忽视了抽象和综合。最明显的是修辞格的研究，偏重发现新的修辞格，分化已有的修辞格，于是辞格总数越来越大，次格越来越多。”

“术语和概念的繁多可能是因为我们对于客观事物的认识不够深透，没有把握住事物的本质，抽象概括能力不强。”

1. “拈连”辞格的原型属性

认知心理学研究表明，我们对现实世界的分类是基于原型的。原型范畴具有以下特点：范畴内部的成员有典型与非典型之分；范畴的属性是根据典型成员来确定的；非典型成员具有较少的范畴属性；范畴的任何一个属性对一个成员来说都不是必要的；范畴之间，其边界是模糊的。语言既是我们认识世界的

① 郭振红 2007《辞格的原型范畴分析》，《山西大学学报》第 2 期。
② 叶莛 2013《原型理论视角下轭式搭配修辞研究》，《安徽大学学报》第 3 期。
③ 王希杰 1996《修辞学通论》，南京：南京大学出版社。

工具,同时它又是我们认识的对象。Taylor(1995)①在解释"语言的范畴化"时指出,它有两个涵义:一是现实世界的种种事物和现象经过人们的认知以某种语言形式表示出来,如"猫、狗"等;二是语言单位本身也存在范畴化的问题,如"词、词缀","动词、名词"等。

"拈连"辞格是修辞学家对相关言语现象进行概括的结果。人们在说出相关的言语时并没有按照特定的要求进行,也就是说,人们在这样表达时并没有清楚的意识:应该符合哪些条件?充其量只能说这是一种"潜意识"。这种潜意识表达的结果就是,不同语境下的表达具有某种程度的相似性。因此,我们认为,"拈连"现象应该具有原型范畴特点。

目前,众多的修辞学论著所提及的拈连用法不妨看作是"拈连"范畴的典型成员。各家对拈连格的表述大体相似,如陈望道(1982:114)②、倪宝元(1983:93)③、谭永祥(1992:300)④和张弓(1993:91—92)⑤等。我们姑且以倪宝元(1983)的定义及例子为例来分析一下拈连格的属性。其定义是:

"利用上下文的联系,巧妙地把适用于甲事物的词语用到乙事物上来,这种词语活用叫'拈连'。"

例如:

(3) **冻坏**了皮肉,**冻不坏**俺们杀敌复仇的决心!(倪宝元 1983 例)

(4) 在高原的土地上**种下**一株株的树秧,也就是**种下**了一个美好的希望。(张弓 1993 例)

(5) 哼!你别看我耳朵**聋**——可我的心并不"**聋**"啊!(倪宝元 1983 例)

例(3)中,"冻坏"和"皮肉"是正常的搭配,而在一般情况下,"决心"和"冻(不)坏"是不能搭配的,此处是顺着"冻坏了皮肉"而说的。其他两例类似,此不赘述。所以,

倪宝元(1983:94)指出:

"拈连用法是以一般用法为条件,为前提的,只有在一般用法的'带领'和衬托下,拈连用法才能成立。"

---

① Taylor, J.R. 1995 *Linguistic Categorization: Prototypes in Linguistic Theory*. Oxford: Clarendon Press.北京:外语教学与研究出版社,2001 年。

② 陈望道 1982《修辞学发凡》,上海:上海教育出版社。

③ 倪宝元 1983《修辞》,杭州:浙江人民出版社。

④ 谭永祥 1992《汉语修辞美学》,北京:北京语言学院出版社。

⑤ 张弓 1993《现代汉语修辞学》,石家庄:河北教育出版社。

王希杰(1983:305)[①]说得更概括:"拈连是以特定的语言环境为其存在的条件的。"

有人(周春林,2009;叶荭,2013)称类似"皮肉"的成分为"本体",称类似"决心"的成分为"拈体",称类似"冻坏"的词语为"拈词"。下文如有必要,我们就沿用这三个术语。为了叙述的方便,我们需要另外引进两个术语:"本体部分"和"拈体部分"。前者包括拈词和本体,后者包括拈词和拈体。需要说明的是,本文所说的"拈词"不限于"词"这一层级,起到相似作用的"语素"或"短语"甚至"句子"也称作拈词。

由上我们把典型拈连格的属性分解为以下几点:

第一,在拈连格中,存在着本体、拈体和拈词;

第二,拈词与本体之间属于正常搭配,拈词与拈体之间属于非正常搭配;

第三,拈体借助拈词顺势带出,否则"拈体部分"不能成立,或者让人觉得莫名其妙。例如:

(6) *产业经济总量超2000亿元,增速连续4年超15%

生物医药在沪**舞出**新活力(《文汇报》新闻标题,2013-05-15)

这句的"舞出"用得有些莫名其妙,它缺少所拈的依据。如果改成例(7)这样,似乎可以接受:

(7) 生物医药在沪**舞**台上**舞**出新活力

下面一则报道上海市民舞蹈大赛的新闻标题就很合适:

(8) 十五万市民**舞出**精彩生活

市民文化节评出百支"优秀**舞**团"(《文汇报》,2013-06-17)

有的学者特意强调拈词为动词,如张弓(1993:91—92)就说:

"连物式是甲乙两类事物连起来叙说的时候,把适用于甲事物的动词连带地应用于乙事物方面,这样就能反映深切殷厚的情意,就能显出特殊的形象力。甲类事物往往是具体的,乙类事物往往是抽象的,连带地应用的动词,一般是动作动词。"

谭永祥(1992:302)则指出:

"拈连词'一般都是动作动词',这个动词总是处在述语的位置上,构成主谓或动宾的形式,这几乎已是修辞学界的定论。其实,我们发现,形容

① 王希杰 1983《汉语修辞学》,北京:北京出版社。

词、名词、量词甚至被拆开的复合词词素，也都可以‘拈’来‘连’上，而且，拈连词在句子的各种成分上都有分布。”

例如：

(9) 相思欲寄无从寄，画个圈儿替。话在圈儿外，心在圈儿里。单圈是我，双圈是你。你心中有我，我心中有你。月缺了会圆，月圆了会缺。我**密密**加圈，你**密密**知我意。还有那说不尽的相思情，一路圈儿圈到底。(谭永祥 1992 例)

(10) 这恋爱方面的“**印象**学”，一旦运用到领导干部使用人才上来，就要误大事。你再有德才，经他那么一“**印象**”，你有可能倒霉；你再无德才，让其“**印象**”一下子，也可能走红运。(谭永祥 1992 例)

2. 从原型范畴看与“拈连”相关的言语现象

学界已有人从原型范畴的角度来看拈连问题，不过他们的着眼点与本文的不同。比如，郭振红(2007)把“比喻、比拟、移就、拈连、通感”这五种辞格看作一个原型范畴，着眼点在拈连与其他辞格边界的模糊性方面。叶荭(2013)认为：“拈词界定了一个语义范畴，在此范畴中，本体成为原型成员，拈体因为和原型成员之间具有一定家族相似性而成为边缘成员，拈体和本体通过拈词连接起来。”可见，该文的着眼点在与拈词搭配的两个或以上的词语之间的关系上面。

本文也是从原型范畴出发，但着眼点在拈连辞格本身是否典型上面，体现在如下诸方面：某一拈连现象的总体属性如何？即拈连格三要素(本体、拈体、拈词)是否都出现？某一拈连现象的单一属性如何？比如本体是否就是一个词？拈体与拈词之间是不是就不能搭配？

在第一部分我们已经分析出了拈连格的几种属性。在原型范畴观的研究者看来，范畴的任何一个属性对某个个体是否归入特定的范畴不是必要的条件。比如企鹅不会飞，但它们仍属于鸟类；“吵架”不能带宾语，但它仍然被看作动词。可能与此有关，原型范畴研究者一般认为，范畴的不同属性之间不存在经典范畴那样作“本质特征”和“非本质特征”或者“主要特征”和“次要特征”的区分。但我觉得，经典范畴中的“主要特征”和“次要特征”的提法还是值得重视的。维特根斯坦在论述家族相似性的时候举了不同的“游戏”成员之间属性的共享和差异情况，这些可以称之为“游戏”的成员之间似乎没有一个共同的属性。但我以为，“娱乐性”属性应该是各种游戏都具备的，无论是多人参与的游戏还是独自一人所玩的游戏。“飞机、轮船、火车、汽车”，等等，其外在属性或构成属性虽各不相同，但“运载”功能是一致的，这或许就是人们把它们归为“运输工具”的原因。

回过头来就“拈连”辞格而言，其立格的基础就是强调一个“拈”字，“信手拈来，顺势而说”是这一辞格的根本属性。因此我认为，只要保证这一属性，其他属性无论如何变化都不会改变某言语现象的“拈连”性。根据这一观念，我们认为序言部分的例(1、2)都是拈连。为便于阅读，现将这两例分别重述如下：

(11) 你也许难以想象英语教师将**试管、大口杯**带入教室后，英语课堂会有什么“化学反应”……

(12) 小说《春**宴**》出现三种“吃法”(按：指同一本书的不同购买方式，通过网络买比在书店买便宜，而电子版下载到手机、ipad 阅读则更便宜)

例(11)中并没有出现拈词，如果直接说“英语课堂有化学反应”则让人莫名其妙。但例(11)看上去并没有这样的感觉。由于前面说了，“英语教师将试管、大口杯带入教室”，我们知道，“试管、大口杯”是做化学实验的工具，由此自然会想到“化学反应”。可见，“英语课堂会有什么‘化学反应’”这种说法是顺“英语教师将试管、大口杯带入教室”之势而得以被人理解、被人接受的。例(12)中的《春宴》是小说名，不存在“吃法”的问题。但其中的“宴”能激活人们对“宴会”的认知，宴会中的同一食材可以有不同的“做法”，因而就有不同的“吃法”。其中的“宴”相当于“拈词”，但它不是词，只是一个语素，它起着“顺势”的作用。这两例都在不同程度、不同属性上偏离了典型的拈连现象。

房鸿鹃(2011)指出：“拈连辞格正是利用了本体和拈体间的内在相似性，或者说作者有意在本体和拈体间创造出一种相似性，从而通过本体所表达的概念来认识、思维、归类和识别拈体所指称的概念。拈连辞格背后的认知实质是概念隐喻的认知和思维方式。”这种看法与该文所涉及的讨论对象有关。从本文对拈连的理解来看，我们认为这不能一概而论。比如上述例(11)，我们很难想象“试管、大口杯”和“化学反应”之间有什么相似性，也不能想象“春宴”和“吃法”相似在哪里。我们似乎可以说，本体和拈体之间具有“相关性”。拈连辞格背后的认知实质也未必就是通过“概念隐喻”的方式，隐喻强调的是一个认知域与另一个认知域之间的关系，例(11、12)的本体和拈体之间并不存在这样的关系。如果硬说“春宴”是小说，和“吃法”不属于同一认知域，那它们之间是如何隐喻的？不过，我们可以说，本体和拈体之间是通过本体的概念激活而得以联系、被人理解的。

3. 拈连现象的新分类

传统的拈连分类比较看重拈连的外在形式，比如，拈词是动词还是形容词，或者，本体部分或拈体部分是动宾关系还是主谓关系，等等。这似乎没有抓住拈连辞格的实质。如上所述，典型的拈连格具有本体、拈体和拈词这三要素，拈体的“顺势而说”就是顺本体或拈词的。因此我们主张根据“顺什么而说”来给拈连分类。这种分类从大的方面看无非两种：一是“顺本体而说”的拈连，另一种是“顺拈词而说”的拈连。

3.1 “顺本体而说”的拈连

拈连现象是言语现象，言语中特定的词(或其他单位)具有音、形、义三个方面。从我们对原型范畴的运用来看，这三个方面都有可能成为本体或拈词的属性。这样，拈体和本体或拈词之间的“相关性”就体现在这一个或几个属性上面。按照这一思路，我们把“顺本体而说”的拈连分为以下两类：着眼于“意义”属性的，这是最普遍的一种；着眼于“语音/语形”属性的。

3.1.1 基于“意义”的拈连

基于意义的拈连就是我们在上面所说的本体的概念的激活。这又有两种情况：一是直接拈连，就是直接通过对本体概念的激活顺势而说的拈连；二是间接拈连，就是拈体经过比喻后，顺着这个比喻之势而说的拈连。

先看看直接拈连的例子：

(13) 其实，这本以《**肥肉**》为名的散文集，内容却并不“油腻”。(《文汇报》，2014-01-24)

(14) 豫园新春民俗艺术灯会昨天亮灯。在豫园中心广场八卦基座上，一个高10米、重3吨的马年“**灯王**”蹄下生风，祥云浮现。今年豫园灯会品种繁多，仅马形灯彩就超过百匹，大型灯彩有四十余组。(《文汇报》，2014-01-17)

例(13)中的“肥肉”是一本散文集的名字，但是由它可以激活人们对肥肉的属性的认知——油腻；所以，顺着“肥肉”而说“内容并不油腻”就很自然。此例没有拈词，“肥肉”可看作本体。例(14)中的“灯王”只是一个彩灯，谈不上有“蹄”，并且彩灯安置在那儿是静止的，更谈不上“蹄下生风”。但在这特定的语境中，这彩灯就是一匹“马”的造型，由“马”而激活“马蹄”，激活马奔跑时的风姿，这样，说“灯王蹄下生风”不仅顺理成章，而且也写出了这马灯的神韵。

再看看间接拈连的例子：

(15) 他的目光像**舌头**一样把娴娴的身子**舔**了一遍，他感觉到自己的呼吸开始变急变粗……(王跃文、刘震云等《官场故事·向上的台阶》)

(16) 他的话音刚落，身边的四个安保人员，已经**箭**一般**射了出去**。(黄晓阳《二号首长3》)

(17) 针对民进党两岸政策检讨纪要和党主席苏贞昌的有关表述，马晓光15日指出，**穿**“台独”的老**鞋**，**走**不出两岸关系的新**路**。(《文汇报》，2014-01-16)

例(15)中，“舌头”是本体，“目光”是拈体，“舔”可看作拈词，与典型拈连不同的是，典型拈连中的拈词是重复的。本体部分“舌头”与“舔”之间属于正常搭配，拈体部分“目光”与“舔”之间属于非正常搭配，但拈体部分顺着本体而说则显得十分自然。例(16)类似，“箭”是本体，“安保人员”是拈体，“射出去”是拈词；拈体部分顺着本体而说才得以成立。例(17)有所不同，“穿鞋”可看作本体，“走路”可看作拈体，该例没有拈词。但很明显，例(17)如果直接说“民进党走不出两岸关系的新路”则显得突兀，但现在有“穿‘台独’的老鞋”作铺垫，则毫无突兀之感。拈体是顺着本体而说的，这是联想的作用(周永惠，2001①)。例(17)符合拈连辞格的“顺势而说”这一重要属性，因此我们主张把这类现象看作拈连。

3.1.2　基于“语音/语形”的拈连

基于“语音/语形”的拈连是指本体和拈体之间在语音/语形上相同，拈体借助本体顺势而说的一种拈连。与基于“意义”的拈连有所不同的是，基于“语音/语形”的拈连虽然也需要对本体所表示的概念的激活，但这种情况下的拈连，本体和拈体是合而为一的。例如：

---

① 周永惠2001《拈连和比拟》，《四川师范大学学报》第4期。

(18) **打完**《婚姻保卫战》，再来聊聊《结婚那点事》；《婆婆来了》，会不会结束《媳妇的美好时代》？忽然之间，荧屏成了话题剧的天下……（邵岭《话题剧只要话题不要剧?》，载《文汇报》，2010-09-30）

(19)《梁祝》作曲者陈钢在艺教中心“弹”音乐人生（标题）4 月 17 日晚，蜚声中外乐坛的不朽旋律——“蝴蝶”在东区艺术教育中心**翩翩起舞**。《梁祝》作者之一、著名作曲家、上海音乐学院教授陈钢给同学们带来名为“从《梁祝》‘弹’起——我的音乐人生”的主题讲座。（《复旦》，2012-05-03）

(20) 向媒体曝光美网络监控项目，称“良心上无法允许美侵犯全球民众隐私”中情局前技术员愤然**击碎**“棱镜”（《解放日报》，2013-06-11）

例(18)中的“婚姻保卫战”本为一电视剧的名字，是不能跟“打完”连在一起说的，正常与之搭配的动词是“播完”。但这例中，我们可以通过“保卫战”激活“打仗”的情景，这种情况下的“保卫战”自然与动词“打”搭配，现在拈来说电视剧《保卫战》，与“打”搭配就显得十分自然。在这里，真实战争意义的“保卫战”是本体，电视剧名称的《保卫战》是拈体。例(19)类似，其中的“蝴蝶”不是生物意义上的蝴蝶，而是乐曲，而乐曲是不能“翩翩起舞”的，现在顺着生物意义上的蝴蝶而说，使表达生动活泼。否则就会说“回荡”了。例(20)亦然，顺着物质意义上的“棱镜”而说名称为“棱镜”的监控项目，用“击碎”便极其自然。

3.2 “顺拈词而说”的拈连

“顺拈词而说”的拈连，主要是基于“语形”的，拈体部分的拈词和本体部分的拈词语音是否相同、词性是否相同，都无关紧要。例如：

(21) 现在全县三十八个乡长只有我还**坐**“伏尔加”，我一直相信**坐**久了就能**坐**出成绩来，**坐**出效果来，**坐**出好处来。（张继《一个乡长的来信》，载王跃文、刘震云等《官场故事》）

(22) 小车一停稳，刘书记和万乡长就率先迎了上去，率先跟省里首长握手……这瞬间的场面，小高文书快捷地按下快门，将瞬间**永恒**地定格下来。之后，刘书记、万乡长去跟专员、县委书记、县长握手时，小高文书都“**永恒**”了，看刘书记、万乡长就一脸的满意。（阙迪伟《一亩二分地》，载《中篇小说选刊》1999 年第 3 期）

(23) **卡**时代，别**卡**住你的消费（《文汇报》，2013-06-21）

例(21)中，“坐”是拈词，“坐伏尔加”“坐久了”都是正常搭配，“坐出成绩来”“坐出效果来”“坐出好处来”都是非正常搭配；所以“伏尔加、久”都是本体，“成绩、效果、好处”都是拈体。拈体部分的语义读者自然能够心领神会。例(22)中,“永恒”是拈词,它是形容词,形容词在句法结构中可以作状语,因此“将瞬间永恒地定格下来”属于正常搭配;而“小高文书都永恒了”中的“永恒”则活用为动词,属于非正常搭配,属于拈体部分,如果从语境中独立出来,这拈体部分很容易被理解为“小高文书死了”;但因为有了本体部分的铺垫,拈体部分的理解也就不成问题了。例(23)中的“卡”是拈词,仅仅同形,在本体部分“卡时代”和拈体部分“卡住你的消费”的读音和意义都不同,拈体部分属于正常搭配范围,其中的“卡”有独立的意义。这是基于“语形”的拈连对拈体部分属性的偏离。

吴士文(1984:127)①举了这样一个例子:

(24) 病人恢复了健康。畸零人成了正常人。**正直**的人已成了**政治**的人。他的进步显著。他坚定抗击了“四人帮”对他的威胁与利诱。(《哥德巴赫猜想》)

例(24)中的“正直”和“政治”语音相近,如果只考虑拈词的语音属性,我们不妨把这类也看作拈连。

谭永祥(1992:305)把“比电线杆子还电线杆子”“比宗教还宗教”“比封建迷信还封建迷信”这类也看作拈连。对此,我们有不同看法。这类现象虽然与上面的例(22)有点相像,但实际上不一样。这类例子,如果看作拈连,那么相关词语,如“电线杆子”只能看作拈词,这样一来就没有本体和拈体,这是难以想象的。因为拈连辞格立格的基础就是“信手拈来,顺势而说”,拈什么?如上文所述,可以是本体,也可以是拈词。这方面,“电线杆子”之类似乎是具备的。但拈来以后说什么?这类例子是没有的。没有拈体,也就没有了本体。没有本体和拈体,它作为拈词的身份也就无从谈起。所以我们不把这类现象看作拈连。吴士文(1984:131)曾说:“拈连的成立是依赖上文形成的。它必须具备引导和被引导两项,只有一项的不能看成是拈连。”他所说的“引导”部分相当于我们所说的本体部分,所说的“被引导”部分相当于我们所说的拈体部分。

4. 关于“无甲事物的拈连”

如前所述,典型的拈连具有本体部分和拈体部分。但在言语事实中,有时

① 吴士文 1984《修辞讲话》,兰州:甘肃人民出版社。

候也会发现并没有出现本体(甲事物)的例子。对这类现象,钱扬学(1985)[①]称之为“无甲事物的拈连”。王希杰(1983:306)也举过这类例子。例如:

(25) 这架飞机该有多大的重量啊!它**载**着解放区人民的心,**载**着全国人民的希望,**载**着我们国家的命运。(方纪《挥手之间》)(钱扬学例)(按:原文是“载负”)

(26) 我只好静静地,
静静地坐在这里,
用针线——
牵引出我心底的思念。(柯岩《请允许……》)(王希杰例)

例(25)中“载”的本体明显地已出现于上文,上文写毛泽东主席要乘这架飞机赴重庆与蒋介石进行和谈,写他出发前人们对他此去安危的担心。有了这些铺垫,就很自然地牵出了这三个拈体。例(26)中,“针线”其实就是本体,由它可以激活“牵引”这一动作,进而带出拈体。周永惠(2001)指出:拈连的心理基础是联想,“联想复活了事物间的暂时联系。”

由此看来,所谓“无甲事物的拈连”其实不是真正的无甲事物,而是甲事物在上文中已经出现,或者比较容易意会。

5. 结 束 语

本文从原型范畴观视角对拈连辞格进行了重新审视,认为拈连现象实际上是个原型范畴,其典型成员的属性是:在拈连格中,存在着本体、拈体和拈词;拈词与本体之间属于正常搭配,拈词与拈体之间属于非正常搭配,拈体部分借助本体部分之势才得以成立。本体和拈体之间是通过本体的概念激活而得以联系、被人理解的。我们发现,拈体除了顺本体而说之外,还可以顺拈词而说,因此,本文根据“顺什么而说”将拈连分为两大类:“顺本体而说”的拈连;“顺拈词而说”的拈连。其中涉及基于“意义”的拈连和基于“语音/语形”的拈连。朱庆祥(2011)[②]对拈连辞格有比较严格的限定,而我们从原型角度看,拈连的范围更

① 钱扬学 1985《无甲事物的拈连》,《修辞学习》第 3 期。
② 朱庆祥 2011《同一词语连用现象与拈连修辞格》,《当代修辞学》第 1 期。

加广泛。本文还指出,所谓“无甲事物的拈连”其实不是真正的无甲事物,而是甲事物在上文中已经出现,或者比较容易意会。

本文的研究还表明,传统的修辞格在新的理论方法的观照下值得重新审视,作更深入的探讨。

(原载《当代修辞学》2014 年第 6 期,第 24—30 页)

其 他 篇

副词“只”和“only”的句法、语义和语用比较

提　要　汉语中的“只”和英语中的 only 在意义和用法上有相同之处，但两者并不等同。本文从句法、语义和语用三个方面对两者的异同进行细致的比较。指出：“只”和 only 属于不同的语言系统，具有不同的语法价值。

关键词　只；only；语义指向；语用

0. 导　　言

英语中的 only 和汉语中的“只”的用法大体相当，但英语和汉语毕竟属于不同的语言系统，它们在各自的语言系统中所表现出来的“价值”也就不可能完全相同。本文拟从句法、语义和语用方面就汉语中的“只”和英语中的 only 作一比较，指出它们的异同。这对把英语或汉语作为第二语言习得以及机器翻译等都会有所帮助。

1. 句法方面的比较

英语中的 only 和汉语中的“只”都是副词（only 作为形容词不在本文比较之列）。它们的相同和相异之处，可以从它们在句中的分布情况来比较。

1.1　从句法成分方面看。英语中的 only 和汉语中的“只”都可位于主语之前，也可以位于谓语动词之前，还可以位于状语之前。试比较：

(1a) Only he knows.①

---

①　本文英语例句选自上海译文出版社的《现代英语用法词典》（张道真编著，1985）、《英汉大词典》、《新英汉词典》（增补本），梁实秋主编的《远东英汉大辞典》（台北：远东图书公司，1977）等辞书上有关 only 词条的释义部分以及其他语法书上有关 only 用法的说明部分。

(1b) 没有哪个女人能叫他动情使他用心专一不再到处拈花惹草……只影月让他动了真情。

(2a) She only talks like that when she's nervous.

(2b) 孙怪老婆拿来的是一份"献血光荣"的卡片，只登上个名字，到医院去检查一下有没有肝炎，没有就可以干那活儿了。

(3a) Only in this way can we wipe out the enemy troops.

(3b)这些天父亲只穿一件紫红色的毛衣，这是母亲与之热恋时亲手打的，他只在特殊时刻才穿上去。

only 和"只"，在例(1)中分别位于主语 he 和"影月"之前，在例(2)中分别位于谓语动词 talks 和"登上"之前，在例(3)中分别位于状语 in this way 和"在特殊时刻"之前。这些是它们在分布方面相似的情况。

但这只是一面；only 和"只"在分布上也有不同之处。表现在：

第一，英语中的 only 可以放在宾语或表语（联系动词之后，汉语中统称为"宾语"）之前，而汉语中的"只"则不能放在宾语之前：

(4a) He speaks only French.

(4b) *他讲只法语。

(5a) He is only a child.

(5b) *他是只一个小孩。

双宾语句中也一样。比较：

(6a) I can tell you only what I know.

(6b) ？我能给你只一本书。（但：我只能给你一本书）

第二，汉语中的"只"不能位于表时间或处所的补语之前，而在相应的英语句子成分中，only 可以位于它们之前。

(7a) He spoke for only two minutes.

(7b) ？他讲了只两分钟。（比较：他只讲了两分钟）

(8a) I've been camping only in Ireland.

(8b) *我一辈子住只在一个地方。（比较：我一辈子只住在一个地方）

1.2　从其后词语的性质方面看。英语中的 only 既可位于动词性词语、名词性词语之前，也可位于数词、形容词性词语等之前。汉语中的"只"也有相同的功能。如：

(9) He can only do his best.

(10) He not only heard it, he saw it, too.

(11)刘镇守使手一摆,极和气地说:"抬举啥呀?!我只想见见你。"

(12) Only children are allowed in free.

(13) 我不好,你爹也不好,只你娘好!你娘是真疼你的。

(14) He sold only two.

(15)一年辛苦,也不晓得流了多少汗,出了多少力。到头来毛收入也只千把块钱。

(16) She's only very tired, that's all.

(17) 他只劳累过度了,休息休息就好了。

only 和"只"在例(9)至例(11)中位于动词性词语之前;在例(12)、(13)中位于名词性词语之前;在例(14)、(15)中位于数词或数量短语之前;在例(16)、(17)中则位于形容词性短语之前。only 和"只"的这一句法功能决定了它们在语义指向上的模糊性(见下文)。

2. 语义方面的比较

关于语义方面,本文着重从 only 和"只"的语义指向进行比较。

英语中的 only 在语义平面既可指向主语、谓语动词、宾语,还可指向定语、状语。例如:

(18) Only you can help us.

(19) John only saw the lion. (He didn't shoot it)

(20) John saw only the lion. (not the tiger)

(21) After all, February has only twenty eight days.

(22) A lion will attack a human being only when it is hungry.

汉语中的"只"也具有相同的语义指向功能。如:

(23) 金会办又说:"咱明里说是合伙,实则只你说了算,总经理就……就让你当。"

(24) ……可妹你知道,我没能耐,只能给人抬轿。

(25) 卜姑娘说:"这世上若是还有信得过的男人,我就只信你。"

(26) 辣辣看见信纸上只有一行字,就问写的什么。

(27) 说来惭愧，孩子都十多岁了，还只在结婚当年给岳家送过东西。

only 和"只"在语义指向方面的第二个共同点是，位于句中的 only 和"只"离开一定的语境或上下文，可以指向它后面的其他所有成分。(有时在一特定句子中，因词义因素的影响而不能指向某一成分，如"* 他只死了"，但这并不能否认它可以指向"谓语"或者"动词"，这一点在上一节已描述。)例如：

(28) I only saw my friend yesterday.

例(28)中的 only 可以分别指向 saw、my、friend 和 yesterday。在口语中可以用重音来明确其所指对象。汉语例子如：

(29) 我只喜欢小王的弟弟。

例(29)中"只"的语义可以指向"喜欢"(不是"爱"小王的弟弟)，也可以指向"小王"(不是"小张"的弟弟)，还可以指向"弟弟"，这时的意思是：我喜欢的是小王的"弟弟"，不是他的"哥哥"。

only 和"只"的语义指向的第三个共同点是：当它们位于主语之前时，其语义只指向主语本身，而不会指向主语后面的谓语动词、宾语、状语等。如：

(30) Only he listened to the radio this afternoon.

(31) 只小王借到了巴金的小说。

例(30)中的 only 只指向 he，而不指向 listen 或 to the radio、this afternoon。例(31)中的"只"类似，它只指向"小王"，而并不指向"借到"、"巴金"和"小说"。

英语中 only 语义指向的这一特点，可以伦道夫·夸克等(1980:119)①的一段话来作旁证："如果成为焦点的成分是主语，那么书面的句子的意义是否明确，就要取决于焦点附加语的位置。有些焦点附加语，如 only，可以位于主语之前，这个位置不会引起意思上的模糊。"

这里所说的 only 和"只"的语义只指向主语，指的是整个主语部分，而不是中心词分析法中主语部分的"主干"部分。所以，当主语是由短语充当时，就存在主语内部所指的模糊性问题。例如：

(32) Only John's brother saw the lion.

(33) 只小李的妹妹喜欢言情小说。

例(32)中，only 的语义既可指向 John's(不是 Mary's)，又可指向 brother(不是 sister)。例(33)中的"只"类似，既可指向"小李"(不是"小张")，又可指向

① 伦道夫·夸克等 1980《当代英语语法》(中)，王中浩等译，沈阳：辽宁人民出版社。

“妹妹”(不是“姐姐”)。但这种指向的模糊性并没有超越主语而指向其后面的成分。看来,在英语或汉语中,就 only 和“只”而言,主语是其语义指向上的一个障碍。主题也具有同样的障碍功能。如:

(34a) Only John, I know.

(34b) 只小张我认识。

例(34a)句中,only 只指向 John,(34b)句中,“只”只指向“小张”。它们不会指向后面的 I、“我”或其他成分。

上述 only 和“只”语义指向的共同点可归结为一点:only 和“只”都指向其后面的成分。这种语义后指性在英语和汉语中表现出不同的特点:在汉语中,“只”的语义后指是强制性的,如:

(35) 小王只喜欢她。

例(35)中的“只”既可指向“喜欢”(不是“爱”)又可指向“她”(而不是“她”以外的任何人),唯独不能指向“小王”。汉语中,“只”的这一语义指向特点可以通过变换来验证:

(36a) 我只买了《家》

(36b) *《家》我只买了

(36c)《家》我买了

例(36)中的 b 句是 a 句的变换句,为什么不能成立?拿 c 句和 b 句比较就会发现:唯一的不同就是 b 句比 c 句多了一个“只”。为什么多了一个“只”,句子就不能成立呢?这是由“只”的语义后指性决定的。就 b 句而言,“只”后虽然有一个潜在的成分“买”可指,但实际上并不能指向“买”,这是受“只”的语用含义决定的(见下文)。所以“只”的语义指向实际上是落空的,故 b 句不能成立。

那么,“《家》我只买了一本”算不算反例呢?不是的。因为这一句中的“只”还可指向“一本”,其语义所指并没有完全落空。

而在英语中,only 的语义后指在一定程度上表现为选择性的,也就是说,它有时可以用来指向它前面的成分。如:

(37) Employees only can use this elevator.

(38) He drinks water only.

伦道夫·夸克等(1980:118)所举的例子可以说明 only 的语义指向既可向后,又可向前:

(39) John phoned Mary {ONLY today. / today ONLY.}

=John phoned Mary today but not at any other time.

附带谈一下，only 和“只”作副词用时，词汇意义上有一定差异。英语中的 only 除了具有汉语中“只”的意思外，还有“反而”“结果却”的意思。例如：

(40) The failure only strengthened our determination.（失败反而使我们的决心更坚定。）

(41) The enemy troops rushed there only to be ambushed.（敌人扑到那里却遭到伏击。）

3. 语用方面的比较

only 和“只”在语用上都可以用来强调某一成分，被强调的成分就是它们语义所指的成分，称之为“焦点”。在汉语中，一句话里的某个或某些成分是语用成分还是句法成分，“只”是句法成分还是语用成分，现在无法定论（我们认为，“只”在句法上作状语，在语用上表强调），但它在语用上用作“强调”这一点是肯定的。英语中的 only，伦道夫 · 夸克等称之为“焦点附加语”。英语中，焦点附加语可以使名词短语成为焦点，而且不必与这个名词短语放在邻接的位置上：

(42) I don't want any beer. I ONLY want some water.

由于 only 在语义指向上既可指向名词性短语，也可指向动词性短语，所以，当焦点附加语位于主语和谓语之间时，在书面语中，焦点的位置有时就不能确定。这一点我们在谈语义指向时已经提及。汉语中的“只”在以上两点上与 only 相似。

但是，为了表达的明确，英语中的 only 可以放在邻接焦点的位置，可前可后。如：

(43) John saw only the lion.

(44) John admires his brother only.

而在类似的汉语句子中，“只”就不能这样用：

(43′) *约翰看见了只狮子。

(44′) *约翰钦佩他的弟弟只。

要表达上述英语句子中的意思，汉语中可以用分裂句形式。如：

(45) 约翰看见的只是狮子。

（46）约翰所钦佩的只是他的弟弟。

汉语中的"只"有这样的语用含义：它表示某客体"在量上没有达到极限"，这里的"量"不仅仅是指"数量"，还可以是"程度"或者其他。[①]因此，当某一行为或状态等已达到极限时就不能用"只"修饰。例如：

（47）*他只死了。

（48）他只病得厉害，并没有死。

例（47）之所以不说，是因为对一个人来说，没有什么比"死"更进一层了。而例（48）之所以成立，是因为一个人无论病得有多厉害，但毕竟不等于死，因而没有达到极限。前面的例（36b）句之所以不能成立，是因为，就"拥有"而言，"买"已经到了极限，因为一个人一旦"买"了书，他就可以长期占有，不必还人。而"借"则不同，通过"借"而"拥有"的书是暂时的，在量上没有达到极限，所以，"借"的前面可以出现"只"。如：

（49）这本书他只**借**两天（比较：*这本书他只**买**两天）

再如：

（50）他每周只工作六天。

（51）？他每周只工作七天

因为每周只有七天，所以"七天"是个极限，故不可以用"只"。如果"只"的语义指向"工作"不是"学习"，那是另一回事了。"只"的这种语用含义已在另一篇文章中论及。

4. 结　束　语

综上所述，英语中的 only 和汉语中的"只"，无论在句法分布、语义指向，还是在语用方面都有某些相似之处，但又存在着差别。所以，我们在翻译或教学中，都不应该简单地将英语中的 only 和汉语中的"只"等同起来，它们属于不同的语言系统，具有不同的语法价值。

（原载《汉语学习》1995 年第 1 期，第 32—36 页）

---

① 详情可参阅：卢英顺 1996 副词"只"的语义指向及其对句法变换的制约，《安徽师范大学学报》第 4 期。（今注）

认知观与对外汉语教学

提　要　“认知”在现代汉语语法研究中有着不同的理解，本文采用了比较广义的观点，以汉语事实为例，说明在对外汉语教学中采用认知观的重要性。

关键词　认知观；对外汉语教学；搭配；隐喻

0. 引　　言

对外汉语教学的方法，随着汉语研究方法和理论的更新，也在不断地有所调整，特别是三个平面理论的提出和逐步完善，给对外汉语教学带来了新的活力。尽管如此，有些语言现象，我们还是不能在三个平面理论的框架内得到有效的解释，或者比较简单的解释，如：

(1) 光线暗下来了。

(2) *棍子短下来了

(3) 这件衣服没有那件便宜/贵。

(4) 这件衣服不如那件便宜/*贵。

诸如此类，不一而足。而近年来日益受到重视的“认知”观则显得得心应手。用之于对外汉语教学，能起到事半功倍的效果，学生易于理解，易于掌握。

“认知”一词在现代汉语，特别是语法研究中使用的频率越来越高，不同的人对它的理解也不尽一致。比较狭义的理解是认知语言学理论意义上的“认知”，而广义的理解还包括人对现实世界的“感知”。认知是人类认识自然界和社会的一种普遍心理活动，语言，不仅是人类认知的工具，也是人类认知的产物，因而语言的结构、意义和使用就不可避免地打上了“认知”的烙印，这种烙印显然不是“认知语言学”的杰作，而是“认知心理”的杰作。因此，从实用的角度考虑，本文持广义的认知观。

下面以一些具体事例来说明认知观在对外汉语教学中的作用。

1. 各类乐器及与其搭配的动词

在汉语中,表示乐器的词不少,常见的有"二胡、琵琶、吉他、箫、笛子、喇叭、小提琴、口琴、钢琴、电子琴、手风琴"等。与这些乐器相搭配的动词有"拉、吹、弹"。这些动词与不同乐器词之间的搭配,是任意的还是有规律可循的?如果是前者,那只好让学生死记硬背;如果是后者,又应该怎样掌握这种规律?可以肯定地说,它们之间的搭配是有规律可循的。不过这种规律,我们难以在语义特征上找到。比如,同是弦乐器的"小提琴"和"琵琶",前者用"拉",后者却用"弹"。如果从认知上来探求其中的规律,则是比较容易的。

从认知上看,通过口来吹气而发声的乐器就与动词"吹"搭配,如"吹笛子";通过手臂的左右拉动而发声的乐器与动词"拉"搭配,如"拉二胡";通过手指的动作而发声的乐器则与动词"弹"搭配,如"弹钢琴"。其中的"手风琴"需要说明一下:"手风琴"既有手臂的左右拉动,又有手指的动作,不过,前者更为凸显,因而与之搭配的动词是"拉"而不是"弹"。笔者这样跟学生讲了以后,他们很快掌握了上述动词和乐器词之间的搭配:

吹——箫、笛子、喇叭、口琴;

拉——二胡、小提琴、手风琴;

弹——琵琶、吉他、钢琴、电子琴。

运用这种规律,还可以类推到其他乐器上,如"拉大提琴""吹萨克斯管"等。

这种规律对母语为汉语的人来说似乎很简单,简单得算不上是一种规律。可是在其他语言中却未必如此。英语中,与 flute(长笛)、violin(小提琴)、piano(钢琴)搭配的动词都是 play,而汉语中却要不同的动词与它们搭配,总结出这一规律,显然是必要的。

2. 表差比的"没有"和"不如"句式

现代汉语中,表示比较时有同比和差比两类,其中差比又有两种句式值得注意:

(5) 这花没有那花香。

(6) 这花不如那花香。

从上述例(5、6)来看，这两种句式似乎可以相互变换。又如：

(7) 今年的收入没有去年的多。→ 今年的收入不如去年的多。

(8) 这山没有黄山好看。→ 这山不如黄山好看。

但进一步观察会发现，并非所有情况下都能作这样的变换。例如：

(9) 这个人没有那个人坏。→ * 这个人不如那个人坏。

(10) 小王没有他哥哥笨。→ * 小王不如他哥哥笨。

如果把其中相关的词语换成相应的反义词，则又可以说：

(11) 这个人不如那个人好。

(12) 小王不如他哥哥聪明。

原因到底是什么？或者说，能作这种变换的条件是什么？

语法学界曾有人把形容词分成正向形容词和负向形容词。①上述例子中，"坏""笨"确实可以归为负向形容词。从我们搜集到的有限的自然语料用例看也确实如此，例如：

(13) 也许，你对北京的了解还不如我深切。(张承志《北方的河》)

(14) 如果不行，作家真不如一个小小处长活得幸福！(贾平凹《废都》)

(15) 以后即使有人替她做媒，也不过是和那姓姜的不相上下，也许还不如他。(张爱玲《倾城之恋》)

(16) 市长叫了他去，说修改后的文章看了，修改后的怎么还不如修改前的，真的是庄之蝶丧失了写作的功能？(《废都》)

例(13、14)中的"深切""幸福"就属于正向形容词，如果把它们换成"肤浅""悲惨"，则不能接受。例(15、16)中虽然没有出现相关的形容词，但我们在理解这两句话时也总是"正向"的，如"能干""好"之类，而不是相反。

由此似乎可以得出这样一个结论：负向形容词不能出现在"不如"句中作比较内容。

回过头来看看上述例(4)："这件衣服不如那件便宜"能说，"* 这件衣服不如那件贵"却不能说。要论"正向""负向"的话，"贵"应该是正向的，"便宜"是负向的。难道这是个例外？类似的情况并不只这一例，又如：

---

① 刘月华主编 1998《趋向补语通释》，北京：北京语言文化大学出版社。

(17a) 这个担子还不如那个担子轻。

(17b) *这个担子还不如那个担子重。

(18a) 这间房子不如那间凉快。

(18b) *这间房子不如那间热。

(18c) 这间房子不如那间暖和。

(18d) *这间房子不如那间冷。

例(17)中的“轻”是负向形容词,“重”是正向形容词,但前者能说,后者反而不能说。最有趣的是例(18),“热”是正向的,不能说;“冷”是负向的,也不能说;处于它们之间的“凉快”和“暖和”则都能说。原因究竟何在?传统的分析方法在这类问题上可以说是捉襟见肘。

如果我们从认知的角度来看这类现象,问题就会迎刃而解。“不如”句中的相关的形容词所表示的性质必须是人们所希望的,否则句子就不能接受;“没有”表差比时没有这种条件限制。

殷志平(1998)①认为,“这间房子没有那间小”和“这条街没有那条街窄”这两句不能成立,这和我们的语感有出入。退一步说,这两句至少在某种程度上是可以接受的。如果把其中的“没有”换成“不如”,一般情况下则是不能接受的。殷文同时也指出,“真正在‘没有’型比较句中受限制的是消极计量形容词。”并对此作了解释。不过,“这担子没有那担子轻”是可以接受的。如果我们承认“轻”是消极计量形容词的话,对这一现象又该如何解释?事实上,根据我们的语感,形容词进入表差比的“没有”句式是没有什么限制的,即使有限制,也不像进入“不如”句式中那么明显。

运用本文所总结出的规律,我们就能圆满地解释上述各种现象。比如,买东西时,我们总希望要买的东西“便宜”而不是“贵”;挑担子时,我们总愿意挑“轻”的而不是“重”的;夏天我们总希望待在“凉快”的房间里,冬天总想有个“暖和”的房间;等等。

3. 隐喻在对外汉语教学中的作用

趋向动词是汉语中很有特色的一类词,趋向动词的教学是对外汉语教学的

---

① 殷志平 1998 语境与否定比较句,载范晓等《语言研究的新思路》,上海:上海教育出版社。

难点之一。趋向动词的句法、语义功能呈现出从比较实在的、可感的空间位移动词到意义非常空虚的助词，甚至体标记的连续统状态。这种复杂性让人觉得趋向动词的语义变化多端，难以捉摸，有的甚至有"就文论义"之嫌，请看下列例句：

(19) 演员刚从前台下来。

(20) 那时候是麦子下来吃麦子，高粱下来吃高粱。

吕叔湘(1984：499)[①]对它们的解释分别是"从前台到后台""表示收获农作物"，如此，等等。类似这样的解释固然有助于对相关句子的理解，但明显的不足就是缺乏概括性。这样设立义项尽管细致，但不少用法还是难以"对号入座"，因为语言事实是十分复杂的。例如：

(21) 不了解他脾气的人还以为这小子刚丢了钱包，或是刚从批判会上**下来**。(蒋子龙《锅碗瓢盆交响曲》)

(22) 他的胸脯很厚，很宽，粗粗地**下来**，没有腰，腰和腹部还是肥肥的，壮壮的。(柯云路《东方的故事》)

(23) 牛宏一走，奖金降**下来**了，邱二宝那一伙子见钱眼开的家伙就不干了。(蒋子龙《锅碗瓢盆交响曲》)

针对这种现象，笔者在对外汉语教学过程中有意识地吸收了隐喻理论，以简驭繁，取得了很好的教学效果。

Lakoff 和 Johnson(1980)[②]把隐喻分为"结构隐喻""方位隐喻"和"本体隐喻"三种，前两种在趋向动词的用法上表现得十分普遍。上述例子有的就是"下来"的结构隐喻用法，这种结构就是"位于较高处的某客体向位于较低处的某参照点作位移"，这种结构经过"隐喻化"之后，对客体的语义特征要求也就越来越宽泛，比如不必是自身可以移动的；相应地，客体也不必作空间上的实质位移。例如，上述(22)中的"下来"实际上只是一种视觉上的感觉，客体并没有作空间上的位移。例(23)则是方位隐喻的例子，"奖金"少了，所以就"下来"了。

本文开头所指出的两个例子：

(24) 光线暗下来了。

(25) *棍子短下来了。

"暗"和"短"都是负向形容词，为什么一个能说，另一个不能说。原因在于，

---

① 吕叔湘主编 1984《现代汉语八百词》，北京：商务印书馆。

② Lakoff, G. & Mark Johnson 1980 *Metaphors We Live by*, Chicago: University of Chicago Press.

作为动词的“下来”，不管是空间上的真正位移，还是仅仅是视觉上的移动，它们都有一个特点，就是都有一个“动”的感觉。光线的由明而暗，明显地具有这样的动感，所以例(24)能说；而“短”则没有这样的特点，故例(25)不能说。

诸如上述现象，笔者在简要介绍隐喻的有关知识以后，学生理解起来就比较容易。

4. 从认知看名词、动词对量词的选择

汉语的量词系统十分发达，什么样的量词和什么样的名词、动词搭配，似乎只是汉语的习惯，没有规律可循。而有些语言中量词非常贫乏或者根本没有，对操这些语言的学生来说，掌握汉语中的名词、动词和量词的搭配实非易事。有没有一个比较好的方法，能在一定程度上帮助学生解决这类问题？认知观在对外汉语教学中可以一试。

石毓智(2001)①从认知上就名词对量词“张、条、根”等选择的理据性作了有益的探讨。简单地说(请详参原文)，对它们的选择，往往要看名词所指对象的各维度之间的比例关系，对二维物体来说，这两个维度之间的比值接近 1，就选用“张”；其比值接近 0，就选用“条”。如：

一张纸　两张地图　三张光盘；一条马路　两条毛巾

“纸、地图、光盘”严格地讲也是三维的，但其中的一维可以忽略不计。不过有些明显有三维的物体在量词的选择上仍然是“张”，如“床”“桌子”等，这是因为人们在认知上所注重的是它们的平面；“板凳”对“条”的选择与此类似。

如果某两个维度的比值一定，而第三个维度在量上远远超出这两个维度时，指称这类物体的名词往往选择“根”，如“棍子”“绳子”“头发”等。有趣的是，孤立地看，与“线”搭配的量词既可以是“条”，也可以是“根”，但在特定的语境中，这两个量词是不能互换的，试比较：

(26) 他在纸上画了两条/* 根线。

(27) 我要缝衣服，请给我一根/* 条线。

原因在于，这两例中的“线”，一个是二维的，一个三维的。

---

① 石毓智 2001 表物体形状的量词的认知基础，《语言教学与研究》第 1 期。

邵敬敏(1993)[①]在归纳“枝”和“支”与名词搭配的规律时指出了以下几点：(1)凡直接同树木有关的“花儿”“树枝”组合都只能用“枝”，不能用“支”；(2)凡长杆形用树木制成的物件，可用“枝”，也可用“支”；(3)凡长杆形，然而与树木无关的物件，只用“支”，不能用“枝”；(4)凡指抽象的类似长杆形的东西，只用“支”，决不能用“枝”。邵文总结出的这几条规律实际上是认知上的。

动词对量词的选择有时也可以借助认知来确定，如“咬了一口”“踢了几脚”“打了一巴掌”“看了一眼”。原因很简单，“咬”是用“口”的，“踢”则用“脚”，打人往往用“巴掌”，如果是用拳头，就得说“打了一拳”，等等。“写一手好字”之所以用“手”而不是其他，是因为写字时要用“手”，当然也要用“眼”等，但“手”是最突出的，跟写字是最直接的。

由于种种原因，比如，不同量词语法化程度的不同，我们暂时对某量词与名词或动词之间的关系未能确切地理解，我们还难以从认知的角度就它们之间的选择关系作出令人满意的描述。比如，物体的形状、大小差不多的“铅笔”和“筷子”，为什么前者要用“支”而后者却用“根”，而不是相反？为什么我们说“一头牛”“一匹马”？“牛”用“头”容易理解，但“马”跟“匹”是什么关系？诸如此类，有待于作进一步探讨。但尽管如此，在教学上注意认知的作用，至少有助于学生有效地记住所学的名词、动词和量词之间的搭配。

5. 结　束　语

本文从广义的认知角度阐述了认知观在对外汉语教学中的重要作用。受篇幅所限，这里不能胪列更多的事实。卢英顺(2001)[②]从原型理论、认知的多面性等角度论述了喻体的选择、喻体的连用、比喻特征的隐现；高顺全(2002)[③]讨论了语法化理论在对外汉语教学中的运用；等等。所有这些都可说明，从认知的角度来探讨对外汉语教学的方方面面，有助于教学内容的科学设计，有助于取得理想的教学效果。

（原载《汉语学习》2004 年第 1 期，第 67—70 页）

---

① 邵敬敏 1993 量词的语义分析及其与名词的双向选择，《中国语文》第 3 期。

② 卢英顺 2001 比喻现象的认知解释，《语言教学与研究》第 1 期。

③ 高顺全 2002 动词虚化与对外汉语教学，《语言教学与研究》第 2 期。

语言理解中的邻近性原则

摘　要　邻近性原则是人们认知的一个重要原则。典型的邻近关系是空间领域的一种位置关系，它对语言的理解有所影响。以汉语为例，考察邻近性原则在语言理解上的种种体现，并就有关现象作出解释，指出不同邻近性原则之间的关系。

关键词　邻近性原则;语言理解;语篇

0. 前　　言

邻近性原则是人们认知的一个重要原则。典型的邻近关系是空间领域的一种位置关系。认知发展心理学的研究表明，主体对于空间位置的表征至少有三种形式:第一种是自我中心的表征，即用主体自身与目标物之间的位置关系来标明目标物的具体位置;第二种是用环境中的其他物体与目标物之间的关系来标明目标物的具体位置;第三种是利用一些抽象的形式(如地图等)来描述目标物的位置。这三种形式实际上是人们习得位置关系的三个不同阶段。它们代表着儿童习得空间位置关系的先后顺序。(参阅陈英和 1997:206—209[①])

认知语言学的研究表明，人类的语言，不只是人们认识世界的工具，也是认识的产物;因而语言也就自然地打上了人类认知的印记。

从我们对汉语语言现象的观察来看，汉语中确实存在着理解时的邻近性原则。这种原则表现在多方面，有空间方面，有心理方面，也有语篇等方面。这些不同方面的邻近性原则对语言的运作和理解有相当大的制约作用。本文以汉

---

① 陈英和 1997《认知发展心理学》，杭州:浙江人民出版社。

语为例，从不同方面描述语言理解中存在邻近性原则这一事实，进而试图对有关问题作出解释。

1. 空间方面的邻近性原则

空间是人们认知的基本出发点，语言中很多词语的用法都是从空间用法开始通过隐喻或语法化逐渐向其他领域延伸的。比如，在空间领域我们说“在上海”“从上海到北京”，这种“在、从、到”的用法通过结构隐喻映射到时间领域就有了相似的用法，如“在8点”“从8点到10点”。同样，汉语中的趋向动词“下来”“下去”等也是由空间领域的位移延伸到其他领域，如用于社会地位的由高而低：

(1) 村里好多人上城打工走了，牛老茂从支书位子上退**下来**，由他儿子牛智明接替了村支书。(关仁山《老陵》)

(2) 还钱局长？他因经济问题**下去**已经一年多了。

从语言理解的角度看，空间方面存在着邻近性问题。比如南京大学和南开大学，它们各自都简称为“南大”，这在理解上会造成困难吗？一般不会。北方，特别是天津市的人所说的南大，指的是南开大学，而南方，特别是南京市的人所说的南大则一定指南京大学。这显然与空间距离的远近有关。再比如“师大”，它是“师范大学”的简称，全国范围内带有“师范大学”的校名很多，如“华东师范大学、华南师范大学、华中师范大学、东北师范大学”等，出自这些不同高校师生之口的“师大”一定指各自所在的学校。如果某师范大学是属地内唯一的师范大学，那么这个属地范围内人所说的“师大”也一定是该师范大学，而不会是其他地方的师范大学；如果属地内有不只一所师范大学，如上海市有“华东师范大学”和“上海师范大学”，对局外人来说，它们都在上海市，所以在谈及某个“师大”时一般在其前加上区别性词语，如“华师大”。即便这种不只一所“师大”的情况，这两所高校附近的人在理解“师大”时也有距离方面的倾向。你在华东师范大学附近问路：“请问，师大的正门在什么地方?”他绝对不会问：“你说的是哪个师大?”同样，当你在上海问“到社科院怎么走”时，没有人会认为你所指的是江苏社会科学院甚至中国社会科学院。

2. 自我心理空间的邻近性原则

"自我心理空间"是一种以"我"(一般都是说话者,听话者也按指向说话者的"我"来理解)为中心的、非三维性的空间,它是心理上的一种空间。之所以说它是心理方面的,是因为这种空间所指不受"我"的身体所处的三维空间的约束。因而,自我心理空间的邻近性原则可以表述为,不管说话者这个"我"身处何处,对"我"所说的话语中的有关词语只能作与"我"相关来理解。一个中国人,无论他走到哪个天涯海角,当他说"我国"时,一定指的是"中国",并不因为他人在美国而指"美国",或人在日本而指"日本"。一个复旦大学的学生在华东师大对他的一个朋友说"我们学校下星期举行运动会"时,尽管他人在华东师大,而且用的是"我们",但这里的"我们学校"只能是"复旦大学",不可能包括"华东师大"。

自我心理空间的邻近性原则,从下面这段对话中可以窥见一斑:

(3) 然后贡开宸又让他马上找到贡自和。让"这小子"这会儿就回家去"等着我"。

……(焦来年)突然又想起什么,忙问:"贡书记,是让贡自和在他自己家等着,还是上枫林路十一号等着?"贡开宸应道:"当然在枫林路十一号。"(陆天明《省委书记》,第376页)

"枫林路十一号"是贡自和的爸爸——省委书记贡开宸的家。对第三者焦来年来说,贡自和有自己的家,到底在哪个家等是需要确定的问题。但在说话者贡书记看来,他所说的"家"当然是自己的家,而不是他儿子贡自和的家,所以他对这个问题的回答是"当然在枫林路十一号"。显然,这种回答与自我心理空间的邻近性原则有关。

这种与"自我"心理空间邻近的原则还可以延伸到各自的语言系统。同为汉语,大陆的汉语与台湾的汉语就存在着一些差异。有些词语的形式在两岸语汇系统中都存在,但它们的意义可能有很大的差异。陈建民(2001:87)①所说的一种现象就与此有关。1993年内地有位著名演员应邀去台湾讲学,讲演一开

① 陈建民2001《中国语言和中国社会》,广州:广东教育出版社。

始，“各位同志”竟脱口而出，引起台下哄堂大笑。究其原因，“同志”在大陆是“志同道合”义，而台湾人按“同性恋”来理解的。这位演讲者和听众对“同志”这个词为什么有如此不同的理解？这位著名演员虽然身在台湾，但她在使用“同志”这个词时，不知不觉地受自我空间邻近性原则的影响而用了“志同道合”义；听演讲的台湾人则根据他们的“自我”空间邻近性原则理解为“同性恋”。类似地，在台湾，“爱人”是“情人”的意思，“充电”是“休整、休息”的意思。不了解这些词语在各自语汇系统中的不同意义，不了解人们在理解语言时遵循邻近性原则，就会给交际带来不便。无独有偶，英语中“table”一词作动词用时美国人和英国人有各自的理解。

这种自我心理空间的邻近原则有时会误导人们对话语的理解。

笔者曾经在网上看到一条消息的标题：“以国停售预警机　中国索偿 78 亿”。这里的“78 亿”是“美元”呢，还是“人民币”或者其他？不知读者诸君是怎样理解的，反正我理解的是“78 亿元人民币”，因为如果是美元，这个币种总是出现的。可事实情况如何呢？请看其正文中的报道：

(4)【明报专讯】引述以色列《独立报》报道，北京目前正要求以色列为它在美国的强大政治压力下取消出售空中预警机予华的决定，赔偿十亿美元(约七十八亿港元)。

原来“78 亿”说的是“港元”！说起来也很容易理解，因为这是《明报》的消息，《明报》是香港办的，从邻近性原则来看，他们直接说成“78 亿”而省略“港元”是正常的，正如我们省略“人民币”一样。而我理解为“人民币”也情有可原，因为从标题上看不出消息的来源，而这消息又是用汉语写的，我住在中国大陆，根据邻近性原则，“人民币”是我们理解时的“默认值”。

3. 语篇方面的邻近性原则

邻近性原则在语篇方面的体现多种多样。常见的有以下几个方面。

3.1　对代词指代对象的理解

代词的指代现象是语篇中的常见现象，当一个陈述对象被提及以后，后面再次提及这个对象时往往用相应的代词来指代。例如：

（5）韩太太的声音虽然不高，却像一声惊雷！新月的心彷佛突然从空中坠落，她懵了，呆了，傻了！炽烈的爱使她忘记了楚雁潮原是另一种人，他们属于不可跨越的世界！难道她真的忘了自己是个回回吗？当然不会。（霍达《穆斯林的葬礼》，第595—596页）

例(5)中的“她”，潜在的先行词有两个：“韩太太”和“新月”，但实际上只指代后者，因而“他们”也是就“新月”和“楚雁潮”而言的。这就是邻近性原则在起作用。

缪小春(1994)[1]对句子和语段理解中代词的加工进行了研究，指出了影响代词指认的几个因素，其中之一就是代词和它的先行词的距离。研究表明，代词和它的所指（即先行词）相隔距离越远，确定代词所指所需的时间就越长。这一研究结果表明，人们在理解代词的所指对象时确实与邻近性原则有关。

3.2 对省略成分的理解

省略也是汉语中的常见现象，成分的省略以及对省略成分的理解都是在遵守邻近性原则。[2]例如：

（6）老犯人张开的嘴巴合拢不上了，他自己不知道是怎么走出房子来的。但[A]刚出屋子，章龙喜就追出来，[B]把那张减刑的裁决书，交给了他。并[C]含蓄地告诉老犯人说……（从维熙《远去的白帆·大墙下的红玉兰》，第244页）

在上述这段语篇中共有A、B、C三处省略。凭语感就知道，A处应理解为“老犯人”，因为第一句的话题是“老犯人”，根据邻近性原则，第二句的“他”指代“老犯人”，A处的省略成分与“他”又邻近，所以A处就自然理解为“老犯人”。但B处和C处的省略则不然。他们之前出现了一个新话题“章龙喜”，与B处邻近的因而是“章龙喜”而不是“老犯人”，所以根据邻近性原则，B处应理解为“章龙喜”；C处与B处邻近，因而C处也应理解为“章龙喜”。

3.3 对“NP＋呢？”的理解

“NP＋呢？”一般理解为“NP在什么地方？”如“小王呢？”的意思是“小王在什么地方？”但是，在特定的语境中，“NP＋呢？”的疑问焦点是紧邻上文的话题。

---

① 缪小春1994句子和语段理解中代词加工的研究，《语言文字学》第7期，原载《心理科学》1994年第3期。

② 对省略成分的理解其实非常复杂，陈平(1991)《汉语零形回指的话语分析》(载《现代语言学研究——理论·方法与事实》，重庆：重庆出版社)对此作了细致的分析。

这就是邻近性原则在起作用？例如：

(7)“你真是考古的？”年轻的那个牌友问我。“听她胡说，不是。”“那是干什么的？”“街道干部，**你呢**？”我问他。（王朔《一半是火焰，一半是海水》）

(8)“你不假？”“对对，我也假，我见什么人说什么话。”“还是的。”“可我假我承认，**你呢**？”（王朔《刘慧芳》）

(9)“你见过她吗？”“太见过了。”“什么评价？”“好人，可是无用。”“小时候她一直是我们班的团支书——从打有了团。”

“**你呢**？”“惭愧，淘气大王。”夏小雨嘻嘻笑：“就知道你是这么个出身。”（王朔《刘慧芳》）

(10)“你在机器人里也算是聪明的吧？”“**你呢**？”南希反问：“你在人里算优秀的吗？”（王朔《谁比谁傻多少》）

上述例子中都有“你呢”，但在具体的语境中所表示的意义并不一样，如例(7)中问的是所从事的职业，例(8)中问的是“你假你承认吗？”，等等。如果在一连串的问话中，即上文有好几种可能的问话焦点时，对“NP＋呢？”的理解更能体现出邻近性原则。例如：

(11)

A：你爸爸是哪儿毕业的？

B：清华大学。

A：你哥哥毕业了吧，在什么地方工作？

B：外贸公司。

A：你姐姐呢？

上例中出现了两个疑问焦点：哪儿毕业的？在什么地方工作？从理论上说，这两个焦点，“你姐姐呢？”这句都可以询问。但实际上，这句一般理解为“你姐姐在什么地方工作？”话语理解上的这种邻近性原则，我们可以通过改变一下上例中疑问焦点的顺序来得到进一步的证实：

(11′)

A：你爸爸在什么地方工作？

B：清华大学。

A：你哥哥毕业了吧，他上的是哪个大学？

B：北京外国语大学。

A：你姐姐呢？

疑问焦点的顺序变换之后，“你姐姐呢？”这句最自然的理解是“你姐姐上的是哪个大学？”

3.4 时间词语或空间词语的省略问题

时间表达上，表示日期的完整表达是“×年×月×日”，但在现实语境的使用中，表示相同的“年份”，有时还包括“月份”，在第一次出现之后，再次表达时往往省略，或者用“同年”字样。对“同年”的理解要遵循邻近性原则。试比较：

(12) 1995 年上半年，台北市商人黄某看中了本市协和广场房产。同年 5 月 29 日他与上海静安协和房地产有限公司签订了《上海市外销商品房预售合同》……(报纸)

(13) 直到 1995 年 6 月 7 日，黄某支付首期房款中的 3 万余美元后，就未再履行付房款义务。1998 年 3 月、10 月房产商两次通过香港傅德桢律师行发出收楼通知书。同年 11 月 2 日……(报纸)

这两例中都有“同年”，例(12)中的“同年”前只有一个表示年份的词语“1995 年”，无疑，它指的是“1995 年”；例(13)中有两个表示年份的词语：“1995 年”和“1998 年”，但实际上，“同年”所指的只是后者，因为与“同年”邻近的是“1998 年”。如果连续的时间被隔断，必须重提原来的时间词语，不能简单地用“同年”或“同月”，以防根据邻近原则而误解。例如：

(14) 1933 年 5 月[国民党特务]绑架了作家丁玲和潘梓年，诗人应修人因反抗绑架与特务搏斗，坠楼而死。同月，作家洪灵菲在北平被捕，翌年夏在南京遇害。1933 年 6 月……杨杏佛被特务暗杀于上海“法租界”中央研究院门前。(廖秋忠例)

例(14)中的“1933 年 6 月”之所以不能直接说成“6 月”，是因为它与“1933 年 5 月”之间隔了时间词语“翌年夏”，即“1934 年夏”。在这种情况下，如果直接说“6 月”，则很容易被误解为“1934 年 6 月”。

接下来看看空间方面的例子：

(15) 最后，他们来到公园门口。里面有一个外省来的演出小组，正在表演“精彩蛇技”，吸引了很多看客，门外买票的人摩肩接踵，你推我拥。两旁摆满卖水果、凉粉、吃食和清凉饮料的各种小摊。(《1982 中篇小说选》，第 29 页)

这例中的“里面、门外、两旁”都应该有个所属，但这一所属并没有直接表示出来。不过前面提到了“公园”，因此根据邻近性原则，它们的所属应该是“公园”。

廖秋忠(1992a:7—9)①发现,现代汉语语篇中空间和时间的参照点在邻近上文又不被其他参照点隔开时,不重提的可能性就大;如果一系列的事件的时间表达式有重叠时间单元,但其间被一个没有重叠时间单元的事件隔开,那么在它之后的事件就得重提原先的整个时间单元,免得造成误解或费解。这实际上是邻近性原则在起作用。廖秋忠(1992b:30—42)②所说的框—棂关系中框的省略也与邻近性原则有关。

3.5 与修饰语有关的邻近现象

学生时代,曾经在造句时用过"三个非洲国家"这样的短语,语文老师总是把它改成"非洲的三个国家",并解释说,因为不是"三个非洲"而是"三个国家",所以"三个"不能放在"非洲"之前而应该放在"国家"之前。无独有偶,张静(1984:225)③、黄伯荣和廖序东(1988:444)④都把类似现象的句子看作错误的句子:

(16) *他叙述了一个未成年的工人的女儿误入歧途的故事。(张静例)

(17) *他把我们几个团的负责干部叫到一起,满怀信心地说:"你们三十七团打防御是有名的,很顽强。"(黄、廖例)

今天重新提出这个问题,有些地方可进一步思考。从结构主义的观点来看,"三个"是修饰"非洲国家"的,而"非洲国家"又是个向心结构,其中心成分是"国家",所以从句法和语义上说,"三个"完全可以越过"非洲"而修饰"国家"。类似的例子在汉语中并不少见。例如"三本英语书""三只玻璃杯子""三个工人的建议"等说法并没有人提出异议,虽然后者可以有两种理解。"三个非洲国家"根据常识不会理解成"三个非洲",老师之所以要对这个短语的成分的顺序进行调整,其深层的原因恐怕还是语言理解的邻近性原则在起作用。所以从语用的角度讲,有的情况下为了避免歧义,对类似的说法作些成分上的调整还是必要的。

否定是汉语中十分常见的现象,当"没"修饰"状动"短语时,一般情况下是否定紧邻其后的动词修饰语,这种情况戴耀晶(2000)⑤称之为"狭义的否定范围"。⑥例如:

---

① 廖秋忠 1992a 现代汉语篇章中空间和时间的参考点,《廖秋忠文集》,北京:北京语言学院出版社。
② 廖秋忠 1992b 篇章中的框—棂关系与所指的确定,《廖秋忠文集》,北京:北京语言学院出版社。
③ 张静主编 1984《新编现代汉语》(上册),上海:上海教育出版社。
④ 黄伯荣、廖序东主编 1988《现代汉语》(修订本,下册),兰州:甘肃人民出版社。
⑤ 戴耀晶 2000 现代汉语否定标记"没"的语义分析,载《语法研究和探索》(十),北京:商务印书馆。
⑥ 否定的焦点,包括连动式的否定焦点,部分与邻近性原则有关,有的可能受其他因素的影响。

(18) 他没完全明白这个道理。

(19) 我不太清楚这件事。

上述例子中的“没”和“不”一般理解为否定“完全”和“太”，虽然在有标记重音情况下也可以否定其他词语，如“这”(这时重读)。“没”在连动式中的否定情况也有类似情况，请看例句：

(20) 他昨天没骑车上班。

(21) 他没倒茶给小李喝。

(22) 他没给小李倒茶喝。

4. 邻近性原则对有关现象的解释

汉语中，与数量有关的一些单位是成体系的。就数本身来看，从大到小的单位有“……万、千、百、十、个”；长度单位有“米、分米、厘米、毫米”；时间单位有“小时、分钟、秒”；人民币单位有“元/块、角、分”；等等。这些单位在使用时有的可以省略，但并不影响理解。例如，“三万五”一定理解为“三万五千”，“四千八”则理解为“四千八百”，“一百五”当然是“一百五十”；但如果单位顺序中某一位置有空缺，则需加“零”来表示，比如“4008”只能说成“四千零八”，而不能说成“四千八”。类似地，“一米五”是指“一米五分米”，“四厘米三”应理解为“四厘米三毫米”，“十块八”是“十块八角”而不是“十块八分”。单位词的这种省略和理解有一个共同的规律，就是要按照单位内部的依次顺序来运作。比如紧挨“万”之后的是“千”，紧挨“元”之后的是“角”，等等。可见，汉语中有关单位词的省略与理解是遵循邻近性原则的。

汉语中“数量短语＋多”的用法与邻近性原则也有关系。比如，“他看了两个多小时书”，从逻辑上讲，三小时、四小时……都比两小时多，但实际上只理解为“两小时至三小时之间”，而且一般是“两小时半以内”，因为超过半小时就邻近“三”了，一般会说成“他看了将近三小时书”。在这里，一个小时、两个小时或者三小时、四小时，就像空间领域的里程碑：一公里、两公里、三公里……每隔一个单位就有一个标志可作参照，选择参照点的时候，一般都选用邻近的标志。同样，“他不满 40 岁”一般理解为接近 40 岁，而不是 30 岁或 20 岁，等等。当然这些是就说话人的感觉而言的，与事实未必完全一致。一个三十六七岁的人看上去也许只有三十二三岁，就会说“他三十多岁”。有时有语用方面的原因。一个35岁的人，特别是女士，如果采用稍为模糊的表达，对邻近点的选择的不同会在心理上产生不小的作用。下面这个例子很能说明这一点：

(23) 在很多招聘会上，用人单位打出“年龄：35岁以下”这样的要求的倒也不在少数。所以又有了种说法，叫“35岁现象”。“30岁出头时，人家说，‘噢，才30出头，还年轻……’一过35岁，说法变成‘哟，也快40喽！’一下子就觉得老了。”（报纸《白领35岁，老了？》）

平时我们在买东西时往往说“买××没钱”，并不是真的一分钱没有，而是没有足够买这个东西的钱。这实际上也可以通过邻近性原则来解释：所要买的东西的价格就是一个参照点，所谓的“没钱”是就这个参照点而言的。①

石毓智(2001：27)②在谈到汉语中的否定情况时指出：“汉语中的否定词‘不’和‘没’用于否定结构之后，否定的含义也是少于、不及其原来的意义程度，也是一种差等否定。”例如，“不很好”是介乎“很好”与“坏”之间的某种程度；“这瓶碳素墨水不黑”是说“黑”的程度不高，但墨水仍然是黑的；等等。但他没有对这种现象作出进一步的解释。我们认为，这与语言理解中的邻近性原则有关。

5. 不同邻近原则之间的关系

典型的邻近关系是三维空间的一种关系，在空间范畴中，物体与“自我”之间，或者一物体与另一物体之间都存在着一种距离关系；这种距离关系或近或远，其他条件相同的情况下，离“自我”较近的物体容易被感知，离“自我”较远的物体，甚至其间有某个障碍物的时候，那个物体就不易被感知，甚至不能被感知。就物体之间的关系而言，认知心理学的研究成果表明，在空间上邻近的物体容易被感知为一个整体。③三维空间的这种特点，延伸到心理空间方面，就是跟参照点（典型的是说话人）关系密切的事物容易被联系起来；表现在语篇上，离先行词较近的指代词和省略成分也就容易与先行词联系起来理解，其他的如修饰语与其所修饰的对象，否定词与其所否定的对象等现象都与此类似。

---

① 邢福义有篇文章谈及过这个问题，笔者记不清具体出处了。

② 石毓智 2000《肯定和否定的对称与不对称》(增订本)，北京：北京语言文化大学出版社。

③ 参阅 J.R.安德森 1989《认知心理学》，杨清等译，长春：吉林教育出版社，第70页。

6. 余　论

本文只是以汉语为例说明了语言理解中的邻近性原则，邻近性原则的提出可以解释许多相关的语言现象。本文对与邻近性原则相关的现象的梳理还是初步的，更多的相关现象的揭示还有待同仁的共同努力。

我们相信，语言理解中的邻近性原则不为汉语所独有，对其他语言也一定适用，虽然在细节方面可能存在一些差异。

语言理解中的邻近性现象，有许多对我们来说是习焉不察的，或者是众所周知的，似乎不值一议。但是从外语学习的角度，特别是从自然语言的计算机理解的角度来看，这个问题有深入研究的必要。

（原载《安徽师范大学学报》2004 年第 4 期，第 477—482 页）

跟邻近性原则有关的另外几种现象

提　要　语言理解的诸多方面都或隐或显地受邻近性原则的制约，有时候，语言的表达也受这一原则的影响。本文从这一原则出发，解释汉语和英语中几种具体的语言现象。

关键词　邻近性原则

0. 引　　言

邻近性原则是一种重要的认知原则（陈英和，1997：206①），在语言理解方面也有所体现，卢英顺（2004）②从现实空间、自我心理空间和语篇等方面以比较丰富的语言事实论证了这一点，还解释了跟邻近性原则有关的一些语言现象。本文以邻近性原则为基础，进一步解释几种新的相关语言现象。

1. 对“你吃什么，我吃什么”之类句子的理解

汉语中经常出现下面这样的句子：

(1) 你吃什么$_1$，我吃什么$_2$。

(2) 妈妈去哪儿$_1$，小孩儿就跟到哪儿$_2$。

(3) 谁$_1$ 对我好，我就对谁$_2$ 好。

例（1—3）中的“什么”“哪儿”和“谁”都是疑问词，但在这三例中都不表示疑

---

① 陈英和 1997《认知发展心理学》，杭州：浙江人民出版社。

② 卢英顺 2004 语言理解中的邻近性原则，《安徽师范大学学报》第 4 期。

问，而是疑问词的任指用法（吕叔湘，1982：182[1]），或者叫泛指用法（刘月华等，2002：103[2]）。如果按照这种思路来理解，前面的疑问词和后面的疑问词可以有不同的所指，因为它们都是任指。以例（1）为例，就可以理解成"你吃面条，我吃饭"。但显而易见，实际情况并非如此。实际情况是，第一个疑问词可以任指，但第二个疑问词只能跟着第一个疑问词的所指来理解。这样，上面的例句就可以和下面的句子对应：

（1′）你吃饭，我就吃饭；你吃面条，我就吃面条。

（2′）妈妈去公园，小孩儿就去公园；妈妈去菜市场，小孩儿就去菜市场。

（3′）张三对我好，我就对张三好；李四对我好，我就对李四好。

疑问词的这种用法和理解，刘月华等（2002：104）也指出过；不过，他们没有进一步说明这样理解的原因。笔者以为，这跟语言理解的邻近性原则有关。根据邻近性原则，后面疑问代词的所指应该跟前面的疑问代词理解一致，类似于下面的例（4）：

（4）假设**一个省委书记**$_i$事必躬亲，马不停蹄地把每个县都跑了，那么在**他**$_i$的任内，能把各个县的县长、书记都认识了，就算很不错。（王跃文等《官场故事》，湖南文艺出版社，1998年，第27页）

例（4）中，"他"的所指会随着"一个省委书记"的所指的变化而变化。

2. 英语中的两种现象

2.1 对 so is ...句的理解

我们现在看看英语中的一个句子。Cruse 在《词汇语义学》一书中提及这样的一种现象：

（5）Mary is wearing a **light** coat, so is Sue.

在例（5）中，light 实际上可以有两种理解：一是"颜色淡的"（记作 $light_1$），二是"轻的"（记作 $light_2$）。问题是，后一小句应该如何理解？确切地说，其中的

---

① 吕叔湘 1982《中国文法要略》，北京：商务印书馆。

② 刘月华、潘文娱、故铧 2002《实用现代汉语语法》（增订本），北京：商务印书馆。

so 应该如何理解。从理论上说，后一小句有四种理解，我们把它分解如下：

(5a) Mary is wearing a **light$_1$** coat, Sue is wearing a **light$_1$** coat.

(5b) Mary is wearing a **light$_2$** coat, Sue is wearing a **light$_2$** coat.

(5c) * Mary is wearing a **light$_1$** coat, Sue is wearing a **light$_2$** coat.

(5d) * Mary is wearing a **light$_2$** coat, Sue is wearing a **light$_1$** coat.

Cruse(2009:62)①称(5c)和(5d)两种理解是 crossed interpretation(交叉理解)，这种"交叉理解"是被禁止的。他对此的解释是：

It is simply a consequence of the fact that light resists, as it were, the simultaneous activation of more than one of its senses.

笔者以为，这样的解释等于没解释，或者说，这样的解释未及根本，因为他没有进一步解释 resist 的原因。在我看来，这可通过邻近性原则来解释。如果 light 被理解为"颜色淡的"，后一句中的 so 也应该作如是理解；如果 light 被理解为"轻的"，so 则应该理解为"轻的"。(5c)和(5d)对 so 的理解不符合邻近性原则，所以不能接受。

2.2 两种话语标记语的共现顺序问题

Fraser(1999)②在文章的末尾指出话语标记语(discourse marker)需要进一步研究的几个问题，其中一个就是不同话语标记语共现时的顺序问题。他举的一个例子是：

(6) **However, frankly**, you didn't do very well.

(7) **Frankly, however**, you didn't do very well.

Fraser 认为，例(6)似乎可以接受，而例(7)就很糟糕(much worse)。对这一现象，他没能解释，只是提出了疑问：这种共现是受规则支配的呢，还是受原则约束？或者只是句法上的个性问题？

例(6)和例(7)两句的差异仅仅在于两个话语标记语 however 和 frankly 顺序的不同，但为什么一句能接受，一句不能接受呢？我们认为，这跟邻近性原则有关。however 所标记的是其后面的句子(或小句)所表示的命题内容与前面的有转折关系，它所连接的对象是前后两个句子；而 frankly 所标记的只是对其后面的句子所表示的内容的一种态度，在语义上跟其后面的句子密切相关。由

① Cruse, D.A. 2009 *Lexical Semantics*(《词汇语义学》)，北京：世界图书出版公司。

② Fraser, Bruce 1999 What are discourse markers? *Journal of Pragmatics*, Vol.31.

此我们可以看到,例(6)中,一方面,frankly 和 you didn't do very well 能够在一起,另一方面,however 又能很好地连接前一句(例句中没有出现)和后一句;而例(7)则不然,frankly 位于句首时,它阻断了 however 与前一句的连接,同时,however 又阻断了 frankly 和 you didn't do very well 在功能上的联系;这两种情况都违反了邻近性原则,所以例(7)就不大能接受。

3. 从约数表示看邻近性原则的制约

汉语中表示约数的方法有多种,除直接在数词之前加上"大约"、在数词之后加"来"等之外,还可以通过方位词的连用(左右、上下)、数词的连用(详下)来表示。仔细考察一下会发现,数词的连用除了个别例外,有很强的规律性。例如:

(8) 你和我再干上他**一两**年。等我临下去前再走吧。(王跃文等《官场故事》,第 8 页)

(9) 以一个中等的省论,它的省辖市、专区行署连同厅局起码也有**二三**百个。(王跃文等《官场故事》,第 26 页)

(10) 如果区委书记、区长召唤,或市里什么领导来检查,你马上就得回。这一来一往,就是**两三**天,大大干扰了工作。(王跃文等《官场故事》,第 33 页)

(11) 如果你是二十岁,那么你一定非常相信爱情;如果你是**三四**十岁,那么你就一定想做官,当然也作事;如果你到了**五六**十岁,那么你就非常相信各种养生学。(王跃文等《官场故事》,第 39 页)

(12) 就看见三个挎枪的共产党便衣向他们走来,为首的一个膀宽腰粗**二十六七**岁,斜挂着的匣枪在屁股上一晃一动极是威风。(王跃文等《官场故事》,第 217 页)

(13) 大约是**七八**年前,他读了本有关讲演的书,认识到讲演对于一个政治家是如何的重要,就一直留心此事。(王跃文等《官场故事》,第 35 页)

由上不难看出,这些表示约数连用的数字都是紧邻的两个数。在我们所搜集到的语料中,还没有出现"*一三""*七九""*二四""*四六""*六八"连用表示约数的例子,只有"三五"例外,如:

(14) 他一听就生气了：**三五**十万到这些人嘴里，怎么就和说**三五**块钱一样？（王跃文等《官场故事》，第10页）

甚至不是表示约数的，也习惯将两个相邻的数连用，例如：

(15) 李会计说："是不是作奖金发了算了。银行的钱，**一千两千**地还，他们还嫌麻烦。"（王跃文等《官场故事》，第96页）

(16) 还有吃饭。过去是在县里，他**三天两天**陪人，桌上桌下的，什么吃不到？（王跃文等《官场故事》，第165页）

(17) 马德中虽然吊起来了，老同学还不至于**推三阻四**不给点面子吧？（王跃文等《官场故事》，第341页）

(18) 车在他的**七思八想**中驰进苑城。他有些不安地走进地委办公室……（王跃文等《官场故事》，第299页）

4. "自我"的领先

留心一下新闻报道会发现，在谈及"我方"与"对方"，特别是国与国时，我们总习惯于先说我方再说对方。下面的例子很能说明这一点：

(19) 日本《读卖新闻》7月31日称，在7月26日举行的中日防务安全磋商会上，中国人民解放军副总参谋长马晓天就"日本向西南群岛配备自卫队""日本在东海强化警戒监视活动"等向日本表示不满，认为日本"正走向危险的方向"。日媒由此分析说，此举表明**日中**国防部门仍存"芥蒂"。清华大学当代国际关系研究院副院长刘江永8月1日对《环球时报》记者表示，多种因素导致当前**中日**围绕安全保障方面存在"不正常的状态"，但这个问题不在中方，完全是日方在制造摩擦。（雅虎新闻，2011-08-03）

由(19)可以看出，同是"中国"和"日本"，日本媒体说"日中"，而中国人则说"中日"。类似(19)的现象在媒体中屡见不鲜。有意思的是，在一次论文预答辩会上，一个泰国留学生写的是泰语和汉语某问题对比的，论文的题目是《泰汉××对比研究》，答辩委员会的一个老师建议他把题目改为《汉泰××对比研究》。所有这些都跟现实空间或者自我心理空间的邻近性有关。

5. 话题邻近和空间邻近

就语言理解而言，有时候会同时涉及话题邻近和空间邻近的问题，这时候会发生怎样的情况？

韩剧《天赐我爱》中有这么一个情节：英善和以前的恋人生过一个女儿，很多年后这个前男友知道了这件事，想认这个女儿，于是请英善吃饭，谈这个问题。话题自然是他们的女儿。谈话中有一段沉默后，男友忽然问英善道：

（20）男友："身体怎么样？"
英善："你是问谁？"
男友："你们俩。"

由于受话题邻近的影响，当问"身体怎么样？"的时候，很容易理解为"他们的女儿的身体"，但男友和英善又是面对面谈话，具有空间的邻近性，而且在问这句话前有一段时间的停顿，所以这句又可以理解为问英善的。所以英善听到这句问话后问道"你是问谁？"

6. 结 束 语

语言的理解和语言的表达是同一个问题的两面，它们都在一定程度上受语言运作原则的约束和支配。语言的运作原则方面，语言学界经常提及的是语言运转的经济原则；实际上，运作原则是多种多样的，卢英顺（2005）[①]论述了格式塔原则在语言理解中的作用。此外，邻近性原则也是其中的一种。

语言理解的诸多方面都或隐或显地受邻近性原则的制约，有时候，语言的表达也受这一原则的影响。本文从这一原则出发，解释了汉语和英语中几种具体的语言现象。恳望同仁能进一步地运用邻近性原则解释更多的语言现象。

（原载复旦大学《语言研究集刊》第九辑，
上海：上海辞书出版社，2012 年，第 126—131 页）

① 卢英顺 2005 语言理解中的格式塔原则，《修辞学习》第 5 期。

语言理解中的格式塔原则

提　要　“格式塔”是一种重要的心理现象。本文以汉语为例说明格式塔在语言理解中的重要作用。本文还把格式塔分为“恒定格式塔”和“临时格式塔”，并且指出：人们对现实经验的普遍认知模式其实也是一种格式塔。有些语言现象可以通过格式塔原则得到很好的解释。

关键词　格式塔；语言理解

0. 引　言

“格式塔”(gestalt)不仅是个重要的心理学术语，也是一个重要的心理学学派(“格式塔心理学”又称“完形心理学”)。“格式塔”一词有两种含义：一是指形状或形式，即物体的性质；二是指一个具体的实体和它具有一种特殊形状或形式的特征。格式塔这个术语起始于视觉领域的研究，但它又不限于视觉领域，甚至不限于整个感觉领域，其应用范围远远超过感觉经验的限度。在格式塔心理学家看来，知觉到的东西要大于眼睛见到的东西。知觉的一个重要特点是具有完整和闭合倾向，就是把不连贯的点或线等作为一个完整的整体来知觉，甚至把有缺口的图形尽可能在心理上使之趋合。(卡尔·考夫卡《格式塔心理学原理·中文版译序》①)

知觉方面的这一特点在人类的语言上也有所反映。本文以汉语为例来说明格式塔原则在语言运作和语言理解上的作用。由于语言运作和语言理解是同一现象的两面，所以为叙述的方便起见，本文只谈“理解”，不提“运作”。

① 卡尔·考夫卡 1997《格式塔心理学原理》，黎炜译，杭州：浙江教育出版社。

1. 话语理解中的格式塔现象

1.1 “非……不可”类格式的省略

“非……不可”类是汉语中比较常见的一种格式，这是利用双重否定形式表示“一定要怎么样”，如“非去不可”“非告诉我不行”的意思分别是“一定要去”“一定要告诉我”。这种理解是很正常的。再看下面的例子：

(1)（程桂兰）女儿张彩云气愤不过，就拿起屋内的电话拨打了110报警。刘德周伸手按住电话不让打，其女儿**非**要打。（报纸）

(2)“你干吗**非**上那儿上学去？”韩太太却反问她。（霍达《穆斯林的葬礼》，第46页）

(3)十一二岁的时候，他就在家里“纵过火”——因为保姆**非**“逼”他洗澡；也曾在学校里“跳过楼”——因为班主任老师**非**“逼”他把家长请到学校里来面谈。（陆天明《省委书记》，第29页）

上述例子有一个共同点，就是只有“非……”这半个部分，另外半个部分“不可”等并没有出现，按照字面意思来理解，“非”表示否定，“非要打”应该是“不要打”的意思，“非上那儿上学”应该是“不去那儿上学”的意思，等等。但毫无疑问，这些句子的理解事实上恰恰与此相反，它们仍然表示“一定怎么样”的意思。如果真的有人反其意而理解，那就是诡辩，要么就有点迂腐了。请看例(4)：

(4)某君是在大学里教古文的，一日妻子提议一同去听音乐会，他道：“无此雅兴。”妻嗲道：“我非要你去！”他大悦道：“甚好，‘非’者，不也。非要我去看，则不要我去也。”妻愕然……（报纸）

为什么“非……不可”格式在“不可”没出现的情况下，在理解上为什么依然如故？可能的回答是“省略”。下面的例子就为什么不能看作省略现象呢？

(5)我不要去那个地方。

(6)他们没要学电脑。

同样是这两句，如果把其中的“不”和“没”换成“非”，其意义就会截然不同。其深层原因到底是什么？就是格式塔原则在起作用。“非……不可”因为经常性地在一起使用，它在我们的脑子里就“定了型”，成为一个整体；即使“不可”没出现，我们也会使“非……”“完形”，把所缺的部分补起来，按照这个整体来理解。这就像我们把遮住一部分或有缺口的“圆形”仍然看作“圆形”一样。例(5、6)之所以不看作省略，就是因为在现代汉语中，不存在“不……不可”这样的定型整体，人们自然就不会去“完形”，也就不存在补的问题；没有要“补”的成分，当然就不是省略。

1.2 歇后语的“歇后”

众所周知，歇后语有前后两部分，前一部分只是一个引子，后一部分才是整个歇后语的意义所在(当然有时不是直接按照字面意义来理解)。例如“铁公鸡——一毛不拔”，其真正意义不在“铁公鸡”而在“一毛不拔”。有趣的是，在实际话语中那些常见的歇后语往往“歇”掉这关键的后一部分，而受话者偏偏就按照这歇掉的部分来理解。例如：

(7) 你指望他请客？他是个铁公鸡啊！

为什么把歇后语的后半部分歇掉以后我们还能正常理解这整个歇后语呢？这也是格式塔原则在起作用。整个歇后语由于经常使用，在人们的脑子里就形成了一种定型，当这个定型缺了一部分的时候，人们就很自然地对之进行完形；因而能正常地理解。

人们得以完形的前提，是这个歇后语的经常使用，否则就不会有这个歇后语的定型。正是这个缘故，那些不经常为人所用的歇后语的后一部分是不能省略的，否则无法完形，因而也就难以理解。例如：

(8) 人家都说你心里有事爱琢磨不爱说，没想到真要叫你讲起来，还是景德镇的瓷器——一套一套的。(蒋子龙《锅碗瓢盆交响曲》)

(9) 乘客本不是很多，突然增加了他们二十几个人，汽车里一下子变得非常拥挤，有两个歪眉斜眼的小伙子说着粗话：

“今儿个怎么抽风了？”

“山西老核桃——满仁！”(蒋子龙)

这两例中的歇后语，如果歇掉其后一部分的“一套一套的”和“满仁”，恐怕就难以理解了。

1.3 其他词语运用时的格式塔现象

除了歇后语外，其他词语在运用和理解时也存在着格式塔现象。例如：

(10) 所谓“规定”都是医院自己制定的，只是承认“不带通讯工具”已是约定俗成。也有医院表示，一旦发现医生有此情况，立即“炒鱿”。(报纸)

(11) 中国即将入世 法国前总理传授三只“锦囊”。(新闻)

(12) 本周六专家给你献锦囊。(新闻)

例(10)中的"炒鱿"一看就知道是"炒鱿鱼"的意思。例(11)中的"锦囊"并不是实物,其真正的意义是"妙计""计策"。值得注意的是例(11)中与"锦囊"搭配的词语。如果是实物"锦囊",动词则不能用"传授",此其一;其二,这里的量词仍然用"只"而不是"条"。

有时,语法搭配上的限制也能起到格式塔的作用。例如:

(13) 一个被撤了职的人,不管是由于什么原因……终究是无风不起浪,脸上不大光彩,怕见熟人,羞于在大场合露面。不痴不呆的牛宏,这算演的哪一出呢?(蒋子龙)

这例中"演"的宾语并不是从上文省略,而是利用格式塔原则省略的。从句法上看,可与"演"搭配的宾语是"电影、戏"或"角色"类,但这里又有量词"出"的限制,它们的共同作用就形成了"演戏"这样的格式塔;因而,尽管没有上文的提示,省略了"戏"以后照样不影响理解。

修辞学所说的藏词辞格也应该以格式塔原则为基础,就是说,被藏去的"词"必须是具有某一特定的"型"中的词,没有这特定的"型",受话者就难以完形,也就难以理解。而这特定"型"的形成,首先必须以比较恒定的整体形式经常出现。所以像陈望道《修辞学发凡》[①]中所举的"友于兄弟"一例,藏去"兄弟"后,一般人是不易理解的。

2. 格式塔原则对语法现象的影响

现代汉语中,我们会发现这样的现象,就是有些原本不能独立作为一个语素使用的汉字现在俨然成为一个有独立意义的语素,并且在构词上具有一定的能产性。例如"的士"是个音译外来词,其中的"的"只代表一个音节,并不是一个语素,就像"巧克力"中的"巧"等一样;"的士"在一起才是一个有意义的单位。但是这种用法的"的"在其他场合则成了一个独立的意义单位,如"打的""轿的""面的"甚至"板的"等。其中的"的"就承担了"的士"的意义。"巴士"的"巴"也类似,在"巴士"这个音译的外来词中,它不是一个独立的语素,但现在出现了

① 陈望道 1982《修辞学发凡》,上海:上海教育出版社。

“大巴”“中巴”“小巴”这样的说法，其中的“巴”明显地具有“巴士”的意义。

张斌(1998:11)①举了“粉蝶”“彩蝶”(另外还有“蝶泳”)，“黄啤”“黑啤”“生啤”“熟啤”等例子，并认为其中的“蝶”“啤”已获得了语素的资格。而实际上，它们在“啤酒”“蝴蝶”这两个词中还不是独立的语素。

就笔者所见，针对上述现象的讨论还只围绕语素资格来进行。还没有深入一步：为什么会有这样的现象？这就是格式塔原则在起作用。“的士”“蝴蝶”“啤酒”等起初都是作为一个语素，但因为它们都是词，它们各自都有一个稳定的“型”。当这个“型”缺一块的时候，人们自然就能完形。言语交际需要我们创造新词的时候，由于受汉语词语强烈的双音节倾向的影响，原来的双音节单纯词就要压缩掉一个音节，说成“打的”“粉蝶”“中巴”“生啤”等。因为格式塔的作用，我们在理解这些词时并不感到困难。可见，格式塔的作用为汉语成就新的语素提供了基础。

3. 格式塔的种类

跟语言理解有关的一种普遍现象是对话省略。为什么在对话过程中省略了某些成分之后并不影响理解？可能的回答是，这是上下文的语境的作用。情况确实如此。离开特定的语境，我们只能理解某个词或短语的可能的静态意义，但无法理解其在语篇上的意义。光说个“张丽”，我们一般只知道它是个人名，但如果在语篇中情况就不一样了，例如：

(14) 王强跟谁结婚了？张丽。

这例中的“张丽”所传达的信息就不只是一个人名了，而是“王强跟张丽结婚了”这一信息。再看下一例：

(15) 谁跟丈夫离婚了？张丽。

(16) 他打谁了？张丽。

例(15)、(16)两例中“张丽”在语篇上所传达的信息分别是“张丽跟丈夫离婚了”“他打张丽了”。

为什么“张丽”在不同的语境中会有相应的不同的理解？我们的看法是：这

① 张斌 1998《汉语语法学》，上海：上海教育出版社。

也是格式塔的作用。问话实际上就是一种“形”,答话者就是对这个“形”的空缺部分进行补充,就是“完”这个空缺的“形”。这个空缺部分就是疑问焦点。例如,例(14)问话部分给答话者所提供的空缺之形就是“王强跟____结婚了”,将“张丽”填进去之后便成了“王强跟张丽结婚了”。另两例与此类似。

我们在这里把对话中的问话部分看作一种形,即一种格式塔,这种看法读者可能不能接受,因为格式塔一般理解为比较恒定的形状,或者更概括地说是比较恒定的认知模式。正是基于这种考虑,我们主张把格式塔分为两类:恒定的格式塔和临时的格式塔。从语言的层面上看,上文所述的“非……不可”属于前者,本节所说的问话部分属于后者。显然,对后者的完形对语境的依赖性极强。

4. 结 束 语

格式塔原则是一个重要的认知原则,本文以汉语为例讨论了格式塔原则在语言理解和运作中的作用,并指出,格式塔可以分为两种:恒定的格式塔和临时的格式塔;人们对现实经验的普遍认知模式其实也是一种格式塔。

本文只是初步的观察。撰写此文的目的在于引起同仁对此类现象的注意并进行更深入的研究。

(原载《修辞学习》2005 年第 5 期,第 44—46 页)

参 考 文 献

安德森,J.R. 1989《认知心理学》,杨清等译,长春:吉林教育出版社。

奥托·叶斯柏森 1988《语法哲学》,何勇等译,北京:语文出版社。

曹逢甫 1980《国语的句子与子句结构》(英文版),台北:学生书局。

曾传禄 2009a 障碍图式与"V 得(不)过来/过去",《燕山大学学报》第 1 期。

曾传禄 2009b "过来""过去"的用法及其认知解释,《西华师范大学学报》第 2 期。

常敬宇 1985 同素词简论,《语言教学与研究》第 2 期。

陈　平 1991 汉语零形回指的话语分析,《现代语言学研究——理论·方法与事实》,重庆:重庆出版社。

陈昌来 2003《现代汉语语义平面问题研究》,上海:学林出版社。

陈昌来、胡建锋 2003 带受事成分的不及物动词的考察,《语言教学与研究》第 3 期。

陈建民 2001《中国语言和中国社会》,广州:广东教育出版社。

陈望道 1982《修辞学发凡》,上海:上海教育出版社。

陈望道 1984《文法简论》,上海:上海教育出版社。

陈英和 1997《认知发展心理学》,杭州:浙江人民出版社。

陈振宇、朴珉秀 2006 话语标记"你看""我看"与现实情态,《语言科学》第 2 期。

戴耀晶 1997《现代汉语时体系统研究》,杭州:浙江教育出版社。

戴耀晶 2000 现代汉语否定标记"没"的语义分析,载《语法研究和探索》(10),北京:商务印书馆。

戴昭铭 2000 动词情状成分"下去$_3$"的形式特征、语法功能和分布规律,《语法研究和探索》(9),北京:商务印书馆。

丁声树等 1980《现代汉语语法讲话》,北京:商务印书馆。

范　晓 1983 关于形容词带宾语问题,《汉语学习》第 5 期。

范　晓 1985 略论 V－R,《语法研究和探索》(3),北京:北京大学出版社。

范　晓 1993 复动“V 得”句,《语言教学与研究》第 4 期。

范　晓 1995 “V 上”及其构成的句式,载胡裕树、范晓 1995《动词研究》,开封:河南大学出版社。

范　晓 1996《三个平面的语法观》,北京:北京语言学院出版社。

范　晓 1996 动介组合体的配价问题,《营口师专学报》第 1 期。

范　晓、陈昌来 2015《汉语句子及其句式研究》,上海:学林出版社。

范　晓、胡裕树 1992 有关语法研究三个平面的几个问题,《中国语文》第 4 期。

范　晓、张豫峰等 2003《语法理论纲要》,上海:上海译文出版社。

方光焘 1986《方光焘语言学论文集》,南京:江苏教育出版社。

方光焘 1990《语法论稿》,南京:江苏教育出版社。

房鸿鹃 2011 汉语拈连的认知理据及意义构建研究,《枣庄学院学报》第 4 期。

符淮青 1981 词义和构成词的语素义的关系,《辞书研究》第 1 期。

符淮青 1985《现代汉语词汇》,北京:北京大学出版社。

傅懋勣 1942 现代汉语动词形容词介词为一类说,《中国文化研究汇刊》卷二。

高春明 2004 话语标记的识别及其语用功能,《长春理工大学学报》第 1 期。

高更生 1995 汉语词分类的设想,《中国语言学报》第 6 期,北京:商务印书馆。

高名凯 1986《汉语语法论》,北京:商务印书馆。

高名凯、石安石主编 1981《语言学概论》,北京:中华书局。

高顺全 2002 动词虚化与对外汉语教学,《语言教学与研究》第 2 期。

高增霞 2004 自然口语中的话语标记“完了”,《语文研究》第 4 期。

葛本仪 2001《现代汉语词汇学》,济南:山东人民出版社。

龚继华 1981 谈谈动词和形容词的重叠,《天津师院学报》第 1 期。

顾　阳、沈　阳 2001 汉语合成复合词的构造过程,《中国语文》第 2 期

郭振红 2007 辞格的原型范畴分析,《山西大学学报》第 2 期。

何　容 1985《中国文法论》,北京:商务印书馆。

何自然、冉永平 2009《新编语用学概论》，北京：北京大学出版社。

贺　阳 1992 试论汉语书面语的语气系统，《中国人民大学学报》第5期。

贺国伟 1995 动词后“起来”的非趋向用法，载胡裕树、范晓 1995《动词研究》，开封：河南大学出版社。

胡　附、文　炼 1990《现代汉语语法探索》，北京：商务印书馆。

胡明扬 1993 陈述语调和疑问语调的“吧”，《语文建设》第5期。

胡明扬 1995 现代汉语词类问题考察，《中国语文》第5期。

胡明扬 2003《胡明扬语言学论文集》，北京：商务印书馆。

胡裕树 1982 试论汉语句首的名词性成分，《语言教学与研究》第2期。

胡裕树 1984 如何确定句型，《中文自修》第4期；又载张斌、胡裕树《汉语语法研究》，商务印书馆，1989年。

胡裕树、范　晓 1985 试论语法研究的三个平面，《新疆师范大学学报》第2期。

胡裕树、范　晓 1995《动词研究》，开封：河南大学出版社。

胡裕树、范　晓 1996《动词研究综述》，太原：山西高校联合出版社。

胡裕树主编 1987《现代汉语》(增订本)，上海：上海教育出版社。

胡裕树主编 1995《现代汉语》(重订本)，上海：上海教育出版社。

黄伯荣，廖序东主编 1988《现代汉语》(修订本，上册、下册)，兰州：甘肃人民出版社。

黄锦章 1993 行为类可能式V—R谓语句的逻辑结构与表层句法现象，《语文研究》第2期。

黄文龙 1998 “V不了”的否定焦点与语法意义浅析，《湘潭师范学院学报》第5期。

卡尔·考夫卡 1997《格式塔心理学原理》，黎炜译，杭州：浙江教育出版社。

柯理思 2001 论表示说话者主观判断的“V不了”格式及其语法化过程，载史有为主编《从语义信息到类型比较》，北京：北京语言文化大学出版社。

Li 和 Thompson 1983《汉语语法》，黄宣范译，台北：文鹤出版有限公司。

李大忠 1984 不能重叠的双音节形容词，载《语法研究和探索》(2)，北京：北京大学出版社。

李临定 1986《现代汉语句型》，北京：商务印书馆。

李胜梅、晏梨花 2010 “说句玩笑话”“开个玩笑”及相关语篇现象，《阜阳师范学院学报》第 5 期。

李兴亚 1986 语气词“啊、呢、吧”在句中的位置,《语言文字学》第 5 期。

李秀明 2011《汉语元话语标记语研究》,北京:中国社会科学出版社。

李宇明 1996 非谓形容词的词类地位,《中国语文》第 1 期。

李宇明 2000《汉语量范畴研究》,武汉:华中师范大学出版社。

李宗江 1994 “V 得(不得)”与“V 得了(不了)”,《中国语文》第 5 期。

李宗江 2010 关于话语标记来源问题的两点看法——从“我说”类话语标记的来源说起,《世界汉语教学》第 2 期。

廖秋忠 1992《廖秋忠文集》,北京:北京语言学院出版社。

廖秋忠 1992a 现代汉语篇章中空间和时间的参考点,《廖秋忠文集》,北京:北京语言学院出版社。

廖秋忠 1992b 篇章中的框—棂关系与所指的确定,《廖秋忠文集》,北京:北京语言学院出版社。

刘 坚、江蓝生、白维国、曹广顺 1992《近代汉语虚词研究》,北京:语文出版社。

刘大为 1994 领属关系的约束性,载邵敬敏、刘大为主编《九十年代的语法思考》,北京:北京语言学院出版社。

刘大为 1998 关于动宾带宾现象的一些思考(上),《语文建设》第 1 期。

刘丽艳 2005 作为话语标记的“不是”,《语言教学与研究》第 6 期。

刘丽艳 2011《汉语话语标记研究》,北京:北京语言大学出版社。

刘宁生、钱玉莲 1987 “最”的语义指向与“最”字句的蕴含,《汉语学习》第 5 期。

刘叔新 1990《汉语描写词汇学》,北京:商务印书馆。

刘晓梅 2003 当代汉语新词语造词法的考察,《暨南大学华文学院学报》第 4 期。

刘月华 1989 表示状态意义的“起来”与“下来”比较,载《汉语语法论集》,北京:现代出版社。

刘月华 1989 几组意义相关的趋向补语语义分析,载《汉语语法论集》,北京:现代出版社。

刘月华 1989 可能补语用法的研究,《汉语语法论集》,北京:现代出版社。

刘月华、潘文娱、故韡 2002《实用现代汉语语法(增订本)》,北京:商务印书馆。

刘月华主编 1998《趋向补语通释》,北京:北京语言文化大学出版社。

卢英顺 1988“然而”等可以用在递进关系复句中,《学语文》第1期。

卢英顺 1991 谈谈“了$_1$”和“了$_2$”的区别方法,《中国语文》第4期。

卢英顺 1993 试论“这本书我看了三天了”的延续性问题,《汉语学习》第4期。

卢英顺 1995 语义指向研究漫谈,《世界汉语教学》第3期。

卢英顺 1996 动词和形容词划界问题研究综述,载胡裕树、范晓主编《动词研究综述》,太原:山西高校联合出版社。

卢英顺 1996 副词“只”的语义指向及其对句法变换的制约,《安徽师范大学学报》第4期。

卢英顺 2000 现代汉语中的“延续体”,《安徽师范大学学报》第3期。

卢英顺 2001 论趋向动词问题,《徐州师范大学学报》第1期。

卢英顺 2001 比喻现象的认知解释,《语言教学与研究》第1期。

卢英顺 2002“下去”的句法、语义特点探析,载《语法研究和探索》(11),北京:商务印书馆。

卢英顺 2004 语言理解中的邻近性原则,《安徽师范大学学报》第4期。

卢英顺 2005《形态和汉语语法研究》,上海:学林出版社。

卢英顺 2005 认知图景与句法、语义成分,《复旦学报》第3期。

卢英顺 2005 语言理解中的格式塔原则,《修辞学习》第5期。

卢英顺 2006“下来”句法、语义特点探析,《宁夏大学学报》第5期。

卢英顺 2007“吧”的语法意义再探,《世界汉语教学》第3期。

卢英顺 2007“进”类趋向动词句法、语义特点探析,《语言教学与研究》第1期。

卢英顺 2007《现代汉语语汇学》,上海:复旦大学出版社。

卢英顺 2008 关于认知图景的几个问题,《语言科学》第6期。

卢英顺 2008 语言研究的系统观,《语言研究集刊》(第五辑),上海:上海辞书出版社。

卢英顺 2012 从认知图景看容器类复合词语的构成,中国语言学会《中国语言学报》第15期,北京:商务印书馆。

卢英顺 2013 概念化对句法、语义成分的影响,复旦大学汉语言文字学科

《语言研究集刊》第十一辑，上海：上海辞书出版社。

卢英顺 2014 语义成分在句法结构上的映射——以“捆扎”类动词为例，《汉语学习》第5期。

鲁　川主编 1994《动词大词典》，北京：中国物资出版社。

陆丙甫 1993《核心推导语法》，上海：上海教育出版社。

陆俭明 1984 关于现代汉语里的疑问语气词，《中国语文》第5期。

陆俭明 1992《现代汉语补语研究资料》序，北京：北京语言学院出版社。

伦道夫·夸克等 1980《当代英语语法》(中)，王中浩等译，沈阳：辽宁人民出版社。

吕叔湘 1982《中国文法要略》，北京：商务印书馆。

吕叔湘 1984《汉语语法论文集》(增)，北京：商务印书馆。

吕叔湘主编 1984《现代汉语八百词》，北京：商务印书馆。

吕叔湘主编 2001《现代汉语八百词》(增订本)，北京：商务印书馆。

马　真 2004《现代汉语虚词研究方法论》，北京：商务印书馆。

马庆株 1992 时量宾语和动词的类，《汉语动词和动词性结构》，北京：北京语言学院出版社。

马玉汴、程亦玫、贾文忠 1996 趋向动词研究综述，载胡裕树、范晓《动词研究综述》，太原：山西高校联合出版社。

孟　琮、郑怀德、孟庆海、蔡文兰编 1987《动词用法词典》，上海：上海辞书出版社。

缪小春 1994 句子和语段理解中代词加工的研究，《语言文字学》第7期，原载《心理科学》1994年第3期。

倪宝元 1983《修辞》，杭州：浙江人民出版社。

宁一中 1998 文化·比喻·比喻的翻译，载吴友富主编《国俗语义研究》，上海：上海外语教育出版社。

彭小川、马煜逵 2010 汉语作为第二语言词汇教学应有的意识与策略，《语言文字应用》第1期。

濮　侃 1983《辞格比较》，合肥：安徽教育出版社。

齐沪扬 2003 语气词“的”“了”的虚化机制及历时分析，《忻州师范学院学报》第2期。

齐沪扬、蔡　瑱 2005 语气词“吧”的历史演变和语法化历程，载齐沪扬主编

《现代汉语虚词研究与对外汉语教学》，上海：复旦大学出版社。

钱扬学 1985《无甲事物的拈连》，《修辞学习》第 3 期。

冉永平 2000 话语标记语的语用学研究综述，《外语研究》第 4 期。

任学良 1981《汉语造词法》，北京：中国社会科学出版社。

杉村博文[日] 1983 试论趋向补语“·下”“·下来”“·下去”的引申用法，《语言教学与研究》第 4 期。

邵敬敏 1993 量词的语义分析及其与名词的双向选择，《中国语文》第 3 期。

邵敬敏 1994 歧义分化方法探讨，邵敬敏主编《九十年代的语法思考》，北京：北京语言学院出版社。

邵敬敏 1996《现代汉语疑问句研究》，上海：华东师范大学出版社。

沈家煊 1998 实词虚化的机制——《演化而来的语法》评介，《当代语言学》第 3 期。

沈家煊 1999《不对称和标记论》，南昌：江西教育出版社。

施关淦 1991 关于语法研究的三个平面，《中国语文》第 6 期。

施关淦 1993 再论语法研究的三个平面，《汉语学习》第 2 期。

石毓智 1992 论现代汉语的“体”范畴，《中国社会科学》第 6 期。

石毓智 1995 时间的一维性对介词衍生的影响，《中国语文》第 1 期。

石毓智 2000《肯定和否定的对称与不对称》(增订本)，北京：北京语言文化大学出版社。

石毓智 2001 表物体形状的量词的认知基础，《语言教学与研究》第 1 期。

石毓智 2003 古今汉语动词概念化方式的变化及其对语法的影响，《汉语学习》第 4 期。

史冠新 2006 普方古视角下的“了$_1$”“了$_2$”“了$_3$”研究，《东方论坛》第 3 期。

史有为 1997 助词“了”在常州话、上海话中的对应形式，《汉语如是观》，北京：北京语言文化大学出版社。

司红霞 2005“这样吧”试析，《语言文字应用》第 S1 期。

宋玉柱 1996《对“把”字句的进一步探讨》一文质疑，《现代汉语语法论集》，北京：北京语言学院出版社。

宋振华、吴士文等 1984《现代汉语修辞学》，长春：吉林人民出版社。

苏宝荣 2000《词义研究与辞书释义》，北京：商务印书馆。

苏培成 1995 关于基本词汇的一些思考，《词汇学新研究——首届全国现代汉语词汇学术讨论会选集》，北京：语文出版社。

孙常叙 2006《汉语词汇》（重排本），北京：商务印书馆。

［日］太田辰夫 2003《中国语历史文法》（修订译本），蒋绍愚、徐昌华译，北京：北京大学出版社。

谭景春 1995 材料宾语和工具宾语，《汉语学习》第 6 期。

谭景春 2005 用品类名物词的释义方式，载沈家煊主编《现代汉语语法的功能、语用、认知研究》，北京：商务印书馆。

谭永祥 1992《汉语修辞美学》，北京：北京语言学院出版社。

汤廷池 1979《国语变形语法研究第一集：移位变形》，台北：台湾学生书局。

汤廷池 1979《国语语法研究论集》，台北：台湾学生书局。

唐爱华 2001 安徽宿松方言的“了”和普通话的“了”，《宿州师专学报》第 4 期。

涂纪亮 1992《语言哲学名著选辑》（英美部分），北京：生活·读书·新知三联书店。

王　力 1982《汉语史稿》（中册），北京：中华书局。

王　力 1984《词类》，上海：上海教育出版社。

王　力 1990《王力文集（第十一卷）·汉语语法史》，济南：山东教育出版社。

王　扬 2005 话语标记的认知语用诠释，《天津外国语学院学报》第 3 期。

王　珍 2006 汉语不及物动词带宾语结构存在的认知理据，《汉语学报》第 3 期。

王德春、王建华 1998 汉英动物名称的国俗同义现象，载吴友富主编《国俗语义研究》，上海：上海外语教育出版社。

王国栓 2005《趋向问题研究》，北京：华夏出版社。

王红旗 1995 动结式述补结构配价研究，载沈阳、郑定欧主编《现代汉语配价语法研究》，北京：北京大学出版社。

王树斋 1993 汉语复合词词素义和词义的关系，《汉语学习》第 2 期。

王希杰 1983《汉语修辞学》，北京：北京出版社。

王希杰 1996《修辞学通论》，南京：南京大学出版社。

温科学 1988 英汉比喻的地域和民族色彩，载吴友富主编《国俗语义研究》，上海：上海外语教育出版社。

温锁林 1993 论“抽象式比喻”,《山西大学学报》第4期。

吴 云 2006 “过来”“过去”引申用法的认知分析,朱立元主编《探索与创新——华东地区对外汉语教学论文集》,北京:北京大学出版社。

吴洁敏 1984 谈谈非谓语动词“起来”,《语言教学与研究》第2期。

吴士文 1984《修辞讲话》,兰州:甘肃人民出版社。

吴为章 1982 单向动词及其句型,《中国语文》第5期。

吴为章 1987 “X得”及其句型——兼谈动词的“向”,《中国语文》第3期。

吴锡根 1995 动词带宾语情况的考察,载胡裕树、范晓主编《动词研究》,开封:河南大学出版社。

武占坤、王 勤 1983《现代汉语词汇概要》,呼和浩特:内蒙古人民出版社。

萧国政 2000 现代汉语句末“了”意义的析离,载陆俭明主编《面临新世纪挑战的现代汉语语法研究》,济南:山东教育出版社。

谢 英 2004《拈连辞格的构成与认定》,《修辞学习》第3期。

谢白羽、齐沪扬 2000 复合趋向补语“过来”和“过去”的语义分析,陆俭明主编《面临新世纪挑战的现代汉语语法研究》,济南:山东教育出版社。

邢福义主编 1998《现代汉语》(修订版),北京:高等教育出版社。

邢公畹 1997 一种似乎要流行开来的可疑句式—— 动宾式动词+宾语,《语文建设》第4期。

徐国庆 1999《现代汉语词汇系统论》,北京:北京大学出版社。

徐晶凝 2003 语气助词“吧”的情态解释,《北京大学学报》第7期。

徐静茜 1985 也论“·下来”“·下去”的引申用法,《汉语学习》第4期。

徐赳赳 2010《现代汉语篇章语言学》,北京:商务印书馆。

徐盛桓 2007《说“拈连”》,《解放军外国语学院学报》第4期。

徐思益 1994《语言学论文选》,乌鲁木齐:新疆大学出版社。

许嘉璐 2001《语言文字学及其应用研究》,广州:广东教育出版社。

薛凤生 1994 “把”字句和“被”字句的结构意义——真的表示“处置”和“被动”? 载戴浩一、薛凤生主编《功能主义与汉语语法》,北京:北京语言学院出版社。

杨 宁 1998 从空间到时间的汉语情景和参与者,《语文研究》第2期。

杨世铁 2003 汉语新词造词法研究,《集宁师专学报》第3期。

杨文全、王 刚 2004 八十年代以来语言学界“动宾式动词+宾语”现象研究述论,《西南民族大学学报》第 12 期。

叶　荭 2013 原型理论视角下轭式搭配修辞研究,《安徽大学学报》第 3 期。

殷志平 1998 语境与否定比较句,载范晓等《语言研究的新思路》,上海:上海教育出版社。

于　龙、陶本一 2010 识字教学的问题与对策——基于语料库的小学语文教材用字研究,《语言文字应用》第 1 期。

俞　敏 1984《名词、动词、形容词》,上海:上海教育出版社。

俞如珍、金顺德 1994《当代西方语法理论》,上海:上海外语教育出版社。

袁毓林 1993《现代汉语祈使句研究》,北京:北京大学出版社。

袁毓林 1995 词类范畴的家族相似性,《中国社会科学》第 1 期。

张　斌 1998《汉语语法学》,上海:上海教育出版社。

张　斌、胡裕树 1989《汉语语法研究》,北京:商务印书馆。

张　弓 1993《现代汉语修辞学》,石家庄:河北教育出版社。

张　静主编 1984《新编现代汉语》(上册),上海:上海教育出版社。

张伯江 1994 词类活用的功能解释,《中国语文》第 5 期。

张国宪 1988 结果补语语义指向分析,《汉语学习》第 4 期。

张国宪 1995a 论双价形容词,载沈阳、郑定欧主编《现代汉语配价语法研究》,北京:北京大学出版社。

张国宪 1995b 论单价形容词,《语言研究》第 1 期。

张国宪 1999 延续性形容词的续段结构及其体表现,《中国语文》第 6 期。

张理明 1984 试论动词 AABB 重叠式,《汉语学习》第 4 期。

张其昀 2002 现代汉语同素词通考,《语言研究》第 2 期。

张旺熹 1999 "V 不 C"结构实现的语义条件,《汉语特殊句法的语义研究》,北京:北京语言文化大学出版社。

张旺熹 1999 "把字结构"的语义和语用特征,《汉语特殊句法的语义研究》,北京:北京语言文化大学出版社。

张旺熹 2001 "把"字句的位移图式,《语言教学与研究》第 3 期。

张谊生 2002《现代汉语虚词》(张斌主编),上海:华东师范大学出版社。

张幼冬 2010 趋向补语"过来""过去"引申义的语义分析,《吉林师范大学学报》第 4 期。

张志英、匡腊英 2003 从配价角度看不及物动词带宾语现象,《浙江师范大学学报(社会科学版)》第 3 期。

张致钧 1988《比喻大观》,广州:广东人民出版社。

赵元任 1979《汉语口语语法》,吕叔湘译,北京:商务印书馆。

赵元任 1981 汉语结构各层次间形态与意义的脱节现象(田砥译),《国外语言学》第 1 期。

郑定欧 1999《词汇语法理论与汉语句法研究·把字句》,北京:北京语言文化大学出版社。

周　荐、杨世铁 2006《汉语词汇研究百年史》,北京:外语教学与研究出版社。

周　健 2010 分析字词关系　改进字词教学,《语言文字应用》第 1 期。

周春林 2009 拈连的辞格要素及其辞格结构类型,《毕节学院学报》第 3 期。

周小兵 1991 限定副词"只"和"就",《语言文字学》第 9 期。

周永惠 2001 拈连和比拟,《四川师范大学学报》第 4 期。

朱　军、盛新华 2008"动宾结构带宾语"格式成因探究,《汉语学习》第 3 期。

朱　彦 2004《汉语复合词语义构词法研究》,北京:北京大学出版社。

朱　彦 2010 从词义到词语模式:创造性类推构词中词语模式的范畴扩展,《词汇学理论与应用》(五),北京:商务印书馆。

朱德熙 1984《语法讲义》,北京:商务印书馆。

朱庆祥 2011 同一词语连用现象与拈连修辞格,《当代修辞学》第 1 期。

邹立志、周建设 2007 动宾式动词规范问题的深层理据,《语文研究》第 1 期。

Croft, William & D.Alan Cruse 2006 *Cognitive Linguistics*,北京:北京大学出版社。

Cruse, D.A. 2009 *Lexical Semantics*(《词汇语义学》),北京:世界图书出版公司。

Fraser, Bruce 1999 What are discourse markers? *Journal of Pragmatics*, Vol.31.

Harris, Z.S. 1986 *Structural Linguistics*, Chicago: The University of Chicago Press.

Heine, B., U. Claudi & F. Hünnemeyer 1991 *Grammaticalization: A Conceptual Framework*, Chicago: University of Chicago Press.

Lakoff, G. & Mark Johnson 1980 *Metaphors We Live by*, Chicago: University of Chicago Press.

Lakoff, G. 1987 *Wemen, Fire, and Dangerous things*, Chicago: University of Chicago Press.

Langacker, R. W. 1987 *Foundations of Cognitive Grammar*, Vol. 1, Stanford: Stanford University Press.

Lenk, Uta 1998 Discourse markers and global coherence in conversation, *Journal of Pragmatics*, Vol.30.

Olney, T.J. et al 1997 *Lakoff on Conceptual Metaphor*, form the web.

Radford, Andrew 1981 *Transformational Syntax: A Student's Guide to Chomsky's Extended Standard Theory*, Cambridge University Press.

Schiffrin, Deborah 1987/2007 *Discourse Markers*,北京:世界图书出版公司。

Schourup, Lawrence 1999 Discourse markers, Lingua 107.

Sweetser, Eve E. 1990 *From Etymology to Pragmatics*. Cambridge: Cambridge University Press.

Taylor, J. R. 1989 *Linguistic Categorization: Prototypes in Linguistic Theory*. Oxford: Clarendon Press.

Taylor, J. R. 1995 *Linguistic Categorization: Prototypes in Linguistic Theory*. Oxford: Clarendon Press.北京:外语教学与研究出版社,2001 年。

Ungerer, F. & H.J.Schmid 2008 *An Introduction to Cognitive Linguistics*,北京:外语教学与研究出版社。

后　记

《语言问题新探索》即将付梓了，谨此想表达对有关人士诚挚的谢意！

首先要感谢复旦大学中文系高峰学科建设现代语言学及应用语言学学科所给予的出版资助！

其次要感谢上海社会科学院出版社及相关人士。本书的出版最初是由曾经在上海社会科学院出版社工作过、现为上海牧神文化传媒有限公司创始人/CEO王晨曦女士帮助联系的。本书得以出版还幸得上海社会科学院出版社对学术著作出版的重视，副总编唐云松先生深知作者敝帚自珍的心理，在出版成本上涨的情况下对我原有的篇幅没有提出删减的要求，对此我深为感动。责任编辑刘欢欣女士为本书的编辑出版付出了辛勤的劳动，她工作认真、热情、细致、周到，保证了此书的出版质量。我真诚地感谢他们！

最后还要向为本书出版的其他先生或女士表示同样的谢意！

卢英顺

2017年10月28日

图书在版编目(CIP)数据

语言问题新探索 / 卢英顺著 .— 上海 ：上海社会科学院出版社，2018
ISBN 978-7-5520-2562-0

Ⅰ. ①语… Ⅱ. ①卢… Ⅲ. ①语言学—文集 Ⅳ. ①H0-53

中国版本图书馆 CIP 数据核字(2018)第 286308 号

语言问题新探索

著　　者：卢英顺
责任编辑：刘欢欣　邱爱园
封面设计：裘幼华
出版发行：上海社会科学院出版社
上海顺昌路 622 号　邮编 200025
电话总机 021-63315947　销售热线 021-53063735
http://www.sassp.cn　E-mail: sassp@sassp.cn
照　　排：南京理工出版信息技术有限公司
印　　刷：上海天地海设计印刷有限公司
开　　本：710 毫米×1010 毫米　1/16
印　　张：24.75
字　　数：404 千字
版　　次：2020 年 7 月第 1 版　2020 年 7 月第 1 次印刷

ISBN 978-7-5520-2562-0/H・005　定价：89.00 元